全国高职高专规划教材·财经系列

经济应用数学

（第2版）

贾明斌　娄万东　主　编

宋金丽　王云霞　副主编

内容简介

为适应高职高专院校财经管理类专业少学时的经济数学课程教学的需要，本书根据教育部《高职高专教育经济数学基础课程教学的基本要求》编写，并结合了教学经验和高职高专教学的特点。本书内容包括：函数、极限，导数、微分，积分及其应用；行列式、矩阵与线性方程组；概率统计基础；常微分方程及应用。每章有教学目标、本章精要、自测题，每节有习题，书后附有习题的答案或解法提示。

本书以"掌握概念，强化应用，培养技能"为重点，充分体现了以应用为目的，以必需、够用为度的原则。本书由浅入深，力图传授一种新的、易懂的学习方法和数学思想，尽量使教材简明实用，便于自学。

图书在版编目（CIP）数据

经济应用数学/贾明斌，娄万东主编. —2版. —北京：北京大学出版社，2012.1
（全国高职高专规划教材·财经系列）
ISBN 978-7-301-19937-4
Ⅰ. 经… Ⅱ. ①贾… ②娄… Ⅲ. ①经济数学—高等职业教育—教材 Ⅳ. ①F224.0

中国版本图书馆CIP数据核字（2011）第265086号

书　　名：经济应用数学（第2版）
著作责任者：贾明斌　娄万东　主编
策划编辑：李　玥
责任编辑：李　玥
标准书号：ISBN 978-7-301-19937-4/F·3003
出 版 者：北京大学出版社
地　　址：北京市海淀区成府路205号 100871
电　　话：邮购部62752015　发行部62750672　编辑部62765126　出版部62754962
网　　址：http://www.pup.cn
电子信箱：zyjy@pup. cn
印 刷 者：山东省高唐印刷有限责任公司
发 行 者：北京大学出版社
经 销 者：新华书店
787毫米×1092毫米　16开本　16.25印张　395千字
2007年8月第1版　2012年1月第2版　2017年1月第4次印刷
定　　价：31.00元

前　言

《经济应用数学（第 2 版）》是在第 1 版的基础上作了进一步的修订。本书已被评为山东省优秀教材。这次修订是以“理解概念，强化应用，培养技能”为重点，按照高职公共课程“必需、够用、实用”为专业课程服务的定位，以提高学生的综合能力为指导思想，以培养高等技术应用性专门人才为根本任务，以突出应用性与实践性为原则，以适应社会需要为目标的宗旨，根据教育部制定的《高职高专教育经济数学基础课程教学的基本要求》编写这本供高职高专经管类和工程造价等专业一年级学生使用的教材。本书需讲授 102～116 学时，其中带“*”为选学内容，任课老师可根据本校本专业的实际情况和教学计划酌情选用。

这次修订的内容主要包括：

（1）删除了部分难度较大的例题和习题；

（2）对第 1 版的文字叙述方面的错误和不妥之处进行了修改；

（3）对部分图像进行了修整完善；

（4）增加了一些应用案例和内容。

此次修订，章节不变，保持了原书的体系和风格。

本书具有以下特点：

1．根据学生的特点，适当选材，由浅入深，循序渐进，根据数学的认知规律和教学规律，把我们的教学特点和思想，融合到教材中去，除传授给学生数学知识外，还传授一种新的、易懂的学习方法和数学思想，尽量使教材简明实用。

2．在内容的安排上，打破传统数学教材的结构，将数学知识与其经济应用有机结合，淡化了一些较高难度的理论推导和证明过程，加强了法则和公式的经济应用。中学学过的内容，尽量不讲，重点的起纽带作用的知识，少而精。全书以实用性为主，充分体现了“数学为本，经济为用”的原则，在保持了数学知识的连贯性的同时，打破传统上千篇一律的教材结构，有助于学生对数学基础知识的理解和数学思想方法的掌握，进而有利于培养学生的实际应用能力，便于学生自学。

3．教材内容突出实用性和专业性。它涵盖了高等职业学院财经类、管理类及相关专业必要的数学基础。本课程力求使学生系统地获得微积分、线性代数、概率统计和常微分方程的基础知识、必要的基础理论和常用的运算方法。通过学习，使学生得到基本数学方法的训练和运用这些方法解决简单的财经、管理等实际问题的初步训练，为学生学习财经类、管理类各专业的后续课程和进一步扩大数学知识打好必要的数学基础。

4．概念的引入、例题和习题力图采用与经济、管理类等专业有关的题目，注重数学在经济上的应用，体现经济数学的特点。

5．本书每章有教学目标、本章精要、每节后配有习题，每章后有自测题，书后附有标准正态分布表、χ^2分布表、全书习题的答案与解法提示。

本次再版由贾明斌、娄万东担任主编，由贾明斌负责全书的统稿和审稿，娄万东、宋金丽负责了部分章节的审稿。第1章由山东职业学院宋金丽编写，第2章由山东女子学院季振东、于红编写，第3章由山东职业学院贾明斌编写，第4章由山东水利职业学院石海峰、孔萍编写，第5章由山东英才学院王云霞、谷振涛编写，第6章由山东英才学院娄万东、张晓梅编写，附录由山东职业学院顾鑫盈编写，参加编写的还有山东女子学院的马青。

由于编者水平有限，时间仓促，不妥之处在所难免，衷心希望广大读者批评指正。

编　者

2011年11月

目　录

第1章　函数、极限及应用 1
1.1　函数 1
1.2　经济学中常见的函数 9
1.3　极限的概念 13
1.4　极限的运算 19
1.5　重要极限与无穷小的比较 23
1.6　连续 28
1.7　极限的应用 34
本章内容精要 37
自测题一 39
第2章　导数、微分及导数应用 41
2.1　导数概念 41
2.2　导数的运算 45
2.3　微分 49
2.4　边际与弹性 52
*2.5　中值定理 55
2.6　洛必达法则 57
2.7　函数的单调性与极值 60
2.8　曲线的凹向与拐点 65
2.9　函数图像的描绘 67
2.10　极值的经济应用 69
*2.11　多元函数的微分 73
本章内容精要 78
自测题二 80
第3章　积分及其应用 83
3.1　定积分的概念与性质 83
3.2　不定积分的概念及基本积分公式 89
3.3　定积分与不定积分的关系 93
3.4　换元积分 96
3.5　分部积分与积分表的使用 103
3.6　无限区间的广义积分 106
3.7　定积分的应用 109
本章内容精要 115
自测题三 117

第4章　线性代数……120
4.1　二、三阶行列式……120
4.2　n阶行列式……124
4.3　矩阵的概念及运算……129
4.4　矩阵的初等变换与矩阵的秩……137
4.5　逆矩阵……140
4.6　线性方程组的解法……142
本章内容精要……150
自测题四……151
第5章　概率统计基础……153
5.1　随机事件……153
5.2　随机事件的概率……158
5.3　条件概率与独立性……163
5.4　随机变量及其分布……168
5.5　随机变量的数字特征……178
5.6　样本及分布……185
*5.7　参数估计……188
*5.8　参数的假设检验……192
本章内容精要……195
自测题五……196
第6章　常微分方程……200
6.1　微分方程的基本概念……200
6.2　一阶微分方程……202
6.3　可降阶的二阶微分方程……207
6.4　二阶常系数线性微分方程……210
6.5　微分方程的经济应用……215
本章内容精要……216
自测题六……218
附录Ⅰ　标准正态分布数值表……220
附录Ⅱ　χ^2分布数值表……222
附录Ⅲ　常用积分公式……223
附录Ⅳ　中学数学常用公式……232
参考答案……238
参考文献……251

第 1 章　函数、极限及应用

理解函数的概念、特性，掌握基本初等函数的图像性质；理解分段函数、反函数、复合函数等概念；了解经济学中的常见函数；理解极限、无穷小和无穷大的概念；掌握极限法则和求极限方法；理解函数的连续性概念、性质；会利用极限解决现实中的具体问题——复利与贴现.

函数是高等数学中最重要的概念之一．在数学、自然科学、经济学和管理科学的研究中，函数关系随处可见．极限是深入研究函数和解决各种问题的一种基本思想方法．在本章中，我们将首先从函数概念入手，进而讨论数列和函数的极限、函数的连续性等基本概念，以及它们的一些性质和在经济中的应用．

1.1　函　　数

在中学我们已经学过“函数”，本节仅就其中的一部分作简要的叙述，并作必要的补充．

1.1.1　函数的概念

1. 区间与邻域

（1）区间

区间是数集的一种表示方式.从区间的长度来分，有有限区间和无限区间；从端点是否包括来分，有开区间、闭区间、左开右闭和左闭右开区间．如，$[a,+\infty)$、$(-\infty,b)$、$(-\infty,+\infty)$为无限区间，$[a,b]$、$(a,b]$、(a,b)为有限区间(这里的a,b为实数).端点闭就是数集中包括该点，开就是不包括该点.在这里就不再赘述了．

（2）邻域

邻域也是数集的一种表示方式．设a，δ为两个实数，$\delta>0$，则称满足不等式$|x-a|<\delta$的实数的全体为**点a的δ邻域**．**点a**称为该邻域的中心，δ称为该邻域的**半径**．即**点a的δ邻域**，就是以a为中心以δ为半径的开区间$(a-\delta,a+\delta)$．

若把邻域$(a-\delta,a+\delta)$中的中心点a去掉，就称它为**点a的去心δ邻域**，可表示为$(a-\delta,a)\cup(a,a+\delta)$，或$0<|x-a|<\delta$．

为了方便，有时把开区间$(a-\delta,a)$称为**点a的左δ邻域**，把开区间$(a,a+\delta)$称为**点a的右δ邻域**．

邻域是一个很重要的概念，在以后的学习中会经常遇到.

2. 函数的定义

设x和y是两个变量，D是一个给定的非空数集.若对于每一个数$x\in D$，按照某一确定的对应法则f，变量y总有唯一确定的数值与之对应，则称**y是x的函数**，记作

$$y=f(x)\,,\quad x\in D\,.$$

其中，x称为自变量，y称为因变量；数集D称为函数的定义域，是自变量x的取值范围.

自变量取定义域内某一值时，因变量的对应值叫做函数值.对于给定的函数$y=f(x)$，当函数的定义域D确定后，按照对应法则f，因变量的变化范围也随之确定.函数值的集合叫做函数的**值域**.所以**定义域和对应法则就是确定一个函数的两个要素**.两个函数只有在它们的定义域和对应法则都相同时，才是相同的.

若一个函数仅用一个数学式子给出，函数的定义域通常是指使该式子有意义的自变量的取值范围.但在解决实际问题时，还应结合实际意义来确定函数的定义域.

在上述函数的定义中，规定对于每个$x\in D$，有且仅有y的一个值与之对应；若对于每个$x\in D$，有y的多个值与之对应，则不符合我们上述函数的定义.出现这种情况的函数称为**多值函数**，而符合上述定义的函数称为**单值函数**.以后如果不加特别说明，函数都是指单值函数.

3. 分段函数

常用的表示函数的方法有解析法（或称公式法）、列表法和图像法.其中解析法比较普遍，它是借助于数学式子来表示对应法则的.通常一个函数的解析式是用一个式子来表示的，但有时会遇到一个函数必须用几个式子分别表示，我们把这种**对于自变量的不同取值范围，有不完全相同的对应法则的函数**，称为**分段函数**.

例如，$y=|x|=\begin{cases}x, & x\geqslant 0\\ -x, & x<0\end{cases}$，$f(x)=\begin{cases}1, & 0<x\leqslant 5\\ 0, & x=0\\ -1, & -5<x<0\end{cases}$ 都是分段函数，定义域分别为$(-\infty,+\infty)$和$(-5,5]$.

注意：① 分段函数是一个函数，而不是几个函数；

② 分段函数的定义域是各段定义域的并集.

【例题 1.1】 设$f(x)=\begin{cases}x-2, & 1\leqslant x<3\\ x^2, & 3\leqslant x<5\end{cases}$，求$f(x+1)$.

解：
$$f(x+1)=\begin{cases}(x+1)-2, & 1\leqslant x+1<3\\ (x+1)^2, & 3\leqslant x+1<5\end{cases}$$
$$=\begin{cases}x-1, & 0\leqslant x<2\\ (x+1)^2, & 2\leqslant x<4\end{cases}.$$

【例题 1.2】 A、B两地间的汽车运输，旅客携带行李按下列标准支付运费：不超过10公斤的不收行李费；超过10公斤而不超过25公斤的，每公斤收运费0.50元；超过25公斤而不超过100公斤的，每公斤收运费0.80元.试列出运输行李的运费与行李的重量之间的函数关系式，写出定义域，并求出所带行李分别为16公斤和65公斤的甲乙两旅客各应支付多少运费?

解：设行李重量为 x 公斤，其运费为 y 元.

根据题意有　当 $0 \leqslant x \leqslant 10$ 时，$y=0$；

当 $10<x \leqslant 25$ 时，$y=(x-10)\times 0.5=0.5x-5$；

当 $25<x \leqslant 100$ 时，$y=15\times 0.5+(x-25)\times 0.8=0.8x-12.5$.

故所求函数为：

$$y=f(x)=\begin{cases}0, & 0 \leqslant x \leqslant 10; \\ 0.5x-5, & 10<x \leqslant 25; \\ 0.8x-12.5, & 25<x \leqslant 100.\end{cases}$$

其定义域为 $[0,100]$.

又

$$f(16)=0.5\times 16-5=3,$$
$$f(65)=0.8\times 65-12.5=39.5.$$

即甲和乙两旅客应分别支付运费 3.00 元和 39.50 元.

4. 显函数和隐函数

若函数中的因变量 y 可用自变量 x 的表达式 $y=f(x)$ 直接表示出来，我们称这样的函数为**显函数**. 如，$y=x^2$，$y=2\sin x+5$，$y=\ln x$ 等都是显函数.

若表示函数的两个变量 x,y 是用方程 $F(x,y)=0$ 的形式表示出来，即 x,y 的函数关系隐藏在方程里，我们称这样的函数为**隐函数**. 如方程 $x+y^3-1=0$，对于任意一个 $x\in(-\infty,+\infty)$，y 都有唯一确定的值与之对应，所以 y 是 x 的函数，该函数为隐函数.

说明：① 隐函数也是函数，其定义域是使方程有意义的自变量的取值范围.

② 有的隐函数，可以化为显函数，如上例 $x+y^3-1=0$，可化为 $y=\sqrt[3]{1-x}$；有的隐函数不能化为显函数，如 $xy-e^{x+y}=0$，$x+y=\sin xy+y^3$ 等就不能化为显函数.

1.1.2　函数的几种特性

1. 单调性

设函数 $y=f(x)$，$x\in I$，若对任意两点 $x_1,x_2\in I$，当 $x_1<x_2$ 时，总有（1）$f(x_1)<f(x_2)$，则称函数 $f(x)$ 在 I 上是**单调增加**的，区间 I 称为**单调增加区间**；（2）$f(x_1)>f(x_2)$，则称函数 $f(x)$ 在 I 上是**单调减少**的，区间 I 称为**单调减少区间**.

单调增加的函数和单调减少的函数统称为**单调函数**，单调增加区间和单调减少区间统称为**单调区间**.

单调增加函数的图形是沿 x 轴正向逐渐上升的，如图 1.1 所示；单调减少函数的图形是沿 x 轴正向逐渐下降的，如图 1.2 所示.

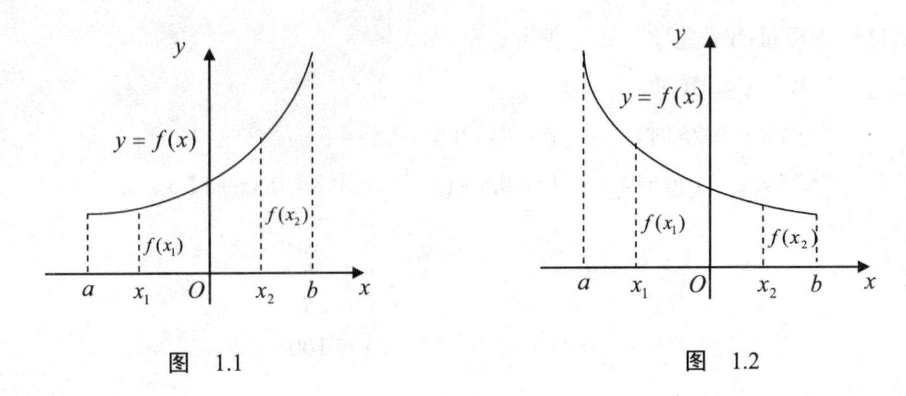

图 1.1　　　　图 1.2

2. 奇偶性

设函数 $y=f(x)$ 的定义域关于原点对称，如果对于定义域内的 x 都有（1）$f(-x)=-f(x)$，则称函数 $f(x)$ 为**奇函数**；（2）$f(-x)=f(x)$，则称函数 $f(x)$ 为**偶函数**. 奇函数的图像关于原点对称；偶函数的图像关于 y 轴对称. 如果函数 $f(x)$ 既不是奇函数也不是偶函数，称为**非奇非偶函数**.

例如，$y=\sin x$，$y=x^3$，$x\in(-\infty,+\infty)$是奇函数；$y=\cos x$，$y=x^2$，$x\in(-\infty,+\infty)$是偶函数.

【例题 1.3】 判断函数 $f(x)=\log_a(x+\sqrt{x^2+1})$ 的奇偶性.

解：函数的定义域为 $D=(-\infty,+\infty)$，又因为

$$f(-x)=\log_a[(-x)+\sqrt{(-x)^2+1}]=\log_a(\sqrt{x^2+1}-x)=\log_a\frac{(x^2+1)-x^2}{\sqrt{x^2+1}+x}$$

$$=\log_a(x+\sqrt{x^2+1})^{-1}=-\log_a(x+\sqrt{x^2+1})=-f(x).$$

所以函数 $f(x)=\log_a(x+\sqrt{x^2+1})$ 是奇函数.

3. 周期性

设函数 $y=f(x)$，$x\in D$，如果存在常数 $T\neq 0$，对任意 $x\in D$，且 $x+T\in D$，$f(x+T)=f(x)$ 恒成立，则称函数 $y=f(x)$ 为**周期函数**，称 T 是它的一个周期，通常函数的周期是指周期中的最小正周期. 例如，周期函数 $y=\sin x$，$y=\cos x$，周期 $T=2\pi$；$y=\tan x$，周期 $T=\pi$；正弦型曲线函数 $y=A\sin(\omega x+\varphi)$ 也是周期函数，周期为 $T=\dfrac{2\pi}{|\omega|}$.

4. 有界性

设函数 $y=f(x)$，$x\in D$，如果存在一个正数 M，使得对任意 $x\in D$，均有 $|f(x)|\leqslant M$ 成立，则称函数 $f(x)$ 在 D 内是有界的；如果这样的 M 不存在，则称函数 $f(x)$ 在 D 内是无界的.

例如，函数 $y=\sin x$，对任意的 $x\in(-\infty,+\infty)$，存在正数 $M=1$，恒有 $|\sin x|\leqslant 1$ 成立，所以函数 $y=\sin x$ 在 $(-\infty,+\infty)$ 内是有界的. 而函数 $y=x^2$，对任意的 $x\in(-\infty,+\infty)$，不存在一个这样的正数 M，使 $|x^2|\leqslant M$ 恒成立，所以函数 $y=x^2$ 在 $(-\infty,+\infty)$ 内是无界的.

说明：有界函数 $y=f(x)$ 的图像夹在 $y=-M$ 和 $y=M$ 两条直线之间.

1.1.3　初等函数

1. 反函数

在函数 $y=f(x)$ 中 x 为自变量，y 是因变量. 然而在同一变化过程中的两个变量究竟哪一个是自变量，哪一个是因变量，并不是绝对的，要视问题的具体要求而定. 例如，在商品销售中，已知某商品的价格为 p，如果想从该商品的销售量 Q 来确定其销售收入 R，则 Q 是自变量，R 是因变量，其函数式为

$$R=pQ \tag{1}$$

相反地，如果要从该商品的销售收入 R 确定销售量 Q，则这时 R 是自变量，Q 是因变量，其函数式为

$$Q=\frac{R}{p} \tag{2}$$

我们称函数（2）是函数（1）的反函数，同样地，函数（1）也是函数（2）的反函数，它们互为反函数.

定义 1.1.1　设函数 $y=f(x)$，$x\in D$，$y\in Z$. 若对于任意一个 $y\in Z$，D 中都有唯一确定的 x 与之对应，这时 x 是以 Z 为定义域的 y 的函数，称它为 $y=f(x)$ 的**反函数**，记作 $x=f^{-1}(y)$，$y\in Z$.

按照习惯，x 表示自变量，y 表示函数. 所以函数 $y=f(x)$ 的**反函数** $x=f^{-1}(y)$，$y\in Z$ 要对调字母 x、y，改写成 $y=f^{-1}(x)$，$x\in Z$.

今后凡不特别说明，函数 $y=f(x)$ 的反函数都是这种改写过的 $y=f^{-1}(x)$，$x\in Z$ 形式.

函数 $y=f(x)$，$x\in D$ 与 $y=f^{-1}(x)$，$x\in Z$ 互为反函数，它们的定义域与值域互换.

在同一直角坐标系下，$y=f(x)$，$x\in D$ 与反函数 $y=f^{-1}(x)$，$x\in Z$ 的图形关于直线 $y=x$ 对称. 例如，函数 $y=3x-2$ 与函数 $y=\dfrac{x+2}{3}$ 互为反函数，如图 1.3 所示；函数 $y=2^x$ 与函数 $y=\log_2 x$ 互为反函数，如图 1.4 所示，它们的图形都是关于直线 $y=x$ 对称的.

定理 1.1（反函数存在定理）　单调函数必有反函数，且单调增加(减少)的函数的反函数也是单调增加（减少）的.

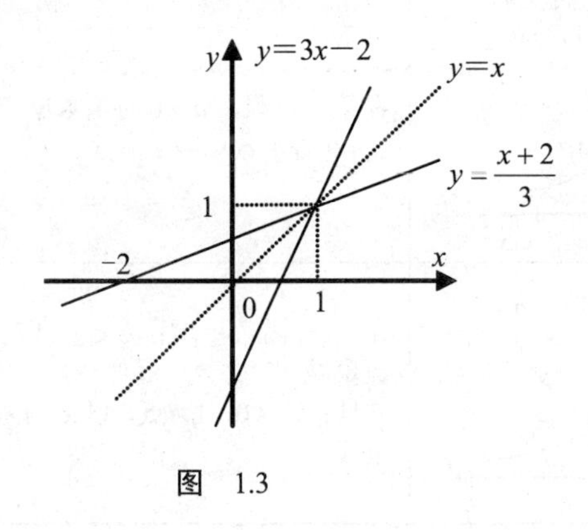

图　1.3

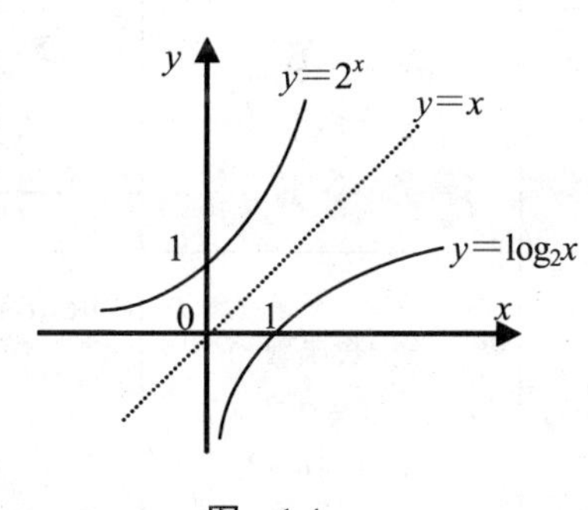

图　1.4

求函数 $y=f(x)$ 的反函数可以按以下步骤进行：

（1）从方程 $y=f(x)$ 中解出唯一的 x，并写成 $x=f^{-1}(y)$；

（2）将 $x=f^{-1}(y)$ 中的字母 x,y 对调，得到函数 $y=f^{-1}(x)$，这就是所求的函数的反函数．

2．复合函数

在经济管理活动和工程技术中，许多函数关系比较复杂．例如，企业的产品利润 L 是产量 Q 的函数，如果产量 Q 与生产过程中各种要素投入量的总和 u 有关，可以通过生产函数 $Q=f(u)$ 表示出来，即 L 是 Q 的函数，而 Q 又是 u 的函数，也可以说，L 通过 Q 是 u 的函数，这种函数就是复合函数．一般地，有以下定义：

定义 1.1.2　假设有两个函数 $y=f(u)$，$u=\varphi(x)$，与 x 对应的 u 值能使 $y=f(u)$ 有定义，将 $u=\varphi(x)$ 代入 $y=f(u)$，得到函数 $y=f(\varphi(x))$．这个新函数 $y=f(\varphi(x))$ 就是由 $y=f(u)$ 和 $u=\varphi(x)$ 经过复合而成的复合函数，称 u 为中间变量．

例如，由 $y=f(u)=\mathrm{e}^u$，$u=\varphi(x)=\cos x$ 可以复合成复合函数 $y=f(\varphi(x))=\mathrm{e}^{\cos x}$．

复合函数不仅可用两个函数复合而成，也可以有多个函数相继进行复合而成．如由 $y=\sqrt{u}$，$u=\mathrm{e}^v$，$v=\sin x$ 可以复合成复合函数 $y=\sqrt{\mathrm{e}^{\sin x}}$．

需要指出，**不是任何两个函数都能复合成复合函数**．由定义易知，只有当 $u=\varphi(x)$ 的值域与 $y=f(u)$ 的定义域的交集非空时，这两个函数才能复合成复合函数．例如函数 $y=\ln u$ 和 $u=-x^2$ 就不能复合成一个复合函数．因为 $u=-x^2$ 的值域为 $(-\infty,0]$，而 $y=\ln u$ 的定义域为 $(0,+\infty)$，显然 $(-\infty,0)\cap(0,+\infty)=\varnothing$，$y=\ln(-x^2)$ 无意义．

3．基本初等函数

我们学过的六类函数：常函数、幂函数、指数函数、对数函数、三角函数、反三角函数统称为**基本初等函数**．

为了便于应用，下面就其图像和性质作简要的复习，参看表1-1．

表1-1　基本初等函数及图像性质

序　号	函　数	图　像	性　质
1	幂函数 $y=x^a$，$a\in R$	y；$a<0$；$a>0$；$(1,1)$；O；x	在第一象限，$a>0$ 时函数单增；$a<0$ 时函数单减．都过点（1，1）
2	指数函数 $y=a^x$ $(a>0$且$a\neq1)$	y；$0<a<1$；$a>1$；1；O；x	$a>1$ 时函数单增；$0<a<1$ 时函数单减． 共性：过（0，1）点，以 x 轴为渐近线

（续　表）

序　号	函　数		图　像	性　质
3	对数函数 $y=\log_a x$ $(a>0且a\neq 1)$		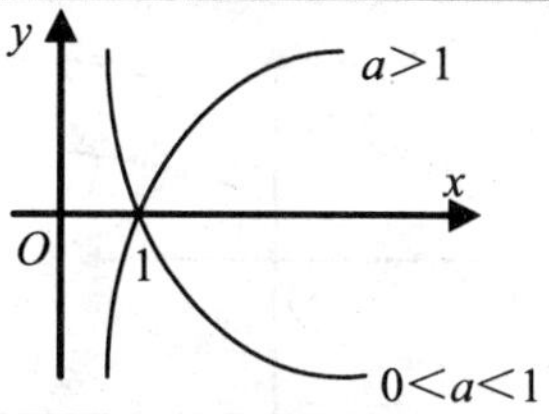	$a>1$ 时函数单增； $0<a<1$ 时函数单减. 共性：过（1，0）点，以 y 轴为渐近线
4	三角函数	正弦函数 $y=\sin x$	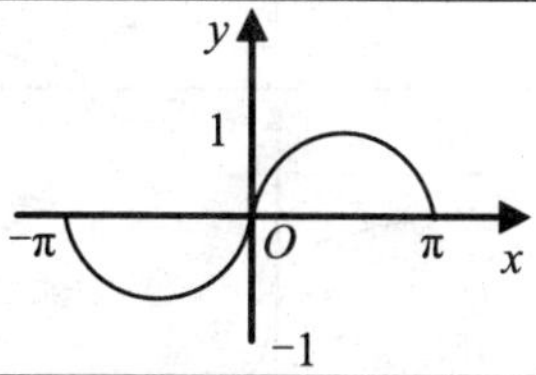	奇函数，周期 $T=2\pi$，有界 $\lvert\sin x\rvert\leqslant 1$
		余弦函数 $y=\cos x$	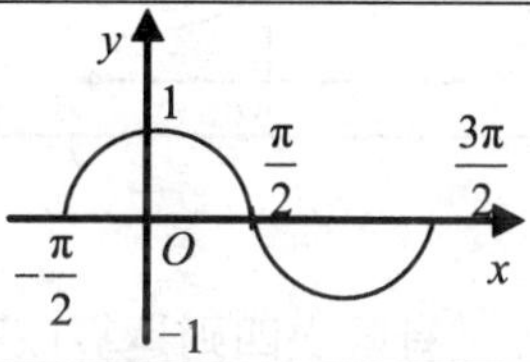	偶函数，周期 $T=2\pi$，有界 $\lvert\cos x\rvert\leqslant 1$
		正切函数 $y=\tan x$	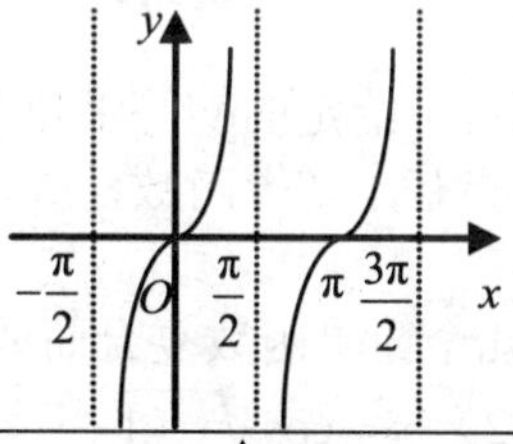	奇函数，周期 $T=\pi$，无界
		余切函数 $y=\cot x$	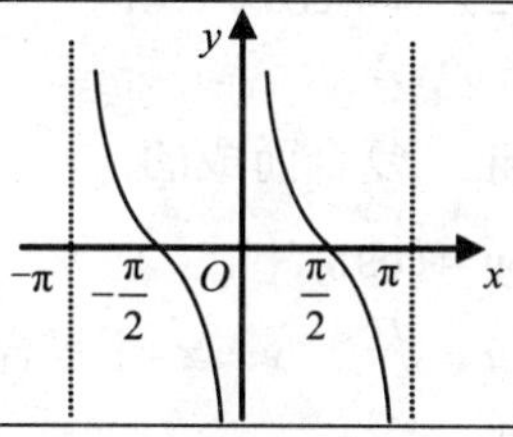	奇函数，周期 $T=\pi$，无界
5	反三角函数	反正弦函数 $y=\arcsin x$	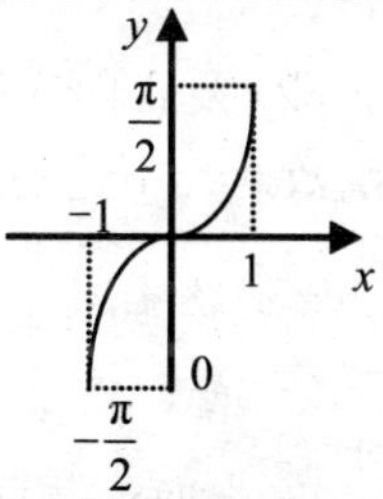	$x\in[-1,1]$，$y\in\left[-\frac{\pi}{2},\frac{\pi}{2}\right]$，奇函数，单调增加，有界
		反余弦函数 $y=\arccos x$	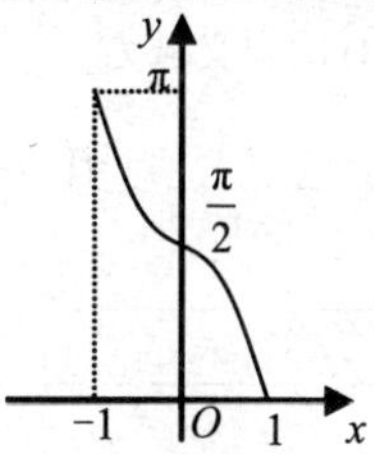	$x\in[-1,1]$，$y\in[0,\pi]$，单调减少，有界

（续　表）

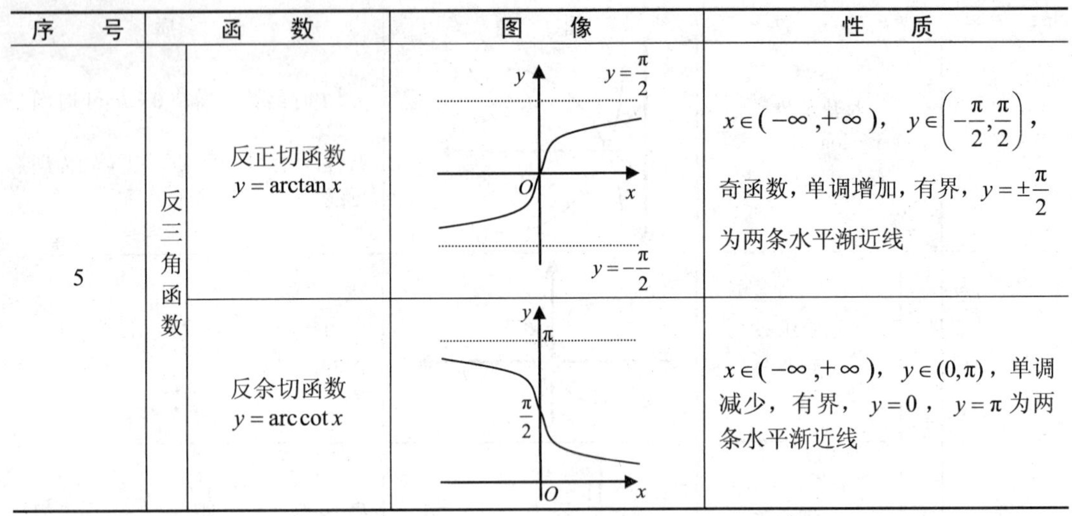

序　号		函　数	图　像	性　质
5	反三角函数	反正切函数 $y=\arctan x$	$y=\frac{\pi}{2}$，$y=-\frac{\pi}{2}$，O，x，y	$x\in(-\infty,+\infty)$，$y\in\left(-\frac{\pi}{2},\frac{\pi}{2}\right)$，奇函数，单调增加，有界，$y=\pm\frac{\pi}{2}$为两条水平渐近线
		反余切函数 $y=\operatorname{arccot} x$	π，$\frac{\pi}{2}$，O，x，y	$x\in(-\infty,+\infty)$，$y\in(0,\pi)$，单调减少，有界，$y=0$，$y=\pi$为两条水平渐近线

4. 初等函数

定义 1.1.3　由基本初等函数经过**有限次四则运算**或**有限次复合**所构成的，并能用**一个式子**表示的函数，称为**初等函数**.

为了研究需要，今后经常要将一个给定的初等函数看成由若干个简单函数经过四则运算或复合而成的形式. 简单函数是指基本初等函数，或由基本初等函数经过有限次四则运算而成的函数.

【例题 1.4】　下列函数是由哪几个简单函数复合而成的？

（1）$y=\ln\sin x$；　　（2）$y=\cos\sqrt{x+1}$；　　（3）$y=\mathrm{e}^{\sin 2x}$.

解：（1）令$u=\sin x$，则$y=\ln u$，

于是$y=\ln\sin x$是由$y=\ln u$，$u=\sin x$复合而成的.

（2）令$v=x+1$，$u=\sqrt{v}$，则$y=\cos u$，

所以$y=\cos\sqrt{x+1}$是由$y=\cos u$，$u=\sqrt{v}$，$v=x+1$复合而成的.

（3）令$v=2x$，$u=\sin v$，则$y=\mathrm{e}^u$，

所以$y=\mathrm{e}^{\sin 2x}$是由$y=\mathrm{e}^u$，$u=\sin v$，$v=2x$复合而成的.

本课程研究的函数，主要是初等函数. 凡不是初等函数的函数，皆称为非初等函数.

习 题 1.1

一、填空题

1．函数$y=\sqrt{2x+1}$的定义域是________，$y=\ln(x^2-4)$的定义域是________.

2．设$y=f(x),x\in[1,3)$，则$y=f(2x-1)$的定义域为____________.

3．设$f(x)=\begin{cases}x^2, & x<0\\ 1-x, & x\geqslant 0\end{cases}$，则$f(-2)=$_______，$f[f(-2)]=$___________.

4．函数$y=1-x^2(x<0)$的反函数为________________.

5．函数$y=\ln(\arcsin\mathrm{e}^x)$是由__________、___________、___________复合而成的.

二、求下列函数的定义域

1. $y=\sqrt{x-2}+\frac{1}{x^2-9}$；　　2. $y=\sqrt{\frac{1+x}{1-x}}$；

3. $y=\ln(1-x)+\sqrt{x+2}$；　　4. $y=\arcsin\frac{x-1}{2}$.

三、确定下列函数的奇偶性

1. $f(x)=x^2\sin x$；　　2. $f(x)=3x^2-\cos x$；　　3. $f(x)=\ln\frac{1-x}{1+x}$.

四、下列函数是由哪几个简单函数复合而成的

1. $y=\sin x^3$；　　2. $y=\arccos\frac{1}{x}$；　　3. $y=\cos\sqrt{x}$；

4. $y=\ln\tan 3x$；　　5. $y=\sin^2(1+2x)$；　　6. $y=(3+x+2x^2)^3$；

7. $y=\sqrt{\ln 2x}$；　　8. $y=\mathrm{e}^{-x^2}$.

五、求下列函数的反函数

1. $y=\frac{1-x}{1+x}$；　　2. $y=3+\ln(x+1)$；　　3. $y=\sqrt[3]{2x-1}$.

六、一台机器的价值是 50 万元，如果每年的折旧率为 4.5%（即每年减少它的价值的 4.5%），经过 n 年后机器的价值是 Q 万元．试写出 Q 与 n 的函数关系式．

1.2　经济学中常见的函数

1.2.1　需求函数与供给函数

1. 需求函数

在经济学中，**需求**是指在一定价格条件下，消费者愿意并且有支付能力购买的商品数量．消费者对某种商品的需求是由多种因素决定的，其中商品的价格是影响需求的一个主要因素．假设其他条件不变（如消费者的收入、偏好以及其它替代商品的价格等），把商品的需求量 Q 仅看成是其价格 p 的函数，这个函数就称为**需求函数**．记作

$$Q=f(p)\qquad (p\geqslant 0).$$

从需求的特征来看，**需求函数一般是减函数**：商品的价格低，则需求量大；商品的价格高，则需求量小．需求函数的图像，称为需求曲线，需求曲线是单调下降的．

常用的需求函数有如下几种：

（1）线性函数

$$Q=a-bp\qquad (a,\ b>0).$$

（2）二次函数(抛物线型)

$$Q=a-bp-cp^2\qquad (a>0,\ b\geqslant 0,\ c>0).$$

（3）指数函数

$$Q=A\mathrm{e}^{-bp}\qquad (A>0,\ b>0).$$

（4）幂函数

$$Q=AP^{-\alpha}\qquad (A>0,\ \alpha>0).$$

对具体问题，可根据实际情况确定需求函数的类型及其中的参数．

在经济学中，需求函数常以反函数的形式 $p=f^{-1}(Q)$ 给出，需求函数的反函数也称为需求函数，有时也称为价格函数.

【例题 1.5】 市场上售出的某种衬衫的件数 Q 是价格 p 的线性函数. 当价格 p 为 50 元一件时可售出 1 500 件；当价格 p 为 60 元一件时，可售出 1 200 件. 试确定需求函数和价格函数.

解： 设需求线性函数为 $Q=a-bp\ (a,\ b>0)$.

根据题意，有

$$\begin{cases}1\,500=a-50b\\1\,200=a-60b\end{cases}，解之得 a=3\,000,\ b=30 .$$

于是所求需求函数为

$$Q=3\,000-30p .$$

从而得其价格函数为

$$p=100-\frac{Q}{30} .$$

2. 供给函数

在经济学中，**供给**是指在一定价格条件下，商品生产者或企业愿意并能够出售的商品数量. 供给也是由多种因素决定的，其中，最主要的也是商品的自身价格. 因此，在分析时，通常假定其他条件（如生产中的投入成本、技术状况、卖者对其他商品及未来的价格的预测等）保持不变，把供给量 Q 仅看做是价格 p 的函数，这个函数称为**供给函数**. 记作：

$$Q=g(p)\qquad (p>0) .$$

从供给的特征来看：商品的价格低，生产者不愿生产(或者企业不愿供给商品)，供给就少；商品的价格高，生产者愿意生产(或者企业愿意供给商品)，则供给多. 因此，**供给函数一般为单调递增函数**. 供给函数的反函数 $p=g^{-1}(Q)$ 也称为供给函数. 供给函数的图像，称为供给曲线. 供给曲线是单调上升的.

常用的供给函数有如下几种类型：

（1）线性函数

$$Q=-c+dp\qquad (c>0,\ d>0) .$$

（2）二次函数

$$Q=-a+bp+cp^2\qquad (a>0,\ b\geqslant 0,\ c>0) .$$

（3）指数函数

$$Q=A\mathrm{e}^{kp}-B\qquad (A>0,\ B>A,\ k>0) .$$

供给函数的形式很多，它与市场组织、市场状况及成本函数有密切关系.

当市场上的**需求量与供给量相等**时，需求关系与供给关系之间达到某种均衡，这时的商品价格和需求量（或供给量）分别称为**均衡价格**和**均衡数量**. 假设需求曲线 $Q_d=f(p)$ 和供给曲线 $Q_s=g(p)$ 的交点为 $(\overline{p},\overline{Q})$，则 $\overline{p}$，$\overline{Q}$ 分别是均衡价格和均衡数量. 该点 $(\overline{p},\overline{Q})$ 称为**均衡点**.

【例题 1.6】 设某商品的需求函数为 $Q_d=53-2p^2$，供给函数为 $Q_s=p-2$. 试确定该商品的均衡价格、均衡数量.

解： 由供需均衡条件 $Q_d=Q_s$ 可得

$$53-2p^2=p-2$$

解得　$p_1=-5.5$ (价格一般不取负值，故舍去)，$p_2=5$

所以该商品的均衡价格为 $\overline{p}=5$，由此得均衡数量为 $\overline{Q}=3$．

该商品的均衡点是(5,3)，如图 1.5 所示．当价格低于 5 时需求大于供给；当价格高于 5 时，供给大于需求．

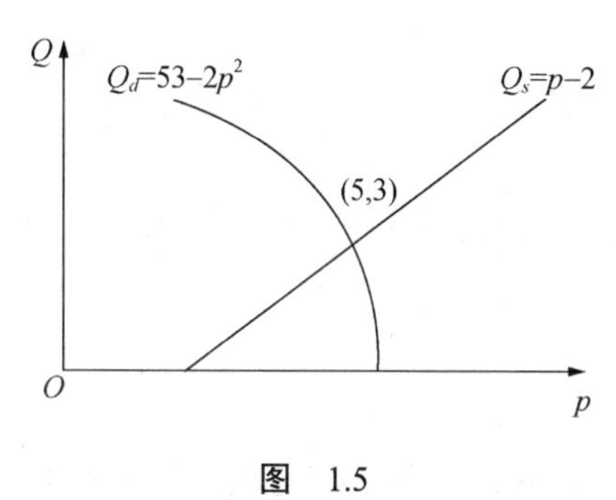

图　1.5

【例题 1.7】　设某商品的需求函数与供给函数分别由方程 $6Q+8p=125$ 和 $2Q-5p=-12$ 确定．

（1）求该商品的均衡点；

（2）写出需求函数 $Q_d(p)$，供给函数 $Q_s(p)$．

解：（1）解方程组 $\begin{cases}6Q+8p=125\\2Q-5p=-12\end{cases}$，得 $p=7$，$Q=\dfrac{23}{2}$ 即该商品的均衡点为 $\left(7,\dfrac{23}{2}\right)$．

（2）由 $6Q+8p=125$ 解得需求函数为 $Q=Q_d(p)=\dfrac{125-8P}{6}$．

由 $2Q-5p=-12$ 解得供给函数为 $Q=Q_s(p)=\dfrac{5p-12}{2}$．

1.2.2　收益函数

总收益是指生产者出售一定数量的产品所得到的全部收入，用 R 表示．收益与产品的价格及销售数量有关．当产品的单位售价为 p，销售量为 Q 时，总收益函数为

$$R=pQ.$$

为处理方便，常常假定产销平衡，其含义是供应量、需求量、销售量是统一的．这时，若已知该商品的需求函数为 $Q=f(p)$，则易知 $p=f^{-1}(Q)$，从而总收益函数可以表示为

$$R=R(Q)=QP=Qf^{-1}(Q).$$

【例题 1.8】　某药厂生产某种药品，年产量为 Q 万瓶，每瓶售价 2 元．该厂每年的自销量稳定在 50 万瓶，如果委托代销，销售量可上升 20%，但销售量达 60 万瓶时而呈饱和状态．如果代销费为代销部分药价的 40%，试将总收益 R（万元）表示为年产量 Q（万瓶）的函数．

解：（1）当 $0\leqslant Q\leqslant 50$ 时，生产的药品可全部自销售出，此时

$$R=R(Q)=2Q$$

（2）当 $50<Q\leqslant 60$ 时，通过委托代销，可全部售出，扣除代销费 $2\times 40\%(Q-50)$，此时

$$R=R(Q)=2Q-2\times 40\%(Q-50)=1.2Q+40$$

（3）当 $Q>60$ 时，即使委托代销，也只能售出 60 万瓶，此时

$$R=R(Q)=1.2\times 60+40=112.$$

综合（1）（2）（3）得到总收益R与年产量Q的函数关系式为：

$$R=R(Q)=\begin{cases}2Q, & 0\leqslant Q\leqslant 50\\ 1.2Q+40, & 50<Q\leqslant 60\\ 112, & Q>60\end{cases}.$$

平均收益是指销售一定量的商品时，每单位商品所得的平均收入，即每单位商品的售价．平均收益函数记作AR，即

$$AR=\frac{\text{总收益}}{\text{销量}}=\frac{R(Q)}{Q}=f^{-1}(Q)=p\ .$$

1.2.3 成本函数

讲到收益，不能不提成本，它们往往是密切联系的．**总成本**是指生产一定数量的产品所耗费的经济资源或费用的总和．根据成本与产量的关系，一般总成本可分为固定成本与可变成本两部分．固定成本是指与产量无关的成本，如设备维修费、场地租赁费等，用C_0表示．可变成本随产量的变化而变化，如原材料费、动力费等，记作$C_1(Q)$（Q为产量）．从而，总成本C可表示为

$$C=C(Q)=C_0+C_1(Q)\qquad (Q\geqslant 0).$$

平均成本是指在总产量为Q时平均每个单位产品的成本，记作AC．按平均成本的含义，应有

$$AC=\frac{C(Q)}{Q}\qquad (Q>0)\ .$$

【例题 1.9】 如果已知某产品的成本C是产量Q的线性函数，而当$Q=2\ 000$时，$C=9\ 000$；当$Q=4\ 400$时，$C=12\ 600$．求当$Q=5\ 600$时的成本是多少？

解：设总成本函数为$C=C_0+kQ$

由题意有 $$k=\frac{12\ 600-9\ 000}{4\ 400-2\ 000}=1.5\ .$$

所以 $$C_0=9\ 000-1.5\times 2\ 000=6\ 000\ .$$

即成本函数为 $$C=C(Q)=6\ 000+1.5Q\ .$$

当$Q=5\ 600$时，成本为$C(5\ 600)=6\ 000+1.5\times 5\ 600=14\ 400$．

1.2.4 利润函数

利润是一个企业所追求的主要目标之一．一般地，总利润记为L．**总利润**是总收益与总成本之差，显然总利润是产量(或销售量)Q的函数．即

$$L=L(Q)=R(Q)-C(Q)\qquad (Q\geqslant 0)$$

【例题 1.10】 设某产品的价格函数是$p=60-\dfrac{Q}{1\ 000}$ $(Q\geqslant 10\ 000)$，其中p为价格（元），Q为产品的销售量．又设产品的固定成本为60 000元，变动成本为20元/件．

求：（1）成本函数；（2）收益函数；（3）利润函数．

解：（1）成本函数为$C(Q)=C_0+C_1(Q)=60\ 000+20Q$

（2）收益函数为 $R(Q)=p\cdot Q=60Q-\dfrac{Q^2}{1\,000}$

（3）利润函数为 $L(Q)=R(Q)-C(Q)==-\dfrac{Q^2}{1\,000}+40Q-60\,000$.

习题 1.2

一、填空题

1．假设某种产品的供给函数和需求函数分别为 $Q_S(p)=12p-4$ ，$Q_d(p)=8-4p$. 则该产品的均衡价格为________，均衡数量为________，均衡点是________.

2．某工厂生产某产品，每日最多生产 100 单位．它的日固定成本为 130 元，生产一个单位产品的可变成本为 6 元．则该厂日总成本函数为________，平均成本函数为________.

3．若需求函数由 $p+Q=1$ 给出，则总收益函数为________；若出售 $\dfrac{1}{2}$ 单位，则其价格为________；若出售 $\dfrac{1}{3}$ 单位，则总收益为________.

4．某厂生产某种产品的总成本函数与总收益函数分别为 $C(Q)=5Q+200$ 和 $R(Q)=10Q-0.01Q^2$，则利润 L 与产量 Q 的函数关系为________.

二、计算题

1．某种型号的数码相机的供给量 Q 是价格 p 的线性函数．当价格为 4 000 元时，有 40 000 架投放市场，当价格为 5 000 元时，有 80 000 架投放市场．试写出该种型号的数码相机的供给函数，并作出供给函数的图形．

2．假设某种产品的供求规律分别由下列方程 $Q-6p=-12$ 和 $Q+2p=40$ 给出．试求：

（1）该产品的均衡价格和均衡数量；

（2）供给函数 $Q_S(p)$，需求函数 $Q_d(p)$，供给反函数 $p_S(Q)$，需求反函数 $p_d(Q)$.

3．假设生产和销售某产品的收益 R 是产量 Q 的二次函数．经统计得知，当产量 Q 分别为 0，2，4 时，总收入 R 分别为 0 万元、6 万元、8 万元．试确定 R 与 Q 之间的函数关系．

4．某工厂的某产品，年产量为 Q 台，每台售价为 100 元，当年产量超过 800 台，超过的部分只能以 9 折的价格销售，这样可以多售出 200 台．再多生产，无法售出．试写出本年的收益函数．

5．在公路运输中规定每千克每千米的运价为：在 50 千米之内（包括 50 千米），每千米为 k 元，超过 50 千米，每增加 1 千米为 $\dfrac{4}{5}k$ 元．试写出总运费 y（元）和运程 s（千米）之间的函数关系．

6. 某工厂生产某产品年产量为 Q 台，每台售价为 250 元，当年产量在 600 台以内时，可以全部售出，当年产量超过 600 台时，经广告宣传后又可以再多售出 200 台，每台平均广告费 20 元，生产再多，本年就销售不出去了．试确定本年的销售总收入 R 与年产量 Q 的关系．

7．已知某产品的需求函数为 $Q=60-2.5p$ ，求：

（1）总收益函数及生产 10 个单位产品时的总收益；

（2）平均收益函数及生产 10 个单位产品时的平均收益．

1.3　极限的概念

极限是高等数学的最基本概念，为了便于理解极限的概念，我们从讨论一种简单的数列极限入手，进而讨论函数的极限．

1.3.1 数列的极限

1. 极限思想

我国古代杰出的数学家刘徽为了定义和计算圆的周长，首先作圆内接正六边形；然后平分每边所对的弧，再作圆内接正十二边形．用同样的方法，依次作圆内接正二十四边形、正四十八边形……对圆内接正多边形很容易计算其周长，这样每一个内接正多边形的周长，都对应着一个实数，从而可以得到一列相关联的实数．刘徽说："割之弥细，所失弥少，割之又割，以至于不可割，则与圆体无所失矣．"即是讲，当内接正多边形的边数无限增加时，这一系列圆内接正多边形的"极限"位置就是圆周．

刘徽的割圆术给我们一个重要启示：圆的周长最初是未知的，通过与未知有联系的一列数——圆内接正多边形的周长，在无限的过程中，化未知为已知．这一思想正是我们所要介绍的极限的基本思想．

2. 数列的极限

按照一定次序排列的一列数称为数列，记作$\{y_n\}$，其中y_n称为数列的一般项或通项，n为正整数，称为下标．

写出下列数列的各项，并观察其变化趋势．

（1）$\left\{\frac{1}{n}\right\}:1$，$\frac{1}{2}$，$\frac{1}{3}$，…，$\frac{1}{n}$…，随着$n$取值的逐渐增大，$y_n=\frac{1}{n}$的取值越来越小，并逐渐逼近于零；

（2）$\left\{\frac{1+(-1)^{n-1}}{n}\right\}:2$，$0$，$\frac{2}{3}$，$0$，$\frac{2}{5}$，$0$，…，$\frac{1+(-1)^{n-1}}{n}$，…，随着$n$取值的逐渐增大，当$n$取奇数值时，其值越来越小，并向零靠近，当$n$取偶数值时，其值均为零；

（3）$\{(-1)^n\}:-1$，1，-1，1，…，$(-1)^n$，…，随着n取值的逐渐增大，$y_n=(-1)^n$总是在1和-1之间跳跃；

（4）$\{n^2\}:1$，4，9，16，…，n^2，…，随着n取值的逐渐增大，$y_n=n^2$的取值是越来越大；

（5）$\{\sin n\}:\sin 1$，$\sin 2$，$\sin 3$，…，$\sin n$，…，随着n取值的逐渐增大，$y_n=\sin n$在区间$[-1,1]$内取值，而不是趋向于某一个定值．

对于数列$\{y_n\}$，随着n值的增大，若y_n逐渐接近于某一个固定常数，我们就说它的极限存在，否则就说它没有极限，或者说极限不存在．

定义 1.3.1 设有数列$\{y_n\}$，如果存在一个常数A，当n无限增大（记为$n\to\infty$，读作n趋向于无穷大）时，y_n无限地接近于A，则**称当$n\to\infty$时数列$\{y_n\}$以A为极限**．记作

$$\lim_{n\to\infty} y_n=A \quad 或 \quad y_n\to A(n\to\infty).$$

如果一个数列有极限，则称这个数列是**收敛**的，否则称这个数列是**发散**的．

说明：常数A是唯一的，否则极限不存在．

上述数列中，（1），（2）两数列是收敛的，且$\lim_{n\to\infty}\frac{1}{n}=0$，$\lim_{n\to\infty}\frac{1+(-1)^n}{n}=0$；（3），（4），（5）三数列是发散的，即极限$\lim_{n\to\infty}(-1)^n$，$\lim_{n\to\infty}n^2$，$\lim_{n\to\infty}\sin n$不存在．极限$\lim_{n\to\infty}n^2$是趋于无穷

大而不存在，也可记为$\lim\limits_{n\to\infty} n^2 = \infty$.

【例题 1.11】 讨论下列数列的极限情况.

（1）$y_n = (-1)^{n-1}\dfrac{1}{n}$；　　　　（2）$y_n = \sqrt{n+1} - \sqrt{n}$.

解：（1）当n为奇数时，y_n为一正数，当n为偶数时，y_n为一负数. 当n越来越大时，$|y_n|$越来越小，当$n\to\infty$时，y_n与常数0无限接近，所以数列$\{y_n\}$的极限是0，即

$$\lim_{n\to\infty} y_n = \lim_{n\to\infty}(-1)^n\frac{1}{n} = 0.$$

（2）因为$y_n = \sqrt{n+1} - \sqrt{n} = \dfrac{1}{\sqrt{n+1}+\sqrt{n}}$，由观察可知，

当$n\to\infty$时，分母$\sqrt{n+1}+\sqrt{n}\to\infty$，分子为常数 1，所以$\dfrac{1}{\sqrt{n+1}+\sqrt{n}}\to 0$，即

$$\lim_{n\to\infty}(\sqrt{n+1}-\sqrt{n}) = \lim_{n\to\infty}\frac{1}{\sqrt{n+1}+\sqrt{n}} = 0.$$

1.3.2　函数的极限

1. 当x的绝对值无限增大（记为$x\to\infty$）时，函数$f(x)$的极限

数列可以看做是定义在正整数集Z^+上的函数$y_n = f(n)$，通常称之为**下标函数**. 所以我们就可以从数列极限的定义推出，$x\to\infty$时，函数$y = f(x)$的极限的定义.

定义 1.3.2　设函数$y = f(x)$，如果存在一个常数A，当x的绝对值无限增大时，函数$f(x)$无限趋近于A，则称**当$x\to\infty$时，函数$f(x)$以A为极限**. 记作：

$$\lim_{x\to\infty} f(x) = A \quad 或 \quad f(x)\to A(x\to\infty).$$

这里$x\to\infty$，指的是x是沿着x轴向正负两个方向趋向于无穷的. x取正值且无限增大，记为$x\to+\infty$，读作x趋向于正的无穷大；x取负值且绝对值无限增大，记为$x\to-\infty$，读作x趋向于负的无穷大.

【例题 1.12】 讨论极限$\lim\limits_{x\to\infty}\dfrac{1}{x}$.

解：作出$y=\dfrac{1}{x}$的图形，如图 1.6，当$x\to+\infty$及$x\to-\infty$时，函数$y=\dfrac{1}{x}$的值都无限地接近于 0，所以$\lim\limits_{x\to\infty}\dfrac{1}{x} = 0$.

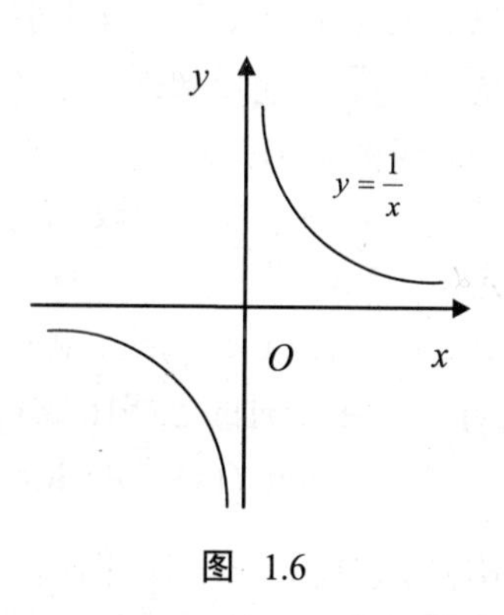

图 1.6

在一些实际问题中，有时只需要考察当$x\to+\infty$或$x\to-\infty$时函数$f(x)$的极限情况，所以我们给出如下定义：

定义 1.3.3　设函数$y = f(x)$，如果存在一个常数A，当$x\to+\infty$（$x\to-\infty$）时，函数$f(x)$无限趋近于A，则称当$x\to+\infty$（$x\to-\infty$）时，函数$f(x)$以A为极限. 记作：

$$\lim_{x\to+\infty} f(x) = A \quad（\lim_{x\to-\infty} f(x) = A）$$

或 $$f(x)\to A(x\to+\infty)\ (\ f(x)\to A(x\to-\infty)\ ).$$

注意：（1）$\lim\limits_{x\to\infty}f(x)=A \Leftrightarrow \lim\limits_{x\to+\infty}f(x)=\lim\limits_{x\to-\infty}f(x)=A$；

（2）当 $\lim\limits_{x\to+\infty}f(x)=A, \lim\limits_{x\to-\infty}f(x)=B$，且 $A\neq B$ 或 A，B 中至少有一个不存在时，极限 $\lim\limits_{x\to\infty}f(x)$ 不存在.

例如，$\lim\limits_{x\to+\infty}\arctan x=\dfrac{\pi}{2}, \lim\limits_{x\to-\infty}\arctan x=-\dfrac{\pi}{2}$，所以 $\lim\limits_{x\to\infty}\arctan x$ 不存在.

2. 当 $x\to x_0$（读作 x 趋近于 x_0）时，函数 $f(x)$ 的极限

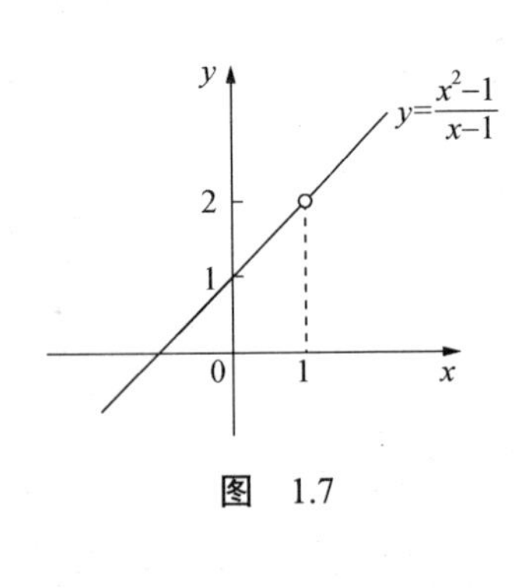

图 1.7

（1）当 $x\to x_0$ 时，函数 $f(x)$ 的极限

首先我们考察函数 $f(x)=\dfrac{x^2-1}{x-1}$，当 $x\to1$ 时的变化情况．因为当 $x=1$ 时，函数没有意义，而当 $x\neq1$ 时，$f(x)=\dfrac{x^2-1}{x-1}=x+1$，如图 1.7 所示. 不难看出，当 $x\to1(x\neq1)$ 时，函数 $f(x)$ 无限趋近于 2. 我们称 $x\to1$ 时 $f(x)=\dfrac{x^2-1}{x-1}$ 以 2 为极限.

一般地，有如下定义：

定义 1.3.4 设函数 $y=f(x)$ 在点 x_0 的某邻域内有定义(但在 x_0 点可以没有定义)，如果存在一个常数 A，当 x 无限趋近于 x_0 (但 $x\neq x_0$)时，函数 $f(x)$ 无限趋近于 A，则称**当 $x\to x_0$ 时，函数 $f(x)$ 以 A 为极限**. 记作：

$$\lim_{x\to x_0}f(x)=A \quad 或 \quad f(x)\to A(x\to x_0).$$

这里 $x\to x_0$，指的是 x 是以任意方式趋近于 x_0 的. 当 x 从大于 x_0 的方向趋近于 x_0 时，记作 $x\to x_0^+$；当 x 从小于 x_0 的方向趋近于 x_0 时，记作 $x\to x_0^-$. 但在许多问题中，我们只能或只需考虑 x 从大于 x_0 (或小于 x_0)的方向趋近于 x_0 时，函数 $f(x)$ 的变化趋势. 例如，对函数 $y=\sqrt{x}$，如果要考察 x 趋近于 0 时的变化趋势，只能考虑 x 从点 0 的右侧（$x>0$）趋近于 0 时的情形. 因而，有必要引入左极限与右极限的概念.

（2）当 $x\to x_0$ 时，函数 $f(x)$ 的左极限与右极限

定义 1.3.5 设函数 $y=f(x)$ 在点 x_0 的左邻域(或右邻域)有定义，如果存在一个常数 A，当 x 从 x_0 的左侧($x<x_0$)或右侧($x>x_0$)趋近于 x_0 时，函数 $f(x)$ 无限趋近于 A，则称 A 为函数 $f(x)$ 当 $x\to x_0$ 时的**左极限或右极限**. 记作：

$$\lim_{x\to x_0^-}f(x)=A\ (\lim_{x\to x_0^+}f(x)=A)\ 或\ f(x_0-0)=A\ (\ f(x_0+0)=A).$$

函数 $f(x)$ 当 $x\to x_0$ 时的极限与它在 x_0 处的左右极限之间有如下关系：

定理 1.2 极限 $\lim\limits_{x\to x_0}f(x)$ 存在且等于 A 的**充分必要条件**是左极限 $\lim\limits_{x\to x_0^-}f(x)$ 与右极限 $\lim\limits_{x\to x_0^+}f(x)$ 都存在且等于 A. 即

$$\lim_{x\to x_0}f(x)=A \Leftrightarrow \lim_{x\to x_0^-}f(x)=\lim_{x\to x_0^+}f(x)=A.$$

【例题 1.13】 设 $f(x)=\begin{cases} x, & x \leqslant 1 \\ 2x+1, & x>1 \end{cases}$，试讨论极限 $\lim\limits_{x \to 1} f(x)$.

解：因为

$$\lim_{x \to 1^-} f(x) = \lim_{x \to 1^-} x = 1$$

$$\lim_{x \to 1^+} f(x) = \lim_{x \to 1^+} (2x+1) = 3$$

$$\lim_{x \to 1^-} f(x) \neq \lim_{x \to 1^+} f(x)$$

所以极限 $\lim\limits_{x \to 1} f(x)$ 不存在.

【例题 1.14】 函数 $f(x)=2^{\frac{1}{x}}$ 在 $x=0$ 处的极限是否存在?

解：因为 $\lim\limits_{x \to 0^-} \dfrac{1}{x}=-\infty$，而 $\lim\limits_{x \to 0^+} \dfrac{1}{x}=+\infty$，又 $\lim\limits_{u \to -\infty} 2^u=0$，而 $\lim\limits_{u \to +\infty} 2^u=+\infty$，

即
$$\lim_{x \to 0^-} 2^{\frac{1}{x}}=0 \neq \lim_{x \to 0^+} 2^{\frac{1}{x}}=+\infty,$$

所以极限 $\lim\limits_{x \to 0} 2^{\frac{1}{x}}$ 不存在.

1.3.3　无穷小与无穷大

1. 无穷小

在有极限的变量中，有一类变量会经常遇到，也特别重要，那就是无穷小量.

定义 1.3.6　极限为零的变量称为无穷小量，简称**无穷小**. 即在自变量的某一变化过程中，变量 y 的极限值是 0，则称变量 y 为在该变化过程中的无穷小.

例如，因为 $\lim\limits_{x \to 0} x^2=0$，所以当 $x \to 0$ 时，变量 $y=x^2$ 为无穷小；因为 $\lim\limits_{x \to \infty} \dfrac{1}{x^2}=0$，所以当 $x \to \infty$ 时，变量 $y=\dfrac{1}{x^2}$ 为无穷小；因为 $\lim\limits_{x \to 1}(x-1)=0$，所以当 $x \to 1$ 时，变量 $y=x-1$ 为无穷小.

注意：

(1) 一个变量是否为无穷小，除了与变量本身有关外，还与自变量的变化趋势有关. 如上例，变量 $y=x-1$，当 $x \to 1$ 时为无穷小；而当 $x \to 2$ 时，$y \to 1$，极限是一个常数. 因而，不能笼统地称某一变量为无穷小，必须明确指出变量在何种变化过程中是无穷小.

(2) 在实数中，因为 0 的极限是 0，所以数 0 是无穷小，除此之外，即使绝对值很小很小的常数也不能认为是无穷小.

2. 无穷大

定义 1.3.7　在自变量的某一变化过程中，变量 y 的绝对值无限增大，则称变量 y 为在该变化过程中的无穷大量，简称**无穷大**. 记作

$$\lim y=\infty \quad 或 \quad y \to \infty.$$

例如，当 $x \to 0$ 时，$\left|\dfrac{1}{x}\right|$ 无限增大，所以 $\dfrac{1}{x}$ 是 $x \to 0$ 时的无穷大，即 $\lim\limits_{x \to 0} \dfrac{1}{x}=\infty$.

注意：(1) 无穷大是一个变量，不能把一个绝对值很大的常数说成无穷大. 因为再大

的常数极限也是它本身.

（2）一个变量是否为无穷大，与自变量的变化过程有关. 与无穷小类似，不能笼统地说某一变量为无穷大，必须明确指出变量在何种变化过程中是无穷大.

从上面的例子中我们不难看出，在自变量的某种变化趋势下，无穷小与无穷大之间存在着非常密切的关系：

在同一变化过程中，无穷大的倒数是无穷小，非零的无穷小的倒数是无穷大.

3. 无穷小的运算法则

由无穷小的定义可以推得下述无穷小的运算法则：

法则 对同一变化过程中的无穷小与有界函数，则

（1）两个无穷小的代数和仍是无穷小；

（2）无穷小与有界函数的乘积是无穷小；

（3）两个无穷小的乘积是无穷小。

例如，当 $x\to 0$ 时，x 为无穷小，而 $\sin\frac{1}{x}$ 为有界函数，即 $\left|\sin\frac{1}{x}\right|\leqslant 1$，所以 $x\sin\frac{1}{x}$ 也是无穷小，故 $\lim\limits_{x\to 0}x\sin\frac{1}{x}=0$.

习 题 1.3

一、填空题

1. $\lim\limits_{n\to\infty}\frac{(-1)^n}{n}=$______；　2. $\lim\limits_{n\to\infty}\frac{n}{n^2+1}=$______；　3. $\lim\limits_{n\to\infty}\frac{n^2}{n^2+1}=$______；

4. $\lim\limits_{x\to 1}c$ （c为常数）=______；　5. $\lim\limits_{x\to 0}\frac{x}{x}=$______；　6. $\lim\limits_{x\to 0}\frac{|x|}{x}$______；

7. $\lim\limits_{x\to 0^-}\arctan\frac{1}{x}=$______；　8. $\lim\limits_{x\to 0^+}\arctan\frac{1}{x}=$______；　9. $\lim\limits_{x\to 0}\arctan\frac{1}{x}=$______；

10. 当 $x\to$____或____时，$f(x)=\frac{x}{x^2-4}$ 是无穷小；当 $x\to$____或____时，$f(x)=\frac{x}{x^2-4}$ 是无穷大.

二、选择题

1. 下列数列中当 $n\to\infty$ 时极限为零的是（　　）.

（A）$y_n=\sqrt[n]{0.001}$　　（B）$y_n=(-1)^n\frac{n}{n+1}$

（C）$y_n=(-1)^n\frac{1}{n}$　　（D）$y_n=\begin{cases}\frac{1}{n}, & n\text{为奇数}\\ 1, & n\text{为偶数}\end{cases}$

2. 极限 $\lim\limits_{x\to\infty}f(x)$ 存在的充分必要条件是（　　）.

（A）$\lim\limits_{x\to+\infty}f(x)$ 存在　　（B）$\lim\limits_{x\to-\infty}f(x)$ 存在

（C）$\lim\limits_{x\to+\infty}f(x)$ 与 $\lim\limits_{x\to-\infty}f(x)$ 都存在　　（D）$\lim\limits_{x\to+\infty}f(x)$ 与 $\lim\limits_{x\to-\infty}f(x)$ 都存在且相等

3. 设函数 $f(x)=\frac{|x+1|}{x+1}$，则 $\lim\limits_{x\to -1}f(x)$ 是 （　　）.

（A）等于1　（B）等于-1　（C）等于±1　（D）不存在

4. 下列极限存在的有（　　）.

（A）$\lim\limits_{x\to\infty}\dfrac{x^2}{\sqrt{x^4+1}}$　（B）$\lim\limits_{x\to\infty}\sin x$　（C）$\lim\limits_{x\to 0}e^{\frac{1}{x}}$　（D）$\lim\limits_{x\to 0}\dfrac{1}{2^x-1}$

5. 若 $\lim\limits_{x\to x_0^-}f(x)$ 与 $\lim\limits_{x\to x_0^+}f(x)$ 均存在，则（　　）.

（A）$\lim\limits_{x\to x_0}f(x)$ 存在　（B）$\lim\limits_{x\to x_0}f(x)=f(x_0)$

（C）$\lim\limits_{x\to x_0}f(x)\neq f(x_0)$　（D）$\lim\limits_{x\to x_0}f(x)$ 不一定存在

6. 下列极限不正确的是（　　）.

（A）$\lim\limits_{x\to 0^-}e^{\frac{1}{x}}=0$　（B）$\lim\limits_{x\to 0^+}e^{\frac{1}{x}}=+\infty$　（C）$\lim\limits_{x\to 0}e^{\frac{1}{x}}=\infty$　（D）$\lim\limits_{x\to\infty}e^{\frac{1}{x}}=1$

7. 当 $x\to 0$ 时，下列变量是无穷大的是（　　）.

（A）$\cos\dfrac{1}{x}$　（B）$\arctan\dfrac{1}{|x|}$　（C）e^{-x}　（D）$\ln|x|$

三、解答题

1. 设 $f(x)=\begin{cases}x, & x<3\\ 3x-1, & x\geqslant 3\end{cases}$，作 $f(x)$ 的图形，并讨论当 $x\to 3$ 时 $f(x)$ 的左、右极限.

2. 设 $f(x)=\begin{cases}x+a, & x>0\\ e^{\frac{1}{x}}+3, & x<0\end{cases}$，若极限 $\lim\limits_{x\to 0}f(x)$ 存在，求常数 a 的值.

1.4　极限的运算

前面我们介绍了极限的概念，本节将介绍极限的运算法则，并利用这些法则求极限.

1.4.1　四则运算法则及推论

首先介绍一下无穷小与有极限的变量之间的关系，它是联系极限概念与极限运算法则的纽带.

定理 1.3　极限 $\lim f(x)=A$ 的充分必要条件是 $f(x)=A+\alpha(x)$,其中 $\alpha(x)$ 是自变量在同一变化趋势下的无穷小.

换句话说，当“$\lim f(x)=A$”时，$f(x)-A$ 就是在同一变化趋势下的无穷小. 根据这个定理，在一定的范围内，可以认为 $f(x)\approx A$　（$f(x)$ 近似等于 A）.

下面我们介绍极限的运算法则（法则中的函数极限均指在同一变化趋势下的）.

法则 1　如果 $\lim f(x)=A,\lim g(x)=B$，　则 $\lim[f(x)\pm g(x)]$ 存在，且有

$$\lim[f(x)\pm g(x)]=\lim f(x)\pm\lim g(x)=A\pm B.$$

证明　由于　　$\lim f(x)=A,$　　$\lim g(x)=B$，

所以　　$f(x)=A+\alpha(x)$　　$g(x)=B+\beta(x)$

其中 $\alpha(x)$，$\beta(x)$ 均为同一变化趋势下的无穷小.

故　　$f(x)\pm g(x)=(A\pm B)+(\alpha(x)\pm\beta(x))$，

由无穷小的性质可得 $\alpha(x)\pm\beta(x)$ 是无穷小，

所以
$$\lim[f(x)\pm g(x)]=A\pm B$$
即证明了函数 $f(x)\pm g(x)$ 以数 $A\pm B$ 为极限.

推论 有限个有极限的变量的代数和的极限等于它们的极限的代数和.

法则2 如果 $\lim f(x)=A,\lim g(x)=B$，则 $\lim[f(x)\cdot g(x)]$ 存在，且
$$\lim[f(x)\cdot g(x)]=\lim f(x)\cdot\lim g(x)=A\cdot B.$$
仿照法则1很易证明，不再赘述.

推论1 有限个有极限的变量的乘积的极限等于它们的极限的乘积.

推论2 如果 $\lim f(x)$ 存在，C 是常数，则 $\lim Cf(x)=C\lim f(x)$.

推论3 如果 $\lim f(x)$ 存在，n 是正整数，则 $\lim[f(x)]^n=[\lim f(x)]^n$.

法则3 $\lim f(x)=A$，$\lim g(x)=B\neq 0$，且 $g(x)\neq 0$，则 $\lim\dfrac{f(x)}{g(x)}$ 存在，且
$$\lim\frac{f(x)}{g(x)}=\frac{\lim f(x)}{\lim g(x)}=\frac{A}{B}.$$
证明从略.

注意：在运用法则求极限的过程中，像上述的各种运算都是在原来两个或有限个函数均有极限的条件下才成立的，否则将会得到错误的结论.

【例题1.15】 求 $\lim\limits_{x\to 2}(4x^2-3x+6)$.

解： $\lim\limits_{x\to 2}(4x^2-3x+6)=\lim\limits_{x\to 2}4x^2-\lim\limits_{x\to 2}3x+\lim\limits_{x\to 2}6=4\times 2^2-3\times 2+6=16$.

由此例可知，当 $x\to x_0$ 时，多项式 $a_0x^n+a_1x^{n-1}+\cdots+a_{n-1}x+a_n$ 的极限值就是这个多项式在点 x_0 处的函数值. 即
$$\lim_{x\to x_0}(a_0x^n+a_1x^{n-1}+\cdots+a_{n-1}x+a_n)=a_0x_0^{\ n}+a_1x_0^{\ n-1}+\cdots+a_{n-1}x_0+a_n.$$

【例题1.16】 求 $\lim\limits_{x\to 2}\dfrac{2x^2+x-5}{3x+1}$.

解： $\lim\limits_{x\to 2}\dfrac{2x^2+x-5}{3x+1}=\dfrac{\lim\limits_{x\to 2}(2x^2+x-5)}{\lim\limits_{x\to 2}(3x+1)}=\dfrac{5}{7}$.

由此例可见，对于有理分式函数 $F(x)=\dfrac{p(x)}{q(x)}$，其中 $p(x),q(x)$ 均为 x 的多项式，并且 $\lim\limits_{x\to x_0}q(x)\neq 0$ 时，要求 $\lim\limits_{x\to x_0}F(x)=\lim\limits_{x\to x_0}\dfrac{p(x)}{q(x)}$，只需将 $x=x_0$ 代入即可.

【例题1.17】 求 $\lim\limits_{x\to 3}\dfrac{4x}{x^2-9}$.

分析 因为 $\lim\limits_{x\to 3}(x^2-9)=0$，所以不能直接使用法则3求此分式的极限.

但 $\lim\limits_{x\to 3}4x=12\neq 0$，故 $\lim\limits_{x\to 3}\dfrac{x^2-9}{4x}=0$. 这就说明当 $x\to 3$ 时，$\dfrac{x^2-9}{4x}$ 为无穷小. 根据无穷小与无穷大的关系可知，当 $x\to 3$ 时，$\dfrac{4x}{x^2-9}$ 为无穷大. 所以 $\lim\limits_{x\to 3}\dfrac{4x}{x^2-9}=\infty$.

解：因为
$$\lim_{x\to 3}\frac{x^2-9}{4x}=0$$

所以
$$\lim_{x \to 3} \frac{4x}{x^2 - 9} = \infty .$$

【例题 1.18】 求 $\lim\limits_{x \to 1} \dfrac{x^2 + 2x - 3}{x^2 + x - 2}$.

解： $\lim\limits_{x \to 1} \dfrac{x^2 + 2x - 3}{x^2 + x - 2} = \lim\limits_{x \to 1} \dfrac{(x-1)(x+3)}{(x-1)(x+2)} = \lim\limits_{x \to 1} \dfrac{x+3}{x+2} = \dfrac{4}{3}$.

在求极限时，经常会遇到分子分母的极限均为 0 的情形，我们把它称为"$\frac{0}{0}$"型．对于这种类型的极限，通常采用的方法有：提取公因式法、因式分解法、分式有理化法，找出并消去分子、分母公共的零因子（极限为零的因子称为零因子）．

【例题 1.19】 求 $\lim\limits_{x \to 0} \dfrac{\sqrt{x^2 + 9} - 3}{x^2}$.

解： $\lim\limits_{x \to 0} \dfrac{\sqrt{x^2 + 9} - 3}{x^2} = \lim\limits_{x \to 0} \dfrac{(x^2 + 9) - 9}{x^2(\sqrt{x^2 + 9} + 3)} = \lim\limits_{x \to 0} \dfrac{1}{\sqrt{x^2 + 9} + 3} = \dfrac{1}{6}$.

【例题 1.20】 求 $\lim\limits_{x \to \infty} \dfrac{2x^3 - 3x + 2}{x^3 + 4x^2 - 2}$.

解： $\lim\limits_{x \to \infty} \dfrac{2x^3 - 3x + 2}{x^3 + 4x^2 - 2} = \lim\limits_{x \to \infty} \dfrac{2 - \dfrac{3}{x^2} + \dfrac{2}{x^3}}{1 + \dfrac{4}{x} - \dfrac{2}{x^3}} = 2$.

求极限时，若分子、分母的极限均趋向于∞，则称它为"$\frac{\infty}{\infty}$"型．这种类型的极限不能直接使用法则 3，通常用分子分母中的最高次幂项分别去除分子和分母的每一项（**分母的极限存在且不为零**），然后再求极限．

【例题 1.21】 求 $\lim\limits_{x \to \infty} \dfrac{3x + 2}{x^3 + 4x - 2}$.

解：
$$\lim_{x \to \infty} \frac{3x + 2}{x^3 + 4x^2 - 2} = \lim_{x \to \infty} \frac{\dfrac{3}{x^2} + \dfrac{2}{x^3}}{1 + \dfrac{4}{x} - \dfrac{2}{x^3}} = 0 .$$

由本例题还可知：
$$\lim_{x \to \infty} \frac{x^3 + 4x^2 - 2}{3x + 2} = \infty .$$

由上述两例可得出下述一般**结论**：
$$\lim_{x \to \infty} \frac{a_0 x^m + a_1 x^{m-1} + \cdots + a_m}{b_0 x^n + b_1 x^{n-1} + \cdots + b_n} = \begin{cases} \dfrac{a_0}{b_0}, & \text{当} n = m \text{时} \\ 0, & \text{当} m < n \text{时} \\ \infty, & \text{当} m > n \text{时} \end{cases} .$$

其中 $a_0 \neq 0$ ，$b_0 \neq 0$ ，m，n 均为非负整数．

【例题 1.22】 求 $\lim\limits_{n \to \infty} \dfrac{n^2 - 3n}{2n^2 + 5n + 6}$.

解：

$$\lim_{n\to\infty}\frac{n^2-3n}{2n^2+5n+6}=\lim_{n\to\infty}\frac{1-\frac{3}{n}}{2+\frac{5}{n}+\frac{6}{n^2}}=\frac{1}{2}.$$

【例题 1.23】 求 $\lim\limits_{x\to1}\left(\frac{2}{1-x^2}-\frac{1}{1-x}\right)$.

分析 当$x\to1$时，两个分式的极限都不存在，属于“$\infty-\infty$”型. 不能直接用法则 1，要先通分，消去零因子，再求极限.

解： $\lim\limits_{x\to1}\left(\frac{2}{1-x^2}-\frac{1}{1-x}\right)=\lim\limits_{x\to1}\frac{2-(1+x)}{1-x^2}=\lim\limits_{x\to1}\frac{1}{1+x}=\frac{1}{2}$.

【例题 1.24】 求 $\lim\limits_{x\to\infty}\frac{\sin x}{x^2}$.

解： 当 $x\to\infty$ 时，$|\sin x|\leqslant1$，而 $\lim\limits_{x\leftarrow\infty}\frac{1}{x^2}=0$，

由无穷小的性质 $\lim\limits_{x\to\infty}\frac{\sin x}{x^2}=\lim\limits_{x\to\infty}\left(\frac{1}{x^2}\cdot\sin x\right)=0$.

1.4.2 复合函数的运算法则

定理 1.4（复合函数极限的运算法则） 设函数 $y=f[\varphi(x)]$ 是 $y=f(u)$ 与 $u=\varphi(x)$ 的复合函数. 若 $\lim\limits_{u\to u_0}f(u)=f(u_0)$， $\lim\limits_{x\to x_0}\varphi(x)=u_0$，则 $\lim\limits_{x\to x_0}f[\varphi(x)]=\lim\limits_{u\to u_0}f(u)$.

上式又可写为 $\lim\limits_{x\to x_0}f[\varphi(x)]=f[\lim\limits_{x\to x_0}\varphi(x)]$.

这个定理的意义在于：在一定条件下可以交换函数与极限的运算的次序.

【例题 1.25】 求 $\lim\limits_{x\to0}\mathrm{e}^{\sin x}$.

解： 因为 $\lim\limits_{x\to0}\sin x=0$， $\lim\limits_{u\to0}\mathrm{e}^u=\mathrm{e}^0=1$

所以

$$\lim_{x\to0}\mathrm{e}^{\sin x}=\mathrm{e}^{\lim\limits_{x\to0}\sin x}=\mathrm{e}^0=1.$$

习 题 1.4

一、填空题

1. $\lim\limits_{x\to2}\frac{2x^2+x}{x^2+3x-5}=$________； 2. $\lim\limits_{x\to2}\frac{x^2-x-2}{x^2-4}=$________； 3. $\lim\limits_{x\to2}\frac{x^2+1}{x-2}=$________；

4. $\lim\limits_{x\to0}\frac{4x^3-2x^2+x}{3x^2+2x}=$______； 5. $\lim\limits_{n\to\infty}\frac{5n^2+2n}{4n^2+3n+1}=$________； 6. $\lim\limits_{x\to\infty}\frac{2x^2+x}{x^2+3x-5}=$________；

7. $\lim\limits_{x\to\infty}\frac{x^3+27}{x^2-3x-18}=$______； 8. $\lim\limits_{x\to\infty}\frac{x+3}{3x^2+2x}(2\sin x+4)=$______； 9. $\lim\limits_{n\to\infty}\frac{\sqrt{n}}{3n^2+2n+1}=$______；

10. 已知 $\lim\limits_{x\to\infty}\frac{(a-1)x^3+bx^2+2x+1}{3x^2+5x-1}=1$，则 $a=$______， $b=$________.

二、选择题

1. 下列变量在给定变化过程中不是无穷小的是（　　）.

（A）$2^{-x}-1(x\to 0)$　　（B）$\dfrac{\sin x}{x}(x\to\infty)$

（C）$\dfrac{x^2}{\sqrt{x^3+1}}(x\to\infty)$　　（D）$x\sin 2x(x\to 0)$

三、求下列各极限

1. $\lim\limits_{x\to 1}\dfrac{x^2-2x-3}{3x+1}$；　2. $\lim\limits_{x\to 1}\dfrac{x^2-1}{2x^2-x-1}$；　3. $\lim\limits_{x\to -1}\dfrac{\sqrt{x+5}-2}{x+1}$；

4. $\lim\limits_{x\to 0}\dfrac{x^2}{1-\sqrt{1+x^2}}$；　5. $\lim\limits_{n\to\infty}\dfrac{2n+1}{\sqrt{n^2+n}}$；　6. $\lim\limits_{x\to\infty}\dfrac{x^3+1}{3x^3+10}$；

7. $\lim\limits_{n\to\infty}\dfrac{1+2+3+\cdots+(n-1)}{n^2}$；　8. $\lim\limits_{x\to 0}x\sin\dfrac{1}{x}$；　9. $\lim\limits_{x\to 4}\dfrac{\sqrt{2x+1}-3}{\sqrt{x-2}-\sqrt{2}}$；

10. $\lim\limits_{x\to+\infty}(\sqrt{x^2-1}-\sqrt{x+1})$；　11. $\lim\limits_{x\to\infty}\dfrac{x^2+x}{x^3+2x+3}(3+\cos x)$；　12. $\lim\limits_{x\to 1}\left(\dfrac{1}{x-1}-\dfrac{3}{x^3-1}\right)$.

1.5　重要极限与无穷小的比较

利用极限的定义和极限的运算法则，已经解决了不少初等函数求极限的问题，但仍有许多函数的极限用上述方法是无法解决的．为此，下面首先介绍一个非常重要的定理，夹逼定理，然后讨论两个重要极限和无穷小的比较．

定量 1.5（夹逼定理） 如果在某.个变化过程中，三个变量 X, Y, Z 总有关系 $Y\leqslant X\leqslant Z$，且 $\lim Y=\lim Z=A$，则 $\lim X$ 存在，且 $\lim X=\lim Y=\lim Z=A$．

证明从略．

1.5.1　两个重要极限

1. $\lim\limits_{x\to 0}\dfrac{\sin x}{x}=1$．

证：因为 $\dfrac{\sin x}{x}$ 是偶函数，即 $\dfrac{\sin(-x)}{-x}=\dfrac{\sin x}{x}$，

所以，当 x 改变符号时，其值不变，我们只讨论 $x\to 0^+$ 的情形．

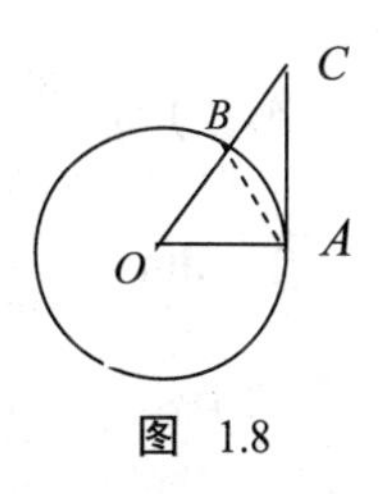

图 1.8

在如图 1.8 所示的单位圆内，设圆心角 $\angle AOB=x\left(0<x<\dfrac{\pi}{2}\right)$，过 A 点作圆的切线与 OB 的延长线交于 C．由于 $\triangle AOB$ 的面积<扇形 AOB 的面积< $\triangle AOC$ 的面积，即

$$\frac{1}{2}\sin x<\frac{1}{2}x<\frac{1}{2}\tan x.$$

所以 $1<\dfrac{x}{\sin x}<\dfrac{1}{\cos x}$，从而 $\cos x<\dfrac{\sin x}{x}<1$．由于 $\lim\limits_{x\to 0^+}\cos x=1$，

根据夹逼定理，可得 $\lim\limits_{x\to 0^+}\frac{\sin x}{x}=1$，因此， $\lim\limits_{x\to 0^-}\frac{\sin x}{x}=\lim\limits_{x\to 0^+}\frac{\sin x}{x}=1$，

故 $\lim\limits_{x\to 0}\frac{\sin x}{x}=1$.（这个极限，通常称为**第一重要极限**.）

【例题 1.26】 求 $\lim\limits_{x\to 0}\frac{\sin kx}{x}\ (k\neq 0)$.

解： 令 $kx=u$，则当 $x\to 0$ 时，$u\to 0$，

所以
$$\lim_{x\to 0}\frac{\sin kx}{x}=k\lim_{x\to 0}\frac{\sin kx}{kx}=k\lim_{u\to 0}\frac{\sin u}{u}=k\ .$$

注意： 这个重要极限有两个特征.

（1） 自变量 x 在一定的变化趋势下，函数 $\frac{\sin x}{x}$ 是 $\frac{0}{0}$ 型；

（2） 分子记号 sin 后的变量表达式与分母的表达式在形式上必须是一致的，

即
$$\lim_{x\to a}\frac{\sin\phi(x)}{\phi(x)}=1(\lim_{x\to a}\phi(x)=0)\ .$$

【例题 1.27】 求 $\lim\limits_{x\to 0}\frac{\tan 2x}{\sin 3x}$.

解： $\lim\limits_{x\to 0}\frac{\tan 2x}{\sin 3x}=\lim\limits_{x\to 0}\left(\frac{\sin 2x}{\cos 2x}\cdot\frac{1}{\sin 3x}\right)=\lim\limits_{x\to 0}\left(\frac{\sin 2x}{2x}\cdot\frac{3x}{\sin 3x}\cdot\frac{2}{3\cos 2x}\right)=1\times 1\times\frac{2}{3}=\frac{2}{3}$.

【例题 1.28】 求 $\lim\limits_{x\to 0}\frac{1-\cos x}{x^2}$.

解： $\lim\limits_{x\to 0}\frac{1-\cos x}{x^2}=\lim\limits_{x\to 0}\frac{(1-\cos x)(1+\cos x)}{x^2(1+\cos x)}=\lim\limits_{x\to 0}\left(\frac{\sin^2 x}{x^2}\cdot\frac{1}{1+\cos x}\right)=1\times\frac{1}{2}=\frac{1}{2}$.

一般地，极限

$$\lim_{x\to 0}\frac{x}{\sin x}=1,\quad \lim_{x\to 0}\frac{\tan x}{x}=1,\quad \lim_{x\to 0}\frac{x}{\tan x}=1$$

等亦可作为公式使用.

【例题 1.29】 求 $\lim\limits_{x\to 1}\frac{\sin(x-1)}{x^2-1}$.

解： $\lim\limits_{x\to 1}\frac{\sin(x-1)}{x^2-1}=\lim\limits_{x\to 1}\left[\frac{\sin(x-1)}{x-1}\cdot\frac{1}{x+1}\right]=1\cdot\frac{1}{2}=\frac{1}{2}$.

2. $\lim\limits_{n\to\infty}\left(1+\frac{1}{n}\right)^n=\mathrm{e}$.

其中 e 是一个无理数，其近似值为 $\mathrm{e}\approx 2.718\ 281\ 828\ 459\ 045\cdots$

我们将数列 $\left(1+\frac{1}{n}\right)^n$ 的值列成下表（见表 1-2）.

表 1-2

n	1	2	3	4	5	10	100	1 000	10 000	…
$\left(1+\frac{1}{n}\right)^n$	2	2.250	2.370	2.441	2.488	2.594	2.705	2.717	2.718	…

由表 1-2 可见，这个数列是单调递增的，其速度是越来越慢，趋于稳定．即极限 $\lim\limits_{n\to\infty}\left(1+\frac{1}{n}\right)^n$ 是存在的(理论上不再证明)，通常用字母 e 表示这个极限值．即

$$\lim_{n\to\infty}\left(1+\frac{1}{n}\right)^n=\mathrm{e}$$

这个极限，通常称为**第二重要极限**．这个重要极限有两个特征：

（1）当 n 无限增大时，函数 $\left(1+\frac{1}{n}\right)^n$ 呈"1^∞"型；

（2）括号内是（1 + 无穷小量），第一项是 1，第二项是括号外指数的倒数.

这个极限可以推广到连续自变量 x 的函数 $\left(1+\frac{1}{x}\right)^x$，即

$$\lim_{x\to\infty}\left(1+\frac{1}{x}\right)^x=\mathrm{e}.$$

如果令 $t=\frac{1}{x}$，则当 $x\to\infty$ 时，$t\to0$，

因此有公式

$$\lim_{t\to0}(1+t)^{\frac{1}{t}}=\mathrm{e}.$$

综上讨论，符合上述两个特征的极限均为 e，即

$$\lim_{x\to a}(1+\phi(x))^{\frac{1}{\phi(x)}}=\mathrm{e},(\lim_{x\to a}\phi(x)=0)$$

或

$$\lim_{x\to a}\left(1+\frac{1}{\phi(x)}\right)^{\phi(x)}=\mathrm{e},(\lim_{x\to a}\phi(x)=\infty).$$

【例题 1.30】 求 $\lim\limits_{x\to\infty}\left(1+\frac{k}{x}\right)^x\ (k\neq0)$.

解：因为 $\left(1+\frac{k}{x}\right)^x=\left[\left(1+\frac{k}{x}\right)^{\frac{x}{k}}\right]^k$，设 $t=\frac{k}{x}$，当 $x\to\infty$ 时，$t\to0$，代入第二重要极限公式，可得 $\lim\limits_{x\to\infty}\left(1+\frac{k}{x}\right)^x=\lim\limits_{x\to\infty}\left[\left(1+\frac{k}{x}\right)^{\frac{x}{k}}\right]^k=\lim\limits_{t\to0}[(1+t)^{\frac{1}{t}}]^k=[\lim\limits_{t\to0}(1+t)^{\frac{1}{t}}]^k=\mathrm{e}^k$.

事实上，解题过程中可以不引入中间变量，直接"凑"成第二重要极限形式即可.

【例题 1.31】 求 $\lim\limits_{x\to\infty}\left(1+\frac{1}{x}\right)^{x+6}$.

解：$\lim\limits_{x\to\infty}\left(1+\frac{1}{x}\right)^{x+6}=\lim\limits_{x\to\infty}\left[\left(1+\frac{1}{x}\right)^x\cdot\left(1+\frac{1}{x}\right)^6\right]=\lim\limits_{x\to\infty}\left(1+\frac{1}{x}\right)^x\cdot\lim\limits_{x\to\infty}\left(1+\frac{1}{x}\right)^6=\mathrm{e}\cdot1^6=\mathrm{e}$.

【例题 1.32】 求 $\lim\limits_{x\to0}(1+2x)^{\frac{5}{x}}$.

解：$\lim\limits_{x\to0}(1+2x)^{\frac{5}{x}}=\lim\limits_{x\to0}(1+2x)^{\frac{1}{2x}\times10}=\lim\limits_{x\to0}[(1+2x)^{\frac{1}{2x}}]^{10}=\mathrm{e}^{10}$.

【例题 1.33】 求 $\lim\limits_{x\to\infty}\left(\dfrac{2x+1}{2x-1}\right)^x$.

解：$\lim\limits_{x\to\infty}\left(\dfrac{2x+1}{2x-1}\right)^x=\lim\limits_{x\to\infty}\left(\dfrac{1+\dfrac{1}{2x}}{1-\dfrac{1}{2x}}\right)^x=\dfrac{\lim\limits_{x\to\infty}\left[\left(1+\dfrac{1}{2x}\right)^{2x}\right]^{\frac{1}{2}}}{\lim\limits_{x\to\infty}\left[\left(1-\dfrac{1}{2x}\right)^{-2x}\right]^{-\frac{1}{2}}}=\dfrac{e^{\frac{1}{2}}}{e^{-\frac{1}{2}}}=e$.

1.5.2 无穷小的比较

在同一变化过程中，会有很多的无穷小，例如，当 $x\to 0$ 时，变量 $x,x^2,\sin x$ 都是无穷小．但是它们趋近于零的速度是不同的．不同的无穷小趋近于零的速度可以通过它们的比值表现出来（因快慢是相对的）．为了刻画这种快慢程度，我们引入无穷小阶的概念．

定义 1.5.1 设 α 与 β 是同一变化过程中的两个无穷小．

（1）如果 $\lim\dfrac{\beta}{\alpha}=0$，则称 β 是比 α 较高阶的无穷小，记作 $\beta=o(\alpha)$；

（2）如果 $\lim\dfrac{\beta}{\alpha}=c\neq 0$（$c$ 为常数)，则称 β 与 α 是同阶无穷小；

特别地，当 $c=1$ 时，则称 β 与 α 是等价无穷小，记作 $\alpha\sim\beta$；

（3）如果 $\lim\dfrac{\beta}{\alpha}=\infty$，则称 β 是比 α 较低阶的无穷小．

【例题 1.34】 当 $x\to 0$ 时，分别将无穷小 x^2、$2x$、$\sin x$ 与 x 比较。

解：因为 $\lim\limits_{x\to 0}\dfrac{x^2}{x}=0$，所以当 $x\to 0$ 时，x^2 是比 x 较高阶无穷小，即 $x^2=o(x)(x\to 0)$．

因为 $\lim\limits_{x\to 0}\dfrac{2x}{x}=2$，所以当 $x\to 0$ 时，$2x$ 与 x 是同阶无穷小．

因 $\lim\limits_{x\to 0}\dfrac{\sin x}{x}=1$，所以当 $x\to 0$ 时，$\sin x$ 与 x 是等价无穷小，即 $\sin x\sim x(x\to 0)$．

定理 1.6（等价无穷小的替换定理） 在自变量的同一变化过程中，

若 α，α'，β，β' 均为无穷小，且 $\alpha\sim\alpha'$，$\beta\sim\beta'$，$\lim\dfrac{\alpha'}{\beta'}$ 存在，则 $\lim\dfrac{\alpha}{\beta}$ 也存在，

且有

$$\lim\frac{\alpha}{\beta}=\lim\frac{\alpha'}{\beta'}.$$

证：$\lim\dfrac{\alpha}{\beta}=\lim\left(\dfrac{\alpha}{\alpha'}\cdot\dfrac{\alpha'}{\beta'}\cdot\dfrac{\beta'}{\beta}\right)=\lim\dfrac{\alpha}{\alpha'}\cdot\lim\dfrac{\alpha'}{\beta'}\cdot\lim\dfrac{\beta'}{\beta}=\lim\dfrac{\alpha'}{\beta'}$ 定理得证．

为了使读者能尽快地掌握并使用等价无穷小的替换定理求极限，下面给出一些比较常见的**等价无穷小**，如：

当 $x\to 0$ 时，$\sin x\sim x$，$\tan x\sim x$，$\arcsin x\sim x$，$\arctan x\sim x$，$1-\cos x\sim\dfrac{1}{2}x^2$，

$e^x-1\sim x$，$\ln(1+x)\sim x$，$(1+x)^\alpha-1\sim\alpha x$，$\sqrt{1+x}-\sqrt{1-x}\sim x$ 等.

【例题 1.35】 求 $\lim\limits_{x\to0}\dfrac{(e^x-1)\sin x}{1-\cos x}$.

解：当 $x\to0$ 时，$\sin x\sim x$，$e^x-1\sim x$，$1-\cos x\sim\dfrac{1}{2}x^2$，

所以
$$\lim_{x\to0}\frac{(e^x-1)\sin x}{1-\cos x}=\lim_{x\to0}\frac{x\cdot x}{\frac{1}{2}x^2}=2.$$

注意：在计算极限时，对乘积或商中的无穷小(以因子形式出现的)，可以用等价无穷小来替换；对于加、减运算一般情况下不使用，否则可能得出错误的结论.

【例题 1.36】 求 $\lim\limits_{x\to0}\dfrac{\sin x-\tan x}{x\tan^2 x}$.

分析：当 $x\to0$ 时，$\sin x\sim x$，$\tan x\sim x$，如果在分子的减法运算中使用无穷小的等价代换，则有
$$\lim_{x\to0}\frac{\sin x-\tan x}{x\tan^2 x}=\lim_{x\to0}\frac{x-x}{x\tan^2 x}=0.$$
这是错误的答案．正确的解法是

解：$$\lim_{x\to0}\frac{\sin x-\tan x}{x\tan^2 x}=\lim_{x\to0}\frac{\sin x\left(1-\frac{1}{\cos x}\right)}{x\tan^2 x}=\lim_{x\to0}\frac{\sin x(\cos x-1)}{x\tan^2 x\cos x}=\lim_{x\to0}\frac{x\cdot\left(-\frac{1}{2}x^2\right)}{x^3\cos x}=-\frac{1}{2}.$$

习 题 1.5

一、填空题

1. $\lim\limits_{x\to0}\dfrac{\sin kx}{x}=$__________$(k\neq0)$；

2. $\lim\limits_{x\to0^+}\dfrac{\sin\sqrt{x}}{\sqrt{x}}=$__________；

3. $\lim\limits_{x\to2}\dfrac{\sin(x-2)}{x-2}=$__________；

4. $\lim\limits_{x\to0}\dfrac{\sin 3x}{5x}=$__________；

5. $\lim\limits_{x\to\infty}1\left(+\dfrac{1}{2x}\right)^x=$__________；

6. $\lim\limits_{x\to\infty}\left(1-\dfrac{k}{x}\right)^x=$__________$(k\neq0)$；

7. $\lim\limits_{x\to0}(1+kx)^{\frac{1}{x}}=$__________$(k\neq0)$；

8. $\lim\limits_{x\to\infty}\left(\dfrac{x}{x-1}\right)^x=$__________.

9. 当 $x\to0$ 时，与下列无穷小等价的无穷小分别是：

$\sin kx\sim$______$(k\neq0)$；　$\tan kx\sim$______$(k\neq0)$；　$e^{2x}-1\sim$______；

$1-\cos3x^2\sim$______；　$\ln(1+10x)\sim$______；　$\sqrt{1+x^2}-1\sim$______.

二、选择题

1. $\lim\limits_{x\to\infty}x\sin\dfrac{1}{x}=$（　　）.

（A）1　　（B）-1　　（C）0　　（D）不存在

2. 当 $x\to1$ 时，$1-x$ 是 $\dfrac{1}{2}(1-x^2)$ 的（　　）无穷小.

（A）较低阶　　（B）同阶　　（C）等价　　（D）较高阶

3. 当 $n\to\infty$ 时，$\sin^2\dfrac{1}{n}$ 与 $\dfrac{1}{n^k}$ 是等价的无穷小，则 $k=$（　　）.

（A）1　　（B）2　　（C）3　　（D）4

4. $\lim\limits_{x\to 1}\dfrac{\sin(1-x^2)}{1-x}=$（　　）.

（A）1　　（B）-1　　（C）2　　（D）$\dfrac{1}{2}$

三、计算题

1. 求$\lim\limits_{x\to 2}\dfrac{\sin(2-x)}{x^2-4}$；　2. 求$\lim\limits_{x\to 0}\dfrac{\tan 2x}{\sin 3x}$；　3. 求$\lim\limits_{x\to\infty}\left(1+\dfrac{3}{x}\right)^x$；

4. 求$\lim\limits_{x\to\infty}\left(1-\dfrac{2}{x}\right)^{x-1}$；　5. 求$\lim\limits_{x\to+\infty}x[\ln(x+3)-\ln x]$；　6. 求$\lim\limits_{x\to\infty}\left(\dfrac{x-1}{x+1}\right)^x$；

7. $\lim\limits_{x\to 0}\dfrac{\ln(1+2x)}{\sin 3x}$；　8. 求$\lim\limits_{x\to 0}\dfrac{e^{3x}-1}{\sqrt{1+2x}-1}$；　9. 求$\lim\limits_{x\to 0}\dfrac{\sin x^3\tan x}{1-\cos x^2}$.

四、解答题

1. 求极限（1）$\lim\limits_{x\to\pi}\dfrac{\sin x}{\pi^2-x^2}$；（2）$\lim\limits_{x\to 0}(1+\sin x)^{\frac{2}{x}}$；（3）$\lim\limits_{x\to+\infty}\left(\dfrac{x}{x-1}\right)^{\sqrt{x}}$；（4）$\lim\limits_{x\to\infty}\left(\dfrac{2x-3}{2x-2}\right)^x$.

2. 已知$\lim\limits_{x\to 1}\dfrac{\sin(x^2-1)}{x^2+bx+c}=\dfrac{1}{2}$，求常数$b$，$c$的值.

3. 已知$\lim\limits_{x\to\infty}\left(\dfrac{x+a}{x-a}\right)^x=3$，求$a$的值.

1.6 连　　续

1.6.1 函数的连续与间断

自然界中有许多现象，如温度的变化，液体的流动，植物的生长等等，都是连续地逐渐变化的．这些现象在函数关系上的反映，就是函数的连续性．另一类现象，其变化并不是逐渐的，而是突然的，在函数关系上的反映就是函数的间断．

1. 函数的连续性

（1）改变量（或称增量）

定义 1.6.1 设变量u从它的初值u_0改变到终值u_1，终值与初值之差u_1-u_0称为变量u在u_0点处的改变量，记作

$$\Delta u=u_1-u_0 .$$

注意： 改变量Δu可以是正的、负的，也可以为零.

对函数$y=f(x)$，当自变量x从x_0改变到$x_0+\Delta x$时，函数$f(x)$相应地从$f(x_0)$变到$f(x_0+\Delta x)$，称$f(x_0+\Delta x)-f(x_0)$为函数$f(x)$在x_0处的相应改变量，记作Δy，即

$$\Delta y=f(x_0+\Delta x)-f(x_0).$$

（2）函数连续概念

从直观上来说一个函数是连续变化的，那么它的图形应该是一条连续不断的曲线，亦即可以一笔画成．我们先观察图 1.9 和图 1.10 两个函数的图像．

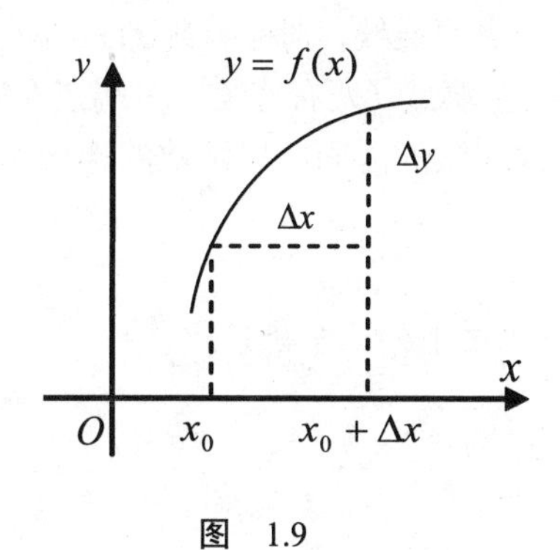

图　1.9

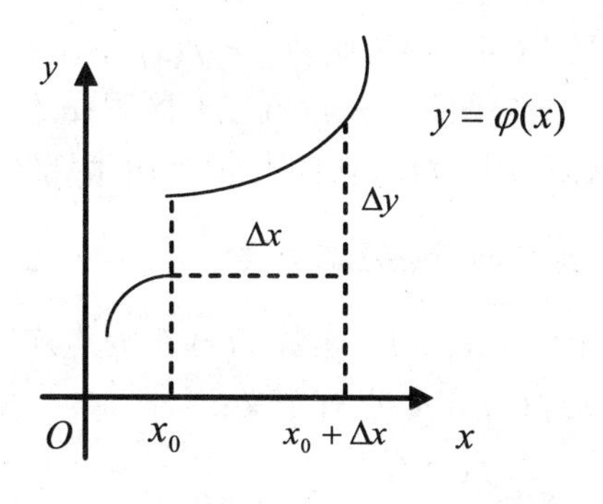

图　1.10

直观上一看便知，函数 $y=f(x)$ 在 x_0 点是连续的，而 $y=\varphi(x)$ 在 x_0 是间断的. 再仔细分析一下，当自变量在 x_0 处的改变量 $\Delta x \to 0$ 时，函数 $y=f(x)$ 的改变量 $\Delta y=f(x_0+\Delta x)-f(x_0)$ 也趋于零，而函数 $y=\varphi(x)$ 的改变量 $\Delta y=\varphi(x_0+\Delta x)-\varphi(x_0)$ 不可能趋于零. 据此，给出函数在某一点处连续的严格定义.

定义 1.6.2　设函数 $y=f(x)$ 在点 x_0 的某邻域内有定义，如果自变量 x 在 x_0 处取得的改变量 Δx 趋于零时，函数相应的改变量 Δy 也趋于零，即

$$\lim_{\Delta x \to 0} \Delta y = 0 \quad \text{或} \quad \lim_{\Delta x \to 0}[f(x_0+\Delta x)-f(x_0)]=0,$$

则称函数 $y=f(x)$ 在点 x_0 处**连续**.

若令 $x=x_0+\Delta x$，则 $\Delta x = x-x_0$. 易见，$\Delta x \to 0$ 时，$x \to x_0$. 所以

$$\lim_{\Delta x \to 0} \Delta y = \lim_{\Delta x \to 0}[f(x_0+\Delta x)-f(x_0)]=0,$$

可改写为

$$\lim_{x \to x_0}[f(x)-f(x_0)]=0,$$

即

$$\lim_{x \to x_0} f(x) = f(x_0).$$

因此我们可以得到与定义 1.6.2 等价的定义：

定义 1.6.3　设函数 $y=f(x)$ 在点 x_0 的某邻域内有定义，如果当 $x \to x_0$ 时，函数 $f(x)$ 的极限存在，且

$$\lim_{x \to x_0} f(x) = f(x_0),$$

则称函数 $y=f(x)$ 在 x_0 处**连续**.

相应于左极限与右极限两个概念，我们有：

若 $\lim\limits_{x \to x_0^-} f(x) = f(x_0)$，则称函数 $y=f(x)$ 在 x_0 处**左连续**；

若 $\lim\limits_{x \to x_0^+} f(x) = f(x_0)$，则称函数 $y=f(x)$ 在 x_0 处**右连续**.

定理 1.7　函数 $y=f(x)$ 在点 x_0 处连续的充要条件是 $f(x)$ 在 x_0 点既左连续又右连续.

该定理常用来判定分段函数在分段点处的连续性.

【例题 1.37】　函数 $f(x)=\begin{cases} 2-x, & x<1 \\ x^2, & x \geqslant 1 \end{cases}$ 在 $x=1$ 处是否连续?

解：因为 $\lim\limits_{x \to 1^-} f(x) = \lim\limits_{x \to 1^-}(2-x)=1$，$\lim\limits_{x \to 1^+} f(x) = \lim\limits_{x \to 1^+} x^2 = 1$，而 $f(1)=1$，所以，$f(x)$ 在 $x=1$ 处连续.

定义 1.6.4 如果函数 $y=f(x)$ 在开区间 (a,b) 内每一点都连续，则称函数 $f(x)$ 在 (a,b) 内连续；如果函数 $y=f(x)$ 在开区间 (a,b) 内连续，且在左端点 a 处右连续，右端点 b 处左连续，则称函数 $f(x)$ 在闭区间 $[a,b]$ 上连续．使函数 $f(x)$ 连续的区间叫做函数的**连续区间**．

2. 函数间断点及其分类

由定义 1.6.3 知，函数 $f(x)$ 在 x_0 点连续，必须同时满足下列三个条件：

（1）$f(x)$ 在 x_0 点有定义；

（2）$\lim\limits_{x\to x_0} f(x)$ 存在；

（3）$\lim\limits_{x\to x_0} f(x)=f(x_0)$．

如果上述三个条件中至少有一个不满足，则函数 $f(x)$ 在点 x_0 处不连续．此时，称函数 $f(x)$ 在 x_0 点间断，x_0 点称为**间断点**．

下面举例说明函数间断点的几种常见类型．

【例题 1.38】 函数 $y=\dfrac{1}{x}$ 在 $x=0$ 处没意义，所以 $x=0$ 是函数 $y=\dfrac{1}{x}$ 的间断点．因为 $\lim\limits_{x\to 0}\dfrac{1}{x}=\infty$，我们称 $x=0$ 为函数 $y=\dfrac{1}{x}$ 的无穷间断点，如图 1.6 所示．

【例题 1.39】 函数 $f(x)=\begin{cases} x-1, & x<0 \\ 0, & x=0 \\ x+1, & x>0 \end{cases}$．

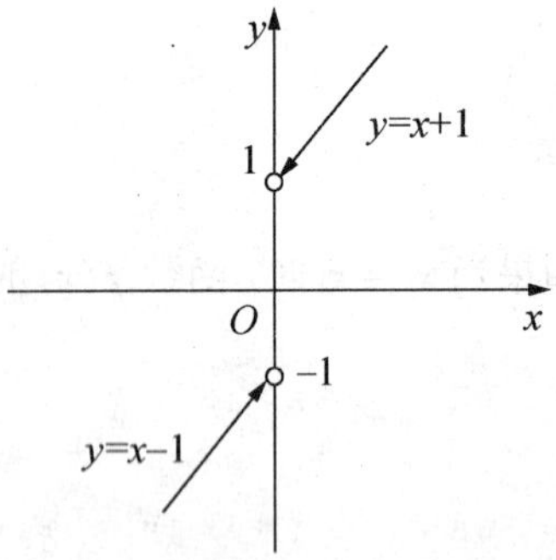

因为
$$\lim_{x\to 0^-} f(x)=\lim_{x\to 0^-}(x-1)=-1,$$
$$\lim_{x\to 0^+} f(x)=\lim_{x\to 0^+}(x+1)=1,$$

显然 $\lim\limits_{x\to 0^-} f(x)\neq \lim\limits_{x\to 0^+} f(x)$，故 $\lim\limits_{x\to 0} f(x)$ 不存在．所以 $x=0$ 为函数的间断点．因函数的图像在 $x=0$ 处产生了一个跳跃，我们称 $x=0$ 为该函数的跳跃间断点，如图 1.11 所示．

y
y=x+1
1
O
x
−1
y=x−1

图 1.11

【例题 1.40】 函数 $f(x)=\dfrac{1-x^2}{1-x}$ 在 $x=1$ 处没有定义，所以 $x=1$ 是 $f(x)$ 的间断点．但
$$\lim_{x\to 1} f(x)=\lim_{x\to 1}\frac{1-x^2}{1-x}=\lim_{x\to 1}(1+x)=2.$$

如果补充 $f(1)=2$，则所给函数在 $x=1$ 处连续，所以称 $x=1$ 为该函数的可去间断点．

一般地，我们把间断点分为两类：

第一类间断点：设 x_0 为 $f(x)$ 的间断点，如果左极限 $\lim\limits_{x\to x_0^-} f(x)$ 与右极限 $\lim\limits_{x\to x_0^+} f(x)$ 均存在，则称 x_0 为函数 $f(x)$ 的第一类间断点．

其中，若 $\lim\limits_{x\to x_0^-} f(x)=\lim\limits_{x\to x_0^+} f(x)$，即极限 $\lim\limits_{x\to x_0} f(x)$ 存在，则称间断点 x_0 为 $f(x)$ 的**可去间断点**；若 $\lim\limits_{x\to x_0^-} f(x)\neq \lim\limits_{x\to x_0^+} f(x)$，则称间断点 x_0 为 $f(x)$ 的**跳跃间断点**．

第二类间断点：左极限 $\lim\limits_{x \to x_0^-} f(x)$ 与右极限 $\lim\limits_{x \to x_0^+} f(x)$ 至少有一个不存在的间断点，称为第二类间断点．

其中，若 $\lim\limits_{\substack{x \to x_0 \\ \left(\substack{x \to x_0^- \\ x \to x_0^+}\right)}} f(x) = \infty$ (或$+\infty, -\infty$)，则称间断点 x_0 为 $f(x)$ 的**无穷间断点**．

1.6.2　连续函数的运算法则

定理 1.8（四则运算法则） 如果函数 $f(x)$，$g(x)$ 在 x_0 点连续，则 $f(x) \pm g(x)$，$f(x) \cdot g(x)$，$\dfrac{f(x)}{g(x)} (g(x_0) \neq 0)$ 在 x_0 处也连续．

定理 1.9（复合函数的连续性） 如果函数 $u = g(x)$在点x_0连续，$g(x_0) = u_0$，而且函数 $y = f(u)$在点u_0 连续，则复合函数 $y = f[g(x)]$ 在 x_0 点连续，即

$$\lim_{x \to x_0} f[g(x)] = f[g(x_0)].$$

定理 1.10（反函数的连续性） 设函数 $y = f(x)$ 在某区间上连续，且单调增加(减少)，则它的反函数 $y = f^{-1}(x)$ 在对应的区间上连续且单调增加(减少)．

定理 1.11（初等函数的连续性） 初等函数在其定义区间上连续．

利用初等函数的连续性，可使极限运算简便化．如果 x_0 是初等函数 $y = f(x)$ 定义域内的点，则 $\lim\limits_{x \to x_0} f(x) = f(x_0)$．即把极限运算转化为函数值的计算．

需要**注意**的是：分段函数在其定义区间上不一定连续．但可以证明**当且仅当**分段函数在其分段点连续时，函数是连续的．

【例题 1.41】 设函数 $f(x) = \begin{cases} \dfrac{\sin 2x}{x}, & x < 0 \\ (x+k)^2, & x \geqslant 0 \end{cases}$，问$k$ 为何值时，$f(x)$ 在其定义域内连续?

解：若 $f(x)$ 在定义域内连续，则 $f(x)$ 必在 $x = 0$ 处连续，因此有

$$\lim_{x \to 0^-} f(x) = f(0) = \lim_{x \to 0^+} f(x).$$

而
$$\lim_{x \to 0^-} f(x) = \lim_{x \to 0^-} \frac{\sin 2x}{x} = 2, \quad \lim_{x \to 0^+} f(x) = \lim_{x \to 0^+} (x+k)^2 = k^2 = f(0),$$

所以
$$k^2 = 2, \text{ 即} k = \pm\sqrt{2}.$$

1.6.3　闭区间上连续函数的性质

闭区间上的连续函数具有很多特殊性质，这些性质在理论和应用上都有重要意义．但由于证明较难，这里仅给出结论，不予证明．

定理 1.12（有界性质） 若函数 $f(x)$ 在闭区间$[a,b]$ 上连续，则 $f(x)$ 在$[a,b]$ 上有界，如图 1.12 所示．

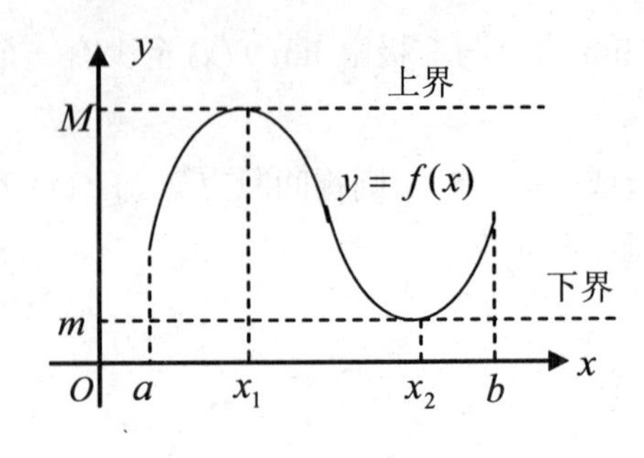

图 1.12

一般来讲，开区间上的连续函数不一定有界．例如，$y=\dfrac{1}{x}$在$(0,1)$内无界．

定理 1.13（**最大值最小值性质**） 若函数$f(x)$在闭区间$[a,b]$上连续，则$f(x)$在$[a,b]$上必能取得最大值和最小值．也就是说存在x_1，$x_2\in[a,b]$使$f(x_1)=M$，$f(x_2)=m$，且对任意的$x\in[a,b]$，都有$m\leqslant f(x)\leqslant M$，如图 1.13 所示．

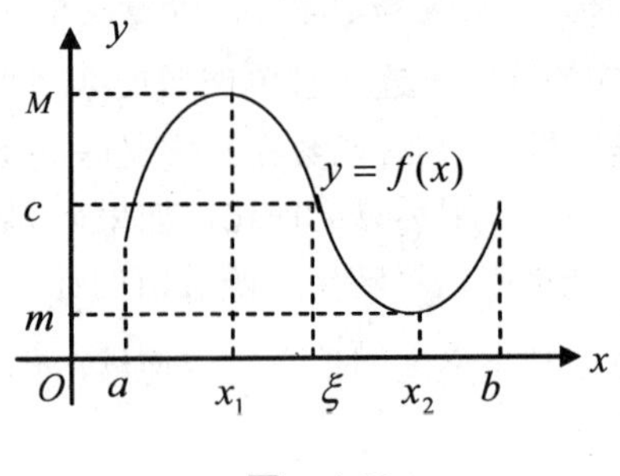

图 1.13

这个定理说明：（1）在闭区间上的连续函数一定能够取得最大值和最小值；（2）尽管有最大值和最小值存在，但在什么时候取得以及最大值最小值各是多少，仍是未知的．

注意：开区间上的连续函数，不一定具有此性质．

定理 1.14（**介值定理**） 若函数$f(x)$在闭区间$[a,b]$上连续，m和M分别为$f(x)$在$[a,b]$上的最大值和最小值，则对于任何介于m与M的常数c，在(a,b)内至少存在一点ξ,使得$f(\xi)=c$．如图 1.13 所示．

定理 1.15（**零点定理**） 若函数$f(x)$在闭区间$[a,b]$上连续，$f(a)\cdot f(b)<0$，则在(a,b)内至少存在一点ξ,使得$f(\xi)=0$，如图 1.14 所示．

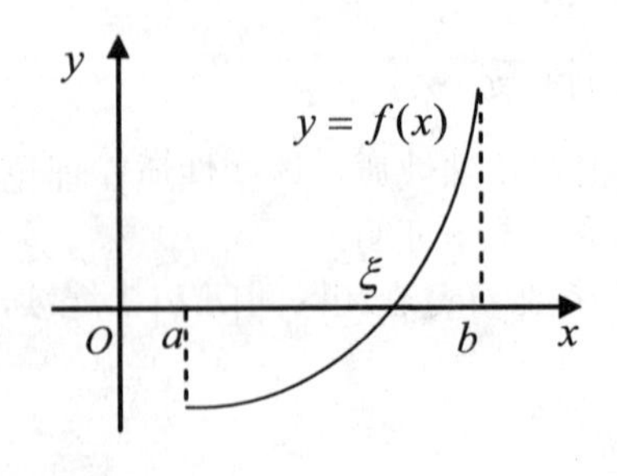

图 1.14

零点定理说明，如果 $f(x)$ 在闭区间 $[a,b]$ 上满足条件，则方程 $f(x)=0$ 在 (a,b) 内至少存在一个实根.

【例题 1.42】 证明方程 $e^{3x}-x=2$ 在 $(0,1)$ 内至少有一个实根.

证明： 令 $f(x)=e^{3x}-x-2$，则 $f(x)$ 在 $[0,1]$ 上连续.

又 $f(0)=-1<0$，$f(1)=e^3-3>0$.

由零点定理可知，在 $(0,1)$ 内至少存在一点 ξ，使得 $f(\xi)=e^{3\xi}-\xi-2=0$.

即方程 $e^{3x}-x=2$ 在 $(0,1)$ 内至少有一实根.

习 题 1.6

一、填空题

1. 函数 $f(x)=\dfrac{x^2-1}{x^2+2x-3}$ 的间断点有________，其中________是第________类间断点；________是第________类间断点；

2. 已知函数 $f(x)$ 在 $x=x_0$ 处连续，且 $f(x_0)=\pi$，则 $\lim\limits_{x\to x_0}[3f(x)+5]=$________；

3. 函数 $f(x)=\begin{cases}kx+1, & x\leqslant 3\\ kx^2-1, & x>3\end{cases}$，$k=$______时，该函数为连续函数；

4. $\lim\limits_{x\to\infty}e^{\frac{1}{x}}=$________，$\lim\limits_{x\to 0}\cos x=$________，$\lim\limits_{x\to 0}\ln\dfrac{\sin x}{x}=$________.

二、选择题

1. 设 $f(x)=\begin{cases}e^x, & x<0\\ a+x, & x\geqslant 0\end{cases}$ 在 $x=0$ 处连续，则 $a=($　　　$)$.

（A）2　　（B）1　　（C）-1　　（D）0

2. $x=1$ 是可去间断点的函数为（　　　）.

（A）$y=\dfrac{1}{x+1}$　　（B）$y=\dfrac{1}{x-1}$

（C）$y=\dfrac{x^2+x-2}{x-1}$　　（D）$y=\begin{cases}x-1, & x\leqslant 1\\ 3-x, & x>1\end{cases}$

3. $x^3-2x+5=0$ 至少有一个根的区间是(　　　).

（A）$(-3,-2)$　　（B）$(-2,-1)$　　（C）$(-1,0)$　　（D）$(0,1)$

4. 若函数 $f(x)$ 在闭区间 $[a,b]$ 上连续，且(　　　)时，则函数在在 (a,b) 内至少存在一点 ξ，使得 $f(\xi)=0$.

（A）$f(a)=f(b)$　　（B）$f(a)f(b)>0$

（C）$f(a)f(b)<0$　　（D）$f(a)\neq f(b)$

三、解答题

1. 求下列函数的间断点，并指明其类型：

（1）$y=\dfrac{\sin x}{x}$；　（2）$y=\dfrac{x^2+x-2}{x^2-1}$；　（3）$f(x)=\begin{cases}x-1, & x\leqslant 0\\ 2x, & x>0\end{cases}$.

2. k 为何值时，$f(x)$ 在其定义域内连续：

（1）$f(x)=\begin{cases}\dfrac{\sin 2x}{x}, & x<0\\ 3x^2-2x+k, & x\geqslant 0\end{cases}$；　（2）$f(x)=\begin{cases}1+x\sin\dfrac{1}{x}, & x<0\\ (x+k)^2, & x\geqslant 0\end{cases}$.

1.7 极限的应用

在经济管理活动中经常用到极限$\lim\limits_{n\to\infty}\left(1+\frac{1}{n}\right)^n=e$．本节只介绍这种极限在经济上的应用——**复利与贴现**。

1.7.1 复利问题

设本金为A_0，年利率为r，有以下几种复利计算方法（这里不考虑扣税问题）：

（1）若以1年为期计算利息，年末的本利和为

$$A_1=A_0(1+r)$$

两年末的本利和为

$$A_2=A_1(1+r)=A_0(1+r)^2$$

……

t年末的本利和则为

$$A_t=A_0(1+r)^t;$$

（2）若每半年计算一次利息，相当于一年计算两次利息，每次利率为$\frac{r}{2}$，那么年末的本利和为：

$$A_2=A_0\left(1+\frac{r}{2}\right)^2.$$

t年末的本利和则为（总共计息$2t$次）：

$$A_t=A_0\left(1+\frac{r}{2}\right)^{2t};$$

（3）若每季度计算一次利息，相当于一年计算四次利息，每次利率为$\frac{r}{4}$，那么年末的本利和为：

$$A_4=A_0\left(1+\frac{r}{4}\right)^4,$$

t年末的本利和则为

$$A_t=A_0\left(1+\frac{r}{4}\right)^{4t};$$

（4）若将一年分为相等的m个时间间隔，每时段上按利率$\frac{r}{m}$计算利息，相当于一年计算m次利息，那么年末的本利和为

$$A_m=A_0\left(1+\frac{r}{m}\right)^m,$$

t年末的本利和为

$$A_t=A_0\left(1+\frac{r}{m}\right)^{mt}.$$

这就是**一年计息 m 次的本利和的复利计算公式**.

（5）对于同样的本金数目，随着 m 增加，年末本利和会缓慢地增加(但决不是无限的). 其实从极限的现象来看：

$$\lim_{m\to\infty} A_0\left(1+\frac{r}{m}\right)^m = A_0\mathrm{e}^r .$$

也就是说，如果将一年分为相等的 m 个时间段， 每时段上按利率 $\frac{r}{m}$ 计算利息，当计息的时间间隔无限缩短，那么计息的次数 $m\to\infty$，这种情况称为**连续复利**. 这时，年末的本利和为

$$A=\lim_{m\to\infty} A_0\left(1+\frac{r}{m}\right)^m = A_0\mathrm{e}^r ,$$

t 年末的本利和则为：

$$A_t=\lim_{m\to\infty} A_0\left(1+\frac{r}{m}\right)^{tm} = A_0\mathrm{e}^{tr} .$$

这就是**连续复利**计息的**本利和计算公式**.

通常称 t 年末的本利和 A_t 为本金 A_0 的**将来值**，而本金 A_0 称为**现在值**. 已知现在值 A_0，确定将来值 A_t，**这种情况称为复利问题**.

【例题 1.43】 设 $A_0=10\ 000$ 元，年利率 $r=12\%$，若按下列方式计息：

（1）一年计息一次；（2）一年计息 12 次；（3）连续复利计息. 试计算一年末的本利和.

解：（1）一年计息一次，则年末的本利和为

$$A_1=10\ 000(1+12\%)=11\ 200\ （元）.$$

（2）一年计息 12 次，则每次的利率为 $\frac{12\%}{12}=1\%$，年末的本利和是

$$A_2=A_0(1+\frac{r}{12})^{12}=10\ 000(1+1\%)^{12}=11\ 268.25\ （元）.$$

（3）按连续复利计息，则年末的本利和为

$$A=A_0\mathrm{e}^r=10\ 000\mathrm{e}^{0.12}=11\ 274.97\ （元）.$$

【例题 1.44】 若投资 2 000 元，固定年利率 7%，按连续复利计息. 那么 4 年后的本利和是多少?

解：因为 $A_0=2\ 000$， $r=7\%$， $t=4$，所以 4 年后的本利和是

$$A=A_0\mathrm{e}^{tr}=2\ 000\mathrm{e}^{4\times 7\%}=2\ 646.26\ （元）.$$

1.7.2　贴现问题

先看一个实例.

【例题 1.45】 假定固定年利率为 8%，是选择现在接受 6 000 元馈赠，还是等到 7 年后接受 10 000 元?

解：这道题有两种解题思路：

一种是已知现在值 $A_0=6\ 000,\ r=8\%,\ t=7$，按照复利问题计算将来值，得：

$$A=6\ 000(1+8\%)^7=10\ 282.80\ （元）.$$

显然， $A>10\ 000$ 元，因此，应选择现在接受馈赠.

另一种是已知将来值 $A_7=10\ 000$，$r=8\%$，$t=7$，求现在值 A_0'.

根据
$$A_7=A_0'(1+r)^7,$$
可得
$$A_0'=\frac{10\ 000}{(1+8\%)^7}=5\ 834.90\text{（元）}.$$
显然，$A_0'<A_0$，故应选择现在接受馈赠.

已知现在值，确定将来值的问题是复利问题；与之相反的问题，**已知将来值，求现在值，这种情况称为贴现问题**，这时的利率 r 称之为**贴现率**.

由复利公式容易推得**贴现公式**：已知 t 年后的将来值 A_t，利率为 r，求现在值 A_0.

若以一年为期贴现，由 $A_t=A_0(1+r)^t$ 可得 $A_0=A_t(1+r)^{-t}$

若一年分为 m 期贴现，由 $A_t=A_0\left(1+\frac{r}{m}\right)^{mt}$ 可得 $A_0=A_t\left(1+\frac{r}{m}\right)^{-tm}$.

若按连续复利计息，由 $A_t=A_0\mathrm{e}^{tr}$ 可得连续贴现公式：$A_0=A_t\mathrm{e}^{-tr}$.

【例题1.46】 设年利率为6%，现投资多少元，10年末可得120 000元.

（1）按每年计息4次；（2）按连续复利计息.

解：（1）因为 $r=6\%$，$m=4$，$t=10$，$A_{10}=120\ 000$，

由 $A_0=A_t\left(1+\frac{r}{m}\right)^{-tm}$ 可得
$$A_0=120\ 000\left(1+\frac{6\%}{4}\right)^{-4\times10}=\frac{120\ 000}{1.015^{40}}\approx66\ 151.48\text{（元）}.$$
（2）因为 $A_{10}=120\ 000$，$r=6\%$，$t=10$，

由 $A_0=A_t\mathrm{e}^{-tr}$ 可得
$$A_0=120\ 000\mathrm{e}^{-6\%\times10}=\frac{120\ 000}{\mathrm{e}^{0.6}}=65\ 857.4\text{（元）}.$$

习 题 1.7

1．如果起初存款为1 000元，年利率为4%，如果按下列方式计息时，10年后账面上应有多少资金？

（1）每半年计息一次；（2）每月计息一次；（3）连续复利计息.

2．如果有1 000元，年利率为10%，按照以下复利计息，一年后的资金总和分别是多少?

（1）按年；（2）按季；（3）按月；（4）按天.

3．用分期购买的方式购买一套价值为50万元的商品房，设贷款期限为10年，年利率为4%．试计算10年末还款的本利和：（1）按月计息；（2）按连续复利计息.

4．已知年利率为8%，求4年后支付10 000元的现值.

本章内容精要

一、函数

1．函数 $y=f(x)$，$x\in D$．定义域和对应法则是确定函数的两个要素．

2．函数的特性：单调性，奇偶性，周期性，有界性．

3．函数 $y=f(x)$ 的对应法则是一一对应的，则存在反函数 $y=f^{-1}(x)$．

4．初等函数的定义

二、经济学中常见的函数

1．需求函数通常为单减函数；供给函数通常为单增函数．

使“需求=供给”的 $\overline{p}$，$\overline{Q}$ 分别称为均衡价格和均衡数量．

2．收益函数为 $R=R(Q)=pQ=Qf^{-1}(Q)$，且 $R(0)=0$．

平均收益函数为 $AR=\dfrac{\text{总收益}}{\text{销量}}=\dfrac{R(Q)}{Q}=f^{-1}(Q)=p$．

3．总成本函数为 $C=C(Q)=C_0+C_1(Q)$，$Q\geqslant 0$．其中 $C_0\geqslant 0$ 是固定成本，$C_1(Q)$ 为可变成本．

平均成本函数为 $AC=\dfrac{\text{总成本}}{\text{产量}}=\dfrac{C(Q)}{Q}$，$Q>0$．

4．利润函数为 $L=\text{总收益}-\text{总成本}$，即 $L=L(Q)=R(Q)-C(Q)$．

三、极限概念

1．数列极限：若 $\lim\limits_{n\to\infty}y_n=A$，称数列 $\{y_n\}$ 收敛；否则发散．

2．函数极限：

（1）当 $x\to\infty$ 时（x 的绝对值无限增大），$f(x)\to A$，则 $\lim\limits_{x\to\infty}f(x)=A$．

$$\lim_{x\to\infty}f(x)=A\Leftrightarrow\lim_{x\to+\infty}f(x)=\lim_{x\to-\infty}f(x)=A.$$

（2）当 $x\to x_0$ 时，$f(x)\to A$，则 $\lim\limits_{x\to x_0}f(x)=A$．

$$\lim_{x\to x_0}f(x)=A\Leftrightarrow\lim_{x\to x_0^-}f(x)=\lim_{x\to x_0^+}f(x)=A.$$

3．无穷小与无穷大

若 $\lim y=0$，则称变量 y 为在这种变化趋势下的无穷小．

若 $\lim y=\infty$，则称变量 y 为在这种变化趋势下的无穷大．

在同一变化趋势下，无穷大的倒数是无穷小，非零的无穷小的倒数是无穷大．

四、极限的运算法则和公式

1．极限的运算法则

2．有理分式的极限

$$\lim_{x\to\infty}\frac{a_0x^m+a_1x^{m-1}+\cdots+a_m}{b_0x^n+b_1x^{n-1}+\cdots+b_n}=\begin{cases}\dfrac{a_0}{b_0}, & \text{当}n=m\text{时}\\ 0, & \text{当}m<n\text{时}\\ \infty, & \text{当}m>n\text{时}\end{cases}$$

3．第一重要极限：$\lim\limits_{x\to 0}\dfrac{\sin x}{x}=1$，变形有$\lim\limits_{x\to 0}\dfrac{x}{\sin x}=1$，$\lim\limits_{x\to 0}\dfrac{\tan x}{x}=1$，$\lim\limits_{x\to 0}\dfrac{x}{\tan x}=1$；

$\lim\limits_{x\to c}\dfrac{\sin\varphi(x)}{\varphi(x)}=1 \qquad (x\to c$时，$\varphi(x)\to 0)$.

4．第二重要极限：$\lim\limits_{n\to\infty}\left(1+\dfrac{1}{n}\right)^n=\mathrm{e}$，变形有$\lim\limits_{x\to\infty}\left(1+\dfrac{1}{x}\right)^x=\mathrm{e}$，$\lim\limits_{t\to 0}(1+t)^{\frac{1}{t}}=\mathrm{e}$，

$\lim\limits_{x\to c}[1+\varphi(x)]^{\frac{1}{\varphi(x)}}=\mathrm{e} \qquad (x\to c$时，$\varphi(x)\to 0)$

$\lim\limits_{x\to a}\left(1+\dfrac{1}{\varphi(x)}\right)^{\varphi(x)}=\mathrm{e} \qquad (x\to a$时，$\varphi(x)\to\infty)$.

五、求极限$\lim\limits_{x\to x_0}f(x)$的常用方法

1．若函数$f(x)$连续，则$\lim\limits_{x\to x_0}f(x)=f(x_0)$.

2．若$f(x)$为分式形式，观察分子和分母的极限：

（1）$\dfrac{c}{0}\xrightarrow{c\neq 0}\infty$；

（2）$\dfrac{0}{0}$型，① 分子分母是多项式的用因式分解法；

② 分子或分母含根号的用分式有理化法；

③ 含三角函数的用第一重要极限.

（3）$\dfrac{\infty}{\infty}$型，用分子分母中的最高次幂项分别去除分子和分母的每一项，再求极限.

3．$\infty-\infty$型，要先通分，消去零因子，再求极限.

4．$(1+0)^{\infty}$型，用第二重要极限.

六、无穷小的比较

1．$\lim\dfrac{\beta}{\alpha}=0\Rightarrow\beta=o(\alpha)$，$\beta$是比$\alpha$较高阶无穷小；

2．$\lim\dfrac{\beta}{\alpha}=c\neq 0$，$\beta$与$\alpha$是同阶无穷小，$c=1$时，$\beta$与$\alpha$是等价无穷小记为$\alpha\sim\beta$.

七、连续

1．连续的三个条件.

2．间断点的分类（x_0是间断点（不连续的点））：

第一类间断点：$\lim\limits_{x\to x_0^-}f(x)$与$\lim\limits_{x\to x_0^+}f(x)$都存在；

第二类间断点：$\lim\limits_{x\to x_0^-}f(x)$与$\lim\limits_{x\to x_0^+}f(x)$至少有一个不存在.

3．初等函数在其定义区间上是连续的.

4．闭区间上连续函数的性质.

八、复利与贴现

1. 已知现在值 A_0，确定将来值 A_t，是复利问题：

（1）年利率为 r，一年计息 m 次，t 年末的本利和为 $A_t = A_0\left(1+\dfrac{r}{m}\right)^{mt}$；

（2）年利率为 r，以连续复利计息，t 年末的本利和为 $A_t = A_0 \mathrm{e}^{tr}$.

2. 已知将来值 A_t，确定现在值 A_0，是贴现问题：

（1）年利率为 r，一年均分 m 期贴现，则 $A_0 = A_t\left(1+\dfrac{r}{m}\right)^{-mt}$；

（2）年利率为 r，以连续复利计息，则 $A_0 = A_t \mathrm{e}^{-tr}$.

自 测 题 一

一、填空题

1. 函数 $y=\mathrm{e}^{\tan\frac{1}{x}}$ 是由 __________ __________ __________复合而成.

2. 函数 $f(x)=\dfrac{1}{\sqrt{x^2-3x+2}}$ 的连续区间为____________________.

3. $\lim\limits_{x\to 0}\dfrac{\sin 5x}{\sqrt{x+1}-1}=$__________.

4. $\lim\limits_{x\to 0}(1-2x)^{\frac{1}{x}}=$__________，$\lim\limits_{x\to\infty}\left(\dfrac{1+x^2}{x^2}\right)^{2x^2}=$__________.

5. 设 $f(x)=\begin{cases}\dfrac{\sin ax}{x}, & x<0\\ 1, & x=0\\ \dfrac{2\ln(1+x)}{x}, & x>0\end{cases}$ 在 $x=0$ 处极限存在，则 $a=$_______.

6. 若 $x\to 0$，无穷小 $(\sqrt{1+x}-\sqrt{1-x})$ 是无穷小 x 的__________无穷小.

7. 函数 $f(x)=\dfrac{x^2-1}{x^2-2x-3}$ 的间断点是__________，其中可去间断点是________，无穷间断点是__________.

8. 假设某种动物食品的供求规律是由 $Q-p=7$ 和 $Q+3p=10$ 所决定，则该食品的均衡价格为 $\overline{p}=$______，均衡数量为 $\overline{Q}=$_______.

9. 已知某产品的需求是 $Q=60-5p$，则其总收益为 $R=$__________，平均收益为________.

10. 某人存入 5 000 元，年利率为 6%，若按季计息，则 5 年后的本利和是__________，若按连续复利计息，则 5 年后的本利和是________________.（只列式子，不计算）

二、选择题

1．若 $f\left(x+\dfrac{1}{x}\right)=x^2+\dfrac{1}{x^2}$，则$f(x)=$（　　）．

A．x^2-2　　B．$2-x^2$　　C．$x+\dfrac{1}{x}$　　D．$2x^2+\dfrac{1}{x^2}$

2．设 $f(x)$ 为奇函数，$g(x)$ 为偶函数，问以下函数是奇函数的是（　　）．

A．$f[f(x)]$　　B．$g[f(x)]$　　C．$f[g(x)]$　　D．$g[g(x)]$

3．函数 $f(x)=\dfrac{\sqrt{4-x^2}}{\sqrt{x^2-1}}$ 在（　　）上是连续的．

A．$(-\infty,-1)\cup(1,+\infty)$　　B．$(-\infty,-1)\cup(-1,1)\cup(1,+\infty)$

C．$[-2,-1)\cup(-1,1)\cup(1,2]$　　D．$[-2,-1)\cup(1,2]$

4．设函数 $f(x)=\dfrac{|x+1|}{x+1}$，则 $\lim\limits_{x\to-1}f(x)$ 是（　　）．

A．等于 0　　B．等于 -1　　C．等于 1　　D．不存在

5．当$n\to\infty$时，若$\sin^2\dfrac{1}{n}$与$\dfrac{1}{n^k}$是等价无穷小，则$k=$（　　）．

A．$\dfrac{1}{2}$　　B．2　　C．1　　D．3

6．下列式子正确的是（　　）．

A．$\lim\limits_{x\to0}x\sin\dfrac{1}{x}=1$　　B．$\lim\limits_{x\to\infty}x\sin\dfrac{1}{x}=0$　　C．$\lim\limits_{x\to0}\dfrac{\sin x}{x}=1$　　D．$\lim\limits_{x\to\frac{\pi}{2}}\dfrac{\sin x}{x}=1$

三、求下列极限

1．$\lim\limits_{x\to1}\dfrac{\sqrt{x^2+3}-2}{x-1}$；　　2．$\lim\limits_{x\to\infty}x(e^{\frac{1}{x}}-1)$；　　3．$\lim\limits_{x\to0}\dfrac{(e^{2x}-1)\tan x}{x\ln(1+3x)}$．

四、解答题

1．某产品年产量为Q件，每销售一台，收入为 200 元，当年产量在 500 件以内时，可以全部售出；当年产量超过 500 件时，经广告宣传又可多售出 200 件，每件平均广告费为 20 元；生产再多，本年就售不出去了．试将本年的销售纯收益R表示为年产量Q的函数．

2．设函数 $f(x)=\begin{cases}\dfrac{\sin kx}{x}, & x<0\\ k, & x=0\\ (1+2x)^{\frac{3}{x}}, & x>0\end{cases}$，问$k$取何值时，$f(x)$ 在其定义域内连续．

3．证明方程$x^3-x+2=0$在开区间$(-2,0)$内一定存在实根．

第 2 章　导数、微分及导数应用

教学目标

理解导数、微分的概念，掌握其求法；理解边际与弹性的概念，掌握其经济意义；了解三个中值定理，掌握洛必达法则的应用；了解函数的作图方法；会判断函数的单调性、凹凸性，掌握函数的极值、凹凸区间及拐点的求法，掌握极值的经济应用；了解多元函数、偏导数和全微分的概念，会求二元初等函数的偏导数、全微分.

研究导数理论，求函数的导数与微分的方法及其应用的科学称为微分学.

本章将从实际问题出发，引入导数与微分的概念，并讨论其计算方法，以及利用导数来研究函数的单调性、极值、最值和曲线的一些性质.

2.1　导 数 概 念

2.1.1　两个实例

1. 曲线切线的斜率

设曲线的方程为 $y=f(x)$，求曲线上任意一点处切线的斜率.

如图 2.1 所示，设 $M_0(x_0,y_0)$ 为曲线 $y=f(x)$ 上的任意一点，在曲线上再取 M_0 附近的一个点 $M(x_0+\Delta x, y_0+\Delta y)$，作曲线的割线 M_0M，当点 M 沿曲线向 M_0 靠近时，割线 M_0M 绕点 M_0 转动，当点 M 无限靠近点 M_0 时 $(M\to M_0)$，割线 M_0M 的极限位置 M_0T 叫做曲线 $y=f(x)$ 在点 M_0 处的切线.

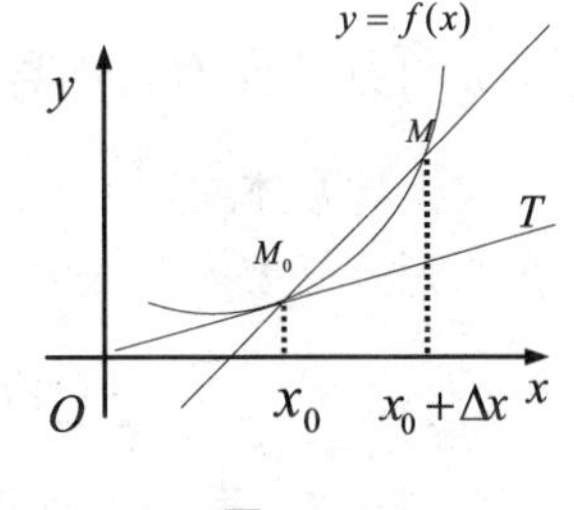

图　2.1

设割线 M_0M 的倾斜角为 φ，切线 M_0T 的倾斜角为 α，则割线 M_0M 的斜率为

$$\tan\varphi=\frac{\Delta y}{\Delta x}=\frac{f(x_0+\Delta x)-f(x_0)}{\Delta x}.$$

当 $M\to M_0$ 时，$\Delta x\to 0$，割线 $M_0M\to$ 切线 M_0T，$\varphi\to\alpha$，则切线 M_0T 的斜率为

$$k=\tan\alpha=\lim_{\varphi\to\alpha}\tan\varphi=\lim_{\Delta x\to 0}\frac{\Delta y}{\Delta x}=\lim_{\Delta x\to 0}\frac{f(x_0+\Delta x)-f(x_0)}{\Delta x}.$$

2. 产品总成本的变化率

已知某产品的成本函数 $C=C(Q)\ (Q>0)$，求在产量 Q_0 的变化率.

产品在产量Q_0的成本为$C(Q_0)$，当产量增加ΔQ后，产品的成本为$C(Q_0+\Delta Q)$，成本增量为$\Delta C=C(Q_0+\Delta Q)-C(Q_0)$，成本的平均变化率为$\overline{C}=\dfrac{\Delta C}{\Delta Q}=\dfrac{C(Q_0+\Delta Q)-C(Q_0)}{\Delta Q}$，于是，当$\Delta Q\to 0$时，产品的成本函数在$Q_0$的变化率为$\lim\limits_{\Delta Q\to 0}\dfrac{C(Q_0+\Delta Q)-C(Q_0)}{\Delta Q}$.

上述两个问题，不考虑它们的实际意义，单从数学上看，是计算函数的改变量与自变量的改变量之比，当自变量的改变量趋向于零时的极限。若这个极限存在，其极限值就是函数在这点的变化率，它描述了函数在这点变化的快慢程度．由此我们引入函数的导数的概念．

2.1.2 导数的定义

设函数$y=f(x)$在点x_0的某邻域内有定义，当自变量x在x_0处取得增量Δx时，相应的函数取得增量$\Delta y=f(x_0+x)-f(x_0)$，如果当$\Delta x\to 0$时，比值$\dfrac{\Delta y}{\Delta x}$极限存在，则称函数$y=f(x)$**在点**$x_0$**处可导**，并称此极限值为**函数**$f(x)$**在**$x_0$**处的导数**，记为$f'(x_0)$或$y'\big|_{x=x_0}$或$\dfrac{\mathrm{d}y}{\mathrm{d}x}\Big|_{x=x_0}$或$\dfrac{\mathrm{d}f}{\mathrm{d}x}\Big|_{x=x_0}$，即

$$f'(x_0)=\lim_{\Delta x\to 0}\frac{\Delta y}{\Delta x}=\lim_{\Delta x\to 0}\frac{f(x_0+\Delta x)-f(x_0)}{\Delta x}.\tag{2.1}$$

如果$\lim\limits_{\Delta x\to 0}\dfrac{\Delta y}{\Delta x}$不存在，则称$f(x)$在$x_0$处不可导.

在上面定义中，若记$x=x_0+\Delta x$，则$f'(x_0)=\lim\limits_{x\to x_0}\dfrac{f(x)-f(x_0)}{x-x_0}$.

若函数$y=f(x)$在开区间I内的每一点都可导，就称函数$f(x)$**在开区间**I**内可导**．这时，对于任一$x\in I$，都对应着$f(x)$的一个确定的导数值．这样就构成了一个新的函数，这个函数叫原函数$f(x)$的**导**函数，简称**导数**，记作$f'(x)$或y'或$\dfrac{\mathrm{d}y}{\mathrm{d}x}$或$\dfrac{\mathrm{d}f}{\mathrm{d}x}$.

由于导数本身是极限，而极限存在的充分必要条件是左右极限存在且相等，因此$f'(x_0)$存在的充分必要条件是左、右极限

$$\lim_{\Delta x\to 0^-}\frac{f(x_0+\Delta x)-f(x_0)}{\Delta x}\quad 及\quad \lim_{\Delta x\to 0^+}\frac{f(x_0+\Delta x)-f(x_0)}{\Delta x}$$

都存在且相等．这两个极限分别称为函数$f(x)$在点x_0处的**左导数和右导数**，记作$f_-'(x_0)$和$f_+'(x_0)$．即$f'(x_0)$存在$\Leftrightarrow f_-'(x_0)=f_+'(x_0)$.

【例题 2.1】 求$y=x^2$的导数y'，并求$y'\big|_{x=2}$.

解：先求函数的导数.

对任意点x，当自变量的改变量为Δx，则相应的y的改变量为

$$\Delta y=(x+\Delta x)^2-x^2=2x\Delta x+(\Delta x)^2.$$

由（2.1）式，导数为

$$y'=\lim_{\Delta x\to 0}\frac{\Delta y}{\Delta x}=\lim_{x\to 0}\frac{2x\Delta x+(\Delta x)^2}{\Delta x}=\lim_{\Delta x\to 0}(2x+\Delta x)=2x.$$

由导函数再求指定点的导数值：$y'|_{x=2}=2x|_{x=2}=4$．

【例题 2.2】 求 $y=\sin x$ 的导数．

解：
$$(\sin x)'=\lim_{\Delta x\to 0}\frac{\sin(x+\Delta x)-\sin x}{\Delta x}=\lim_{\Delta x\to 0}\frac{2\sin\frac{\Delta x}{2}\cos(x+\frac{\Delta x}{2})}{\Delta x}$$
$$=\lim_{\Delta x\to 0}\frac{\sin\frac{\Delta x}{2}}{\frac{\Delta x}{2}}\cdot\lim_{\Delta x\to 0}\cos(x+\frac{\Delta x}{2})=\cos x\,.$$

同理可得 $(\cos x)'=-\sin x$．

【例题 2.3】 求 $y=C$（C 是常数）的导数．

解：
$$C'=\lim_{\Delta x\to 0}\frac{C-C}{\Delta x}=0\,.$$

2.1.3　导数的几何意义

由本节第一个实例知，函数 $y=f(x)$ 在点 x_0 的导数 $f'(x_0)$ 的**几何意义**是表示曲线 $y=f(x)$ 在点 $(x_0,f(x_0))$ 处的切线斜率，由此可分别得到曲线在该点的切线方程和法线方程．

切线方程：
$$y-f(x_0)=f'(x_0)(x-x_0)\,;$$

法线方程：
$$y-f(x_0)=-\frac{1}{f'(x_0)}(x-x_0),\quad f'(x_0)\neq 0\,.$$

若 $f'(x_0)=0$，则切线平行 x 轴，法线平行 y 轴．

【例题 2.4】 求曲线 $y=\cos x$ 在点 $(\frac{\pi}{3},\frac{1}{2})$ 处的切线方程和法线方程．

解：由 $(\cos x)'=-\sin x$ 知 $y'\big|_{x=\frac{\pi}{3}}=-\sin x\big|_{x=\frac{\pi}{3}}=-\frac{\sqrt{3}}{2}$，

故所求切线方程为
$$y-\frac{1}{2}=-\frac{\sqrt{3}}{2}(x-\frac{\pi}{3})\,;$$

法线方程为
$$y-\frac{1}{2}=\frac{2\sqrt{3}}{3}(x-\frac{\pi}{3})\,.$$

由本节第二个实例可知：成本函数 C（Q）在产是 Q_0 处的变化率就是在 Q_0 处的导数。

2.1.4　可导与连续的关系

若函数 $y=f(x)$ 在点 x_0 可导，由导数定义 $\lim\limits_{\Delta x\to 0}\frac{\Delta y}{\Delta x}$ 存在，所以，$\lim\limits_{\Delta x\to 0}\Delta y=\lim\limits_{\Delta x\to 0}(\frac{\Delta y}{\Delta x}\cdot\Delta x)=0$，由定义 1.6.2 可知：**若函数 $f(x)$ 在点 x_0 可导，则它在点 x_0 必连续．反之不成立．**

即函数 $f(x)$ 在点 x_0 连续，只是它在点 x_0 可导的必要条件而不是充分条件．

例如函数 $y=|x|$ 在 $x=0$ 处连续，但不可导．

事实上，$\lim\limits_{\Delta x\to 0}\frac{|0+\Delta x|-0}{\Delta x}=\lim\limits_{\Delta x\to 0}\frac{|\Delta x|}{\Delta x}$，

当 $\Delta x<0$ 时，$\lim\limits_{\Delta x\to 0^-}\dfrac{|\Delta x|}{\Delta x}=\lim\limits_{\Delta x\to 0^-}\dfrac{-\Delta x}{\Delta x}=-1$；

当 $\Delta x>0$ 时，$\lim\limits_{\Delta x\to 0^+}\dfrac{|\Delta x|}{\Delta x}=\lim\limits_{\Delta x\to 0^+}\dfrac{\Delta x}{\Delta x}=1$.

由于左右导数不相等，所以 $y=|x|$ 在 $x=0$ 处不可导.

2.1.5 基本初等函数的导数公式（公式中要求 $a>0, a\neq 1$）

（1）$C'=0$；（2）$(x^{\alpha})'=\alpha x^{\alpha-1}$；

（3）$(a^x)'=a^x\ln a$；（4）$(\mathrm{e}^x)'=\mathrm{e}^x$；

（5）$(\log_a x)'=\dfrac{1}{x}\log_a \mathrm{e}=\dfrac{1}{x\ln a}$；（6）$(\ln x)'=\dfrac{1}{x}$；

（7）$(\sin x)'=\cos x$；（8）$(\cos x)'=-\sin x$；

（9）$(\tan x)'=\sec^2 x=\dfrac{1}{\cos^2 x}$；（10）$(\cot x)'=-\csc^2 x=-\dfrac{1}{\sin^2 x}$；

（11）$(\sec x)'=\sec x\cdot\tan x$；（12）$(\csc x)'=-\csc x\cdot\cot x$

（13）$(\arcsin x)'=\dfrac{1}{\sqrt{1-x^2}}$；（14）$(\arccos x)'=-\dfrac{1}{\sqrt{1-x^2}}$；

（15）$(\arctan x)'=\dfrac{1}{1+x^2}$；（16）$(\mathrm{arccot}\, x)'=-\dfrac{1}{1+x^2}$.

习 题 2.1

1．填空题

（1）$\left(\dfrac{1}{x}\right)'=$______；（2）$\left(\dfrac{x\sqrt[3]{x}}{\sqrt{x}}\right)'=$______；

（3）$\left(\sqrt{x}\right)'=$______；（4）$\left(x^{-2}\right)'=$______.

2．已知 $f(x)=2x+3$，用导数定义求 $f'(2)$，$f'(x)$.

3．设 $f'(x_0)=A$，用导数定义求下列极限

（1）$\lim\limits_{\Delta x\to 0}\dfrac{f(x_0+2\Delta x)-f(x_0)}{\Delta x}$；（2）$\lim\limits_{\Delta x\to 0}\dfrac{f(x_0)-f(x_0+\Delta x)}{\Delta x}$.

4．求下列曲线在指定点的切线方程

（1）$y=x^2$ 在点 $(-3,9)$ 处；（2）$y=\cos x$ 在点 $(0,1)$ 处；

（3）$y=\ln x$ 在点 (x_0, y_0) 处.

5．讨论函数 $y=f(x)=\begin{cases}\dfrac{1}{x}\sin^2 x, & x\neq 0\\ 0, & x=0\end{cases}$ 在 $x=0$ 处的连续性、可导性.

2.2　导数的运算

2.2.1　导数的运算法则

对一些比较复杂的函数的导数运算，我们还需要借助于导数的四则运算法则，即

定理 2.1　设函数 $\mu=\mu(x)$， $v=v(x)$ 都是可导函数，则

（1） $\mu(x)\pm v(x)$ 可导，且 $[\mu(x)\pm v(x)]'=\mu'(x)\pm v'(x)$.

（2） $\mu(x)\cdot v(x)$ 可导，且 $[\mu(x)\cdot v(x)]'=\mu'(x)v(x)+\mu(x)v'(x)$.

（3）若 $v(x)\neq 0$，则 $\dfrac{\mu(x)}{v(x)}$ 可导，且 $\left[\dfrac{\mu(x)}{v(x)}\right]'=\dfrac{\mu'(x)v(x)-\mu(x)v'(x)}{v^2(x)}$.

我们只证明乘积的导数运算法则，其他法则可类似证明.

证：设函数 $y=\mu(x)\cdot v(x)$ 在点 x 取得改变量 Δx，相应的 y 的改变量

$$\begin{aligned}\Delta y&=\mu(x+\Delta x)v(x+\Delta x)-\mu(x)v(x)\\&=\mu(x+\Delta x)v(x+\Delta x)-\mu(x)v(x+\Delta x)+\mu(x)v(x+\Delta x)-\mu(x)v(x)\\&=[\mu(x+\Delta x)-\mu(x)]v(x+\Delta x)+\mu(x)[v(x+\Delta x)-v(x)].\end{aligned}$$

因为 $\mu=\mu(x)$， $v=v(x)$ 都可导，且可导必连续，于是

$$\begin{aligned}y'&=\lim_{\Delta x\to 0}\frac{\Delta y}{\Delta x}\\&=\lim_{\Delta x\to 0}\frac{\mu(x+\Delta x)-\mu(x)}{\Delta x}\cdot\lim_{\Delta x\to 0}v(x+\Delta x)+\mu(x)\lim_{\Delta x\to 0}\frac{v(x+\Delta x)-v(x)}{\Delta x}\\&=\mu'(x)v(x)+\mu(x)v'(x)\ .\end{aligned}$$

加法、乘积法则可推广到有限个函数的情形.

【例题 2.5】　设 $f(x)=2x^3+3x-\sin\dfrac{\pi}{7}$，求 $f'(x)$，$f'(2)$.

解：
$$\begin{aligned}f'(x)&=(2x^3+3x-\sin\frac{\pi}{7})'=(2x^3)'+(3x)'-(\sin\frac{\pi}{7})'\\&=2(x^3)'+3(x)'-0=6x^2+3\ .\end{aligned}$$

所以 $f'(2)=27$.

【例题 2.6】　设 $y=(\sin x-2\cos x)\ln x$，求 y' .

解：
$$\begin{aligned}y'&=(\sin x-2\cos x)'\ln x+(\sin x-2\cos x)(\ln x)'\\&=(\cos x+2\sin x)\ln x+\frac{1}{x}(\sin x-2\cos x)\ .\end{aligned}$$

【例题 2.7】　设 $y=\tan x$，求 y' .

解：
$$\begin{aligned}y'&=(\tan x)'=\left(\frac{\sin x}{\cos x}\right)'=\frac{(\sin x)'\cos x-\sin x(\cos x)'}{\cos^2 x}\\&=\frac{\cos x\cos x-\sin x(-\sin x)}{\cos^2 x}=\frac{1}{\cos^2 x}=\sec^2 x\ .\end{aligned}$$

2.2.2 复合函数的导数

定理 2.2 设函数$u=\varphi(x), y=f(u)$都可导，则复合函数$y=f(\varphi(x))$可导，且

$$\frac{dy}{dx}=\frac{dy}{du}\cdot\frac{du}{dx},$$

或记作$[f(\varphi(x))]'=f'(u)\varphi'(x)=f'(\varphi(x))\varphi'(x)$.

证：设变量x有改变量Δx，相应的变量u有改变量Δu，从而变量y有改变量Δy. 由于函数$u=\varphi(x)$可导，故必连续，即有$\lim\limits_{\Delta x\to 0}\Delta u=0$. 因为

$$\frac{\Delta y}{\Delta x}=\frac{\Delta y}{\Delta u}\cdot\frac{\Delta u}{\Delta x}\qquad(\Delta u\neq 0),$$

所以
$$\lim_{\Delta x\to 0}\frac{\Delta y}{\Delta x}=\lim_{\Delta x\to 0}\frac{\Delta y}{\Delta u}\cdot\frac{\Delta u}{\Delta x}=\lim_{\Delta x\to 0}\frac{\Delta y}{\Delta u}\cdot\lim_{\Delta x\to 0}\frac{\Delta u}{\Delta x}=\lim_{\Delta u\to 0}\frac{\Delta y}{\Delta u}\cdot\lim_{\Delta x\to 0}\frac{\Delta u}{\Delta x},$$

即
$$\frac{dy}{dx}=\frac{dy}{du}\cdot\frac{du}{dx}.$$

以上是在$\Delta u\neq 0$时证明的. 当$\Delta u=0$时，可以证明上式仍然成立.

【例题 2.8】 设$y=e^{\sin x}$，求y'.

解：设$y=f(u)=e^u$，$u=\varphi(x)=\sin x$，于是

$$y'=f'(u)\varphi'(x)=(e^u)'(\sin x)'=e^{\sin x}\cdot\cos x.$$

【例题 2.9】 设$y=\arccos\sqrt{x}$，求y'.

解：设$y=f(u)=\arccos u$，$u=\varphi(x)=\sqrt{x}$，于是

$$y'=f'(u)\varphi'(x)=(\arccos u)'(\sqrt{x})'=-\frac{1}{\sqrt{1-u^2}}\cdot\frac{1}{2\sqrt{x}}=-\frac{1}{2\sqrt{x-x^2}}.$$

【例题 2.10】 设$y=\ln\tan\dfrac{x}{2}$，求y'.

解：
$$y'=\left(\ln\tan\frac{x}{2}\right)'=\frac{1}{\tan\frac{x}{2}}\left(\tan\frac{x}{2}\right)'=\frac{1}{\tan\frac{x}{2}}\sec^2\frac{x}{2}\left(\frac{x}{2}\right)'$$

$$=\frac{\cos\frac{x}{2}}{\sin\frac{x}{2}}\cdot\frac{1}{\cos^2\frac{x}{2}}\cdot\frac{1}{2}=\frac{1}{\sin x}=\csc x.$$

【例题 2.11】 设$y=\ln|x|$，求y'.

解：$x\in(0,+\infty)$时，$y=\ln x$，$y'=(\ln x)'=\dfrac{1}{x}$；

$x\in(-\infty,0)$时，$y=\ln(-x)$，$y'=[\ln(-x)]'=\dfrac{1}{-x}\cdot(-x)'=\dfrac{1}{x}$.

因此
$$(\ln|x|)'=\frac{1}{x},\quad x\in(-\infty,0)\cup(0,+\infty).$$

2.2.3　隐函数的导数

以上我们所求的都是显函数的导数，可直接用导数法则和公式求导，可是以后常常会遇到隐函数的求导，对隐函数求导数通常有两种方法：

（1）若隐函数 $F(x,y)=0$ 能化为显函数 $y=f(x)$，则用导数法则和公式求导.

（2）一般隐函数求导数常用下面的方法：将 $F(x,y)=0$ 两边各项同时对 x 求导数，同时将 y 看做 x 的函数 $y=f(x)$，若遇到 y 的函数，利用复合函数的求导法则，先对 y 求导，再乘以 y 对 x 的导数 y'，得到一个含有 y' 的方程，然后从方程里面解出 y' 即可.

【例题 2.12】　设 $y=f(x)$ 由方程 $x^2+y^2=1$ 确定，求 y'.

解：将方程 $x^2+y^2=1$ 两边同时对 x 求导得

$$2x+2y\cdot y'=0$$

所以

$$y'=-\frac{x}{y}.$$

【例题 2.13】　求曲线 $\mathrm{e}^{x+y}-xy=1$ 在 $x=0$ 处的切线方程.

解：将方程 $\mathrm{e}^{x+y}-xy=1$ 两边同时对 x 求导得

$$\mathrm{e}^{x+y}(1+y')-(y+xy')=0,$$

所以

$$y'=\frac{\mathrm{e}^{x+y}-y}{x-\mathrm{e}^{x+y}}.$$

因为　$x=0$ 时 $y=0$，

即

$$y'\big|_{x=0}=-1.$$

从而所求切线方程为 $y=-x$.

2.2.4　高阶导数

一般来说，函数 $y=f(x)$ 的导数 $y'=f'(x)$ 仍是 x 的函数，若导函数 $f'(x)$ 还可以对 x 求导数，则称 $f'(x)$ 的导数为函数 $y=f(x)$ 的**二阶导数**，记作

$$y''\ \text{或}\ f''(x)\ \text{或}\ \frac{\mathrm{d}^2y}{\mathrm{d}x^2}\ \text{或}\ \frac{\mathrm{d}^2f}{\mathrm{d}x^2}.$$

这时，也称函数 $y=f(x)$ 二阶可导．按照导数的定义，函数 $f(x)$ 的二阶导数应表示为

$$f''(x)=\lim_{\Delta x\to 0}\frac{f'(x+\Delta x)-f'(x)}{\Delta x}.$$

函数 $y=f(x)$ 在某点 x_0 的二阶导数，记作

$$y''\big|_{x=x_0}\ \text{或}\ f''(x_0)\ \text{或}\ \left.\frac{\mathrm{d}^2y}{\mathrm{d}x^2}\right|_{x=x_0}\ \text{或}\ \left.\frac{\mathrm{d}^2f}{\mathrm{d}x^2}\right|_{x=x_0}.$$

同样，函数 $y=f(x)$ 的二阶导数 $f''(x)$ 的导数称为函数 $f(x)$ 的**三阶导数**，记作

$$y'''\ \text{或}\ f'''(x)\ \text{或}\ \frac{\mathrm{d}^3y}{\mathrm{d}x^3}\ \text{或}\ \frac{\mathrm{d}^3f}{\mathrm{d}x^3}.$$

一般，导数 $f^{(n-1)}(x)$ 的导数称为函数 $y=f(x)$ 的 **n 阶导数**，记作

$$y^{(n)}\ \text{或}\ f^{(n)}(x)\ \text{或}\ \frac{\mathrm{d}^ny}{\mathrm{d}x^n}\ \text{或}\ \frac{\mathrm{d}^nf}{\mathrm{d}x^n}.$$

二阶及二阶以上的导数统称为高阶导数，函数 $f(x)$ 的导数 $f'(x)$ 则称为一阶导数．根据高阶导数的定义可知，求函数的高阶导数只需对函数一次一次地求导就行了．

【例题 2.14】 设 $y=\mathrm{e}^{-x^2}$，求 y''，$y''\big|_{x=0}$．

解： 先求一阶导数

$$y'=\mathrm{e}^{-x^2}\cdot(-2x)=-2x\mathrm{e}^{-x^2},$$

再求二阶导数
$$y''=-2\mathrm{e}^{-x^2}-2x\mathrm{e}^{-x^2}\cdot(-2x)=2\mathrm{e}^{-x^2}(2x^2-1),$$

从而
$$y''\big|_{x=0}=2\mathrm{e}^{-x^2}(2x^2-1)\big|_{x=0}=-2.$$

【例题 2.15】 设 $y=x^4+4x^3+8x^2-x+\dfrac{\pi}{4}$，求 $y''',y^{(4)},y^{(5)}$．

解： $y'=4x^3+12x^2+16x-1$，$y''=12x^2+24x+16$，$y'''=24x+24$，$y^{(4)}=24$，$y^{(5)}=0$．

一般地，对于 n 次多项式 $y=a_0x^n+a_1x^{n-1}+\cdots+a_{n-1}x+a_n$，有

$$y^{(n)}=a_0n!,\ y^{(n+1)}=0.$$

【例题 2.16】 求：（1）$y=\sin x$；（2）$y=\cos x$ 的 n 阶导数．

解：（1）$y'=\cos x=\sin(x+\dfrac{\pi}{2})$，

$$y''=\cos(x+\frac{\pi}{2})\cdot(x+\frac{\pi}{2})'=\cos(x+\frac{\pi}{2})=\sin(x+\frac{2\pi}{2}),$$

$$y'''=\cos(x+\frac{2\pi}{2})\cdot(x+\frac{2\pi}{2})'=\cos(x+\frac{2\pi}{2})=\sin(x+\frac{3\pi}{2}),$$

依次类推，可得
$$y^{(n)}=\sin(x+\frac{n\pi}{2}).$$

即
$$\sin^{(n)}x=\sin(x+\frac{n\pi}{2}).$$

（2）同理可得
$$\cos^{(n)}x=\cos(x+\frac{n\pi}{2}).$$

习 题 2.2

1．求下列函数的导数

（1）$y=\ln(\sec x)$；　（2）$y=\sin\sqrt{x^2+1}$；　（3）$y=3x^3+3^x+\log_3 x+3^3$；

（4）$y=\left(x-\dfrac{1}{x}\right)\left(x^2+\dfrac{1}{x^2}\right)$；　（5）$y=\mathrm{e}^x\sin x$；　（6）$y=\dfrac{\ln x+x}{x^2}$；

（7）$y=\dfrac{x}{\sin x}+\dfrac{\sin x}{x}$；　（8）$y=\ln\ln x$．

2．求下列方程确定的隐函数的导数 $\dfrac{\mathrm{d}y}{\mathrm{d}x}$

（1）$x^2+2xy-y^2=2x$；　（2）$\arctan\dfrac{y}{x}=\ln\sqrt{x^2+y^2}$．

3．求由隐函数所确定的曲线的切线方程

（1）$x^2+xy+y^2=4$ 在点 $(-2,2)$ 处；　（2）$\mathrm{e}^x+x\mathrm{e}^y-y^2=0$ 在点 $(0,1)$ 处．

4．求下列函数的 n 阶导数：

（1）$y=\mathrm{e}^{\alpha x}$；　　　　　　（2）$y=\ln(x+1)$．

2.3　微　　分

前面我们讨论了函数的导数，本节我们讨论微分学中的另一个基本概念——微分．

2.3.1　微分的概念

在实际问题中，当我们分析运动过程时，常常要通过微小的局部的运动来寻找运动的规律，因此需要考虑量的微小改变量．一般说来，计算函数 $y=f(x)$ 的改变量 Δy 的精确值是较烦琐的．所以，往往需要计算它的近似值。

下面我们讨论一个具体的例子．

【例题 2.17】 一块正方形金属薄片受温度变化影响时，其边长由 x_0 变到 $x_0+\Delta x$，问此薄片的面积改变了多少？

解：设边长为 x，面积为 A，则 A 是 x 的函数：$A=x^2$，薄片受温度变化影响时，面积改变量可以看成是当自变量 x 自 x_0 取得增量 Δx 时，函数 A 相应的增量 ΔA，即

$$\Delta A=(x_0+\Delta x)^2-x_0^2=2x_0\Delta x+(\Delta x)^2 .$$

从上式可以看出，ΔA 由两部分组成：第一部分 $2x_0\Delta x$，它是 Δx 的线性函数，即图 2.2 中带有斜线的两个矩形面积之和；第二部分 $(\Delta x)^2$，在图中是带有交叉线的小正方形的面积．显然，$2x_0\Delta x$ 是面积增量 ΔA 的主要部分，而 $(\Delta x)^2$ 是次要部分，当 $|\Delta x|$ 很小时，面积增量 ΔA 可以近似地用 $2x_0\Delta x$ 表示，即 $\Delta A\approx 2x_0\Delta x$．

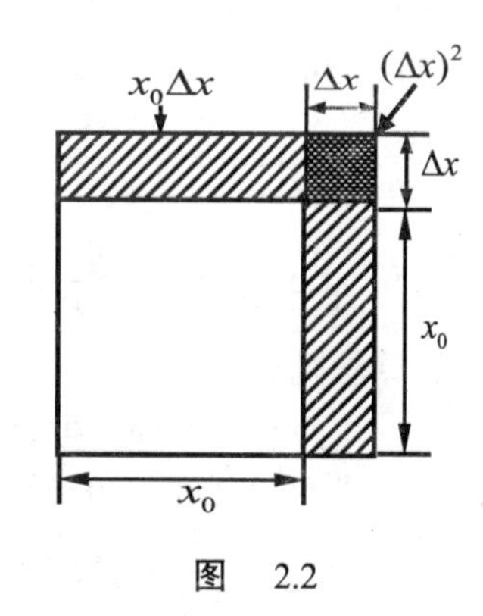

图　2.2

又因为 $A'(x_0)=(x^2)'|_{x=x_0}=2x_0$，所以有 $\Delta A\approx A'(x_0)\Delta x$．

上述结论对于一般的函数是否成立呢？下面说明对于可导函数都有此结论．一般地，若函数 $f(x)$ 在 x 处可导，由导数的定义 $f'(x)=\lim\limits_{\Delta x\to 0}\dfrac{f(x+\Delta x)-f(x)}{\Delta x}=\lim\limits_{\Delta x\to 0}\dfrac{\Delta y}{\Delta x}$ 及根据极限与无穷小的关系，有 $\dfrac{\Delta y}{\Delta x}=f'(x)+\alpha$，其中 $\lim\limits_{\Delta x\to 0}\alpha=0$，或 $\Delta y=f'(x)\Delta x+\alpha\,\Delta x$．

设函数 $y=f(x)$ 在 x 处可导，称 $f'(x)\Delta x$ 为函数 $y=f(x)$ 在 x 处的**微分**，记作 $\mathrm{d}y$ 或 $\mathrm{d}f(x)$，即 $\mathrm{d}y=f'(x)\Delta x$ 或 $\mathrm{d}f(x)=f'(x)\Delta x$．

因为 $y=x$ 的微分是 $\mathrm{d}y=\mathrm{d}x=x'\cdot\Delta x=\Delta x$，所以自变量 x 的微分 $\mathrm{d}x$ 就是自变量 x 的改变量 Δx，因此，函数的微分记作 $\mathrm{d}y=f'(x)\mathrm{d}x$，即**函数的微分等于函数的导数与自变量的微分的乘积**．

由 $\mathrm{d}y=f'(x)\mathrm{d}x$ 得 $\dfrac{\mathrm{d}y}{\mathrm{d}x}=f'(x)$ 表明函数 $y=f(x)$ 的导数是函数的微分 $\mathrm{d}y$ 与自变量的微分 $\mathrm{d}x$ 之商，因此导数又称为**微商**．

如果函数 $y=f(x)$ 在 x 处的微分存在，我们称函数 $f(x)$ 在 x 处**可微**．由定义知，函数 $y=f(x)$ 在 x 处可导与可微是等价的．

【例题 2.18】 求 $y=x^2$ 在 $x=1$，$\Delta x=0.1$ 时的改变量及微分．

解： $\Delta y=(x+\Delta x)^2-x^2=1.1^2-1^2=0.21$．在点 $x=1$ 处，$y'|_{x=1}=2x|_{x=1}=2$，所以 $\mathrm{d}y=y'\Delta x=2\times 0.1=0.2$．

2.3.2 微分基本公式与运算法则

由函数 $y=f(x)$的微分 $\mathrm{d}y=f'(x)\mathrm{d}x$ 可知，只要能计算出函数的导数，便可写出函数的微分．由导数公式和法则可直接得到微分基本公式与运算法则．

微分基本公式有（公式中要求 $a>0$，$a\neq 1$）：

（1）$\mathrm{d}C=0$（C 为常数）；
（2）$\mathrm{d}x^\alpha=\alpha x^{\alpha-1}\mathrm{d}x$；
（3）$\mathrm{d}a^x=a^x\ln a\mathrm{d}x$；
（4）$\mathrm{d}\mathrm{e}^x=\mathrm{e}^x\mathrm{d}x$；
（5）$\mathrm{d}\log_a x=\dfrac{1}{x\ln a}\mathrm{d}x$；
（6）$\mathrm{d}\ln x=\dfrac{1}{x}\mathrm{d}x$;
（7）$\mathrm{d}\sin x=\cos x\mathrm{d}x$；
（8）$\mathrm{d}\cos x=-\sin x\mathrm{d}x$；
（9）$\mathrm{d}\tan x=\sec^2 x\mathrm{d}x$；
（10）$\mathrm{d}\cot x=-\csc^2 x\mathrm{d}x$；
（11）$\mathrm{d}\sec x=\sec x\cdot\tan x\mathrm{d}x$；
（12）$\mathrm{d}\csc x=-\csc x\cdot\cot x\mathrm{d}x$
（13）$\mathrm{d}\arcsin x=\dfrac{1}{\sqrt{1-x^2}}\mathrm{d}x$；
（14）$\mathrm{d}\arccos x=-\dfrac{1}{\sqrt{1-x^2}}\mathrm{d}x$；
（15）$\mathrm{d}\arctan x=\dfrac{1}{1+x^2}\mathrm{d}x$；
（16）$\mathrm{d}\,\mathrm{arccot}x=-\dfrac{1}{1+x^2}\mathrm{d}x$．

运算法则有：

（1）$\mathrm{d}[f(x)\pm g(x)]=\mathrm{d}f(x)\pm\mathrm{d}g(x)$；

（2）$\mathrm{d}[f(x)g(x)]=g(x)\mathrm{d}f(x)+f(x)\mathrm{d}g(x)$；

（3）$\mathrm{d}\left[\dfrac{f(x)}{g(x)}\right]=\dfrac{g(x)\mathrm{d}f(x)-f(x)\mathrm{d}g(x)}{[g(x)]^2}$．

2.3.3 微分形式不变性

设函数 $y=f(u)$ 对 u 可导，若 u 是自变量时，则 $dy=f'(u)du$；若 u 是中间变量且 $u=\varphi(x)$ 可导，则 $\mathrm{d}u=\varphi'(x)\mathrm{d}x$，由 $y=f(u)$ 与 $u=\varphi(x)$ 得到复合函数 $y=f(\varphi(x))$ 的微分为 $\mathrm{d}y=f'(\varphi(x))\varphi'(x)\mathrm{d}x=f'(u)\mathrm{d}u$，所以不论 u 是自变量还是中间变量，函数的微分 $\mathrm{d}y$ 总是可以写成 $\mathrm{d}y=f'(u)\mathrm{d}u$，通常我们把这个性质称为**一阶微分形式不变性**．

【例题 2.19】 求下列函数的微分：

（1）$y=x^3+\cos^2 x$；
（2）$y=\mathrm{e}^{\frac{x}{2}}(1+x^2)$；
（3）$y=f(x^2-1)$；
（4）$y=f(\sin x)$．

解：（1）
$$\begin{aligned}\mathrm{d}y&=\mathrm{d}x^3+\mathrm{d}\cos^2 x=3x^2\mathrm{d}x+2\cos x\mathrm{d}\cos x\\&=3x^2\mathrm{d}x-2\cos x\sin x\mathrm{d}x=3x^2\mathrm{d}x-\sin 2x\mathrm{d}x；\end{aligned}$$

（2）$\mathrm{d}y=\mathrm{e}^{\frac{x}{2}}\mathrm{d}(1+x^2)+(1+x^2)\mathrm{d}\mathrm{e}^{\frac{x}{2}}=\mathrm{e}^{\frac{x}{2}}\cdot 2x\mathrm{d}x+(1+x^2)\mathrm{e}^{\frac{x}{2}}\mathrm{d}\frac{x}{2}$

$$=2x\mathrm{e}^{\frac{x}{2}}\mathrm{d}x+\frac{1}{2}(1+x^2)\mathrm{e}^{\frac{x}{2}}\mathrm{d}x=\frac{1}{2}(x^2+4x+1)\mathrm{e}^{\frac{x}{2}}\mathrm{d}x;$$

（3）$\mathrm{d}y=\mathrm{d}[f(x^2-1)]=f'(x^2-1)\mathrm{d}(x^2-1)=2f'(x^2-1)x\mathrm{d}x$；

（4）$\mathrm{d}y=\mathrm{d}[f(\sin x)]=f'(\sin x)\mathrm{d}(\sin x)=f'(\sin x)\cos x\mathrm{d}x$.

2.3.4　参数方程的求导法则

定理 2.3　若函数 $y=f(x)$ 由参数方程 $\begin{cases}x=\varphi(t)\\ y=\psi(t)\end{cases}$ 确定，其中 $\varphi(t)$ 与 $\psi(t)$ 可导且 $\varphi'(t)\neq 0$，则函数 $y=f(x)$ 可导且 $\frac{\mathrm{d}y}{\mathrm{d}x}=\frac{\psi'(t)\mathrm{d}t}{\varphi'(t)\mathrm{d}t}=\frac{\psi'(t)}{\varphi'(t)}$.

【例题 2.20】　求摆线 $\begin{cases}x=2(t-\sin t)\\ y=2(1-\cos t)\end{cases}$ 在 $t=\frac{\pi}{2}$ 处的切线方程.

解：摆线上 $t=\frac{\pi}{2}$ 的对应点是 $(\pi-2,2)$，又因为

$$\frac{\mathrm{d}y}{\mathrm{d}x}=\frac{2\sin t}{2(1-\cos t)}=\frac{\sin t}{(1-\cos t)},$$

所以
$$\left.\frac{\mathrm{d}y}{\mathrm{d}x}\right|_{t=\frac{\pi}{2}}=1,$$

从而所求切线方程为 $y-2=x-(\pi-2)$，即 $x-y-\pi+4=0$.

2.3.5　反函数的求导法则

定理 2.4　如果单调连续函数 $x=\varphi(y)$ 在点 y 处可导，而且 $\varphi'(y)\neq 0$，那么它的反函数 $y=f(x)$ 在对应点 x 处可导，且有

$$f'(x)=\frac{1}{\varphi'(y)}\quad 或\quad \frac{\mathrm{d}y}{\mathrm{d}x}=\frac{1}{\frac{\mathrm{d}x}{\mathrm{d}y}}.$$

【例题 2.21】　求 $y=a^x(a>0,\ a\neq 1)$ 的导数.

解：$y=a^x$ 是 $x=\log_a y$ 的反函数，且 $x=\log_a y$ 在$(0,+\infty)$内单调、可导，又

$$\frac{\mathrm{d}x}{\mathrm{d}y}=\frac{1}{y\ln a}\neq 0,$$

所以
$$y'=\frac{1}{\frac{\mathrm{d}x}{\mathrm{d}y}}=y\ln a=a^x\ln a,$$

即
$$(a^x)'=a^x\ln a.$$

习题 2.3

1．选取适当函数填入括号内，使下列等式成立：

（1）$a\mathrm{d}x=\mathrm{d}(\quad)$；（2）$bx\mathrm{d}x=\mathrm{d}(\quad)$；（3）$\dfrac{1}{2\sqrt{x}}\mathrm{d}x=\mathrm{d}(\quad)$；

（4）$\dfrac{1}{x}\mathrm{d}x=\mathrm{d}(\quad)$；（5）$\dfrac{1}{1+x^2}\mathrm{d}x=\mathrm{d}(\quad)$；（6）$\dfrac{1}{\sqrt{1-x^2}}\mathrm{d}x=\mathrm{d}(\quad)$；

（7）$\sin 2x\mathrm{d}x=\mathrm{d}(\quad)$；（8）$\cos ax\mathrm{d}x=\mathrm{d}(\quad)$；（9）$\mathrm{e}^{-3x}\mathrm{d}x=\mathrm{d}(\quad)$；

（10）$\sec x\cdot\tan x\mathrm{d}x=\mathrm{d}(\quad)$．

2．求下列函数的微分 $\mathrm{d}y$：

（1）$y=\arcsin\sqrt{1-x^2}$；（2）$y=\sin^2[\ln(3x+1)]$．

3．求由下列各参数方程所确定的函数 $y=f(x)$ 的导数 $\dfrac{\mathrm{d}y}{\mathrm{d}x}$：

（1）$\begin{cases}x=\dfrac{1}{t+1}\\ y=\dfrac{t}{(t+1)^2}\end{cases}$；（2）$\begin{cases}x=\mathrm{e}^t\cos t\\ y=\mathrm{e}^t\sin t\end{cases}$，求 $\left.\dfrac{\mathrm{d}y}{\mathrm{d}x}\right|_{t=\frac{\pi}{2}}$．

2.4 边际与弹性

本节介绍导数在经济学中的两个应用——边际分析和弹性分析．

2.4.1 边际的概念

由导数定义知，函数的导数是函数的变化率．它实质上描述了由该函数所表示的现象的变化过程．

在经济分析中，我们通常用“边际”这个概念来描述一个变量 y 关于另一个变量 x 的变化情况，它表示在 x 的某一个值的“边缘”上 y 的变化情况，也就是说当 x 发生微小的变化时 y 的变化情况，即和我们前面学过的导数概念联系起来．所以边际概念是导数的经济意义．

我们首先看成本函数 $C(Q)$ 的导数 $C'(Q)$，称为**边际成本**，记作 MC，见 2.1.1 实例 2 可解释为：生产第 Q 个单位产品时，总成本增加的数量（实际上是近似值），即生产第 Q 个单位产品所用的生产成本，或者说当再增加或减少一个单位的产量所需要成本的近似值．类似的有，收益函数 $R(Q)$ 的导数 $R'(Q)$，称为**边际收益函数**，记作 MR，是销量为 Q 时再多销售一个单位产品时所得的收益；利润函数 $L(Q)$ 的导数 $L'(Q)$，称为**边际利润函数**，记作 ML，表示为销量为 Q 时再多销售一个单位产品时所得的利润．显然 $L'(Q)=R'(Q)-C'(Q)$，即边际利润为边际收益与边际成本之差．

【例题 2.22】 由二次成本函数 $C(Q)=4Q^2+12Q+1000$ 知，$C'(Q)=8Q+12$．此式说明当 Q 取不同值时，总成本的增加程度不一样，例如 $C'(3)=36,\ C'(4)=44$ 分别表示生产第 3 个、第 4 个产品时成本分别增加 36 和 44．

【例题 2.23】 某工厂每月生产 Q 百吨产品的总收益 $R(Q)=100Q-Q^2$（万元），而生产 Q 百吨产品的总成本为 $C(Q)=40+111Q-7Q^2+\dfrac{1}{3}Q^3$（万元），试求产量为 10 百吨时的边际收益，边际成本和边际利润．

解：

$$R'(Q)=100-2Q,$$
$$C'(Q)=111-14Q+Q^2,$$
$$L'(Q)=R'(Q)-C'(Q)=-11+12Q-Q^2,$$

所以

$$R'(10)=80,\ C'(10)=71,\ L'(10)=9.$$

即 当产量为 10 百吨时的边际收益、边际成本和边际利润分别为 80 万元、71 万元、9 万元．

2.4.2　弹性的概念

在实际情况中我们不但要考虑函数变化率的问题，还要考虑一个变量对另外一个变量的敏感程度，这一敏感程度我们称之为弹性．

我们把某一变量的单位相对变化量所导致的另一变量的相对变化量称为**弹性**，记作 $\dfrac{Ey}{Ex}$ 或 $\dfrac{Ef(x)}{Ex}$，即

$$\frac{Ef(x)}{Ex}=\frac{f(x)\text{的相对变化量}}{x\text{的相对变化量}}=\frac{\Delta f(x)/f(x)}{\Delta x/x}.$$

若函数 $y=f(x)$ 在点 x 可导，则极限

$$\lim_{\Delta x\to 0}\frac{\dfrac{f(x+\Delta x)-f(x)}{f(x)}}{\dfrac{\Delta x}{x}}=\lim_{\Delta x\to 0}\frac{x}{f(x)}\frac{f(x+\Delta x)-f(x)}{\Delta x}=x\frac{f'(x)}{f(x)},$$

称为函数 $y=f(x)$ 在点 x 的**弹性**．

所以函数 $y=f(x)$ 在点 x 的弹性 $\dfrac{Ey}{Ex}=x\dfrac{f'(x)}{f(x)}=\dfrac{x}{f(x)}\cdot\dfrac{\mathrm{d}f(x)}{\mathrm{d}x}$．

而函数 $y=f(x)$ 在点 x_0 的弹性，记作 $\left.\dfrac{Ey}{Ex}\right|_{x=x_0}$ 或 $x_0\dfrac{f'(x_0)}{f(x_0)}$．

由弹性的定义知，函数 $y=f(x)$ 在点 x 的弹性与任何度量单位无关，并且它表示（实际上是近似表示）当自变量由 x 起始改变 1%时，函数 $y=f(x)$ 相应改变的百分数．

需求的价格弹性又称**需求弹性**，指价格 P 变动的比率所引起的需求量 Q 变动的比率，即需求量变动对价格变动的反应程度，记作 $\dfrac{EQ}{EP}$ 或 E_d．

$$E_d=\frac{\Delta Q/Q}{\Delta P/P}=\frac{\Delta Q}{\Delta P}\cdot\frac{P}{Q}\text{或}E_d=\lim_{\Delta P\to 0}\frac{\Delta Q}{\Delta P}\cdot\frac{P}{Q}=\frac{\mathrm{d}Q}{\mathrm{d}P}\cdot\frac{P}{Q}.$$

需求的价格弹性是以价格为自变量，需求量为因变量的弹性关系．它表明了需求量对市场价格的变动作出反应的程度．

根据各种商品需求弹性系数的大小，可以把需求的价格弹性分为五类：

（1）完全无弹性：即$|E_d|=0$，无论价格如何变动，需求量都固定不变；

（2）缺乏弹性：即$|E_d|<1$，P变动1%时，Q变动<1%；

（3）单位弹性：即$|E_d|=1$，P变动1%时，Q变动1%；

（4）富有弹性：即$|E_d|>1$，P变动1%，Q变动>1%；

（5）完全弹性：即$|E_d|=\infty$，P变动1%时，Q变动无穷大.

【例题2.24】 某产品价格为10，需求量为60，当价格为12时，需求量为50，求当价格为10时需求弹性并解释其经济意义.

解：
$$E_d=\frac{\Delta Q}{\Delta P}\cdot\frac{P}{Q}=\frac{50-60}{12-10}\cdot\frac{10}{60}=-\frac{5}{6}\approx-0.83,$$

即价格为10时，需求弹性为-0.83，表示价格在10时价格增加1%，需求减少0.83%.

【例题2.25】 设某商品的需求函数是$Q=5\,000\mathrm{e}^{-0.01p}$，求价格为200时的需求弹性并解释其经济含义.

解：由
$$\frac{EQ}{Ep}=p\frac{Q'(p)}{Q(p)}=p\cdot\frac{5\,000\mathrm{e}^{-0.01p}\cdot(-0.01)}{5\,000\mathrm{e}^{-0.01p}}=-0.01p,$$

所以
$$\left.\frac{EQ}{Ep}\right|_{p=200}=-2.$$

即价格为200时，需求弹性为-2，表示价格在200时增加1%，需求减少2%.

【例题2.26】 求函数$f(x)=ax^{\alpha}$的弹性.

解：由于$f'(x)=a\alpha x^{\alpha-1}$，所以$\dfrac{E(ax^{\alpha})}{Ex}=x\dfrac{a\alpha x^{\alpha-1}}{ax^{\alpha}}=\alpha$.

特别地，函数$f(x)=ax$的弹性$\dfrac{E(ax)}{Ex}=1$，函数$f(x)=\dfrac{a}{x}$的弹性$\dfrac{E(ax^{-1})}{Ex}=-1$.

习题2.4

1. 设某产品的需求函数为$Q=800-10P$，总成本函数为$C=5\,000+20Q$（其中Q是需求量，P是商品价格，C是总成本），计算$Q=150$和$Q=400$时的边际利润.

2. 生产某产品的总成本函数为$C=C(Q)=100+2\sqrt{Q}$，求：

（1）平均成本函数及产量为100时的平均成本；

（2）边际成本函数及产量为100时的边际成本.

3. 设某商品的需求量Q对价格P的函数关系为$Q=1\,600(\frac{1}{4})^{P}$，求当$P=3$时的需求价格弹性.

4. 求下列函数的弹性

（1）$y=3x+5$；　　（2）$y=4-\sqrt{x}$.

*2.5　中值定理

导数是刻画函数在某一点处变化率的数学模型，它反映了函数在这一点处的局部变化性态．而函数的变化趋势以及图像特征是函数在某区间上的整体变化性态．微分中值定理是在理论上给出函数在某区间的整体性质与该区间内部一点的导数之间的关系．由于这些性质都与区间内部的某个中间值有关，因此被统称为中值定理．

2.5.1　罗尔（Rolle）中值定理

定理 2.5　若函数 $f(x)$ 满足以下条件：

（1）在闭区间 $[a,b]$ 上连续；

（2）在开区间 (a,b) 内可导；

（3）$f(a)=f(b)$．

则在 (a,b) 内至少存在一点 ξ，使得 $f'(\xi)=0$.

罗尔定理的几何意义是：如果连续曲线除端点外处处都有不垂直于 x 轴的切线，且两端点处的纵坐标相等，那么其上至少有一条平行于 x 轴的水平切线（如图 2.3）．

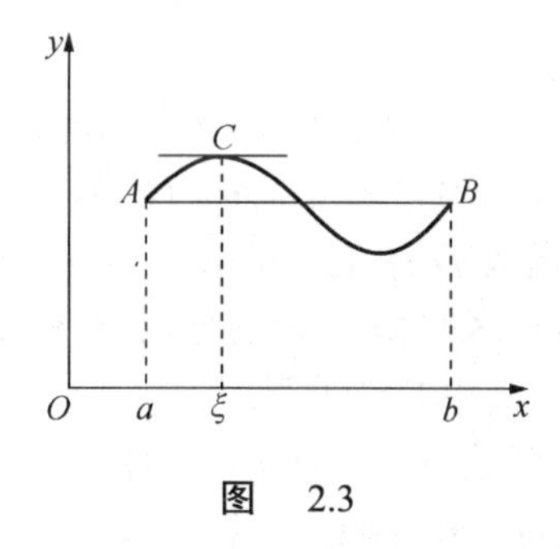

图　2.3

注意：罗尔定理的三个条件只是充分条件，不是必要条件．即若满足定理中三个条件，结论一定是成立的，反之，若不满足定理的条件，结论仍然有可能成立．

【例题 2.27】 验证函数 $f(x)=x^2-3x-4$ 在区间 $[-1,4]$ 上是否满足罗尔定理的条件，若满足，试求罗尔定理中 ξ 的值．

解：$f(x)=x^2-3x-4$ 在 $[-1,4]$ 上连续，且在 $(-1,4)$ 内可导，又 $f(-1)=f(4)=0$．所以 $f(x)$ 在 $[-1,4]$ 上满足罗尔定理条件．

由于 $f'(x)=2x-3$，令 $f'(x)=2x-3=0$，解得 $x=\dfrac{3}{2}\in(-1,4)$，即 $\xi=\dfrac{3}{2}$．

在罗尔定理中，条件 $f(a)=f(b)$ 比较特殊，若把这个条件去掉并相应地改变结论，就得到了微分学中十分重要的拉格朗日中值定理．

2.5.2　拉格朗日（Lagrange）中值定理

定理 2.6　若函数 $f(x)$ 满足条件：

（1）在闭区间 $[a,b]$ 上连续；

（2）在开区间 (a,b) 内可导，

则在 (a,b) 内至少存在一点 ξ，使得 $f'(\xi)=\dfrac{f(b)-f(a)}{b-a}$.

拉格朗日中值定理的几何意义：如果连续曲线除端点外处处都有不垂直于 x 轴的切线，那么其上至少有一条平行于连接两端点的直线的切线（如图 2.4）.

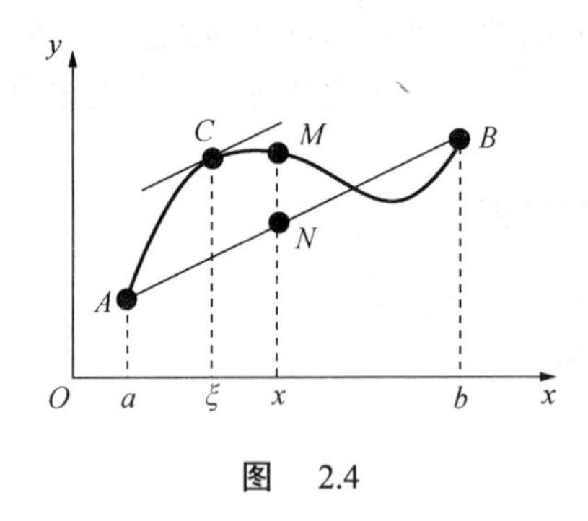

图 2.4

推论 1 若函数 $f(x)$ 在区间 (a,b) 内可导，且 $f'(x)\equiv 0$，则在 (a,b) 内，$f(x)$ 是一个常数.

证：在区间 (a,b) 内任取两点 x_1，x_2 $(x_1<x_2)$，则 $f(x)$ 在 $[x_1,x_2]$ 上满足拉格朗日中值定理条件，所以有

$$f(x_2)-f(x_1)=f'(\xi)(x_2-x_1)\quad (x_1<\xi<x_2)$$

又因 $f'(\xi)=0$，所以 $f(x_2)-f(x_1)=0$，即 $f(x_2)=f(x_1)$.

由 x_1，x_2 的任意性可知，函数 $f(x)$ 在区间 (a,b) 内是一个常数.

推论 2 若函数 $f(x)$，$g(x)$ 在区间 (a,b) 内可导，且对任意的 $x\in(a,b)$，有 $f'(x)\equiv g'(x)$，则在 (a,b) 内，$f(x)=g(x)+C$，其中 C 为常数.

证：由假设条件知，对任意的 $x\in(a,b)$，有 $[f(x)-g(x)]'=0$，由推论 1，有 $f(x)-g(x)=C$（常数），即 $f(x)=g(x)+C$.

【例题 2.28】 证明 $\arcsin x+\arccos x=\dfrac{\pi}{2}\quad x\in(-1,1)$.

证：设函数 $f(x)=\arcsin x+\arccos x$. 则 $f(x)$ 在 $(-1,1)$ 内可导，且 $f'(x)=0$，由推论 1，$f(x)$ 在 $(-1,1)$ 内恒等于一个常数 C，即又 $x=0$ 时，$f(0)=\dfrac{\pi}{2}=C$，所以 $\arcsin x+\arccos x=\dfrac{\pi}{2}$.

2.5.3 柯西（Cauchy）中值定理

定理 2.7 如果函数 $f(x)$ 及 $F(x)$ 满足条件：

（1）在闭区间 $[a,b]$ 上连续；

（2）在开区间 (a,b) 内可导；

（3）对任意的 $x\in(a,b)$，$F'(x)\neq 0$，

则在 (a,b) 内至少有一点 ξ，使得 $\dfrac{f(b)-f(a)}{F(b)-F(a)}=\dfrac{f'(\xi)}{F'(\xi)}$.

显然，如果取 $F(x)=x$，那么 $F(b)-F(a)=b-a$，$F'(x)=1$，因而柯西中值公式就可以写成：$f(b)-f(a)=f'(\xi)(b-a)$ $(a<\xi<b)$.

这样就变成了拉格朗日中值公式了，所以柯西定理是拉格朗日定理的推广.

习 题 2.5

1．验证下列函数满足罗尔定理的条件，并求出定理中的 ξ.

（1） $f(x)=x^2-x-5$，$x\in[-2,3]$;　　（2） $f(x)=x\sqrt{3-x}$，$x\in[0,3]$.

2．验证下列函数满足拉格朗日中值定理的条件，并求出定理中的 ξ:

（1） $f(x)=\ln x$，$x\in[1,e]$；　　（2） $f(x)=1-x^2$，$x\in[0,3]$.

3．设 $f(x)=(x-1)(x-2)(x-3)(x-4)$，用罗尔定理说明方程 $f'(x)=0$ 有几个根，并说出根所在的范围.

4．证明恒等式 $\arctan x=\arcsin\dfrac{x}{\sqrt{1+x^2}}$.

2.6　洛必达法则

在某一变化过程中，两个无穷小之比或两个无穷大之比的极限可能存在，也可能不存在，我们称这类极限为未定式. 记为 $\dfrac{0}{0}$ 或 $\dfrac{\infty}{\infty}$. 应用初等方法求这类极限有的会比较困难. 本节利用中值定理推出一种有效的求未定式极限的方法，即洛必达法则.

其他类型的未定式：$0\cdot\infty$，$\infty-\infty$，0^0，1^∞，∞^0.

例如，$\lim\limits_{x\to0}\dfrac{\sin x}{x}$（$\dfrac{0}{0}$ 型），$\lim\limits_{x\to+\infty}\dfrac{\ln x}{x^n}$ $(n>0)$（$\dfrac{\infty}{\infty}$ 型），$\lim\limits_{x\to+0}x^n\ln x$ $(n>0)$（$0\cdot\infty^0$ 型），$\lim\limits_{x\to\frac{\pi}{2}}(\sec x-\tan x)$（$\infty-\infty$ 型），$\lim\limits_{x\to+0}x^x$（0^0 型），$\lim\limits_{x\to\infty}(1+\dfrac{1}{x})^x$（$1^\infty$ 型），$\lim\limits_{x\to\infty}(x^2+a^2)^{\frac{1}{x^2}}$（$\infty^0$ 型）.

2.6.1　“$\dfrac{0}{0}$”型未定式

定理 2.8　如果函数 $f(x)$ 及 $g(x)$ 满足：

（1） $\lim\limits_{x\to a}f(x)=\lim\limits_{x\to a}g(x)=0$；

（2）在点 a 的某去心邻域内可导，且 $g'(x)\neq0$；

（3） $\lim\limits_{x\to a}\dfrac{f'(x)}{g'(x)}=A$（或 ∞），

则必有 $\lim\limits_{x\to a}\dfrac{f(x)}{g(x)}=\lim\limits_{x\to a}\dfrac{f'(x)}{g'(x)}=A$（或 ∞）.

这种在一定条件下通过分子分母分别求导数再求极限来确定未定式极限值的方法称为洛必达法则.

【例题 2.29】 求 $\lim\limits_{x\to1}\dfrac{x^3-3x+2}{x^3-x^2-x+1}$.

解： 原式 $\overset{(\frac{0}{0})}{=}\lim\limits_{x\to1}\dfrac{3x^2-3}{3x^2-2x-1}=\lim\limits_{x\to1}\dfrac{6x}{6x-2}=\dfrac{3}{2}$.

说明： 使用一次洛必达法则后，如果 $\dfrac{f'(x)}{g'(x)}$ 仍是满足定理条件的未定式，则可继续使用洛必达法则.

【例题 2.30】 求 $\lim\limits_{x\to0}\dfrac{\ln(1+x)}{x^2}$.

解： $\lim\limits_{x\to0}\dfrac{\ln(1+x)}{x^2}\overset{(\frac{0}{0})}{=}\lim\limits_{x\to0}\dfrac{\frac{1}{1+x}}{2x}=\infty$.

可以证明，对于 $x\to\infty$ 时的未定式 $\dfrac{0}{0}$，也有相应的洛必达法则.

推论 如果函数 $f(x)$ 及 $g(x)$ 满足：

（1）$\lim\limits_{x\to\infty}f(x)=\lim\limits_{x\to\infty}g(x)=0$；

（2）当 $|x|>N$ 时 $f'(x)$ 及 $g'(x)$ 都存在，且 $g'(x)\neq0$；

（3）$\lim\limits_{x\to\infty}\dfrac{f'(x)}{g'(x)}=A$（或 ∞）；

那么 $\lim\limits_{x\to\infty}\dfrac{f(x)}{g(x)}=\lim\limits_{x\to\infty}\dfrac{f'(x)}{g'(x)}=A$（或 ∞）.

【例题 2.31】 求 $\lim\limits_{x\to+\infty}\dfrac{\frac{\pi}{2}-\arctan x}{\frac{1}{x}}$.

解： $\lim\limits_{x\to+\infty}\dfrac{\frac{\pi}{2}-\arctan x}{\frac{1}{x}}=\lim\limits_{x\to+\infty}\dfrac{-\frac{1}{1+x^2}}{-\frac{1}{x^2}}=\lim\limits_{x\to+\infty}\dfrac{x^2}{1+x^2}=1$.

2.6.2 “$\dfrac{\infty}{\infty}$”型未定式

对于 $x\to a$ 或 $x\to\infty$ 时的未定式 $\dfrac{\infty}{\infty}$ 也有相应的洛必达法则.

定理 2.9 如果函数 $f(x)$ 及 $g(x)$ 满足：

（1）$\lim\limits_{x\to a}f(x)=\lim\limits_{x\to a}g(x)=\infty$；

（2）在点 a 的某去心邻域内可导，且 $g'(x)\neq0$；

（3）$\lim\limits_{x\to a}\dfrac{f'(x)}{g'(x)}=A$（或$\infty$），

则必有 $\lim\limits_{x\to a}\dfrac{f(x)}{g(x)}=\lim\limits_{x\to a}\dfrac{f'(x)}{g'(x)}=A$（或$\infty$）.

【例题 2.32】 求 $\lim\limits_{x\to+\infty}\dfrac{\ln x}{x^n}\ (n>0)$.

解： $\lim\limits_{x\to+\infty}\dfrac{\ln x}{x^n}\overset{(\frac{\infty}{\infty})}{=}\lim\limits_{x\to+\infty}\dfrac{\frac{1}{x}}{nx^{n-1}}=\lim\limits_{x\to+\infty}\dfrac{1}{nx^n}=0$.

综上所述，利用洛必达法则求极限时应注意以下几点：

（1）洛必达法则只适用于$\dfrac{0}{0}$或$\dfrac{\infty}{\infty}$型；

（2）如果$\dfrac{f'(x)}{g'(x)}$仍是满足定理条件的未定式，则可继续使用洛必达法则.

2.6.3 其他类型未定式

对于 $0.\infty$，$\infty-\infty$ 型未定式的求极限问题，可以经过适当的初等变换将它们转化为$\dfrac{0}{0}$或$\dfrac{\infty}{\infty}$型未定式来计算．一般方法是：（1）$0.\ \infty$ 转化为$\dfrac{0}{0}$或$\dfrac{\infty}{\infty}$型；（2）$\infty-\infty$ 型用通分法.

【例题 2.33】 求 $\lim\limits_{x\to0^+}x^n\ln x\ (n>0)$.

解： $\lim\limits_{x\to0^+}x^n\ln x\overset{(0\cdot\infty)}{=}\lim\limits_{x\to0^+}\dfrac{\ln x}{x^{-n}}\overset{(\frac{\infty}{\infty})}{=}\lim\limits_{x\to0^+}\dfrac{\frac{1}{x}}{-nx^{-n-1}}=\lim\limits_{x\to0^+}\dfrac{-x^n}{n}=0$.

【例题 2.34】 求 $\lim\limits_{x\to\frac{\pi}{2}}(\sec x-\tan x)$.

解： $\lim\limits_{x\to\frac{\pi}{2}}(\sec x-\tan x)\overset{(\infty-\infty)}{=}\lim\limits_{x\to\frac{\pi}{2}}\dfrac{1-\sin x}{\cos x}\overset{(\frac{0}{0})}{=}\lim\limits_{x\to\frac{\pi}{2}}\dfrac{-\cos x}{\sin x}=0$.

习 题 2.6

1．用洛必达法则求下列极限：

（1）$\lim\limits_{x\to0}\dfrac{\ln(x+1)}{x}$；　（2）$\lim\limits_{x\to0}\dfrac{e^x-e^{-x}}{\sin x}$；　（3）$\lim\limits_{x\to a}\dfrac{\sin x-\sin a}{x-a}$；

（4）$\lim\limits_{x\to\pi}\dfrac{\sin 3x}{\tan 5x}$；　（5）$\lim\limits_{x\to\frac{\pi}{2}}\dfrac{\ln\sin x}{(\pi-2x)^2}$；　（6）$\lim\limits_{x\to a}\dfrac{x^m-a^m}{x^n-a^n}$；

（7）$\lim\limits_{x\to+0}\dfrac{\ln\tan 7x}{\ln\tan 2x}$；　（8）$\lim\limits_{x\to\frac{\pi}{2}}\dfrac{\tan x}{\tan 3x}$；　（9）$\lim\limits_{x\to+\infty}\dfrac{\ln(1+\frac{1}{x})}{\operatorname{arccot} x}$；

（10）$\lim\limits_{x\to0}\dfrac{\ln(x^2+1)}{\sec x-\cos x}$；　（11）$\lim\limits_{x\to0}x\cot 2x$；　（12）$\lim\limits_{x\to0}x^2e^{\frac{1}{x^2}}$.

2．设函数 $f(x)$ 二阶连续可导，且 $f(0)=0, f'(0)=1, f''(0)=2$，试求 $\lim\limits_{x\to 0}\dfrac{f(x)-x}{x^2}$．

2.7 函数的单调性与极值

2.7.1 函数单调性的判定

在第一章定义了函数的单调性，这里将介绍利用函数的一阶导数来判定函数的单调性的方法．

从几何上可以看出，曲线的单调性与曲线上各点的切线的斜率密切相关，如果 $y=f(x)$ 在 $[a,b]$ 上单调增加（单调减少），那么它的图形是一条沿 x 轴正向上升（下降）的曲线，这时，如图 2.5 和图 2.6，曲线上各点处的切线斜率是非负的（非正的），即 $y'=f'(x)\geqslant 0$（$y'=f'(x)\leqslant 0$）．

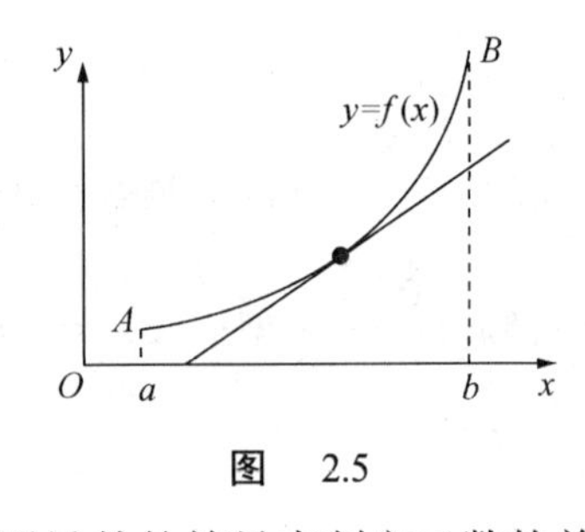

图 2.5

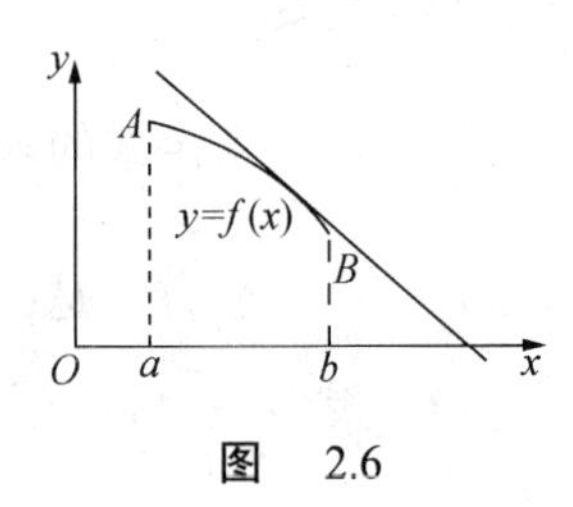

图 2.6

那么，能否用导数的符号来判定函数的单调性呢？

定理 2.10（函数单调性的判定） 设函数 $y=f(x)$ 在 $[a,b]$ 上连续，在 (a,b) 内可导，

（1）如果在 (a,b) 内 $f'(x)>0$，那么函数 $y=f(x)$ 在 $[a,b]$ 上单调增加；

（2）如果在 (a,b) 内 $f'(x)<0$，那么函数 $y=f(x)$ 在 $[a,b]$ 上单调减少．

【例题 2.35】 讨论函数 $f(x)=1-(x-2)^{\frac{2}{3}}$ 的单调性．

解：函数的定义域为$(-\infty,+\infty)$．当 $x\neq 2$ 时，$f'(x)=-\dfrac{2}{3}(x-2)^{-\frac{1}{3}}$，当 $x=2$ 时，$f'(x)$ 不存在．

以 2 为分点，将定义域$(-\infty,+\infty)$，分成两部分$(-\infty,2)$，$(2,+\infty)$．

因为 $x<2$ 时，$f'(x)>0$，所以函数在$(-\infty,2]$上单调增加；

因为 $x>2$ 时，$f'(x)<0$，所以函数在$[2,+\infty)$上单调减少．

由该例可以看出，当函数 $y=f(x)$ 在 $[a,b]$ 内连续，在 (a,b) 内仅有个别点不可导时，这些点很有可能改变函数的单调性．

如果函数在定义区间上连续，除去有限个导数不存在的点外导数存在且连续，那么只要用方程 $f'(x)=0$ 的根及导数不存在的点来划分函数 $f(x)$ 的定义区间，就能保证 $f'(x)$ 在各个部分区间内保持固定的符号，因而函数 $f(x)$ 在每个部分区间上就能确定单调增加或单调减少．

由此我们可以总结出判别函数增减性的步骤如下：

（1）确定函数的定义域；

（2）求出使 $f'(x)=0$ 和 $f'(x)$ 不存在的点，并以这些点为分界点，将定义域分割成几个子区间；

（3）确定 $f'(x)$ 在各个子区间内的符号，从而判定函数 $y=f(x)$ 的单调性．

一般地，如果 $f'(x)$ 在某区间内的有限个点处为零，在其余各点处均为正（或负）时，那么 $f(x)$ 在该区间上仍旧是单调增加（或单调减少）的．

【例题 2.36】 证明：当 $x>1$ 时，$2\sqrt{x}>3-\dfrac{1}{x}$．

证明：令 $f(x)=2\sqrt{x}-(3-\dfrac{1}{x})$，则

$$f'(x)=\frac{1}{\sqrt{x}}-\frac{1}{x^2}=\frac{1}{x^2}(x\sqrt{x}-1).$$

因为当 $x>1$ 时，$f'(x)>0$，因此 $f(x)$ 在 $[1,+\infty)$ 上 $f(x)$ 单调增加；
从而当 $x>1$ 时，$f(x)>f(1)$．

由于 $f(1)=0$，故 $f(x)>f(1)=0$，即 $2\sqrt{x}-(3-\dfrac{1}{x})>0$，

也就是　$2\sqrt{x}>3-\dfrac{1}{x}\ (x>1)$．

上例说明，运用函数的单调性证明代数不等式的关键，在于合理地构造相应的辅助函数，并研究其在相应区间的单调性及在相应的区间端点处的值．

2.7.2　函数的极值及其求法

1．极值的定义

设函数 $f(x)$ 在区间 (a,b) 内有定义，$x_0\in(a,b)$．如果在 x_0 的某一去心邻域内恒有：

（1）$f(x)<f(x_0)$，则称 $f(x_0)$ 是函数 $f(x)$ 的一个**极大值**，x_0 称为 $f(x)$ 的**极大值点**；

（2）$f(x)>f(x_0)$，则称 $f(x_0)$ 是函数 $f(x)$ 的一个**极小值**，x_0 称为 $f(x)$ 的**极小值点**．

函数的极大值与极小值统称为函数的极值，极大值点、极小值点统称为函数的极值点．

说明：函数的极值仅仅是在某一点的近旁而言的，它是局部性概念．在一个区间上，函数可能有几个极大值与几个极小值，甚至有的极小值可能大于某个极大值．从图 2.7 可看出，极小值 $f(x_6)$ 就大于极大值 $f(x_2)$．

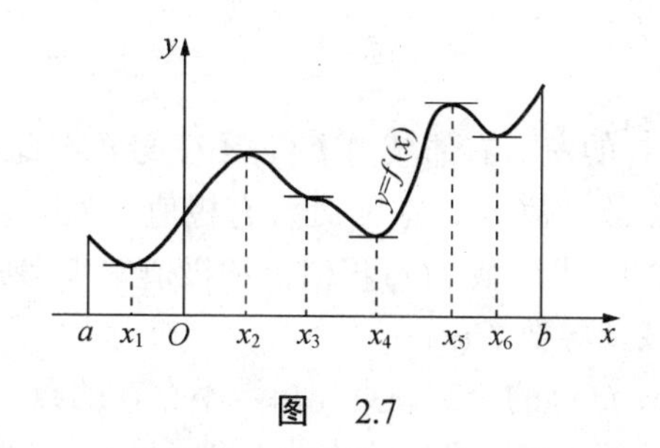

图　2.7

极值与水平切线的关系：在函数取得极值处（该点可导），曲线上的切线是水平的．但

曲线上有水平切线的地方，函数不一定取得极值（如图2.7的x_3点处）.

2. 极值的判别法

定理2.11（必要条件） 设函数$f(x)$在点x_0处可导，且在x_0处取得极值，那么函数在点x_0处的导数为零，即$f'(x_0)=0$.

说明：（1）定理2.11的几何解释是：可微函数的图形在极值点处有水平切线；

（2）定理2.11的条件仅仅是取得极值的必要条件，但不是充分条件.

例如，$f(x)=x^3$，在点$x=0$处有$f'(0)=0$，但$x=0$并不是函数$f(x)=x^3$的极值点.

使$f'(x)$为零的点（即方程$f'(x)=0$的实根）称函数$f(x)$的**驻点**.

定理2.11就是说：可导函数$f(x)$的极值点必定是函数的驻点. 但反过来，函数$f(x)$的驻点却不一定是极值点.

定理2.11是对函数在点x_0处可导而言的，在导数不存在的点，函数可能取得极值，也可能没有极值. 例如，$y=x^{\frac{2}{3}}$有$y'=\frac{2}{3}x^{-\frac{1}{3}}$，$y'|_{x=0}$不存在，但是在$x=0$处函数却有极小值$f(0)=0$，如图2.8所示.

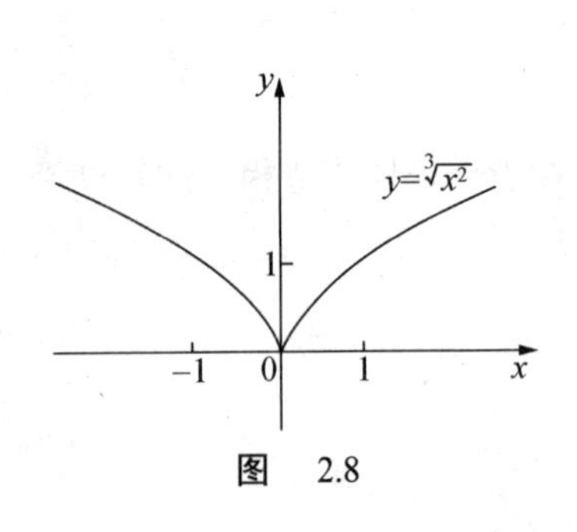

图 2.8

又如$y=x^{\frac{1}{3}}$有$y'=\frac{1}{3}x^{-\frac{2}{3}}$，$y'|_{x=0}$也不存在，在$x=0$处函数没有极值.

由此可知，函数的极值点必在函数的驻点或连续不可导的点中取得. 但是，驻点或导数不存在的点不一定是函数的极值点. 下面介绍函数取得极值的充分条件，给出函数求极值的具体方法.

定理2.12（极值的第一充分条件） 设函数$f(x)$在点x_0的某一邻域内连续且可导（$f'(x_0)$可以不存在）.

（1）当$x<x_0$时，$f'(x)>0$，而当$x>x_0$时，$f'(x)<0$，那么函数$f(x)$在x_0处取得极大值；

（2）当$x<x_0$时，$f'(x)<0$，而当$x>x_0$时，$f'(x)>0$，那么函数$f(x)$在x_0处取得极小值；

（3）当$x<x_0$与$x>x_0$时，$f'(x)$不变号，那么函数$f(x)$在x_0处没有极值.

证明：（1）因为当$x<x_0$时，$f'(x)>0$，所以在x_0的左邻域内函数单调增加. 当$x>x_0$时，$f'(x)<0$，函数在x_0的右邻域内函数单调减少，因而在x_0的邻域内总有$f(x)<f(x_0)$. 故函数$f(x)$在x_0处取得极大值.

同理可证（2）.

（3）因为函数$f(x)$在x_0的左、右邻域内$f'(x)$不变号，因此函数在x_0的左、右邻域内都是单调增加或单调减少，故函数$f(x)$在x_0处没有极值.

综上所述，应用定理2.12求函数$f(x)$极值点和极值的步骤如下：

（1）求出函数的定义域及导数$f'(x)$；

（2）令$f'(x)=0$，求出$f(x)$的全部驻点和导数不存在的点；

（3）列表判断（用上述各点将定义域分成若干个子区间，判定各子区间内$f'(x)$的正、负，以便确定该点是否是极值点）；

（4）求出各极值点处的函数值，确定出函数的所有极值点和极值．

【例题 2.37】 求函数 $f(x)=(x-4)\sqrt[3]{(x+1)^2}$ 的极值.

解：（1）$f(x)$ 在 $(-\infty,+\infty)$ 内连续，$f'(x)=\dfrac{5(x-1)}{3\sqrt[3]{x+1}}$.

（2）令 $f'(x)=0$，得驻点 $x=1$；而当 $x=-1$ 时，$f'(x)$ 不存在．这两个点将函数 $f(x)$ 的定义区间分成三部分．

（3）列表判断．

x	$(-\infty,-1)$	-1	$(-1,1)$	1	$(1,+\infty)$
$f'(x)$	+	不存在	−	0	+
$f(x)$	↗	0	↘	$-3\sqrt[3]{4}$	↗

（4）极大值为 $f(-1)=0$，极小值为 $f(1)=-3\sqrt[3]{4}$.

定理 2.13（极值的第二充分条件） 设函数 $f(x)$ 在点 x_0 处具有二阶导数，且 $f'(x_0)=0$，$f''(x_0)\neq 0$，那么：

（1）当 $f''(x_0)<0$ 时，函数 $f(x)$ 在 x_0 处取得极大值；

（2）当 $f''(x_0)>0$ 时，函数 $f(x)$ 在 x_0 处取得极小值.

极值的第二充分条件适用范围较小．它表明，如果函数 $f(x)$ 在驻点 x_0 处的二阶导数 $f''(x_0)\neq 0$，那么该点 x_0 一定是极值点，并且可以按二阶导数 $f''(x_0)$ 的符号来判定 $f(x_0)$ 是极大值还是极小值．但如果 $f''(x_0)=0$，定理 2.13 就不能使用了．

【例题 2.38】 求函数 $f(x)=(x^2-1)^3+1$ 的极值.

解：（1）$f'(x)=6x(x^2-1)^2$.

（2）令 $f'(x)=0$，求得驻点 $x_1=-1$，$x_2=0$，$x_3=1$.

（3）$f''(x)=6(x^2-1)(5x^2-1)$.

（4）因 $f''(0)=6>0$，所以 $f(x)$ 在 $x=0$ 处取得极小值，极小值为 $f(0)=0$.

（5）因 $f''(-1)=f''(1)=0$，用定理 2.13 无法判别．但由定理 2.12 知，在 $x=-1$ 的左右邻域内 $f'(x)<0$，所以 $f(x)$ 在 $x=-1$ 处没有极值；同理，$f(x)$ 在 $x=1$ 处也没有极值.

2.7.3　函数的最值及其求法

在工农业生产、工程技术及科学实验中，常常会遇到这样一类问题：在一定条件下，怎样使“产品最多”、“用料最省”、“成本最低”、“效率最高”等问题，这类问题在数学上有时可归结为求某一函数（通常称为目标函数）的最大值或最小值问题.

极值与最值的关系：

设函数 $f(x)$ 在闭区间 $[a,b]$ 上连续，则函数的最大值和最小值一定存在．函数的最大值和最小值有可能在区间的端点取得，如果最大值不在区间的端点取得，则必在开区间 (a,b) 内取得，在这种情况下，最大值一定是函数的极大值．因此，函数在闭区间 $[a,b]$ 上的最大值一定是函数的所有极大值和函数在区间端点的函数值中最大者．同理，函数在闭区间 $[a,b]$ 上的最小值一定是函数的所有极小值和函数在区间端点的函数值中最小者.

闭区间$[a,b]$上最大值和最小值的求法和步骤：

（1）求出函数$f(x)$在(a,b)内的驻点和不可导点（它们可能是极值点）以及端点处的函数值；

（2）比较这些函数值的大小，其中最大的和最小的就是函数$f(x)$的最大值和最小值.

【例题 2.39】 求函数$f(x)=2x^3+3x^2-12x+14$在$[-3,4]$上的最大值与最小值.

解：因为$f'(x)=6(x+2)(x-1)$，令$f'(x)=0$，解得$x_1=-2$，$x_2=1$
又$f(-3)=23$，$f(-2)=34$，$f(1)=7$，$f(4)=142$，
故函数的最大值和最小值分别为 142 和 7.

在解决实际问题时，注意以下结论，会使我们讨论问题显得方便有效.

（1）$f(x)$在$[a,b]$内单调增加（或减少），则$f(a)$（或$f(b)$）为最小值，$f(b)$（或$f(a)$）为最大值.

（2）若函数在讨论的区间（有限或无限，开或闭）内仅有一个极值点，则当它是函数的极大值或极小值时，它就是该函数的最大值或最小值.

（3）在实际问题中，由实际意义分析确实存在最大值或最小值，又所讨论的问题在它所对应的区间内只有一个驻点x_0，那么不必讨论$f(x_0)$是否是极值，一般就可以断定$f(x_0)$是问题所需要的最大值或最小值.

【例题 2.40】 工厂铁路线上AB段的距离为 100 km．工厂C距A处为 20 km，AC垂直于AB．为了运输需要，要在AB线上选定一点D向工厂修筑一条公路．已知铁路每公里货运的运费与公路上每公里货运的运费之比 3∶5．为了使货物从供应站B运到工厂C的运费最省，问D点应选在何处？

解：如图 2.9 所示，设$AD=x$，则$DB=100-x$，

$$CD=\sqrt{20^2+x^2}=\sqrt{400+x^2}\ .$$

设从B点到C点需要的总运费为y，那么

$$y=5k\cdot CD+3k\cdot DB\quad（k\text{是某个正数}），$$

即

$$y=5k\cdot\sqrt{400+x^2}+3k(100-x)\quad（0\leqslant x\leqslant 100）.$$

现在，问题就归结为：x在$[0,100]$内取何值时目标函数y的值最小.

先求y对x的导数：

$$y'=k(\frac{5x}{\sqrt{400+x^2}}-3)\ .$$

解方程$y'=0$，得$x=15$.

由于$y|_{x=0}=400k$，$y|_{x=15}=380k$，$y|_{x=100}=500k\sqrt{1+\frac{1}{5^2}}$，其中以$y|_{x=15}=380k$为最小，因此当$AD=x=15$ km 时，总运费为最省.

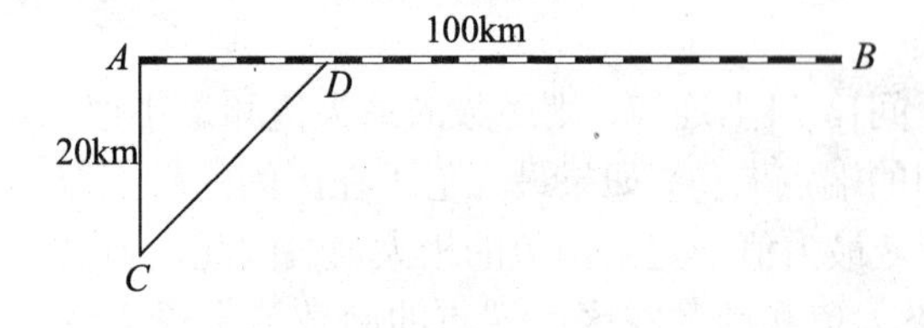

图 2.9

习 题 2.7

1．求下列函数的单调增减区间：

（1）$y = x^3 - 3x^2 + 5$；　　（2）$y = x - \ln(1+x)$；

（3）$y = x - e^x$；　　（4）$y = \dfrac{x^2}{1+x}$．

2．求下列函数的极值：

（1）$f(x) = x^3 - 9x^2 - 27$；　　（2）$f(x) = x - \dfrac{3}{2}x^{\frac{2}{3}}$；

（3）$f(x) = 2x - \ln(16x^2)$；　　（4）$f(x) = x^3(x-5)^2$．

3．求下列函数的最大值与最小值：

（1）$f(x) = (x^2-3)(x^2-4x+1)$，$x \in [-2,4]$；　　（2）$f(x) = 1 - \dfrac{2}{3}(x-2)^{\frac{2}{3}}$，$x \in [0,3]$.

4．证明：当 $x > 0$ 时，$1 + \dfrac{1}{2}x > \sqrt{1+x}$．

5．欲做一个容积为 $300\,\mathrm{m}^3$ 的无盖圆柱形蓄水池，已知池底单位造价为周围单位造价的两倍，问蓄水池的尺寸怎样设计才能使总造价最低？

6．欲用长 $l = 6\mathrm{m}$ 的木料加工一日字形的窗框，问它的边长和边宽分别为多少时，才能使窗框的面积最大？最大面积为多少？

2.8　曲线的凹向与拐点

2.8.1　曲线的凹凸与拐点的定义

在研究函数图形特性时，只知道它的上升和下降性质是不够的，还要研究曲线的弯曲方向问题. 讨论曲线的凹凸性就是讨论曲线的弯曲方向问题. 例如，函数 $y = x^2$ 与 $y = \sqrt{x}$ 虽然它们在$(0,+\infty)$内都是增加的，但图形却有显著的不同，$y = \sqrt{x}$ 是向下弯曲的（或凸的）的曲线，而 $y = x^2$ 是向上弯曲的（或凹的）的曲线.

若曲线弧位于它每一点的切线的上方，则称此**曲线弧是凹的**；若曲线弧位于它每一点的切线的下方，则称**此曲线弧是凸的**.

另外常见的定义还有

设 $f(x)$ 在区间 I 上连续，如果对 I 上任意两点 x_1, x_2，恒有

$$f\left(\frac{x_1+x_2}{2}\right) < \frac{f(x_1)+f(x_2)}{2},$$

那么称 $f(x)$ 在 I 上的**图形是凹的**（**或凹弧**）；如果恒有

$$f\left(\frac{x_1+x_2}{2}\right) > \frac{f(x_1)+f(x_2)}{2},$$

那么称 $f(x)$ 在 I 上的**图形是凸的**（**或凸弧**），如图 2.10 所示.

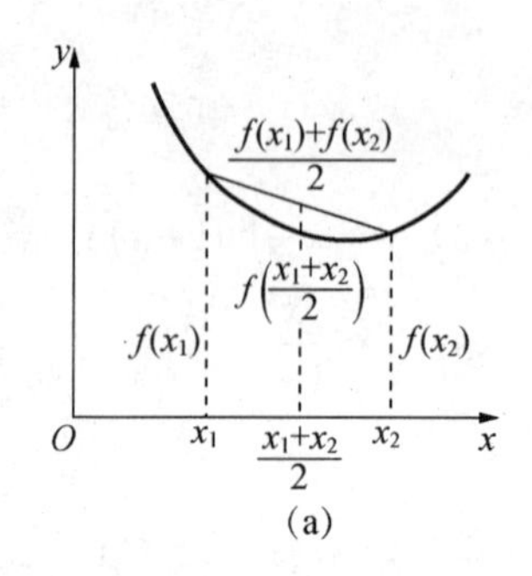

(a)

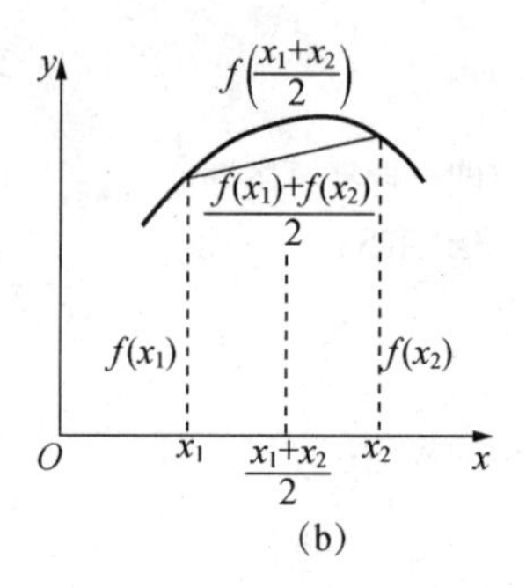

(b)

图 2.10

连续曲线 $y=f(x)$ 上凹弧与凸弧的分界点称为这曲线的**拐点**.

2.8.2 曲线凹凸的判定和拐点的求法

如何判别曲线在某一区间上的凹凸性呢？若曲线是凸弧，则当 x 由小变大时，x 轴与曲线的切线的夹角是减小的，即切线的斜率是递减的；若曲线是凹弧，则当 x 由小变大时，x 轴与曲线的切线的夹角是增大的，即切线的斜率是递增的．从而我们可以根据函数的一阶导数是递增的还是递减的，或根据原来函数的二阶导数是正的还是负的来判别曲线弧的凹凸性.

如果函数 $f(x)$ 在 I 内具有二阶导数，那么可以利用二阶导数的符号来判定曲线的凹凸性，这就是下面的曲线凹凸性的判定定理.

定理 2.14（曲线凹凸性的判别法） 设 $f(x)$ 在区间 (a,b) 内具有二阶导数 $f''(x)$，那么

（1）若在 (a,b) 内 $f''(x)>0$，则 $f(x)$ 在 (a,b) 上的图形是凹的；

（2）若在 (a,b) 内 $f''(x)<0$，则 $f(x)$ 在 (a,b) 上的图形是凸的.

确定曲线 $y=f(x)$ 的凹凸区间和拐点的步骤：

（1）求出函数 $y=f(x)$ 的定义域；

（2）求出 $f''(x)=0$ 的点和 $f''(x)$ 不存在的点；

（3）以上各点，把 $f(x)$、$f'(x)$ 的定义域划分成若干子区间，观察各子区间上 $f''(x)$ 的符号，确定凹凸区间和拐点.

【例题 2.41】 求曲线 $f(x)=x^4-2x^3+1$ 的凹凸区间及拐点.

解：函数 $f(x)$ 的定义域为 $(-\infty,+\infty)$，

$$f'(x)=4x^3-6x^2，\quad f''(x)=12x^2-12x=12x(x-1).$$

令 $f''(x)=0$，解得 $x=0$，$x=1$，用它把定义域分成三个部分区间 $(-\infty,0)$，$(0,1)$，$(1,+\infty)$，列表讨论如下：

x	$(-\infty，0)$	0	$(0，1)$	1	$(1,+\infty)$
$f''(x)$	+	0	−	0	+
$f(x)$	∪	拐点(0，1)	∩	拐点(1，0)	∪

由上面的讨论可知曲线 $f(x)$ 在区间 $(-\infty,0)$ 及 $(1,+\infty)$ 上是凹的，在区间 $(0,1)$ 上是凸的，

曲线上有两个拐点(0，1)和(1，0).

【例题 2.42】 求曲线 $f(x)=(x-2)^{\frac{5}{3}}$ 的凹凸区间和拐点.

解：函数 $f(x)$ 的定义域为$(-\infty,+\infty)$，

$$f'(x)=\frac{5}{3}(x-2)^{\frac{2}{3}}，\quad f''(x)=\frac{10}{9}(x-2)^{-\frac{1}{3}}，$$

显然，当 $x=2$ 时，$f'(2)=0$，$f''(2)$ 不存在.

$x=2$ 把定义域$(-\infty,+\infty)$分成两个部分区间$(-\infty,2)$，$(2,+\infty)$.

x	$(-\infty，2)$	2	$(2，+\infty)$
$f''(x)$	$-$	不存在	$+$
$F(x)$	$\cap$	拐点(2，0)	$\cup$

因此在区间$(-\infty，2)$上这曲线是凸的；在区间$(2，+\infty)$上这曲线是凹的，点(2，0)是曲线的拐点.

习　题 2.8

讨论下列曲线的凹凸与拐点：

1．$y=2x^2-x^3$；　　2．$y=\ln(1+x^2)$；　　3．$y=\frac{1}{\sqrt{2\pi}}e^{-\frac{x^2}{2}}$；

4．$y=x+\frac{1}{x}$；　　5．$y=\frac{2x}{\ln x}$；　　6．$y=(x-4)^{\frac{5}{3}}$.

2.9　函数图像的描绘

2.9.1　曲线的渐近线

定义　如果曲线上的一动点沿着曲线远离原点时，该点与某一定直线的距离趋于 0，则称此定直线为曲线的一条渐近线.

1．水平渐近线

设曲线 $y=f(x)$ 的定义域为无穷区间，如果 $\lim\limits_{x\to\infty}f(x)=b$ （或 $\lim\limits_{x\to+\infty}f(x)=b$ 或 $\lim\limits_{x\to-\infty}f(x)=b$ ），则直线 $y=b$ 是曲线 $y=f(x)$ 的一条水平渐近线.

【例题 2.43】 求曲线 $y=\arctan x$ 的水平渐近线.

解：因为 $\lim\limits_{x\to+\infty}\arctan x=\frac{\pi}{2}$，$\lim\limits_{x\to-\infty}\arctan x=-\frac{\pi}{2}$，所以直线 $y=\frac{\pi}{2}$ 和 $y=-\frac{\pi}{2}$ 是曲线 $y=\arctan x$ 的水平渐近线.

2. 铅垂渐近线

若 $\lim\limits_{x \to x_0} f(x) = \infty$（或 $\lim\limits_{x \to x_0^+} f(x) = \infty$ 或 $\lim\limits_{x \to x_0^-} f(x) = \infty$），则称直线 $x = x_0$ 为曲线 $y = f(x)$ 的铅垂渐近线.

【例题 2.44】 求曲线 $y = \dfrac{1}{x-2}$ 的铅垂渐近线.

解：因为 $x = 2$ 是曲线 $y = \dfrac{1}{x-2}$ 的间断点，又 $\lim\limits_{x \to 2^+} \dfrac{1}{x-2} = +\infty$， $\lim\limits_{x \to 2^-} \dfrac{1}{x-2} = -\infty$，所以 $x = 2$ 是曲线 $y = \dfrac{1}{x-2}$ 的铅垂渐近线.

2.9.2 函数图形的描绘

现在我们可以全面地研究函数的性态并画出其图形，具体步骤如下：

（1）确定函数的定义域，讨论函数的奇偶性、周期性；

（2）求出函数的一阶导数 $f'(x)$ 和二阶导数 $f''(x)$；

（3）求出方程 $f'(x) = 0$ 和 $f''(x) = 0$ 在定义域内的全部实根，并求使 $f'(x)$ 和 $f''(x)$ 不存在的点，并用这些点将函数定义域划分成几个部分区间；

（4）列表讨论函数的单调性、极值、凹凸性与拐点；

（5）讨论曲线有无渐近线；

（6）求出曲线与坐标轴的交点及其他辅助点，并描点作图.

【例题 2.45】 作函数 $f(x) = \dfrac{1}{\sqrt{2\pi}} e^{-\frac{1}{2}x^2}$ 的图形.

解：（1）函数定义域为 $(-\infty, +\infty)$，是偶函数，图形关于 y 轴对称.

（2）$f'(x) = -\dfrac{x}{\sqrt{2\pi}} e^{-\frac{1}{2}x^2}$，令 $f'(x_0) = 0$，得 $x = 0$；$f''(x) = \dfrac{(x+1)(x-1)}{\sqrt{2\pi}} e^{-\frac{1}{2}x^2}$，令 $f''(x_0) = 0$，得 $x_1 = -1$ 和 $x_2 = 1$.

（3）列表：

x	$(-\infty, 1)$	1	$(-1, 0)$	0	$(0, 1)$	1	$(1, +\infty)$
$f'(x)$	+	+	+	0	−	−	−
$f''(x)$	+	0	−	−	−	0	+
$y=f(x)$	↗ ∪	$\dfrac{1}{\sqrt{2\pi e}}$ 拐点	↗ ∩	$\dfrac{1}{\sqrt{2\pi}}$ 极大值	↘ ∩	$\dfrac{1}{\sqrt{2\pi e}}$ 拐点	↘ ∪

（4）因为 $\lim\limits_{x \to \infty} \dfrac{1}{\sqrt{2\pi}} e^{-\frac{1}{2}x^2} = 0$，所以曲线有水平渐近线 $y = 0$．曲线无铅垂渐近线.

（5）算出 $f(0) = \dfrac{1}{\sqrt{2\pi}}$，$f(1) = \dfrac{1}{\sqrt{2\pi e}}$．从而得到函数图形上的两点 $M_1(0, \dfrac{1}{\sqrt{2\pi}})$，

$M_2(1,\frac{1}{\sqrt{2\pi e}})$，另外还可得 $M_3(2,\frac{1}{\sqrt{2\pi}e^2})$，结合（3）（4）的讨论，先作出区间 $(0,+\infty)$ 内的图形，然后利用对称性作出区间 $(-\infty,0)$ 内的图形（图 2.11）.

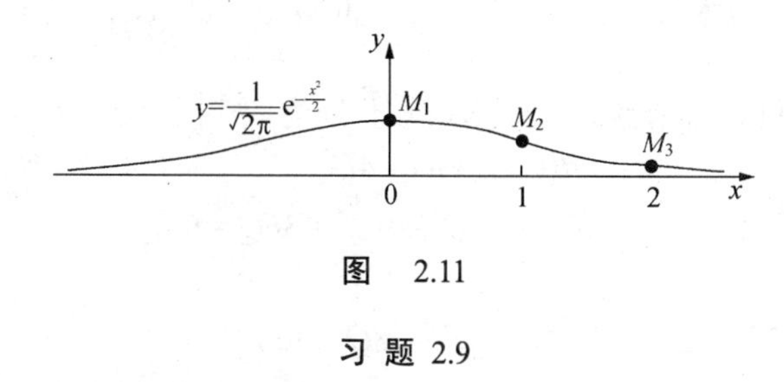

图　2.11

习 题 2.9

1．求下列函数的渐近线：

（1）$y=x\sin\frac{1}{x}$；　　（2）$y=\frac{2x^2+3x-4}{x^2}$；　　（3）$y=e^{\frac{1}{x}}-1$.

2．作出下列函数的图形：

（1）$y=x^3-6x^2+9x-2$；　　（2）$y=\frac{4(x+1)}{x^2}-2$；

（3）$y=e^{\frac{1}{x}}$；　　（4）$y=\frac{x}{1+x^2}$.

2.10　极值的经济应用

利用微分法求解经济领域中的极值问题是微分学在经济决策和计量方面的重要应用，这里讨论利润最大、收益最大、平均成本最低等问题.

2.10.1　利润最大

在假设产量与销量一致的情况下，总利润函数定义为总收益函数与总成本函数之差，若以 L 记总利润，则 $L=L(Q)=R(Q)-C(Q)$. 如果企业主以利润为目标而控制产量，我们应该选择产量 Q 的值，使目标函数 $L=L(Q)$ 取最大值.

假若产量 Q_0 时可达此目的，根据极值存在的必要条件和充分条件，应有

$$\frac{dL}{dQ}\Big|_{Q=Q_0}=R'(Q_0)-C'(Q_0)=0$$

$$\frac{d^2L}{dQ^2}\Big|_{Q=Q_0}=R''(Q_0)-C''(Q_0)<0$$

上两式可写为，当 $Q=Q_0$ 时 $MR=MC$ ，　　（1）

$$\frac{d(MR)}{dQ}<\frac{d(MC)}{dQ}\ .\qquad (2)$$

第（1）式表明，边际收益等于边际成本，这被称为最大利润原则.（2）式表明，边际成本的变化率大于边际收益的变化率．综合（1）和（2）式，关于利润最大化有下述结论：

产量水平能使边际成本等于边际收益，且若再增加产量，边际成本将大于边际收益时，可获得最大利润.

【例题 2.46】 设总收益函数和总成本函数分别为

$$R = R(Q) = 33Q - 4Q^2,$$

$$C = C(Q) = Q^3 - 9Q^2 + 36Q + 6.$$

求利润最大时的产量，产品的价格和利润.

解： 由于 $R'(Q) = 33 - 8Q$，$C'(Q) = 3Q^2 - 18Q + 36$，

由 $R'(Q) = C'(Q)$，即 $33 - 8Q = 3Q^2 - 18Q + 36$，解得 $Q_1 = \dfrac{1}{3}$，$Q_2 = 3$.

又 $R''(Q) = -8$，$C''(Q) = 6Q - 18 = \begin{cases} -16, & Q = \dfrac{1}{3}, \\ 0, & Q = 3 \end{cases}$

仅当 $Q = 3$ 时，有 $R''(Q) < C''(Q)$．因此，利润最大时的产量 $Q = 3$.

由收益函数可得价格函数

$$P = P(Q) = \frac{R(Q)}{Q} = \frac{33Q - 4Q^2}{Q} = 33 - 4Q.$$

利润最大时的价格 $P|_{Q=3} = P(3) = 21$，

利润函数为 $L = L(Q) = R(Q) - C(Q) = -Q^3 + 5Q^2 - 3Q - 6$，

最大利润为 $L|_{Q=3} = R(3) - C(3) = 3$.

2.10.2 收益最大

若企业主的目标是获得最大利益，这时，应以总收益函数 $R = PQ$ 为目标函数而决策产量 Q 或决策产品的价格.

若产品以固定价格 P_0 销售，销售量越多，总收益越多，没有最大值问题。现设需求函数 $Q = \varphi(P)$ 是单调减少的，则总收益函数为 $R = R(P) = \varphi(P) \cdot P$ （3）

我们考虑这种情况下的最大值问题.

首先，由 2.4.2 需求价格弹性公式和（3）式可得收益 R 关于价格 P 的边际收益与需求价格弹性之间有如下关系

$$\frac{\mathrm{d}R}{\mathrm{d}P} = \frac{\mathrm{d}}{\mathrm{d}P}[P\varphi(P)] = \varphi(P)[1 + P\frac{\varphi'(P)}{\varphi(P)}] = \varphi(P)[1 + E_d] \tag{4}$$

其次，若价格 $P = P_0$ 时，收益最大，那么由极值存在的必要条件和（4）式，并注意 $\varphi(P) > 0$，$E_d < 0$，可推得 $E_d = -1$ 或 $|E_d| = 1$.

由极值存在的充分条件：

当 $P < P_0$ 时，$\dfrac{\mathrm{d}R}{\mathrm{d}P} > 0$，由（4）式，可知 $-1 < E_d < 0$ 或 $|E_d| < 1$.

当 $P > P_0$ 时，$\dfrac{dR}{dP} < 0$，由（4）式，可知 $E_d < -1$ 或 $|E_d| > 1$.

这样，就得到了用需求价格弹性确定最大收益的结论：

当价格 P_0 能使需求价格弹性 $|E_d| = 1$，则总收益最大.

【例题 2.47】 某企业的总收益函数和总成本函数分别为

$$R = R(Q) = 20Q - Q^2$$

$$C = C(Q) = \frac{1}{3}Q^3 - 6Q^2 + 29Q + 25$$

（1）求收益最大时的产量、价格、收益和利润；

（2）当最低利润约束条件 $L \geqslant 50$ 时，是否允许取该收益最大时的产量。

解：（1）由价格和收益之间的关系知：

$$P = \frac{R(Q)}{Q} = 20 - Q$$

所以 $Q = 20 - P$，由极值存在的条件知

$$E_d = \frac{dQ}{dP} \cdot \frac{P}{Q} = -\frac{P}{20 - P} = -1$$

解得 $P = 10$

所以，收益最大时的价格 $P = 10$，

这时，产量 $Q(10) = 20 - 10 = 10$，

$$\text{总收益 } R(10) = (20Q - Q^2)|_{Q=10} = 100$$

$$\text{利润函数 } L = L(Q) = R(Q) - C(Q) = -\frac{1}{3}Q^3 + 5Q^2 - 9Q - 25$$

从而 $L(10) = \dfrac{155}{3}$

（2）由于收益最大时的利润 $L(10) = \dfrac{155}{3}$，所以，约束条件 $L \geqslant 50$ 时允许取该收益最大时的产量.

另解：由极值存在的条件

$$R'(Q) = 20 - 2Q = 0,$$

解得 $Q = 10$.

$$R''(Q) = -2 < 0,$$

所以，收益最大时的产量 $Q = 10$.

这时，价格 $P(10) = \dfrac{R(Q)}{Q}\Big|_{Q=10} = 20 - 10 = 10$，总收益 $R(10) = (20Q - Q^2)|_{Q=10} = 100$.

2.10.3　平均成本最低

若厂商控制产量，以平均成本最低为目标，这是平均成本函数 $AC = \dfrac{C(Q)}{Q}$ 的极值问题.

若平均成本函数在产出水平 Q_0 达到最小值，由极值存在的必要条件

$$\frac{\mathrm{d}(AC)}{\mathrm{d}Q}=\frac{QC'(Q)-C(Q)}{Q^2}=\frac{1}{Q}(MC-AC)=0\ .$$

因$Q>0$，上式可写作

$$MC=AC\ . \tag{5}$$

由极值存在的充分条件

$$\frac{\mathrm{d}^2(AC)}{\mathrm{d}Q^2}=\frac{C''(Q)}{Q}-\frac{2[QC'(Q)-C(Q)]}{Q^3}$$
$$=\frac{1}{Q}[\frac{\mathrm{d}(MC)}{\mathrm{d}Q}-2\frac{\mathrm{d}(AC)}{\mathrm{d}Q}]>0\ ,$$

因已有$\frac{\mathrm{d}(AC)}{\mathrm{d}Q}=0$，上式可写作$\frac{\mathrm{d}(MC)}{\mathrm{d}Q}>0$.　　　　(6)

（5）（6）式表明，关于平均成本最低有如下结论：

产出水平能使边际成本等于平均成本，且若再增加产量，边际成本将大于平均成本时，平均成本最低.

【例题 2.48】 设某产品的总成本（单位：万元）是产量Q（单位：台）的函数$C=C(Q)=0.4Q^2+3.8Q+38.4$，求使平均成本最低的产出水平及最低平均成本.

解： 由总成本函数，得

$$AC=\frac{C(Q)}{Q}=0.4Q+3.8+\frac{38.4}{Q}\ ,$$
$$MC=0.8Q+3.8.$$

由$AC=MC$，有

$$0.4Q+3.8+\frac{38.4}{Q}=0.8Q+3.8\ ,$$

解得　　$Q=\sqrt{96}\approx 9.798$（台）（只取正值）.

实际上，产量为10台时，平均成本最低，其值

$$AC=(0.4Q+3.8+\frac{38.4}{Q})|_{Q=10}=11.64\text{（万元）}.$$

习 题 2.10

1．设总成本函数和总收益函数分别为$C=Q^3-9Q^2+33Q+10, R=18Q$，求利润最大时的产量、价格和利润.

2．设需求函数和总成本函数分别为$Q=100-P$，$C=\frac{1}{3}Q^3-7Q^2+111Q+50$.

（1）由利润函数求利润最大时的产出水平和利润；

（2）求MC函数MR函数，并由此求出最大利润的产出水平.

3．设平均收益函数和总成本函数分别为

$$AR=a-bQ\ (a>0,\ b>0)$$
$$C=\frac{1}{3}Q^3-7Q^2+100Q+50$$

当 $MR=67$，$E_d=-\frac{89}{22}$ 时，其利润最大.

（1）求利润最大时的产量；　　　　（2）确定 a 和 b 的值.

4．设价格函数为 $P=15e^{-\frac{Q}{3}}$.

（1）用总收益函数求收益最大时的产量、价格和收益；

（2）用需求价格弹性求收益最大时的产量、价格.

5．某厂商的总收益函数和总成本函数分别为 $R=10Q-1.5Q^2$，$C=1.5Q^2$.

（1）求收益最大时的产量、价格、总收益和总利润；

（2）最低利润约束条件 $L \geqslant 3$ 是否可取该收益最大化的产量？若不可取，产量应取何值？

6．某厂每天生产某种产品 Q 千件的总成本函数是 $C=\frac{1}{2}Q^2+36Q+9\,800$ 元．为使平均成本最低，每天产量为若干？每件产品的平均成本为多少？

*2.11　多元函数的微分

2.11.1　多元函数的概念

1．平面区域

一般来说，整个 xOy 平面或由 xOy 平面上的一条或几条曲线所围成的一部分平面，称为 xOy 平面的平面区域．平面区域简称为区域．围成区域的曲线称为区域的边界，边界上的点称为边界点．平面区域一般分类如下：

无界区域：若区域可以延伸到平面的无限远处.

有界区域：若区域可以包围在一个以原点（0，0）为中心，以适当大的长为半径的圆内.

闭区域：包括边界在内的区域.

开区域：不包括边界在内的区域.

平面区域用 D 表示．例如：

$D_1=\{(x,y)\mid -\infty<x,y<+\infty\}$ 是无界区域，它表示整个 xOy 坐标平面；

$D_2=\{(x,y)\mid 1<x^2+y^2<4\}$ 是有界开区域；

$D_3=\{(x,y)\mid 1\leqslant x^2+y^2\leqslant 4\}$ 是有界闭区域；

$D_4=\{(x,y)\mid x+y>0\}$ 是无界开区域.

定义 2.11.1　在 xOy 平面上，以点 $p_0(x_0,y_0)$ 为中心，$\delta(\delta>0)$ 为半径的开区域，称为 $p_0(x_0,y_0)$ 的 δ 邻域，它可表示为：$\{(x,y)\mid \sqrt{(x-x_0)^2+(y-y_0)^2}<\delta\}$.

2．多元函数的基本概念

只有一个自变量的函数，称为一元函数，有两个或多于两个自变量的函数，称为多元函数，我们只着重讨论二元函数的基本概念.

（1）二元函数定义

【例题 2.49】 圆柱体的体积公式$V=\pi r^2 h$描述了体积V与其半径r和高h这两个变量之间的数量关系．当底半径r和高h $(r>0,h>0)$取定一对值时，体积V的值就随之由上式确定，这就是一个二元函数．

定义 2.11.2　设D是xOy平面的一个点集，如果对于D内任意一点$P(x,y)$，变量z按照一定的法则总有唯一确定的值与之对应，则称z是变量x,y的**二元函数**（或称z是点P的函数），记作：$z=f(x,y)$（或$z=f(P)$）．

点集D称为函数的**定义域**，x,y称为**自变量**，z称为**因变量**，数集$\{z\mid z=f(x,y)$ $(x,y)\in D\}$称为该函数的**值域**．

【例题 2.50】 求函数$z=\arcsin(x+y)$的定义域及在点（0，$\frac{1}{2}$）处的函数值．

解：根据反正弦函数的定义，x,y应满足不等式$-1\leqslant x+y\leqslant 1$，所以，函数的定义域是平面点集$\{(x,y)\mid -1\leqslant x+y\leqslant 1\}$，函数在（0，$\frac{1}{2}$）的函数值是$\arcsin(0+\frac{1}{2})=\frac{\pi}{6}$．

从方程的角度看，二元函数$z=f(x,y)$是一个三元方程，一般它表示一张曲面，这张曲面就叫做二元函数$z=f(x,y)$的图形．例如，$z=x^2+y^2$的图形是一张旋转抛物面．

（2）二元函数的极限

设二元函数$z=f(x,y)$在点$P_0(x_0,y_0)$的某邻域内有定义（在点P_0可以没有定义），若点$P(x,y)$以任意的方式趋于点$P_0(x_0,y_0)$时，对应的函数值无限地接近于某个确定的常数A，则称当$x\to x_0$，$y\to y_0$时，$f(x,y)$有极限A，记作

$$\lim_{\substack{x\to x_0\\ y\to y_0}} f(x,y)=A$$

上述定义的二元函数的极限又叫做二重极限．二重极限是一元函数极限的推广，有关一元函数极限的运算法则和定理，都可以直接类推到二重极限，这里不详细叙述，仅举例说明．

【例题 2.51】 求二重极限$\lim\limits_{\substack{x\to 0\\ y\to 0}}(x^2+y^2)\sin\frac{1}{x^2+y^2}$．

解：因为$\left|(x^2+y^2)\cdot\sin\frac{1}{x^2+y^2}\right|\leqslant x^2+y^2\xrightarrow{(x,y)\to(0,0)}0$，

所以$\lim\limits_{\substack{x\to 0\\ y\to 0}}(x^2+y^2)\cdot\sin\frac{1}{x^2+y^2}=0$．

注意：$P(x,y)\to P_0(x_0,y_0)$表示点P以任何方式趋近于点P_0，当$P(x,y)$以某几条特殊路径趋近于$P_0(x_0,y_0)$时，即使函数$f(x,y)$无限地趋近于某一确定常数A，并不能断定函数的极限$\lim\limits_{\substack{x\to 0\\ y\to 0}} f(x,y)=A$存在．

反过来，如果当$P(x,y)$沿两条不同路径趋近于点$P_0(x_0,y_0)$时，函数$f(x,y)$趋近于不同的值，则可以断定函数的二重极限不存在．

（3）二元函数连续的概念

定义 2.11.3　设二元函数$z=f(x,y)$在点$P_0(x_0,y_0)$的某邻域内有定义，点$P(x,y)$是邻

域内任意的点，如果 $\lim\limits_{\substack{x\to x_0\\ y\to y_0}} f(x,y)=f(x_0,y_0)$，则称函数 $z=f(x,y)$ 在点 $P_0(x_0,y_0)$ 连续．$P_0(x_0,y_0)$ 称为**函数的连续点**．

如果函数 $z=f(x,y)$ 在区域 D 内每一点都连续，则称函数 $f(x,y)$ 在区域 D 内连续，此时，称函数 $f(x,y)$ 是 D 内的**连续函数**．

函数 $f(x,y)$ 不连续的点称为**间断点**．

【例题 2.52】 函数 $f(x,y)=\sin\dfrac{1}{x^2+y^2-1}$ 的间断点是曲线 $x^2+y^2=1$（也称间断线），因为该函数在 $x^2+y^2-1=0$ 没有定义．

2.11.2　偏导数

在研究一元函数时，我们从研究函数的变化率引入了导数概念．对于多元函数同样需要讨论它的变化率．但多元函数的自变量不止一个，因变量与自变量的关系要比一元函数复杂得多．在这一节里，我们首先考虑多元函数关于其中一个自变量的变化率．以二元函数 $z=f(x,y)$为例，如果只有自变量 x 变化，而自变量 y 固定（即看做常量），这时它就是 x 的一元函数，这函数对 x 的导数，就称为二元函数 z 对于 x 的偏导数，即有如下定义．

1．偏导数的定义

定义 2.11.4　函数 $z=f(x,y)$ 在点 (x_0,y_0) 的某一邻域内有定义，当 y 固定在 y_0 而 x 在 x_0 处有增量 Δx 时，相应地函数有增量 $f(x_0+\Delta x,y_0)-f(x_0,y_0)$，如果 $\lim\limits_{\Delta x\to 0}\dfrac{f(x_0+\Delta x,y_0)-f(x_0,y_0)}{\Delta x}$ 存在，则称此极限值为函数 $z=f(x,y)$ 在点 (x_0,y_0) 处对 x 的**偏导数**，记作

$$\left.\frac{\partial z}{\partial x}\right|_{\substack{x=x_0\\ y=y_0}},\quad \left.\frac{\partial f}{\partial x}\right|_{\substack{x=x_0\\ y=y_0}},\quad z_x\Big|_{\substack{x=x_0\\ y=y_0}}\ \text{或}\ f_x(x_0,y_0).$$

即有 $f_x(x_0,y_0)=\lim\limits_{\Delta x\to 0}\dfrac{f(x_0+\Delta x,y_0)-f(x_0,y_0)}{\Delta x}$．

类似地，函数 $z=f(x,y)$ 在点 (x_0,y_0) 处对 y 的偏导数定义为

$$f_y(x_0,y_0)=\lim_{\Delta y\to 0}\frac{f(x_0,y_0+\Delta y)-f(x_0,y_0)}{\Delta y}.$$

记作 $\left.\dfrac{\partial z}{\partial y}\right|_{\substack{x=x_0\\ y=y_0}}$，$\left.\dfrac{\partial f}{\partial y}\right|_{\substack{x=x_0\\ y=y_0}}$，$z_y\Big|_{\substack{x=x_0\\ y=y_0}}$ 或 $f_y(x_0,y_0)$．

如果函数 $z=f(x,y)$ 在区域 D 内每一点 (x,y) 处对 x 的偏导数都存在，那么这个偏导数就是 x、y 的函数，它就称为函数 $z=f(x,y)$ 对自变量 x 的偏导数，记作

$$\frac{\partial z}{\partial x},\quad \frac{\partial f}{\partial x},\quad z_x\ \text{或}\ f_x(x,y).$$

类似地，可以定义函数 $z=f(x,y)$ 对自变量 y 的偏导数，记作

$$\frac{\partial z}{\partial y},\quad \frac{\partial f}{\partial y},\quad z_y\ \text{或}\ f_y(x,y).$$

实际上，求 $z=f(x,y)$ 的偏导数，并不需要用新的方法，因为这里只有一个自变量在变动，另一个自变量是看做固定的，所以仍就是一元函数的微分法问题．求 $\frac{\partial f}{\partial x}$ 时，只要把 y 暂时看做常量而对 x 求导数；求 $\frac{\partial f}{\partial y}$ 时，则只要把 x 暂时看做常量而对 y 求导数．

偏导数的概念还可以推广到二元以上的函数．

【例题 2.53】 求 $z=x^2+3xy+y^2$ 在点（1，2）处的偏导数．

解：把 y 看做常量，得 $\frac{\partial z}{\partial x}=2x+3y$；把 x 看做常量，得 $\frac{\partial z}{\partial y}=3x+2y$．

将（1，2）代入上面的结果，就得

$$\left.\frac{\partial z}{\partial x}\right|_{\substack{x=1\\y=2}}=2\times1+3\times2=8,\quad \left.\frac{\partial z}{\partial y}\right|_{\substack{x=1\\y=2}}=3\times1+2\times2=7.$$

【例题 2.54】 求三元函数 $u=xy+yz+zx$ 的偏导数．

解：将 y,z 看做常量，对 x 求导，得 $\frac{\partial u}{\partial x}=y+z$，

同理得 $\frac{\partial u}{\partial y}=x+z$，$\frac{\partial u}{\partial z}=y+x$．

2．高阶偏导数

设函数 $z=f(x,y)$ 在区域 D 内具有偏导数

$$\frac{\partial z}{\partial x}=f_x(x,y),\quad \frac{\partial z}{\partial y}=f_y(x,y),$$

那么在 D 内 $f_x(x,y)$、$f_y(x,y)$ 都是 x,y 的函数．如果这两个函数的偏导数也存在，则称它们是函数 $z=f(x,y)$ 的**二阶偏导数**．按照对变量求导次序的不同有下列四个二阶偏导数：

$$\frac{\partial}{\partial x}\left(\frac{\partial z}{\partial x}\right)=\frac{\partial^2 z}{\partial x^2}=f_{xx}(x,y),\quad \frac{\partial}{\partial y}\left(\frac{\partial z}{\partial x}\right)=\frac{\partial^2 z}{\partial x\partial y}=f_{xy}(x,y),$$

$$\frac{\partial}{\partial x}\left(\frac{\partial z}{\partial y}\right)=\frac{\partial^2 z}{\partial y\partial x}=f_{yx}(x,y),\quad \frac{\partial}{\partial y}\left(\frac{\partial z}{\partial y}\right)=\frac{\partial^2 z}{\partial y^2}=f_{yy}(x,y).$$

其中第二、三个偏导数称为**混合偏导数**．同样可得三阶、四阶、以及 n 阶偏导数．二阶及以上的偏导数统称为**高阶偏导数**．

【例题 2.55】 设 $z=x^3y^2-3xy^3-xy+1$，求 $\frac{\partial^2 z}{\partial x^2}$、$\frac{\partial^2 z}{\partial y\partial x}$、$\frac{\partial^2 z}{\partial x\partial y}$、$\frac{\partial^2 z}{\partial y^2}$．

解：

$$\frac{\partial z}{\partial x}=3x^2y^2-3y^3-y,\quad \frac{\partial z}{\partial y}=2x^3y-9xy^2-x;$$

$$\frac{\partial^{2z}}{\partial x^2}=6xy^2,\quad \frac{\partial^2 z}{\partial y\partial x}=6x^2y-9y^2-1;$$

$$\frac{\partial^2 z}{\partial x \partial y} = 6x^2 y - 9y^2 - 1, \quad \frac{\partial^2 z}{\partial y^2} = 2x^3 - 18xy.$$

我们看到上例中两个二阶混合偏导数相等，即 $\frac{\partial^2 z}{\partial y \partial x} = \frac{\partial^2 z}{\partial x \partial y}$，这不是偶然的．事实上，我们有下述结论：

如果函数 $z = f(x, y)$ 的两个二阶混合偏导数 $\frac{\partial^2 z}{\partial y \partial x}$ 及 $\frac{\partial^2 z}{\partial x \partial y}$ 在区域 D 内连续，那么在该区域内这两个二阶混合偏导数必相等．

换句话说，二阶混合偏导数在连续的条件下与求导的次序无关．

2.11.3 全微分

1. 全微分的定义

定义 2.11.5 设函数 $z = f(x, y)$ 在点 (x_0, y_0) 的某邻域内有定义，如果函数在点 (x_0, y_0) 的全增量 $\Delta z = f(x_0 + \Delta x, y_0 + \Delta y) - f(x_0, y_0)$ 可表示为

$$\Delta z = A\Delta x + B\Delta y + o(\rho),$$

其中 A、B 不依赖于 Δx、Δy，而仅与 x_0、y_0 有关，$\rho = \sqrt{(\Delta x)^2 + (\Delta y)^2}$，则称函数 $z = f(x, y)$ 在点 (x_0, y_0) 可微，而 $A\Delta x + B\Delta y$ 称为函数 $z = f(x, y)$ 在点 (x_0, y_0) 的全微分，记作 $\mathrm{d}z$，即 $\mathrm{d}z = A\Delta x + B\Delta y$．

如果函数在区域 D 内各点处都可微，则称这函数在 D 内可微．

在学习一元函数的微分时，我们曾得到，函数在某一点处可微，则在该点一定连续且可导．对二元函数也有类似的性质，即有：

定理 2.15（可微的必要条件） 若函数 $z = f(x, y)$ 在点 (x_0, y_0) 可微，则该函数在点 (x_0, y_0) 的偏导数 $\frac{\partial z}{\partial x}$、$\frac{\partial z}{\partial y}$ 必定存在，且函数 $z = f(x, y)$ 在点 (x_0, y_0) 的全微分为

$$\mathrm{d}z = \frac{\partial z}{\partial x}\Delta x + \frac{\partial z}{\partial y}\Delta y.$$

由此可知，偏导数存在是可微的必要条件而不是充分条件．但是，如果再假定函数的各个偏导数连续，则可以证明函数是可微的，即有下面定理．

定理 2.16（可微的充分条件） 如果函数 $z = f(x, y)$ 的偏导数 $\frac{\partial z}{\partial x}$、$\frac{\partial z}{\partial y}$ 在点 (x_0, y_0) 连续，则函数在该点可微．

习惯上，我们将自变量的增量 Δx、Δy 分别记作 $\mathrm{d}x$、$\mathrm{d}y$，并分别称为自变量 x，y 的微分．这样，函数 $z = f(x, y)$ 的全微分就可以写为

$$\mathrm{d}z = \frac{\partial z}{\partial x}\mathrm{d}x + \frac{\partial z}{\partial y}\mathrm{d}y.$$

【例 2.56】 计算函数 $z = x^2 + y^2$ 的全微分．

解：因为 $\frac{\partial z}{\partial x} = 2x$，$\frac{\partial z}{\partial y} = 2y$，所以 $\mathrm{d}z = 2x\mathrm{d}x + 2y\mathrm{d}y$．

以上二元函数全微分的概念和公式，均可直接推广到三元及三元以上的函数.

【例 2.57】 计算函数$u=x+\sin\frac{y}{2}+e^{yz}$的全微分.

解：因为$\frac{\partial u}{\partial x}=1$，$\frac{\partial u}{\partial y}=\frac{1}{2}\cos\frac{y}{2}+ze^{yz}$，$\frac{\partial u}{\partial z}=ye^{yz}$，

所以
$$du=dx+(\frac{1}{2}\cos\frac{y}{2}+ze^{yz})dy+ye^{yz}dz.$$

习 题 2.11

1．求下列函数的定义域：

（1）$z=\frac{1}{\sqrt{x-y}}+\frac{1}{y}$；　（2）$z=\frac{\sqrt{4x-y^2}}{\ln(1-x^2-y^2)}$；

（3）$z=\frac{\arcsin y}{\sqrt{x}}$；　（4）$z=\ln(x+y-1)+\frac{1}{\sqrt{1-x^2-y^2}}$.

2．求下列函数的偏导数：

（1）$z=x^3y-y^3x$；　（2）$s=\frac{\mu^2+\upsilon^2}{\mu\upsilon}$；

（3）$z=\sqrt{\ln(xy)}$；　（4）$z=\sin(xy)+\frac{1}{2}\cos(2xy)$；

（5）$z=\ln\tan\frac{x}{y}$；　（6）$z=(1+xy)^y$；

（7）$u=x^{\frac{y}{z}}$；　（8）$u=\arctan(x-y)^z$.

3．求函数$z=\ln(1+x^2+y^2)$在$x=1$，$y=2$时的全微分.

4．求下列函数的全微分：

（1）$z=\arctan\frac{y}{x}$；　（2）$z=\ln(3x-2y)$；

（3）$z=\frac{x+y}{x-y}$；　（4）$u=\sin(x^2+y^2+z^2)$.

本章内容精要

一、导数的概念

1．导数的定义

$$f'(x_0)=\lim_{\Delta x\to 0}\frac{\Delta y}{\Delta x}=\lim_{\Delta x\to 0}\frac{f(x_0+\Delta x)-f(x_0)}{\Delta x}.$$

2．切线方程：$y-f(x_0)=f'(x_0)(x-x_0)$，

法线方程：$y-f(x_0)=-\frac{1}{f'(x_0)}(x-x_0)$，$f'(x_0)\neq 0$.

3．基本初等函数的导数公式

二、导数的运算

1．四则运算法则

（1）$[\mu(x)\pm\nu(x)]'=\mu'(x)\pm\nu'(x)$；

（2）$[\mu(x)\cdot\nu(x)]'=\mu'(x)\nu(x)+\mu(x)\nu'(x)$；

（3）$\dfrac{\mu(x)}{\nu(x)}=\dfrac{\mu'(x)\nu(x)-\mu(x)\nu'(x)}{\nu^2(x)}$.

2．复合函数的导数公式

$$[f(\varphi(x))]'=f'(u)\varphi'(x)=f'(\varphi(x))\varphi'(x).$$

3．隐函数求导数的方法

一般隐函数求导数常用下面的方法：将 $F(x,y)=0$ 两边各项同时对 x 求导数，同时将 y 看做 x 的函数 $y=f(x)$，若遇到 y 的函数，利用复合函数的求导法则，先对 y 求导，再乘以 y 对 x 的导数 y'，得到一个含有 y' 的方程，然后从方程里解出 y' 即可.

4．高阶导数的定义

（1）二阶导数：简单的说就是导数的导数；

（2）三阶导数：简单的说就是二阶导数的导数；

（3）高阶导数：$y^{(n)}=[y^{(n-1)}]'$.

三、微分

1．$y=f(x)$ 微分为 $\mathrm{d}y=f'(x)\mathrm{d}x$.

2．参数方程 $\begin{cases}x=\varphi(t)\\y=\psi(t)\end{cases}$ 的导数 $\dfrac{\mathrm{d}y}{\mathrm{d}x}=\dfrac{\psi'(t)}{\varphi'(t)}$.

3．反函数的导数 $f'(x)=\dfrac{1}{\varphi'(y)}$ 或者 $\dfrac{\mathrm{d}y}{\mathrm{d}x}=\dfrac{1}{\dfrac{\mathrm{d}x}{\mathrm{d}y}}$.

四、边际与弹性

1．边际：描述一个变量 y 关于另一个变量 x 的变化情况，即导数.

2．弹性：某一变量的单位相对变化量所导致的另一变量的相对变化量.

即函数 $y=f(x)$ 在点 x 的弹性 $\dfrac{Ey}{Ex}=\dfrac{x}{f(x)}\cdot\dfrac{\mathrm{d}f(x)}{\mathrm{d}x}$.

五、拉格朗日中值定理

注意三个定理中的条件和结论.

六、洛必达法则

1．$\dfrac{0}{0}$、$\dfrac{\infty}{\infty}$ 有 $\lim\limits_{x\to a}\dfrac{f(x)}{g(x)}=\lim\limits_{x\to a}\dfrac{f'(x)}{g'(x)}=A$（或 ∞），注意法则中的条件.

2．会计算 $0\cdot\infty$，$\infty-\infty$，类型的极限.

七、函数的极值和单调性

1．单调性的判断

（1）如果在 (a,b) 内 $f'(x)>0$，那么函数 $y=f(x)$ 在 $[a,b]$ 上单调增加；

（2）如果在 (a,b) 内 $f'(x)<0$，那么函数 $y=f(x)$ 在 $[a,b]$ 上单调减少.

2．极值的判断

（1）极值的第一充分条件；

（2）极值的第二充分条件.

3．最值

（1）可能出现在驻点和不可导点处.

（2）会求利润最大、收益最大、平均成本最低等问题.

八、曲线的凹向与拐点

1．概念

（1）曲线弧位于它每一点的切线的上方，则称此曲线弧是凹的；

（2）曲线弧位于它每一点的切线的下方，则称此曲线弧是凸的.

2．判断

（1）若在 (a,b) 内 $f''(x)>0$，则 $f(x)$ 在 (a,b) 上的图形是凹的；

（2）若在 (a,b) 内 $f''(x)<0$，则 $f(x)$ 在 (a,b) 上的图形是凸的.

九、水平和铅垂渐近线

1．如果 $\lim\limits_{x\to\infty}f(x)=b$（或 $\lim\limits_{x\to+\infty}f(x)=b$ 或 $\lim\limits_{x\to-\infty}f(x)=b$），则直线 $y=b$ 是曲线 $y=f(x)$ 的水平渐近线.

2．若 $\lim\limits_{x\to x_0}f(x)=\infty$（或 $\lim\limits_{x\to x_0^+}f(x)=\infty$ 或 $\lim\limits_{x\to x_0^-}f(x)=\infty$），则称直线 $x=x_0$ 为曲线 $y=f(x)$ 的铅垂渐近线.

十、多元函数的微分

1．一阶偏导数求法

（1）求 $\dfrac{\partial f}{\partial x}$ 时，只要把 y 暂时看做常量而对 x 求导数；

（2）求 $\dfrac{\partial f}{\partial y}$ 时，则把 x 暂时看做常量而对 y 求导数.

2．二阶偏导数

$$\frac{\partial}{\partial x}\left(\frac{\partial z}{\partial x}\right)=\frac{\partial^2 z}{\partial x^2}=f_{xx}(x,y)，\quad \frac{\partial}{\partial y}\left(\frac{\partial z}{\partial x}\right)=\frac{\partial^2 z}{\partial x\partial y}=f_{xy}(x,y)，$$

$$\frac{\partial}{\partial x}\left(\frac{\partial z}{\partial y}\right)=\frac{\partial^2 z}{\partial y\partial x}=f_{yx}(x,y)，\quad \frac{\partial}{\partial y}\left(\frac{\partial z}{\partial y}\right)=\frac{\partial^2 z}{\partial y^2}=f_{yy}(x,y).$$

3．全微分

$$\mathrm{d}z=\frac{\partial z}{\partial x}\mathrm{d}x+\frac{\partial z}{\partial x}\mathrm{d}y.$$

自 测 题 二

1．单项选择题

（1）函数 $f(x)$ 在点 x_0 处连续是在该点可导的（　　）.

A．必要条件　　B．充分条件　　C．充要条件　　D．无关条件

（2）下列函数中，其导数为 $\sin 2x$ 的是（　　）.

A．$\cos 2x$　　B．$\cos^2 x$　　C．$-\cos 2x$　　D．$\sin^2 x$

（3）已知 $f(x)$ 为奇函数，则 $f'(x)$ 是（　　）.

A．奇函数　　B．偶函数　　C．非奇非偶函数　　D．不确定

（4）设 $y = f(\sin x)$ 且函数 $f(x)$ 可导，则 $\mathrm{d}y =$（　　）.

A．$f'(\sin x)\mathrm{d}x$　　B．$f'(\cos x)\mathrm{d}x$　　C．$f'(\sin x)\cos x\mathrm{d}x$　　D．$f'(\cos x)\cos \mathrm{d}x$

（5）设 $f(x)$ 在（a，b）可导，$a < x_1 < x_2 < b$，则至少有一点 $\xi \in$（a，b），使（　　）.

A．$f(b) - f(a) = f'(\xi)(b-a)$　　B．$f(b) - f(a) = f'(\xi)(x_2 - x_1)$

C．$f(x_2) - f(x_1) = f'(\xi)(b-a)$　　D．$f(x_2) - f(x_1) = f'(\xi)(x_2 - x_1)$

（6）设函数 $f(x)$ 在 x_0 点可导，则 $f'(x_0) = 0$ 是 $f(x)$ 在 $x = x_0$ 取得极值的（　　）.

A．必要但非充分条件　　B．充分但非必要条件

C．充分必要条件　　D．无关条件

（7）设函数 $f(x)$ 在 x_0 点二阶可导，且 $f'(x_0) = 0$，$f''(x_0) = 0$，则 $f(x)$ 在 $x = x_0$ 处（　　）.

A．一定有极大值　　B．一定有极小值

C．不一定有极值　　D．一定没有极值

（8）设 $f(x,y) = \dfrac{xy}{x^2 + y^2}$，则 $f(\dfrac{y}{x},1) =$（　　）.

A. $\dfrac{xy}{x^2 + y^2}$;　　B. $\dfrac{x^2 + y^2}{xy}$;　　C. $\dfrac{x}{x^2 + 1}$;　　D. $\dfrac{x^2}{1 + x^4}$.

2．填空题

（1）曲线 $y = (1+x)\ln x$ 在点 $(1,0)$ 处的切线方程为__________.

（2）设 $f'(x_0) = A$，则极限 $\lim\limits_{\Delta x \to 0} \dfrac{f(x_0 + \Delta x) - f(x_0 - \Delta x)}{\Delta x} =$_____.

（3）已知函数 $f(x) = \begin{cases} \mathrm{e}^x, & x \leqslant 0 \\ ax + b, & x > 0 \end{cases}$ 在 $x = 0$ 处可导，则 $a =$_____，　$b =$_____.

（4）已知总成本函数 $C = Q^3 - 12Q^2 + 60Q + 800$，则当产量为 3 时的边际成本为_____.

（5）函数 $y = x \cdot 2^{-x}$ 的凸弧区间为_______.

（6）$\lim\limits_{x \to 0} \dfrac{\sin x}{x^2 + 2x} =$_____.

（7）$z = x^y$,则$\mathrm{d}z =$_________.

（8）$z = y^x$,则 $\dfrac{\partial^2 z}{\partial x \partial y} =$_________.

3．求下列函数的导数

（1）$y = (x^3 - x)^5$；　　（2）$y = \ln \dfrac{a+x}{a-x}$；

（3）$y = \arcsin \sqrt{1 - x^2}$；　　（4）$y = \ln(1 + x + \sqrt{2x + x^2})$.

4．用洛必达法则求下列极限：

（1）$\lim\limits_{x \to 0} \dfrac{\ln(x+1)}{x}$；　　（2）$\lim\limits_{x \to 0} (\dfrac{1}{x} - \dfrac{2}{x(\mathrm{e}^x + 1)})$；

（3）$\lim\limits_{x\to 0}\dfrac{\tan x-x}{x-\sin x}$；　　（4）$\lim\limits_{x\to 0}\dfrac{e^x\sin x-x(1+x)}{x^3}$；

（5）$\lim\limits_{x\to +\infty}x(\dfrac{\pi}{2}-\arctan x)$；　　（6）$\lim\limits_{x\to 0}(\dfrac{1}{\sin^2 x}-\dfrac{1}{x^2})$；

（7）$\lim\limits_{x\to +\infty}(\dfrac{2}{\pi}\arctan x)^x$；　　（8）$\lim\limits_{x\to 0^+}(\dfrac{1}{x})^{\tan x}$．

5．求由方程 $\cos(xy)=x$ 确定的隐函数的导数 $\dfrac{dy}{dx}$．

6．设某产品的需求函数 $Q=125-P$，生产该产品的固定成本为 100，并且每多生产一个产品，成本增加 3．试求：

（1）需求的价格弹性；

（2）边际成本．

7．已知函数 $y=\dfrac{(x-1)^3}{2(x+1)^2}$，求函数的增减区间及极值以及函数图形的凹凸区间及拐点．

8．试确定 a，b，c 的值，使 $y=x^3+ax^2+bx+c$ 在点（1，－1）处有拐点，且在 $x=0$ 处有极大值为 1，并求此函数的极小值．

9．若直角三角形的一直角边与斜边之和为常数，求有最大面积的直角三角形．

*10．证明不等式：$\alpha^\beta>\beta^\alpha$ $(e<\alpha<\beta)$．

11．求下列函数的二阶偏导数：

（1）$z=xy+\ln\dfrac{y}{x}$；　　（2）$z=x^2\ln(x^2+y^2)$．

12．求下列函数的全微分：

（1）$z=y^{\sin x}$；　　（2）$z=\ln(x+\ln y)$．

第 3 章　积分及其应用

教学目标

理解不定积分和定积分的概念、性质，能熟练地应用积分的基本公式和性质解题，掌握积分的换元积分法和分部积分法，了解无限区间的广义积分的定义，理解积分在几何和经济上的应用.

微积分包括微分和积分，他们是高等数学中两个不可分割的重要概念. 本章将介绍的一元函数的积分学包括不定积分和定积分两部分，其中不定积分是作为微分的逆运算引入的，而定积分是作为某种和式的极限引进的，二者概念虽不同，但 17 世纪由牛顿（Newton，1642—1727，英国）和莱布尼茨（Leibniz，1646—1716，德国）两位数学家建立起来的微积分基本公式把不定积分和定积分这两个基本问题联系了起来，从而使微分学和积分学构成了一个统一的整体.

本章除了讲述不定积分和定积分的概念外，还介绍了它们的性质、有关公式和求积分的方法及定积分在几何和经济上的应用.

3.1　定积分的概念与性质

定积分是微积分学中的一个重要概念，它在自然科学、工程技术、经济学等各个领域中有着广泛的应用，本节从曲边梯形的面积、随时间而变化的企业总收益两个实例入手，引进定积分的概念，然后讨论定积分的几何意义和性质.

3.1.1　定积分的定义

1. 两个实例

实例 1　求曲边梯形的面积.

所谓曲边梯形，是指如图 3.1 所示的图形 $AabB$，其中有两边平行，第三边与这两边垂直，第四条边是曲线. 其中曲线弧 AB 称为曲边梯形的曲边，x 轴上的线段称为曲边梯形的底。

下面我们讨论由连续曲线 $y=f(x)$（设 $f(x)\geqslant 0$），直线 $x=a$，$x=b$ 和 x 轴（$y=0$）所围成的曲边梯形面积. 我们知道矩形面积的求法，但是此图形有一边是一条曲线，该如何求呢？

我们知道曲边梯形的高 $f(x)$ 在区间 $[a,b]$ 上是连续变化的，因此在很小的一区间段内其变化很小，近似于不变，并且当区间的长度无限缩小时，高的变化也无限减小. 因此，如果把区间 $[a,b]$ 分成许多小区间，在每个小区间上，用其中某一点的高来近似代替同一个小区间上的窄曲边梯形的变高，我们再根据矩形的面积公式，即可求出相应窄曲边梯形面积的近似值，从而求出整个曲边梯形面积的近似值．显然，把区间$[a,b]$分的越细，所求出的面积值越接近于精确值，为此我们通过下列四步计算，如图 3.1 所示．

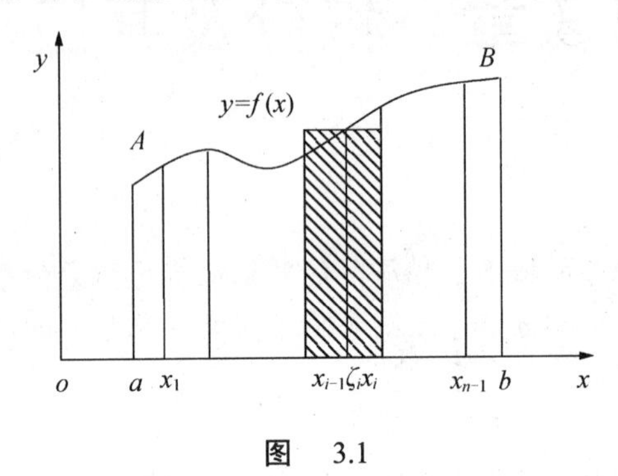

图 3.1

第一步：分割．用分点$a=x_0<x_1<x_2<\cdots<x_{n-1}<x_n=b$，将区间$[a,b]$任意分成$n$个小区间$[x_{i-1},x_i]$（$i$=1，2，…，$n$），第$i$个小区间的长度为$\Delta x_i=x_i-x_{i-1}$（$i$=1，2，…，$n$）．

经过每一个分点作平行于y轴的直线段，把曲边梯形分成n个窄曲边梯形，各个窄曲边梯形的面积记为ΔA_i（i=1，2，…，n）．

第二步：近似代替．在每个小区间$[x_{i-1},x_i]$上任取一点ζ_i，以$f(\zeta_i)$为高，Δx_i为底的矩形面积为$f(\zeta_i)\,\Delta x_i$（i=1，2，…，n），把它作为窄曲边梯形面积ΔA_i的近似值，即

$$\Delta A_i\approx f(\zeta_i)\,\Delta x_i\quad（i=1，2，\cdots，n）.$$

第三步：求和．将各窄曲边梯形面积的近似值加起来即得所求曲边梯形面积的近似值

$$A\approx\sum_{i=1}^{n}f(\zeta_i)\Delta x_i\ .$$

第四步：取极限．记$\Delta x=\max\limits_{1\leqslant i\leqslant n}\{\Delta x_i\}$，当$\Delta x\to 0$时，取上述和式的极限，得曲边梯形的面积为

$$A=\lim_{\Delta x\to 0}\sum_{i=1}^{n}f(\zeta_i)\Delta x_i\ .$$

求曲边梯形的面积就归结为求上述这种和式的极限．

实例 2　设$MR=r(t)$是某企业的边际收益，是时间t的连续函数，求企业在时间区间$[a,b]$上的总收益$R(t)$．

解：若$MR=r(t)=r$是常数，则总收益$R(t)=r(b-a)$．当$r(t)$随时间而变化时，每个瞬时的边际收益不一样，由于$MR=r(t)$是连续的，所以在很小的时间间隔内，边际收益变化不大，可以近似的看成一个常数，因此处理方法同上例，分四步：如图 3.2 所示．

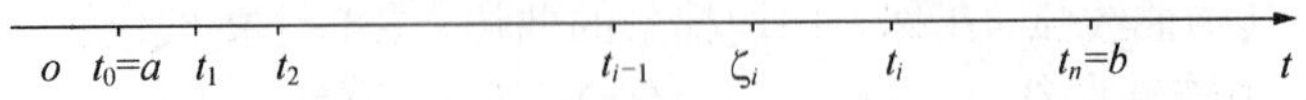

图 3.2

第一步：分割．用分点$a=t_0<t_1<t_2<\cdots<t_{n-1}<t_n=b$，将区间$[a,b]$任意分成$n$个小区间$[t_{i-1},t_i]$($i$=1，2，…，$n$)，第$i$个小区间的长度为$\Delta t_i=t_i-t_{i-1}$($i$=1，2，　…，$n$)．各个小区间的收益记为$\Delta R_i$（$i$=1，2，…，$n$）．

第二步：近似代替．在每个小区间$[t_{i-1},t_i]$上任取一点ζ_i，以$r(\zeta_i)\ \Delta t_i$作为小区间的收益ΔR_i（i=1，2，…，n）的近似值，即

$$\Delta R_i \approx r(\zeta_i)\ \Delta t_i \quad (i=1,\ 2,\ \cdots,\ n).$$

第三步：求和．将各小区间的近似值加起来即得所求区间总收益的近似值

$$R\approx \sum_{i=1}^{n} r(\zeta_i)\Delta t_i\ .$$

第四步：取极限．记$\Delta t = \max\limits_{1\leqslant i\leqslant n}\{\Delta t_i\}$，当$\Delta t \to 0$时，取上述和式的极限，得总收益为

$$R=\lim_{\Delta x\to 0}\sum_{i=1}^{n} r(\zeta_i)\Delta t_i\ .$$

以上两个实例尽管实际意义不同，但最后都归结为求“乘积的和式的极限”，因此我们抛开问题的实质内容，对这种共性加以概括和抽象，从它抽象的形式上进行讨论．下面给出定积分的定义．

2. 定积分的定义

定义：设函数$f(x)$在$[a,b]$上有定义，按下列四步构造和式极限：

第一步：分割．用分点$a=x_0<x_1<x_2<\cdots<x_{n-1}<x_n=b$，将区间$[a,b]$任意分成$n$个小区间$[x_{i-1},x_i]$（$i$=1，2，…，$n$），第$i$个小区间的长度为$\Delta x_i = x_i - x_{i-1}$（$i$=1，2，…，$n$）．

第二步：作乘积．在每个小区间$[x_{i-1},x_i]$上任取一点ζ_i，取乘积$f(\zeta_i)\ \Delta x_i$（i=1，2，…，n）．

第三步：作和式．

$$s_n=\sum_{i=1}^{n} f(\zeta_i)\Delta x_i\ .$$

第四步：取极限．记$\Delta x = \max\limits_{1\leqslant i\leqslant n}\{\Delta x_i\}$，当$\Delta x \to 0$时，取上述和式的极限

$$\lim_{\Delta x\to 0} s_n = \lim_{\Delta x\to 0}\sum_{i=1}^{n} f(\zeta_i)\Delta x_i\ .$$

若这个和式的极限存在为I，则称函数$f(x)$在$[a,b]$上是可积的，并称此极限值I为$f(x)$在$[a,b]$上的**定积分**，记作

$$I=\int_a^b f(x)\mathrm{d}x\ .$$

其中，$\int$ 称为**积分号**，x称为**积分变量**，$f(x)$称为**被积函数**，$f(x)\mathrm{d}x$称为**被积表达式**，a,b分别称为**积分下限和上限**，$[a,b]$称为**积分区间**．

注意：（1）定积分$\int_a^b f(x)\mathrm{d}x$表示一个数值，这个值只与积分区间$[a,b]$和被积函数$f(x)$有关，与$[a,b]$的分法和ζ_i的取法无关．

（2）积分上限可以小于下限，并且规定$\int_a^b f(x)\,\mathrm{d}x = -\int_b^a f(x)\,\mathrm{d}x$．

（3）$\int_a^a f(x)\,\mathrm{d}x = 0$．

3.1.2 定积分的几何意义

设由连续曲线 $y=f(x)$，直线 $x=a,x=b$ 和 x 轴（或 $y=0$）所围成的曲边梯形面积用 A 表示，其几何意义为：

1．当 $f(x)\geqslant 0$ 时，如图 3.1 所示，有 $\int_a^b f(x)\,\mathrm{d}x=A$．特别地，在区间 $[a,b]$ 上，若 $f(x)\equiv 1$，则 $\int_a^b f(x)\,\mathrm{d}x=\int_a^b \mathrm{d}x=b-a$，它表示以区间 $[a,b]$ 为底，高为 1 的矩形的面积，如图 3.3.

2．当 $f(x)\leqslant 0$ 时，如图 3.4 所示，有 $\int_a^b f(x)\,\mathrm{d}x=-A$．

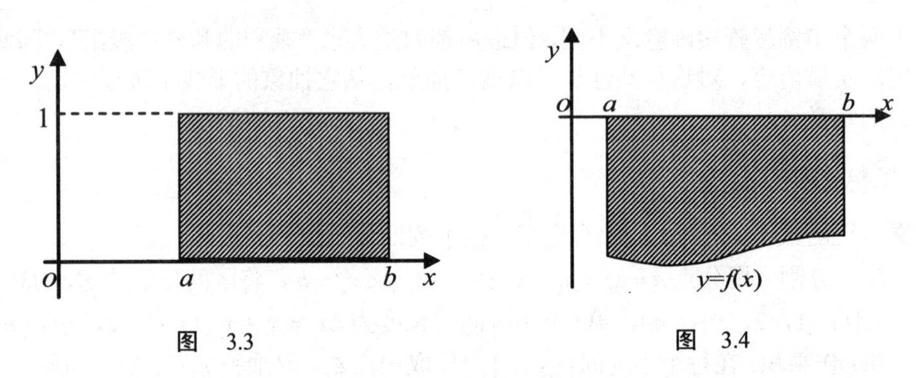

图 3.3　　图 3.4

3．当 $f(x)$ 在 $[a,b]$ 上有正也有负时，$\int_a^b f(x)\mathrm{d}x$ 等于连续曲线 $y=f(x)$ 和直线 $x=a$，$x=b$ 与 x 轴（或 $y=0$）所围成各部分图形面积的代数和（在 x 轴上方的为正面积，在 x 轴下方的为负面积），如图 3.5 所示，$\int_a^b f(x)\mathrm{d}x=A_1-A_2+A_3$．

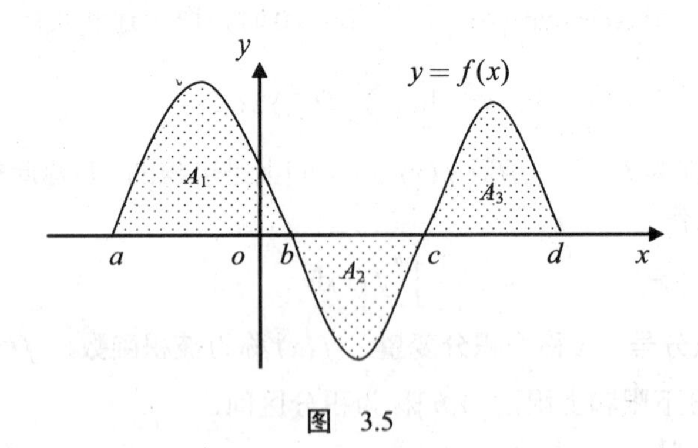

图 3.5

由此可得曲边梯形的面积用定积分表示为：

（1）当 $f(x)\geqslant 0$ 时，有 $A=\int_a^b f(x)\mathrm{d}x$．

（2）当 $f(x)\leqslant 0$ 时，有 $A=-\int_a^b f(x)\mathrm{d}x$．

（3）当 $f(x)$ 在 $[a,\mathrm{d}]$ 上有正也有负时，如图 3.5 所示，

$$A=\int_a^d |f(x)|\,\mathrm{d}x=A_1+A_2+A_3=\int_a^b f(x)\mathrm{d}x-\int_b^c f(x)\mathrm{d}x+\int_c^d f(x)\mathrm{d}x．$$

【例题 3.1】 用定积分几何意义，求 $\int_{-2}^{2}\sqrt{4-x^2}\mathrm{d}x$.

解：被积函数是 $y=\sqrt{4-x^2}$ ，$x\in[-2,2]$ 是 x 轴上方的半圆，如图 3.6 所示．根据定积分的几何意义，所求定积分为阴影部分的面积，即

$$\int_{-2}^{2}\sqrt{4-x^2}\mathrm{d}x=2\pi .$$

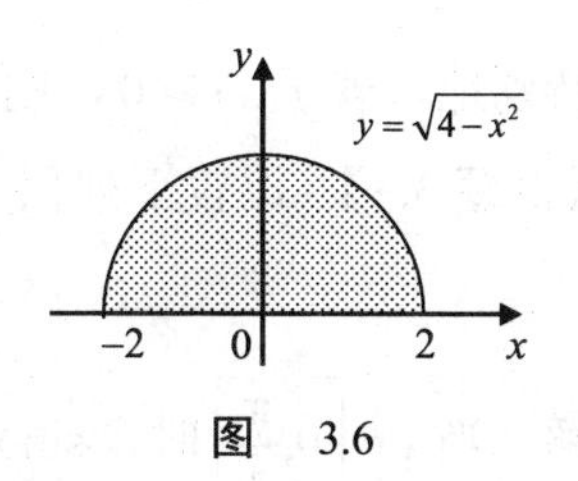

图 3.6

3.1.3 定积分的性质

假设函数 $f(x),g(x)$ 在给定的区间上是可积的，下面我们讨论定积分的性质．

性质 1 常数因子可以提到积分号前．即

$$\int_a^b kf(x)\mathrm{d}x=k\int_a^b f(x)\mathrm{d}x .$$

证：由定积分的定义和极限的性质可得

$$\int_a^b kf(x)\mathrm{d}x=\lim_{\Delta x\to 0}\sum_{i=1}^{n}kf(\zeta_i)\Delta x_i=k\lim_{\Delta x\to 0}\sum_{i=1}^{n}f(\zeta_i)\Delta x_i=k\int_a^b f(x)\mathrm{d}x .$$

性质 2 函数的代数和的定积分等于它们的定积分的代数和．即

$$\int_a^b[f(x)\pm g(x)]\mathrm{d}x=\int_a^b f(x)\mathrm{d}x\pm\int_a^b g(x)\mathrm{d}x .$$

本性质对有限个函数的代数和的情况仍然成立．

可仿照性质 1 证明性质 2．

性质 3（定积分对积分区间的可加性） 对任意三个数 a,b,c ，总有

$$\int_a^b f(x)\mathrm{d}x=\int_a^c f(x)\mathrm{d}x+\int_c^b f(x)\mathrm{d}x .$$

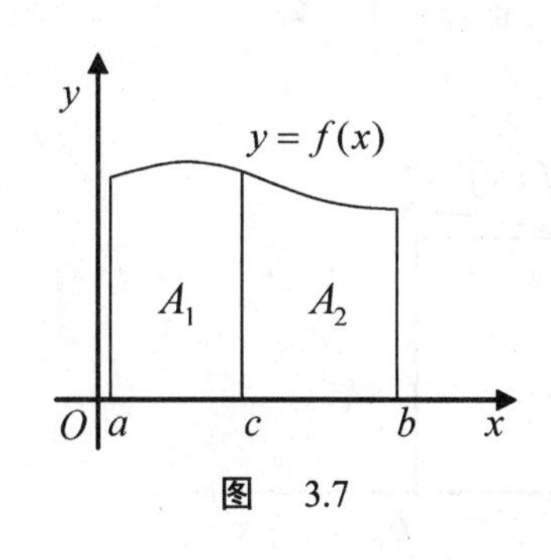

图 3.7

说明：（1）当 $a<c<b$ 时，如图 3.7 所示，由定积分的几何意义可知，总面积 $A=\int_a^b f(x)\mathrm{d}x$ 是两块面积 $A_1=\int_a^c f(x)\mathrm{d}x$ 与 $A_2=\int_c^b f(x)\mathrm{d}x$ 的和．

（2）当 c 点在区间 $[a,b]$ 之外，假设 $a<b<c$ 时，由前一种情况有

$$\int_a^c f(x)\mathrm{d}x=\int_a^b f(x)\mathrm{d}x+\int_b^c f(x)\mathrm{d}x ,$$

所以，
$$\int_a^b f(x)\mathrm{d}x=\int_a^c f(x)\mathrm{d}x-\int_b^c f(x)\mathrm{d}x=\int_a^c f(x)\mathrm{d}x+\int_c^b f(x)\mathrm{d}x .$$

其他情况可类似推出．

【例题 3.2】 设 $f(x)=\begin{cases}2, & -3\leqslant x<0\\ \sqrt{1-x^2}, & 0\leqslant x<1\end{cases}$ ，求 $\int_{-3}^{1}[5+2f(x)]\mathrm{d}x$.

解：由定积分的性质可得

$$\int_{-3}^{1}[5+2f(x)]\mathrm{d}x=5\int_{-3}^{1}\mathrm{d}x+2\int_{-3}^{1}f(x)\mathrm{d}x=20+2[\int_{-3}^{0}f(x)\mathrm{d}x+\int_{0}^{1}f(x)\mathrm{d}x]$$

$$=20+2[\int_{-3}^{0}2\mathrm{d}x+\int_{0}^{1}\sqrt{1-x^2}\mathrm{d}x]=32+\frac{\pi}{2} .$$

性质 4（比较性质） 在区间$[a,b]$上，若$f(x)\leqslant g(x)$，则

$$\int_a^b f(x)\mathrm{d}x\leqslant\int_a^b g(x)\mathrm{d}x .$$

特别地，若$f(x)\geqslant 0$，则$\int_a^b f(x)\mathrm{d}x\geqslant 0$.

【例题 3.3】 比较下列积分值的大小:

$$\int_0^{\frac{\pi}{4}}\sin x\mathrm{d}x \text{ 与 } \int_0^{\frac{\pi}{4}}\cos x\mathrm{d}x .$$

解：当$x\in\left[0,\dfrac{\pi}{4}\right]$时，$\sin x\leqslant\cos x$．由定积分的性质 4 有

$$\int_0^{\frac{\pi}{4}}\sin x\mathrm{d}x\leqslant\int_0^{\frac{\pi}{4}}\cos x\mathrm{d}x .$$

性质 5（估值定理） 设M及m分别是函数$f(x)$在区间$[a,b]$上的最大值及最小值，则

$$m(b-a)\leqslant\int_a^b f(x)\mathrm{d}x\leqslant M(b-a) .$$

性质 5 的几何意义是：曲边梯形的面积$\int_a^b f(x)\mathrm{d}x$介于以$[a,b]$为底、函数$y=f(x)$的最大值M和最小值m为高的两个矩形的面积之间，如图 3.8 所示.

性质 6（积分中值定理） 如果$f(x)$在区间$[a,b]$上连续，则在积分区间$[a,b]$上至少存在一点ζ，使

$$\int_a^b f(x)\mathrm{d}x=f(\zeta)(b-a) .$$

性质 6 的几何意义是：对于曲边梯形的面积$\int_a^b f(x)\mathrm{d}x$（设$f(x)\geqslant 0$），总有一个以$[a,b]$为底，高为$f(\zeta)$（$a\leqslant\zeta\leqslant b$）的矩形面积和它相等，如图 3.9 所示.

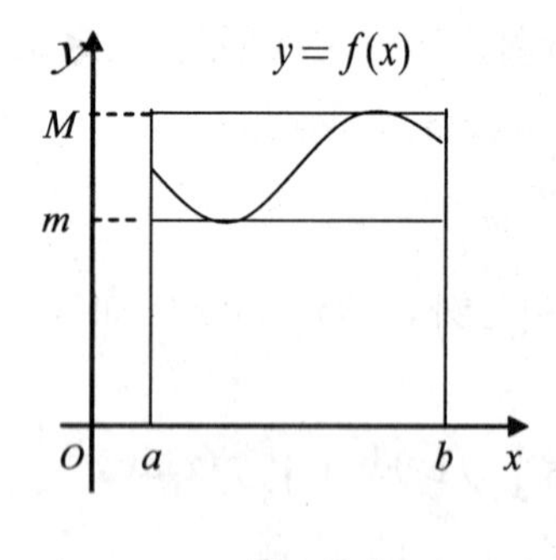

图 3.8

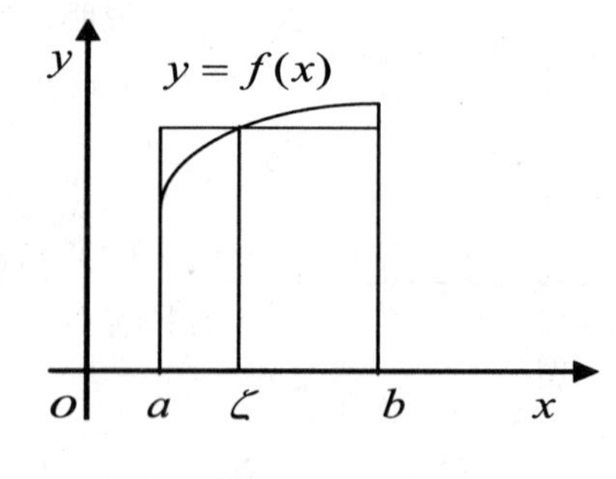

图 3.9

性质 6 可改写为
$$f(\zeta)=\frac{1}{b-a}\int_a^b f(x)\mathrm{d}x .$$

通常称$f(\zeta)$为函数$f(x)$在闭区间$[a,b]$上的**积分平均值**，简称为函数$f(x)$在闭区间$[a,b]$上的**平均值**，记为$\overline{y}$.

【例题 3.4】 求$y=\sqrt{4-x^2}$在$[-2, 2]$上的平均值.

解：由例 1 可知
$$\int_{-2}^2\sqrt{4-x^2}\mathrm{d}x=2\pi$$

所以
$$\overline{y}=\frac{1}{4}\int_{-2}^{2}\sqrt{4-x^2}\mathrm{d}x=\frac{\pi}{2}.$$

习 题 3.1

1. 用定积分的定义求抛物线 $y=x^2$, x 轴及直线 $x=1$ 所围的曲边梯形的面积.

2. 设生产某产品的总产量 $P(t)$ 对时间的变化率为 $y=f(t)$，在生产连续进行时，用定积分表示从 t_1 到 t_2 这段时间的总产量.

3. 根据定积分的几何意义，求下列定积分的值:

（1） $\int_0^3(2x+1)\mathrm{d}x$；（2） $\int_{-4}^4\sqrt{16-x^2}\mathrm{d}x$；（3） $\int_{-1}^1 x^3\mathrm{d}x$；（4） $\int_0^{2\pi}\sin x\mathrm{d}x$.

4. 已知 $\int_2^3 f(x)\mathrm{d}x=8$， $\int_2^5 f(x)\ \mathrm{d}x=3$，求 $\int_3^5 f(x)\mathrm{d}x$.

5. 用定积分的性质比较下列各组积分值的大小:

（1） $\int_0^1 x^n\mathrm{d}x$与$\int_0^1 x^{n+1}\mathrm{d}x$；（2） $\int_e^5\ln x\mathrm{d}x$与$\int_e^5\ln^2 x\mathrm{d}x$；（3） $\int_3^1 \mathrm{e}^x\mathrm{d}x$与$\int_3^1\mathrm{e}^{2x}\mathrm{d}x$.

6. 若 $f(x)=\begin{cases}2, & x<0\\ \sqrt{25-x^2}, & 0\leqslant x\leqslant 5\end{cases}$，求 $f(x)$在$[-1,5]$上的平均值.

7. 某企业在时间 t 的总收益函数是 $R=R(t)$，用定积分表示从 t_1 到 t_2 这段时间的平均收益.

3.2 不定积分的概念及基本积分公式

在微分学中，我们已经学过怎样求已知函数的导数或微分，但在许多实际问题中，常常需要解决与此相反的问题：已知一个函数的导数或微分，求原来的函数．本节将从原函数入手引进不定积分的定义、性质及基本积分公式.

3.2.1 不定积分的概念

1. *原函数*

引例：已知曲线 $y=F(x)$ 上任一点的切线斜率为 $\cos x$，求该曲线 $y=F(x)$ 的方程. 实际上此题是：已知 $F'(x)=\cos x$，求 $F(x)$，显然是微分法的逆运算问题.

为了解决这类问题，我们引入原函数和不定积分的定义.

定义 3.2.1 设 $f(x)$ 是定义在某区间 I 上的已知函数，若在该区间上每一点都有 $F'(x)=f(x)$，或 $\mathrm{d}F(x)=f(x)\mathrm{d}x$ 成立，则称函数 $F(x)$ 为 $f(x)$ 在该区间上的一个**原函数**.

在引例中，由于 $(\sin x)'=\cos x$，所以 $F(x)=\sin x$ 是 $\cos x$ 的一个原函数．显然对任意常数 C，都有 $(\sin x+C)'=\cos x$，因此 $\sin x+C$ 也是 $\cos x$ 的原函数. 这就是说一个函数 $f(x)$ 若有一个原函数 $F(x)$，则它必有无穷多个原函数，而任意两个原函数之间只相差一个常数，所以函数 $f(x)$ 的一切原函数可表示为 $F(x)+C$，C 是任意常数.

那么一个函数满足什么条件，它的原函数一定存在呢？这里只给出结论，下一节将给出证明.

如果函数 $f(x)$ 在区间 $[a,b]$ 上连续，则在该区间上 $f(x)$ 的原函数一定存在.

2. 不定积分的定义

定义 3.2.2 函数$f(x)$在某区间上的所有原函数，称为$f(x)$在该区间上的**不定积分**. 记作：

$$\int f(x)\mathrm{d}x$$

其中符号"$\int$"称为**积分号**，$f(x)$称为**被积函数**，$f(x)\mathrm{d}x$称为**被积表达式**，x称为**积分变量**.

由上述两个定义可知，**若在某区间上**$F'(x)=f(x)$，**则**$\int f(x)\mathrm{d}x=F(x)+C$，$C$是任意常数，称为**积分常数**.

【例题 3.5】 求$\int\frac{1}{1+x^2}\mathrm{d}x$.

解：因为$(\arctan x)'=\frac{1}{1+x^2}$，所以$\int\frac{1}{1+x^2}\mathrm{d}x=\arctan x+C$.

【例题 3.6】 求$\int x^\alpha\mathrm{d}x$（α是常数且$\alpha\neq-1$）.

解：因为$(x^{\alpha+1})'=(\alpha+1)x^\alpha$，即$\left(\frac{x^{\alpha+1}}{\alpha+1}\right)'=x^\alpha$，所以$\int x^\alpha\mathrm{d}x=\frac{x^{\alpha+1}}{\alpha+1}+C$.

【例题 3.7】 求$\int\frac{1}{x}\mathrm{d}x$ $(x\neq0)$.

解：因为当$x\neq0$时，有$(\ln|x|)'=\frac{1}{x}$，所以$\int\frac{1}{x}\mathrm{d}x=\ln|x|+C$.

【例题 3.8】 $\int 2^x\mathrm{d}x$.

解：因为$(2^x)'=2^x\ln2$，即$\left(\frac{2^x}{\ln2}\right)'=2^x$，所以$\int 2^x\mathrm{d}x=\frac{2^x}{\ln2}+C$.

3. 不定积分的几何意义

设$f(x)$的一个原函数为$F(x)$，则曲线$y=F(x)$称为函数$f(x)$的一条积分曲线，如果把曲线$y=F(x)$沿y轴向上或向下平行移动，就得到一族曲线. 由此，得到不定积分的几何意义是：函数$f(x)$的不定积分$\int f(x)\mathrm{d}x$是全部积分曲线所组成的**积分曲线族**，其方程为$y=F(x)+C$. 曲线族里的所有积分曲线上在横坐标相同的点x处的切线彼此平行，其斜率为$\left[F(x)+C\right]'=f(x)$，如图3.10所示.

【例题 3.9】 求通过点$(1,1)$，切线斜率为x^2的曲线方程.

解：设所求曲线方程是$y=F(x)$，由题意：$F'(x)=x^2$，而$\left(\frac{x^3}{3}\right)'=x^2$，于是得到切线斜率为$x^2$的积分曲线族为：

$$y=F(x)=\frac{x^3}{3}+C.$$

又因为所求曲线过$(1,1)$点，所以将$x=1$，$y=1$，代入上式得$C=\frac{2}{3}$，

因此所求曲线方程是 $y=\dfrac{x^3}{3}+\dfrac{2}{3}$.

说明：题中所给曲线过点 $(1,1)$，这样的条件一般称为**初始条件**.

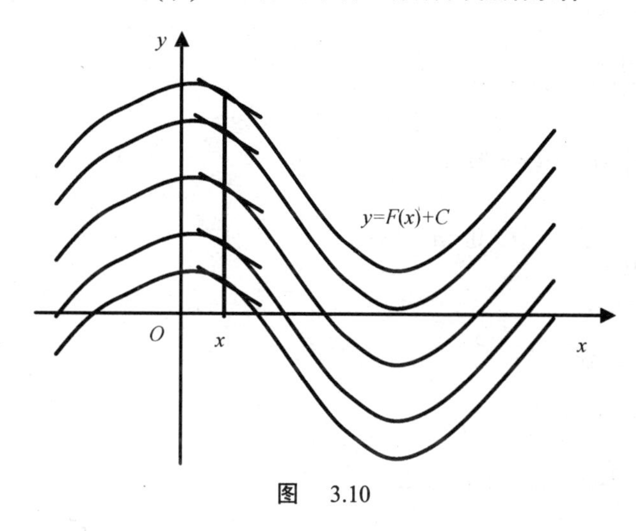

图 3.10

3.2.2 不定积分的性质

性质 1 $[\int f(x)\mathrm{d}x]'=f(x)$ 或 $\mathrm{d}[\int f(x)\mathrm{d}x]=f(x)\mathrm{d}x$.

性质 2 $\int F'(x)\mathrm{d}x=F(x)+C$ 或 $\int \mathrm{d}F(x)=F(x)+C$.

这两个性质可由定积分的定义直接得到，同时表明，如果不考虑积分常数，微分号“d”与积分号“$\int$”不论先后只要连在一起写就可以相互抵消，即：求不定积分与求导或求微分是互逆运算．但要注意：先微分或求导，再积分得到的不是一个函数而是一族函数，要加积分常数.

性质 3 函数的代数和的不定积分等于各个函数的不定积分的代数和，即

$$\int[f(x)\pm g(x)]\mathrm{d}x=\int f(x)\mathrm{d}x\pm\int g(x)\mathrm{d}x.$$

注意：性质 3 对于有限个函数都是成立的．其证明可由不定积分的定义和导数的运算法则、性质证得.

性质 4 被积函数中不为零的常数因子可以提到积分号外面来，即

$$\int kf(x)\mathrm{d}x=k\int f(x)\mathrm{d}x.$$

【例题 3.10】（1）$\int(\sin x\ln x)'\mathrm{d}x=\sin x\ln x+C$；（2）$\int \mathrm{d}\left(\dfrac{\cos x}{3x}\right)=\dfrac{\cos x}{3x}+C$；

（3）$(\int\sin x\ln x\mathrm{d}x)'=\sin x\ln x$；（4）$\mathrm{d}\left(\int\dfrac{\cos x}{3x}\mathrm{d}x\right)=\dfrac{\cos x}{3x}\mathrm{d}x$.

3.2.3 基本积分公式

根据不定积分的定义，由导数的基本公式可得到积分的基本公式如下：

1．$\int k\mathrm{d}x=kx+C$ （k 为常数）；

2．$\int x^{\alpha}\mathrm{d}x=\dfrac{x^{\alpha+1}}{\alpha+1}+C$ （α是常数且$\alpha\neq-1$）；

当$\alpha=-2$，$\int\dfrac{1}{x^2}\mathrm{d}x=-\dfrac{1}{x}+C$；

当$\alpha=-\dfrac{1}{2}$，$\int\dfrac{1}{\sqrt{x}}\mathrm{d}x=2\sqrt{x}+C$；

3．$\int\dfrac{1}{x}\mathrm{d}x=\ln|x|+C\quad(x\neq0)$；

4．$\int a^x\mathrm{d}x=\dfrac{a^x}{\ln a}+C$ （$a>0$，$a\neq1$）；

5．$\int \mathrm{e}^x\mathrm{d}x=\mathrm{e}^x+C$；

6．$\int\sin x\mathrm{d}x=-\cos x+C$；

7．$\int\cos x\mathrm{d}x=\sin x+C$；

8．$\int\dfrac{1}{\cos^2 x}\mathrm{d}x=\int\sec^2 x\mathrm{d}x=\tan x+C$；

9．$\int\dfrac{1}{\sin^2 x}\mathrm{d}x=\int\csc^2 x\mathrm{d}x=-\cot x+C$；

10．$\int\sec x\tan x\mathrm{d}x=\sec x+C$；

11．$\int\csc x\cot x\mathrm{d}x=-\csc x+C$；

12．$\int\dfrac{1}{\sqrt{1-x^2}}\mathrm{d}x=\arcsin x+C=-\arccos x+C$；

13．$\int\dfrac{\mathrm{d}x}{1+x^2}=\arctan x+C=-\mathrm{arc}\cot x+C$．

这 13 个公式要求读者必须熟记，他们是求积分的基础．下面举例说明利用基本积分公式和积分的性质求不定积分的方法，即**直接积分法**．

【例题 3.11】 求 $\int\dfrac{(\sqrt{x}-1)^2}{x^2}\mathrm{d}x$．

解： $\int\dfrac{(\sqrt{x}-1)^2}{x^2}\mathrm{d}x=\int\dfrac{x-2\sqrt{x}+1}{x^2}\mathrm{d}x=\int\left(\dfrac{1}{x}-2x^{-\frac{3}{2}}+\dfrac{1}{x^2}\right)\mathrm{d}x$

$$=\ln|x|+4x^{-\frac{1}{2}}-\frac{1}{x}+C.$$

【例题 3.12】 求 $\int3^{2x}\mathrm{e}^x\mathrm{d}x$．

解： $\int3^{2x}\mathrm{e}^x\mathrm{d}x=\int(9\mathrm{e})^x\mathrm{d}x=\dfrac{(9\mathrm{e})^x}{\ln(9\mathrm{e})}+C=\dfrac{(9\mathrm{e})^x}{2\ln3+1}+C$．

【例题 3.13】 求 $\int\dfrac{1+x+x^2}{x(1+x^2)}\mathrm{d}x$．

解： $\int\dfrac{1+x+x^2}{x(1+x^2)}\mathrm{d}x=\int\dfrac{(1+x^2)+x}{x(1+x^2)}\mathrm{d}x=\left(\int\dfrac{1}{x}+\dfrac{1}{1+x^2}\right)\mathrm{d}x=\ln|x|+\arctan x+C$．

【例题 3.14】 求 $\int \cot^2 x\mathrm{d}x$.

解：$\int \cot^2 x\mathrm{d}x = \int(\csc^2 x-1)\mathrm{d}x = \int \csc^2 x\mathrm{d}x - \int \mathrm{d}x = -\cot x - x + C$.

【例题 3.15】 求 $\int \sin^2 \frac{x}{2}\mathrm{d}x$.

解：$\int \sin^2 \frac{x}{2}\mathrm{d}x = \int \frac{1-\cos x}{2}\mathrm{d}x = \frac{1}{2}(x-\sin x)+C$.

【例题 3.16】 求 $\int \frac{1}{x^2(1+x^2)}\mathrm{d}x$.

解：$\int \frac{1}{x^2(1+x^2)}\mathrm{d}x = \int \frac{(1+x^2)-x^2}{x^2(1+x^2)}\mathrm{d}x = \int \frac{1}{x^2}\mathrm{d}x - \int \frac{1}{1+x^2}\mathrm{d}x = -\frac{1}{x} - \arctan x + C$.

习 题 3.2

1．填空题：

（1）若 $f(x)$ 是 $\sin x$ 的一个原函数，则 $f(x)=$________.

（2）设 $\int f(x)dx = \sin 3x + x^5 + C$ ，则 $f(x)=$________.

（3）若 $\ln x$ 是 $f(x)$ 的一个原函数，则 $\int f(x)\mathrm{d}x=$________.

$\int f'(x)\mathrm{d}x=$________. $\mathrm{d}(\int f(x)\mathrm{d}x)=$________.

2．求下列不定积分：

（1）$\int \frac{2x^2}{1+x^2}\mathrm{d}x$；　（2）$\int \frac{1}{\sin^2 x\cos^2 x}\mathrm{d}x$；　（3）$\int \frac{2+x^2}{x^2(1+x^2)}\mathrm{d}x$；

（4）$\int \frac{\cos 2x}{\sin^2 x\cos^2 x}\mathrm{d}x$；　（5）$\int 2^x \mathrm{e}^x \mathrm{d}x$；　（6）$\int \frac{\cos 2x}{\sin x - \cos x}\mathrm{d}x$；

（7）$\int \frac{x^3+3x^2-4}{x+2}\mathrm{d}x$；　（8）$\int \frac{\mathrm{d}x}{1+\cos 2x}$；　（9）$\int \frac{1-2\tan^2 x}{\sin^2 x}\mathrm{d}x$.

3．已知某产品产量 $p(t)$ 的变化率为 $f(t)=2t+3$ ，其中 t 表示时间，又知 $p(0)=2$ ，求此产品在时间 t 的产量 $p(t)$.

3.3　定积分与不定积分的关系

3.3.1　变上限的定积分

1．变上限定积分的定义

设函数 $f(x)$ 在区间 $[a,b]$ 上连续，若 $x\in[a,b]$ ，则称函数 $F(x)=\int_a^x f(t)\,\mathrm{d}t$ 为**变上限的定积分**.

2．函数 $F(x)$ 的几何意义

当 $f(x)\geqslant 0$ 时，函数 $F(x)$ 表示右侧一边可以平行移动的曲边梯形 $aABx$ 的面积．如图 3.11 所示，这个梯形的面积是随 x 位置的变动而变化，且当 x 给定后，这条边就确定，面

积 $F(x)$ 也随之而定，当 $f(x)\leqslant 0$ 时，有相仿的结论．因而 $F(x)$ 是 x 的函数，并称为**变上限函数**，且 $F(a)=0$，$F(b)=\int_a^b f(x)\,\mathrm{d}x$．

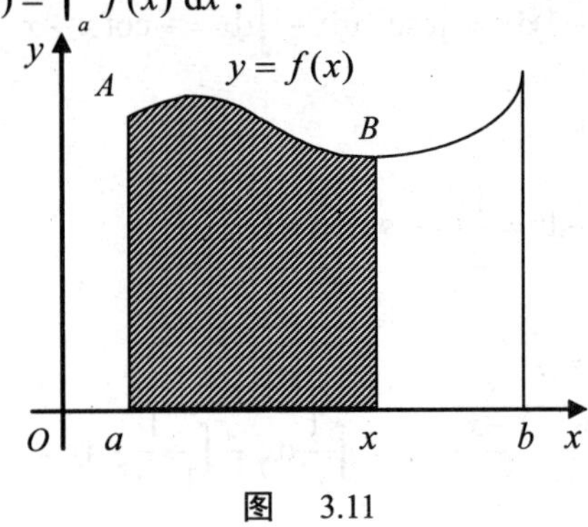

图 3.11

3.3.2 原函数存在定理

定理 3.1 若 $f(x)$ 在 $[a,b]$ 上连续，则函数 $F(x)=\int_a^x f(t)\mathrm{d}t$ 是 $f(x)$ 在 $[a,b]$ 上的一个原函数，即

$$F'(x)=(\int_a^x f(t)\mathrm{d}t)'=f(x)$$

证明： $\dfrac{F(x+\Delta x)-F(x)}{\Delta x}=\dfrac{1}{\Delta x}[\int_a^{x+\Delta x}f(t)\,\mathrm{d}t-\int_a^x f(t)\,\mathrm{d}t]=\dfrac{1}{\Delta x}\int_x^{x+\Delta x}f(t)\mathrm{d}t$．

由积分的中值定理可知，在 x 与 $x+\Delta x$ 之间必存在一点 ζ，使

$$\int_x^{x+\Delta x}f(t)\mathrm{d}t=f(\zeta)\Delta x$$

于是
$$\frac{F(x+\Delta x)-F(x)}{\Delta x}=f(\zeta)$$

对上式两端取极限 $\Delta x\to 0$，于是 $x+\Delta x\to x$，由于 ζ 在 x 与 $x+\Delta x$ 之间，所以这时必定 $\zeta\to x$，于是

$$\lim_{\Delta x\to 0}\frac{F(x+\Delta x)-F(x)}{\Delta x}=\lim_{\Delta x\to 0}f(\zeta)=\lim_{\zeta\to x}f(\zeta)=f(x),$$

再由导数的定义可知，函数 $F(x)$ 可导且 $F'(x)=(\int_a^x f(t)\mathrm{d}t)'=f(x)$．

这个定理就是原函数存在定理，它建立了导数与积分之间的关系，也说明了本章第二节开始给出的一个结论：**如果函数 $f(x)$ 在区间 $[a,b]$ 上连续，则在该区间上 $f(x)$ 的原函数一定存在**．

【例题 3.17】 求 $\dfrac{\mathrm{d}}{\mathrm{d}x}(\int_0^x t\cos^2 t\mathrm{d}t)$．

解： 由定理 1 可得

$$\frac{\mathrm{d}}{\mathrm{d}x}(\int_0^x t\cos^2 t\mathrm{d}t)=x\cos^2 x.$$

【例题 3.18】 求 $\dfrac{\mathrm{d}}{\mathrm{d}x}\left(\int_x^1\dfrac{\sin t}{1+t^2}\mathrm{d}t\right)$．

解： 由于定理是对积分上限求导，所以先交换积分上下限，再求导

$$\frac{\mathrm{d}}{\mathrm{d}x}\left(\int_x^1 \frac{\sin t}{1+t^2}\mathrm{d}t\right)=-\frac{\mathrm{d}}{\mathrm{d}x}\left(\int_1^x \frac{\sin t}{1+t^2}\mathrm{d}t\right)=-\frac{\sin x}{1+x^2}.$$

【例题 3.19 】 求 $\frac{\mathrm{d}}{\mathrm{d}x}\left(\int_0^{3x^2} \frac{\cos t}{2+t}\mathrm{d}t\right)$.

解：由于上限是 x 的函数，所以可把 $3x^2$ 看做 u，根据复合函数的求导法则，先对 u 求导，再对 x 求到，即

$$\frac{\mathrm{d}}{\mathrm{d}x}\left(\int_0^{3x^2} \frac{\cos t}{2+t}\mathrm{d}t\right)=\frac{\cos 3x^2}{2+3x^2}(3x^2)'=\frac{6x\cos 3x^2}{2+3x^2}.$$

由本例题得到如下的一般结论

$$\frac{\mathrm{d}}{\mathrm{d}x}\left(\int_a^{\varphi(x)} f(t)\mathrm{d}t\right)=f[\varphi(x)]\varphi'(x).$$

3.3.3　微积分的基本公式

定理 3.2（微积分的基本公式） 设 $f(x)$ 在 $[a,b]$ 上连续，$F(x)$ 是 $f(x)$ 在 $[a,b]$ 上的任一原函数，即 $F'(x)=f(x)$，则有

$$\int_a^b f(x)\mathrm{d}x=F(b)-F(a)\overset{\text{记作}}{=}F(x)\Big|_a^b.$$

这个公式好称为**牛顿–莱布尼茨公式**.

证明：已知 $F(x)$ 是 $f(x)$ 在 $[a,b]$ 上的一个原函数，由定理 3.1 知，函数 $\int_a^x f(t)\mathrm{d}t$ 也是 $f(x)$ 在 $[a,b]$ 上的一个原函数，则这两个原函数之间仅相差一个常数 C，因此有

$$\int_a^x f(t)\mathrm{d}t=F(x)+C.$$

在上式中，令 $x=a$，且因为 $\int_a^a f(x)\mathrm{d}x=0$，所以可得

$$0=F(a)+C，即 C=-F(a)，$$

于是

$$\int_a^x f(t)\mathrm{d}t=F(x)-F(a).$$

再令 $x=b$，则得

$$\int_a^b f(t)\mathrm{d}t=F(b)-F(a),$$

将积分变量改为 x 表示，上式即为 $\int_a^b f(x)\mathrm{d}x=F(b)-F(a)$. 定理得以证明.

牛顿–莱布尼茨公式揭示了定积分与不定积分的之间的联系，把积分和微分这两个不同的概念联系了起来，从而把求定积分的问题化为求原函数的问题，给定积分的计算提供了有效而简便的方法，因此它是一个很重要的公式，要求读者熟记.

【例题 3.20】 求 $\int_0^1 \frac{1}{\sqrt{1-x^2}}\mathrm{d}x$.

解：$\int_0^1 \frac{1}{\sqrt{1-x^2}}\mathrm{d}x=\arcsin x\Big|_0^1=\arcsin 1-\arcsin 0=\frac{\pi}{2}$.

【例题 3.21】 求 $\int_{-3}^1 |x|\mathrm{d}x$.

解：先去掉被积函数的绝对值符号，再由定积分对积分区间的可加性可得

$$\int_{-3}^{1}|x|\mathrm{d}x=\int_{-3}^{0}(-x)\mathrm{d}x+\int_{0}^{1}x\mathrm{d}x=-\frac{x^2}{2}\Big|_{-3}^{0}+\frac{x^2}{2}\Big|_{0}^{1}=5.$$

【例题 3.22】 计算由曲线 $y=\sin x$ 在 $x=0$，$x=\pi$ 之间及 x 轴所围成的图形的面积 A.

解：如图 3.12，由定积分的几何，面积 A 为

$$A=\int_{0}^{\pi}\sin x\mathrm{d}x=-\cos x\Big|_{0}^{\pi}=-\cos\pi-(-\cos 0)=2.$$

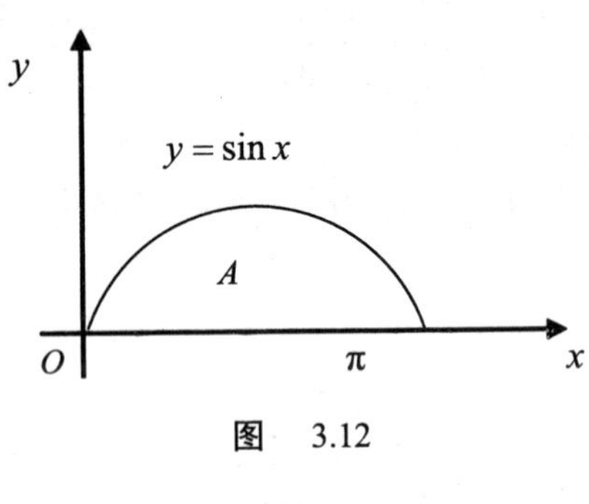

图 3.12

习题 3.3

1．计算下列定积分：

（1）$\int_{a}^{b}x^5\mathrm{d}x$；（2）$\int_{1}^{\sqrt{3}}\frac{1}{1+x^2}\mathrm{d}x$；（3）$\int_{\frac{\pi}{4}}^{\frac{\pi}{3}}\frac{1}{\sin^2 x\cos^2 x}\mathrm{d}x$；

（4）$\int_{0}^{3}|2-x|\mathrm{d}x$；（5）$\int_{0}^{2\pi}|\sin x|\mathrm{d}x$；（6）$\int_{\frac{\pi}{4}}^{0}\frac{1}{1-\sin^2 x}\mathrm{d}x$；

（7）$\int_{1}^{2}\frac{1}{\sqrt{x}}\mathrm{d}x$；（8）$\int_{0}^{\frac{\pi}{4}}\tan^2 x\mathrm{d}x$.

2．求下列各式对 x 的导数：

（1）$\int_{0}^{\sqrt{x}}\sin t^2\mathrm{d}t$；（2）$\int_{1}^{5}\frac{\sin x}{x^3(1+x)}\mathrm{d}x$；（3）$\int_{x}^{x^2}\mathrm{e}^{-t^2}\mathrm{d}t$；（4）$\int_{1}^{\sin x}\mathrm{e}^{2t}\mathrm{d}t$.

3．求下列极限：

（1）$\lim\limits_{x\to 0}\frac{\int_{0}^{x^2}\ln(1+t)\mathrm{d}t}{x^4}$；（2）$\lim\limits_{x\to 0}\frac{\int_{0}^{x}\sin t\mathrm{d}t}{x^2}$；（3）$\lim\limits_{x\to 0}\frac{1}{x^2}\int_{0}^{x}\arctan t\mathrm{d}t$.

4．求函数 $y=\int_{0}^{x}(t^3-1)\,\mathrm{d}t$ 的极值.

3.4 换元积分

从 3.2 节看到，利用基本积分公式和积分的性质可以求出不少函数的原函数，但仅凭这种方法还远远不够，如下列积分

$$\int\frac{\ln x}{x}\mathrm{d}x,\quad \int\sin^5 x\cos x\mathrm{d}x,\quad \int_{1}^{4}\frac{1}{1+\sqrt{x}}\mathrm{d}x,\ \cdots,$$

就无法求出，因此，有必要进一步讨论求积分的方法．本节将介绍求积分（不定积分和定积分）的换元积分法，换元积分法分为第一类换元积分法（也称“凑”微分法）和第二类换元积分法．

3.4.1　第一类换元积分法

第一类换元积分法就是将所求积分在形式上“凑”成基本积分公式的积分，因此这种积分方法也叫做“凑”微分法．先看一个引例，求

$$\int e^{2x}dx$$

分析：这个积分用**直接积分法**是不易求出的，但可以“凑”成基本积分公式 $\int e^{x}dx$ 的形式，比较 $\int e^{2x}dx$ 和 $\int e^{x}dx$，我们可以发现，e^{x} 的指数相差一个常因子，因此，凑上一个常数 2 上述积分就可以成为

$$\int e^{2x}dx=\frac{1}{2}\int e^{2x}(2x)'dx=\frac{1}{2}\int e^{2x}d(2x)$$

再变量代换，设 $2x=u$，那么上述积分就为 $\frac{1}{2}\int e^{u}du=\frac{1}{2}e^{u}+C$

然后再回代原来的变量 x，得不定积分

$$\int e^{2x}dx=\frac{1}{2}\int e^{2x}d(2x)=\frac{1}{2}\int e^{u}du=\frac{1}{2}e^{u}+C=\frac{1}{2}e^{2x}+C .$$

可以验证其结果是正确的．

这种求积分的方法就是**第一类换元积分法**，其一般方法如下：

设函数 $u=\varphi(x)$ 可导，若 $\int f(u)du=F(u)+C$，则所求积分 $\int g(x)\,dx$ 按下列步骤计算，

$$\int g(x)dx\xrightarrow{\text{凑 成}}\int f(\varphi(x))\varphi'(x)dx=\int f(\varphi(x))d\varphi(x)\overset{\text{把}\varphi(x)\text{看做}u}{=\!=\!=\!=}F(\varphi(x))+C$$

说明：要是定积分就先求一个原函数再用**牛顿–莱布尼茨公式**．

【例题 3.23】　求 $\int(2x+1)^{7}dx$．

解：被积函数 $(2x+1)^{7}$ 可以视为 $(2x+1)$ 的函数，且 $(2x+1)'=2$，设 $(2x+1)=u$，

则
$$\int(2x+1)^{7}dx=\int u^{7}\frac{u'}{2}dx=\frac{1}{2}\int u^{7}du=\frac{1}{16}u^{8}+C=\frac{(2x+1)^{8}}{16}+C .$$

【例题 3.24】　求 $\int xe^{x^{2}}dx$．

解：被积函数中的 $e^{x^{2}}$ 可以视为 x^{2} 的函数，且 $(x^{2})'=2x$，设 $x^{2}=u$，

则
$$\int xe^{x^{2}}dx=\int e^{x^{2}}\frac{(x^{2})'}{2}dx=\frac{1}{2}\int e^{x^{2}}d(x^{2})=\frac{1}{2}\int e^{u}du=\frac{1}{2}e^{u}+C=\frac{1}{2}e^{x^{2}}+C .$$

以上例题解题方法都是第一类换元积分法，从中可以看到，其解题精髓是找到 $u=\varphi(x)$，将所求积分的被积函数 $g(x)$ 转化 $f(\varphi(x))$ 和 $\varphi'(x)$ 的积，然后凑成基本积分公式的形式，当熟练后，对不复杂的题目就不必设中间变量 u，把 u 记在心里．为了使读者能够熟练地掌握第一类换元积分法的技巧，下面的微分式子要熟记．

（1）$dx=\frac{1}{a}d(ax+b)(a,b\text{为常数，且}a\neq 0)$　　　（2）$xdx=\frac{1}{2}d(x^{2})$

（3）$\frac{1}{x}\mathrm{d}x=\mathrm{d}\ln|x|=\frac{1}{a}\mathrm{d}(a\ln|x|+b)$（$a,b$为常数，且$a\neq 0$）

（4）$\frac{1}{\sqrt{x}}\mathrm{d}x=2\mathrm{d}\sqrt{x}$

（5）$\frac{1}{x^2}\mathrm{d}x=-\mathrm{d}\left(\frac{1}{x}\right)$

（6）$\mathrm{e}^x\mathrm{d}x=\mathrm{d}(\mathrm{e}^x)$

（7）$a^x\mathrm{d}x=\frac{\mathrm{d}(a^x)}{\ln a}$　$(a>0且a\neq 1)$

（8）$\cos x\mathrm{d}x=\mathrm{d}(\sin x)$

（9）$\sin x\mathrm{d}x=-\mathrm{d}(\cos x)$

（10）$\sec^2 x\mathrm{d}x=\mathrm{d}(\tan x)$

（11）$\csc^2 x\mathrm{d}x=-\mathrm{d}(\cot x)$

（12）$\frac{1}{\sqrt{1-x^2}}\mathrm{d}x=\mathrm{d}(\arcsin x)$

（13）$\frac{1}{1+x^2}\mathrm{d}x=\mathrm{d}(\arctan x)$

【例题 3.25】 求 $\int\frac{\mathrm{e}^x}{1+\mathrm{e}^{2x}}\mathrm{d}x$.

解： 由题意可以看到$\mathrm{e}^x\mathrm{d}x=\mathrm{d}(\mathrm{e}^x)$

所以
$$\int\frac{\mathrm{e}^x}{1+\mathrm{e}^{2x}}\mathrm{d}x=\int\frac{\mathrm{d}(\mathrm{e}^x)}{1+(\mathrm{e}^x)^2}=\arctan\mathrm{e}^x+C$$（把e^x看做u）.

【例题 3.26】 求 $\int\frac{(2\arctan x+3)^5}{1+x^2}\mathrm{d}x$.

解： 由于$\frac{1}{1+x^2}\mathrm{d}x=\mathrm{d}(\arctan x)=\frac{1}{2}\mathrm{d}(2\arctan x+3)$

所以
$$\int\frac{(2\arctan x+3)^5}{1+x^2}\mathrm{d}x=\frac{1}{2}\int(2\arctan x+3)^5\mathrm{d}(2\arctan x+3)$$
$$=\frac{1}{12}(2\arctan x+3)^6+C.$$

【例题 3.27】 求 $\int\tan x\mathrm{d}x$.

解： 由于$\tan x=\frac{\sin x}{\cos x}$，$\sin x\mathrm{d}x=-\mathrm{d}(\cos x)$

所以
$$\int\tan x\mathrm{d}x=-\int\frac{\mathrm{d}(\cos x)}{\cos x}=-\ln|\cos x|+C$$

类似可得
$$\int\cot x\mathrm{d}x=\ln|\sin x|+C.$$

【例题 3.28】 求 $\int\frac{\mathrm{d}x}{x^2-a^2}$.

解：
$$\int\frac{\mathrm{d}x}{x^2-a^2}=\frac{1}{2a}\int\frac{(x+a)-(x-a)}{(x+a)(x-a)}\mathrm{d}x=\frac{1}{2a}\int\left(\frac{1}{x-a}-\frac{1}{x+a}\right)\mathrm{d}x$$
$$=\frac{1}{2a}[\int\frac{\mathrm{d}(x-a)}{x-a}-\int\frac{\mathrm{d}(x+a)}{x+a}]=\frac{1}{2a}(\ln|x-a|-\ln|x+a|)+C$$
$$=\frac{1}{2a}\ln\left|\frac{x-a}{x+a}\right|+C.$$

【例题 3.29】 求 $\int\frac{\mathrm{d}x}{a^2+x^2}$.

解：$\int \frac{dx}{a^2+x^2}=\frac{1}{a^2}\int \frac{dx}{1+\left(\frac{x}{a}\right)^2}=\frac{1}{a}\int \frac{1}{1+\left(\frac{x}{a}\right)^2}d\left(\frac{x}{a}\right)=\frac{1}{a}\arctan\frac{x}{a}+C$．

【例题 3.30】 证明 $\int \frac{dx}{\sqrt{a^2-x^2}}=\arcsin\frac{x}{a}+C\ (a>0)$

证明：$\int \frac{dx}{\sqrt{a^2-x^2}}=\frac{1}{a}\int \frac{dx}{\sqrt{1-\left(\frac{x}{a}\right)^2}}=\int \frac{1}{\sqrt{1-\left(\frac{x}{a}\right)^2}}d\left(\frac{x}{a}\right)=\arcsin\frac{x}{a}+C$．

【例题 3.31】 求 $\int \cos^2 x dx$．

解：由于 $\cos^2 x=\frac{1+\cos 2x}{2}$

所以

$$\begin{aligned}\int \cos^2 x dx &=\frac{1}{2}\int (1+\cos 2x)dx=\frac{1}{2}[\int dx+\frac{1}{2}\int \cos 2x d(2x)]\\ &=\frac{x}{2}+\frac{\sin 2x}{4}+C\ .\end{aligned}$$

【例题 3.32】 求 $\int_1^3 \frac{2x-1}{x^2-x+3}dx$．

解：由于 $(2x-1)dx=(x^2-x+3)'dx=d(x^2-x+3)$

所以

$$\int_1^3 \frac{2x-1}{x^2-x+3}dx=\int_1^3 \frac{d(x^2-x+3)}{x^2-x+3}=(\ln|x^2-x+3|)\Big|_1^3=\ln 3\ .$$

【例题 3.33】 求 $\int_0^{\frac{\pi}{4}} \sin^5 x\cos x dx$．

解：由于 $\cos x dx=d(\sin x)$，所以

$$\int_0^{\frac{\pi}{4}} \sin^5 x\cos x dx=\int_0^{\frac{\pi}{4}} \sin^5 x d(\sin x)=\frac{1}{6}\sin^6 x\Big|_0^{\frac{\pi}{4}}=\frac{1}{48}\ .$$

3.4.2　第二类换元积分法

前面的第一类换元积分法是把所求积分先凑成基本积分公式的形式，然后作代换 $\varphi(x)=u$．但有些积分并不能很容易地凑出微分，需要一开始就作代换，把所要求的积分化成简单、易求的积分．我们把这种换元积分的方法称为**第二类换元积分法**．**我们先看不定积分的第二类换元积分法，其一般方法如下：**

设 $x=\varphi(t)$ 具有连续的导数，其反函数 $t=\varphi^{-1}(x)$ 存在且可导，若 $\int f(t)dt=F(t)+c$，则所求积分 $\int g(x)\,dx$ 按下列步骤计算，

$$\int g(x)dx=\int g(\varphi(t))\varphi'(t)\,dt \xrightarrow{\text{化 成}} \int f(t)\,dt=F(t)+c=F(\varphi^{-1}(x))+c$$

而定积分的换元法可用下列定理的形式叙述：

定理 3.3　设 $f(x)$ 在 $[a,b]$ 上连续，作代换 $x=\varphi(t)$，其中 $\varphi(t)$ 是闭区间 $[\alpha,\beta]$ 上的单调连续函数，同时有连续的导数 $\varphi'(t)$，且 $\varphi(\alpha)=a,\varphi(\beta)=b$，则

$$\int_a^b f(x)\mathrm{d}x = \int_\alpha^\beta f[\varphi(t)]\varphi'(t)\mathrm{d}t$$

说明 定积分的换元法除变量换元外还要换积分限，但无须变量还原这一过程．若不写出新的积分变量，也就不用换积分限，如**【例题 3.32】和【例题 3.33】**；而不定积分的第二类换元法，最后须要有变量还原的过程．

第二类换元积分法主要是用于被积函数含有根式的积分，通过积分变量代换使被积函数有理化，从而把要求的积分简化．常见的积分变量代换主要有如下两种方法：

1．幂代换法

被积函数含有形如 $\sqrt[n]{ax+b}$（n 为正整数）的根式，由 $\sqrt[n]{ax+b}=t$，设 $x=\dfrac{t^n-b}{a}$．

【例题 3.34】 求 $\int\dfrac{\sqrt{x-1}}{x}\mathrm{d}x$．

解：设 $\sqrt{x-1}=t$，即 $x=1+t^2$，$\mathrm{d}x=2t\mathrm{d}t$，于是

$$\int\frac{\sqrt{x-1}}{x}\mathrm{d}x=\int\frac{t}{1+t^2}\cdot 2t\mathrm{d}t=2\int\frac{t^2+1-1}{1+t^2}\mathrm{d}t=2\int\left(1-\frac{1}{1+t^2}\right)\mathrm{d}t$$

$$=2(t-\arctan t)+C=2(\sqrt{x-1}-\arctan\sqrt{x-1})+C.$$

【例题 3.35】 求 $\int_0^4\dfrac{1}{1+\sqrt{x}}\mathrm{d}x$．

解：设 $\sqrt{x}=t$，则 $x=t^2$，当 $x=0$ 时，$t=0$；当 $x=4$ 时，$t=2$，于是

$$\int_0^4\frac{1}{1+\sqrt{x}}\mathrm{d}x=\int_0^2\frac{1}{1+t}\cdot 2t\mathrm{d}t=2\int_0^2\frac{t+1-1}{1+t}\mathrm{d}t=2\int_0^2\left(1-\frac{1}{1+t}\right)\mathrm{d}t$$

$$=2(t-\ln(1+t))\Big|_0^2=4-2\ln 3.$$

*2．三角代换法

（1）被积函数含有形如 $\sqrt{x^2-a^2}$（$a>0$）的根式，设 $x=a\sec t$．

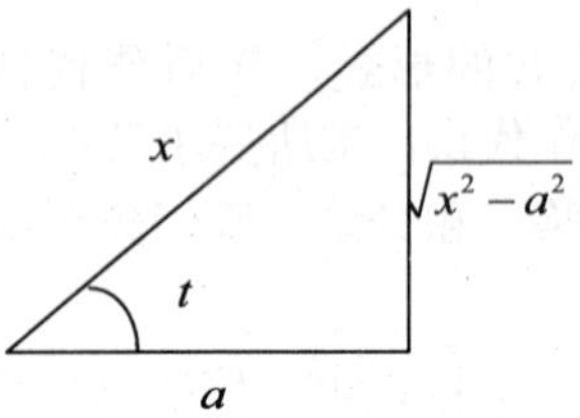

【例题 3.36】 求 $\int\dfrac{\mathrm{d}x}{\sqrt{x^2-a^2}}$ $(a>0)$

解：设 $x=a\sec t$，则 $\mathrm{d}x=a\sec t\tan t\mathrm{d}t$，于是

$$\int\frac{\mathrm{d}x}{\sqrt{x^2-a^2}}=\int\frac{a\sec t\tan t\mathrm{d}t}{\sqrt{a^2\sec^2 t-a^2}}=\int\sec t\mathrm{d}t=\ln|\sec t+\tan t|+C_1$$

$$=\ln\left|\frac{x}{a}+\frac{\sqrt{x^2-a^2}}{a}\right|+C_1=\ln\left|x+\sqrt{x^2-a^2}\right|+C\quad(C=C_1-\ln a).$$

x
$\sqrt{x^2-a^2}$
t
a

图 3.13

上面计算，在变量还原时，由假设得 $\sec t=\dfrac{x}{a}$，做出直角三角形， 如图 3.13 所示．由图可知 $\tan t=\dfrac{\sqrt{x^2-a^2}}{a}$．

（2）被积函数含有形如 $\sqrt{a^2-x^2}$（$a>0$）的根式，设 $x=a\sin t$．

【例题 3.37】 求 $\int_0^1 x^2\sqrt{1-x^2}\,\mathrm{d}x$.

解：设 $x=\sin t$，则 $\mathrm{d}x=\cos t\mathrm{d}t$，当 $x=0$ 时，$t=0$；当 $x=1$ 时，$t=\dfrac{\pi}{2}$，于是

$$\int_0^1 x^2\sqrt{1-x^2}\,\mathrm{d}x=\int_0^{\frac{\pi}{2}}\sin^2 t\cos^2 t\mathrm{d}t=\frac{1}{4}\int_0^{\frac{\pi}{2}}\sin^2 2t\mathrm{d}t$$

$$=\frac{1}{8}\int_0^{\frac{\pi}{2}}(1-\cos 4t)\mathrm{d}t=\frac{1}{8}\left(t-\frac{1}{4}\sin 4t\right)\Bigg|_0^{\frac{\pi}{2}}=\frac{\pi}{16}$$

（3）被积函数含有形如 $\sqrt{x^2+a^2}$（$a>0$）的根式，设 $x=a\tan t$.

【例题 3.38】 求 $\int_2^{2\sqrt{3}}\dfrac{1}{x^2\sqrt{4+x^2}}\mathrm{d}x$.

解：设 $x=2\tan t$，$\mathrm{d}x=2\sec^2 t\mathrm{d}t$，且当 $x=2$ 时，$t=\dfrac{\pi}{4}$；当 $x=2\sqrt{3}$ 时，$t=\dfrac{\pi}{3}$.于是

$$\int_2^{2\sqrt{3}}\frac{1}{x^2\sqrt{4+x^2}}\mathrm{d}x=\int_{\frac{\pi}{4}}^{\frac{\pi}{3}}\frac{2\sec^2 t\mathrm{d}t}{4\tan^2 t\cdot 2\sec t}=\int_{\frac{\pi}{4}}^{\frac{\pi}{3}}\frac{\cos t}{4\sin^2 t}\mathrm{d}t=\int_{\frac{\pi}{4}}^{\frac{\pi}{3}}\frac{1}{4\sin^2 t}\mathrm{d}\sin t$$

$$=-\frac{1}{4\sin t}\Bigg|_{\frac{\pi}{4}}^{\frac{\pi}{3}}=\frac{\sqrt{2}}{4}-\frac{\sqrt{3}}{6}.$$

【例题 3.39】 设函数 $f(x)$ 在区间 $[-a,a]$ 上连续．证明：

（1）若 $f(x)$ 为奇函数时，有 $\int_{-a}^{a}f(x)\mathrm{d}x=0$；

（2）若 $f(x)$ 为偶函数时，有 $\int_{-a}^{a}f(x)\mathrm{d}x=2\int_0^a f(x)\mathrm{d}x$.

证明：由定积分的性质，有

$$\int_{-a}^{a}f(x)\mathrm{d}x=\int_{-a}^{0}f(x)\mathrm{d}x+\int_0^a f(x)\mathrm{d}x$$

对于积分 $\int_{-a}^{0}f(x)\mathrm{d}x$，令 $x=-t$ 时，则 $\mathrm{d}x=-\mathrm{d}t$，且当 $x=-a$ 时，$t=a$；当 $x=0$ 时，$t=0$．于是

$$\int_{-a}^{0}f(x)\mathrm{d}x=-\int_a^0 f(-t)\mathrm{d}t=\int_0^a f(-t)\mathrm{d}t=\int_0^a f(-x)\mathrm{d}x.$$

所以

$$\int_{-a}^{a}f(x)\mathrm{d}x=\int_{-a}^{0}f(x)\mathrm{d}x+\int_0^a f(x)\mathrm{d}x$$

$$=\int_0^a[f(-x)+f(x)]\mathrm{d}x$$

（1）若 $f(x)$ 为奇函数时，$f(-x)=-f(x)$，所以 $\int_{-a}^{a}f(x)\mathrm{d}x=0$；

（2）若 $f(x)$ 为偶函数时，$f(-x)=f(x)$，所以 $\int_{-a}^{a}f(x)\mathrm{d}x=2\int_0^a f(x)\mathrm{d}x$.

此例题的结论以后可以作为公式来使用，但要注意：积分区间必须以坐标原点对称.

【例题 3.40】 求 $\int_{-1}^{1}\dfrac{x^2\sin x+(\arctan x)^2}{1+x^2}\mathrm{d}x$.

解：积分区间 $[-1,1]$ 是以坐标原点对称，

$$\int_{-1}^{1}\frac{x^2\sin x+(\arctan x)^2}{1+x^2}\mathrm{d}x=\int_{-1}^{1}\frac{x^2\sin x}{1+x^2}\mathrm{d}x+\int_{-1}^{1}\frac{(\arctan x)^2}{1+x^2}\mathrm{d}x$$

被积函数 $f(x)=\dfrac{x^2\sin x}{1+x^2}$ 在该区间是奇函数，被积函数 $f(x)=\dfrac{(\arctan x)^2}{1+x^2}$ 在该区间是偶函数，所以

$$\int_{-1}^{1}\frac{x^2\sin x+(\arctan x)^2}{1+x^2}\mathrm{d}x=2\int_{0}^{1}\frac{(\arctan x)^2}{1+x^2}\mathrm{d}x=2\int_{0}^{1}(\arctan x)^2\mathrm{d}(\arctan x)$$

$$=\frac{2}{3}(\arctan x)^3\Big|_0^1=\frac{\pi^3}{96}.$$

由本节的例题可得下列公式，也可作为对基本积分公式的补充，以后也常用到，读者要会用：

14. $\displaystyle\int\frac{\mathrm{d}x}{x^2-a^2}=\frac{1}{2a}\ln\left|\frac{x-a}{x+a}\right|+C$；

15. $\displaystyle\int\frac{\mathrm{d}x}{a^2+x^2}=\frac{1}{a}\arctan\frac{x}{a}+C$；

16. $\displaystyle\int\frac{\mathrm{d}x}{\sqrt{a^2-x^2}}=\arcsin\frac{x}{a}+C$；

17. $\displaystyle\int\tan x\mathrm{d}x=-\ln|\cos x|+C$；

18. $\displaystyle\int\cot x\mathrm{d}x=\ln|\sin x|+C$；

19. $\displaystyle\int\sec x\mathrm{d}x=\ln|\sec x+\tan x|+C$；

20. $\displaystyle\int\csc x\mathrm{d}x=\ln|\csc x-\cot x|+C$；

21. $\displaystyle\int\frac{\mathrm{d}x}{\sqrt{x^2\pm a^2}}=\ln\left|x+\sqrt{x^2\pm a^2}\right|+C$.

习 题 3.4

1．填空题：

（1）$(\int_a^b f(x)\mathrm{d}x)'=$________，$\int_a^b f'(x)\mathrm{d}x=$________，$\mathrm{d}(\int_a^b f(x)\mathrm{d}x)=$________；

（2）$\left(\int_a^x\frac{\ln t}{t}\mathrm{d}t\right)'=$________，$\mathrm{d}x=$______ $\mathrm{d}\left(1-\frac{x}{a}\right)$，$\sin 2x\mathrm{d}x=$________ $\mathrm{d}(\cos 2x)$；

（3）$\dfrac{x\mathrm{d}x}{\sqrt{1-x^2}}=$______ $\mathrm{d}(\sqrt{1-x^2})$，$\mathrm{e}^{ax}dx=$________ $\mathrm{d}(\mathrm{e}^{ax}+5)$．

2．求下列积分：

（1）$\displaystyle\int\frac{\mathrm{d}x}{1-2x}$；（2）$\displaystyle\int\frac{\mathrm{d}x}{1+9x^2}$；（3）$\displaystyle\int\frac{x\mathrm{d}x}{1+9x^2}$；（4）$\displaystyle\int\frac{2x-1}{\sqrt{1-x^2}}\mathrm{d}x$；

（5）$\displaystyle\int\frac{x+1}{x^2+1}\mathrm{d}x$；（6）$\displaystyle\int\mathrm{e}^{\sin x}\cos x\mathrm{d}x$；（7）$\displaystyle\int\sin^5 x\mathrm{d}x$；（8）$\displaystyle\int\sin^2 x\cos^3 x\mathrm{d}x$；

（9）$\displaystyle\int\frac{\cos\sqrt{x}}{\sqrt{x}}\mathrm{d}x$；（10）$\displaystyle\int_1^2\frac{1}{x^2}\mathrm{e}^{\frac{1}{x}}\mathrm{d}x$；（11）$\displaystyle\int_0^{\frac{\pi}{2}}\sin x\cos^3 x\mathrm{d}x$；（12）$\displaystyle\int_0^{\pi}\cos^2 x\mathrm{d}x$；

（13）$\int_0^1 \frac{t}{(t^2+3)^2}\mathrm{d}t$；　（14）$\int_1^{\mathrm{e}} \frac{\cos(\ln x)}{x}\mathrm{d}x$；　（15）$\int_{-1}^{0} \frac{(2x+3)\mathrm{d}x}{x^2+2x+2}$．

3．求下列积分：

（1）$\int \frac{1}{1+\mathrm{e}^x}\mathrm{d}x$；　（2）$\int \frac{\mathrm{d}x}{\sqrt{x}+\sqrt[3]{x}}$；　（3）$\int \frac{\mathrm{d}x}{x^2\sqrt{4-x^2}}$；　（4）$\int x\sqrt{x-2}\mathrm{d}x$．

（5）$\int_0^1 \frac{\sqrt{x}}{2-\sqrt{x}}\mathrm{d}x$；　*（6）$\int_1^{\sqrt{3}} \frac{\mathrm{d}x}{x\sqrt{1+x^2}}$；　*（7）$\int_{-\sqrt{2}}^{-2} \frac{\mathrm{d}x}{x\sqrt{x^2-1}}$；　*（8）$\int_0^1 x^2\sqrt{1-x^2}\mathrm{d}x$．

4．设函数 $f(x)$ 在 $[0,a]$ 上连续，证明：$\int_0^a f(x)\mathrm{d}x = \int_0^a f(a-x)\mathrm{d}x$．

*5．设 $f(x)$ 是以 T 为周期的函数，且 $f(x)$ 在任意有限区间上连续，证明对任意的常数 a 有

（1）$\int_0^a f(x)\mathrm{d}x = \int_T^{a+T} f(x)\mathrm{d}x$；　（2）$\int_0^T f(x)\mathrm{d}x = \int_a^{a+T} f(x)\mathrm{d}x$．

3.5　分部积分与积分表的使用

3.5.1　分部积分的公式

虽然换元积分法能解决许多积分的计算，但对于被积函数是两个函数的积的形式，形如 $\int \mathrm{e}^x \cos x\mathrm{d}x$、$\int x\ln x\mathrm{d}x$、$\int_0^{\frac{\pi}{2}} x\cos x\mathrm{d}x$ 等积分就难于求出，为了解决这类问题，本节将介绍另一种求积分的主要方法 ——分部积分法.

设函数 $u=u(x)$ 和 $v=v(x)$ 具有连续的导数，由乘积的求导法则

$$(uv)'=u'v+uv' \quad 可得 \quad uv'=(uv)'-u'v \tag{3.1}$$

把 3.1 两端积分

$$\int uv'\mathrm{d}x = \int (uv)'\mathrm{d}x - \int u'v\mathrm{d}x$$

所以
$$\int uv'\mathrm{d}x = uv - \int u'v\mathrm{d}x \tag{3.2}$$

或
$$\int u\mathrm{d}v = uv - \int v\mathrm{d}u \tag{3.3}$$

这两个公式表明所求两个函数之积的积分可以转化为 $\int uv'\mathrm{d}x$ 或 $\int u\mathrm{d}v$ 的积分，再用公式 3.2 或 3.3.

对于定积分用类似的方法可得到

$$\int_a^b uv'\mathrm{d}x = (uv)\Big|_a^b - \int_a^b u'v\mathrm{d}x \tag{3.4}$$

或
$$\int_a^b u\mathrm{d}v = (uv)\Big|_a^b - \int_a^b v\mathrm{d}u \tag{3.5}$$

公式 3.2 或 3.3 称为**不定积分的分部积分法公式**，3.4 或 3.5 称为**定积分的分部积分法公式**．**公式** 3.2、3.3、3.4、3.5 **统称为积分的分部积分法公式**.

利用分部积分法主要是把所求积分中的被积表达式适当的分成 u 和 $\mathrm{d}v$ 两部分，所以这种积分法关键是在正确的选择 u、$\mathrm{d}v$，一般地，u 与 $\mathrm{d}v$ 的选取原则是：

1．由 $\mathrm{d}v$ 易求 v；

2．$\int v\mathrm{d}u$ 比 $\int u\mathrm{d}v$ 易求.

【例题 3.41】 求 $\int x\sin x\mathrm{d}x$.

解：设 $u=x$， $\mathrm{d}v=\sin x\mathrm{d}x=-\mathrm{d}(\cos x)$，则 $v=-\cos x$.

由分部积分法公式 $\int x\sin x\mathrm{d}x=-x\cos x-\int(-\cos x)\mathrm{d}x=-x\cos x+\sin x+c$.

熟练后 u、v 就不必假设出来，只要默默的记在心里即可.

【例题 3.42】 求 $\int x^2\mathrm{e}^x\mathrm{d}x$.

解：
$$\int x^2\mathrm{e}^x\mathrm{d}x=\int x^2\mathrm{d}\mathrm{e}^x=x^2\mathrm{e}^x-\int \mathrm{e}^x\cdot 2x\mathrm{d}x=x^2\mathrm{e}^x-2\int x\mathrm{d}\mathrm{e}^x$$
$$=x^2\mathrm{e}^x-2x\mathrm{e}^x+2\int \mathrm{e}^x\mathrm{d}x=x^2\mathrm{e}^x-2x\mathrm{e}^x+2\mathrm{e}^x+c.$$

【例题 3.43】 求 $\int x\arctan x\mathrm{d}x$.

解：
$$\int x\arctan x\mathrm{d}x=\int \arctan x\mathrm{d}\left(\frac{x^2}{2}\right)=\frac{x^2}{2}\arctan x-\int\frac{x^2}{2}\cdot\frac{1}{1+x^2}\mathrm{d}x$$
$$=\frac{x^2}{2}\arctan x-\frac{1}{2}\int\frac{x^2+1-1}{1+x^2}\mathrm{d}x=\frac{x^2}{2}\arctan x-\frac{1}{2}x+\frac{1}{2}\arctan x+c.$$

【例题 3.44】 求 $\int \mathrm{e}^x\sin x\mathrm{d}x$.

解：因为
$$\int \mathrm{e}^x\sin x\mathrm{d}x=\int \mathrm{e}^x\mathrm{d}(-\cos x)=-\mathrm{e}^x\cos x+\int \mathrm{e}^x\cos x\mathrm{d}x$$
$$=-\mathrm{e}^x\cos x+\int \mathrm{e}^x\mathrm{d}\sin x=-\mathrm{e}^x\cos x+\mathrm{e}^x\sin x-\int \mathrm{e}^x\sin x\mathrm{d}x.$$

所以
$$\int \mathrm{e}^x\sin x\mathrm{d}x=\frac{1}{2}\mathrm{e}^x(\sin x-\cos x)+c.$$

【例题 3.45】 求 $\int_1^{\mathrm{e}} x\ln x\mathrm{d}x$.

解：
$$\int_1^{\mathrm{e}} x\ln x\mathrm{d}x=\int_1^{\mathrm{e}}\ln x\mathrm{d}\left(\frac{x^2}{2}\right)=\left(\frac{1}{2}x^2\ln x\right)\Bigg|_1^{\mathrm{e}}-\frac{1}{2}\int_1^{\mathrm{e}}x^2\mathrm{d}(\ln x)$$
$$=\frac{1}{2}\mathrm{e}^2-\frac{1}{2}\int_1^{\mathrm{e}}x\mathrm{d}x=\frac{1}{2}\mathrm{e}^2-\left(\frac{1}{4}x^2\right)\Bigg|_1^{\mathrm{e}}=\frac{1}{4}\mathrm{e}^2+\frac{1}{4}.$$

【例题 3.46】 求 $\int_0^{\frac{1}{2}}\arcsin x\mathrm{d}x$.

解：
$$\int_0^{\frac{1}{2}}\arcsin x\mathrm{d}x=x\arcsin x\Bigg|_0^{\frac{1}{2}}-\int_0^{\frac{1}{2}}x\cdot\frac{1}{\sqrt{1-x^2}}\mathrm{d}x=\frac{\pi}{12}+\frac{1}{2}\int_0^{\frac{1}{2}}\frac{1}{\sqrt{1-x^2}}\mathrm{d}(1-x^2)$$
$$=\frac{\pi}{12}+\sqrt{1-x^2}\Bigg|_0^{\frac{1}{2}}=\frac{\pi}{12}+\frac{\sqrt{3}}{2}-1.$$

【例题 3.47】 求 $\int_1^5\mathrm{e}^{\sqrt{x-1}}\mathrm{d}x$.

解：令 $\sqrt{x-1}=t$，则 $x=t^2+1$，$\mathrm{d}x=2t\mathrm{d}t$，当 $x=1$ 时，$t=0$，当 $x=5$ 时，$t=2$，

所以
$$\int_1^5\mathrm{e}^{\sqrt{x-1}}\mathrm{d}x=\int_0^2\mathrm{e}^t\cdot 2t\mathrm{d}t=2\int_0^2 t\mathrm{d}\mathrm{e}^t=2t\mathrm{e}^t\Bigg|_0^2-2\int_0^2\mathrm{e}^t\mathrm{d}t$$
$$=4\mathrm{e}^2-2\mathrm{e}^t\Bigg|_0^2=4\mathrm{e}^2-2\mathrm{e}^2+2=2\mathrm{e}^2+2.$$

可以看出虽然分部积分法的关键是 u、$\mathrm{d}v$ 的选择，但凑微分是基础，只是“部分的凑”微分.

3.5.2　常见被积函数 u、$\mathrm{d}v$ 的选择

一般地被积函数具有下列形式时，可用分部积分法

（1）幂函数与指数函数（或弦函数）之积：形如 $x^n e^{kx}$，$x^n \sin kx$，$x^n \cos kx$（其中 n 为正整数、$k \neq 0$）应选 x^n 为 u，其余部分为 $\mathrm{d}v$.

（2）幂函数与对数函数（或反三角函数）之积：形如 $x^n \ln x$，$x^n \arcsin x$，$x^n \arccos x$，$x^n \arctan x$（其中 n 为正整数）应选 $\ln x$，$\arcsin x$，$\arccos x$，$\arctan x$ 为 u，其余部分为 $\mathrm{d}v$.

（3）弦函数与指数函数之积：形如 $e^{ax}\sin bx$、$e^{ax}\cos bx$（其中 a、b 为实数），可以任意的选择 u、$\mathrm{d}v$，但要连续两次用分部积分法，出现“循环”后，移项解方程. 如例题 3.44.

*3.5.3　积分表的使用

从前面几节我们可以看出积分的计算比微分的计算要复杂，灵活性较强. 被积函数形式稍有不同，相应的积分方法和结果就有很大的差别，为了便于应用，人们将常用的不定积分公式按被积函数的类型编辑了公式表以供查用，本书附录Ⅲ中给出了一个不定积分表，求不定积分时，可根据被积函数的类型直接地或经过简单变形后，在积分表中查到积分的结果.

下面通过例子说明积分表的用法.

【例题 3.48】 求 $\int \frac{\mathrm{d}x}{3+7x^2}$.

解：被积函数中含有 ax^2+b，在附录Ⅲ含有此形式的积分类中查表找到公式（22）将 $a=7$，$b=3$ 代入公式得到

$$\int \frac{\mathrm{d}x}{3+7x^2} = \frac{1}{\sqrt{21}}\arctan\sqrt{\frac{7}{3}}x + c$$

【例题 3.49】 求 $\int \frac{\mathrm{d}x}{x\sqrt{4-9x^2}}$.

解：这个积分不能直接在积分表中找到，需要先进行变换.

设 $u=3x$，则 $x=\frac{u}{3}$，$\mathrm{d}x=\frac{1}{3}\mathrm{d}u$，于是原式

$$\int \frac{\mathrm{d}x}{x\sqrt{4-9x^2}} = \int \frac{\mathrm{d}u}{u\sqrt{2^2-u^2}}$$

查找附录Ⅲ公式表（八）含有 $\sqrt{a^2-x^2}$ $(a>0)$ 的积分公式（65），当 $a=2$ 时代入该公式，于是

$$\int \frac{\mathrm{d}x}{x\sqrt{4-9x^2}} = \int \frac{\mathrm{d}u}{u\sqrt{2^2-u^2}} = \frac{1}{2}\ln\frac{2-\sqrt{4-9x^2}}{|3x|} + C$$

【例题 3.50】 求 $\int \frac{\mathrm{d}x}{4\cos^2 x + 9\sin^2 x}$

解：查找附录Ⅲ公式表（十一）含有三角函数的积分（107），当 $a=2$，$b=3$ 时代入该公式，于是

$$\int \frac{\mathrm{d}x}{4\cos^2 x + 9\sin^2 x} = \frac{1}{6}\arctan\left(\frac{3}{2}\tan x\right) + C.$$

习 题 3.5

1．填空题：

（1）$\int e^{\sin x}\sin x\cos x\mathrm{d}x=$______.

（2）$\int x\cos 2x\mathrm{d}x=$______.

（3）设 e^{-x} 是 $f(x)$ 的一个原函数，则 $\int xf(x)\mathrm{d}x=$______.

2．求下列不定积分：

（1）$\int x\cos\frac{x}{2}\mathrm{d}x$；（2）$\int x^2e^{-x}\mathrm{d}x$；（3）$\int x^4\ln x\mathrm{d}x$；（4）$\int e^{2x}\cos 3x\mathrm{d}x$；

3．求下列定积分：

（1）$\int_1^e \ln x\mathrm{d}x$；（2）$\int_0^1 \arctan x\mathrm{d}x$；（3）$\int_0^1 xe^{-x}\mathrm{d}x$；

（4）$\int_0^{\pi} x\cos 2x\mathrm{d}x$；（5）$\int_0^{\frac{\pi}{2}} x^2\sin x\mathrm{d}x$；（6）$\int_0^{\frac{\pi}{2}} e^{2x}\cos x\mathrm{d}x$.

4．利用积分表求下列积分：

（1）$\int\sqrt{3x^2-2}\mathrm{d}x$；（2）$\int\frac{\mathrm{d}x}{x(2+3x)^2}$.

3.6 无限区间的广义积分

前面所学的定积分，其积分区间是有限区间，且被积函数在该区间是有界的（特别是连续函数），但实际问题中还会遇到无限区间上的积分，如 $\int_0^{+\infty}\frac{\mathrm{d}x}{1+x^2}$、$\int_1^{+\infty}\frac{\mathrm{d}x}{x^2}$ 等，因此需要将定积分的概念加以推广，将有限区间推广到无限区间，这种无限区间上的积分称为无限区间的**广义积分，也称无穷积分**.

本节我们介绍无限区间的广义积分的概念和计算方法.

3.6.1 无限区间的广义积分的定义

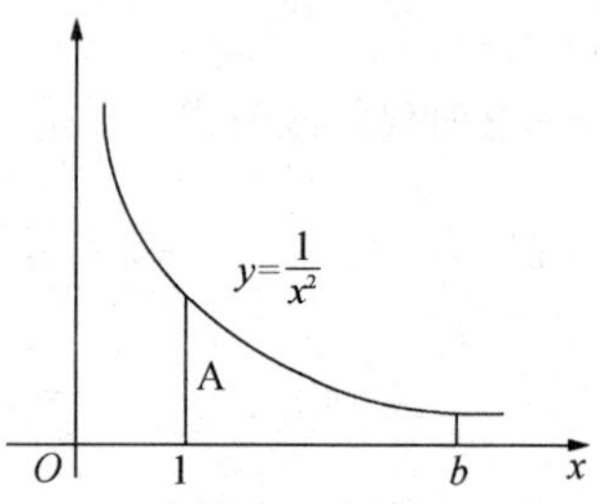

图 3.14

引例 计算位于曲线 $y=\frac{1}{x^2}$ 之下，x 轴之上，直线 $x=1$ 之右向右无限延展的区域面积．如图 3.14 所示.

$$A=\lim_{b\to+\infty}\int_1^b\frac{\mathrm{d}x}{x^2}=\lim_{b\to+\infty}\left(-\frac{1}{x}\right)\Bigg|_1^b=\lim_{b\to+\infty}\left(1-\frac{1}{b}\right)=1.$$

这里是先求定积分，再求极限得到了结果，把所求面积记作 $\int_1^{+\infty}\frac{\mathrm{d}x}{x^2}$．这就是无限区间上的广义积分，一般地，我们有下列定义：

定义 3.6.1 设函数 $f(x)$ 在区间 $[a,+\infty)$ 上连续，任意取 $b>a$，如果极限

$$\lim_{b\to+\infty}\int_a^b f(x)\mathrm{d}x$$

存在，则称此极限值为函数 $f(x)$ 在区间 $[a,+\infty)$ 上的**广义积分（或无穷积分）**. 记为

$$\int_a^{+\infty} f(x)\mathrm{d}x$$

即
$$\int_a^{+\infty} f(x)\mathrm{d}x=\lim_{b\to+\infty}\int_a^b f(x)\mathrm{d}x$$

此时我们说广义积分 $\int_a^{+\infty} f(x)\mathrm{d}x$ 收敛，如果极限 $\lim\limits_{b\to+\infty}\int_a^b f(x)\mathrm{d}x$ 不存在，则称广义积分 $\int_a^{+\infty} f(x)\mathrm{d}x$ 发散.

类似地，可定义函数 $f(x)$ 在区间 $(-\infty,b]$ 上的**广义积分**

$$\int_{-\infty}^b f(x)\mathrm{d}x=\lim_{a\to-\infty}\int_a^b f(x)\mathrm{d}x$$

当 $\int_c^{+\infty} f(x)\mathrm{d}x$ 和 $\int_{-\infty}^c f(x)\mathrm{d}x$ 都收敛时，我们就说函数 $f(x)$ 在区间 $(-\infty,+\infty)$ 上的**广义积分** $\int_{-\infty}^{+\infty} f(x)\mathrm{d}x$ 收敛，并且有

$$\int_{-\infty}^{+\infty} f(x)\mathrm{d}x=\int_{-\infty}^c f(x)\mathrm{d}x+\int_c^{+\infty} f(x)\mathrm{d}x=\lim_{a\to-\infty}\int_a^c f(x)\mathrm{d}x+\lim_{b\to+\infty}\int_c^b f(x)\mathrm{d}x .$$

【例题 3.51】 求 $\int_{-\infty}^0 \mathrm{e}^x\mathrm{d}x$.

解：
$$\int_{-\infty}^0 \mathrm{e}^x\mathrm{d}x=\lim_{a\to-\infty}\int_a^0 \mathrm{e}^x\mathrm{d}x=\lim_{a\to-\infty}\left(\mathrm{e}^x\Big|_a^0\right)=\lim_{a\to-\infty}(1-\mathrm{e}^a)=1 .$$

所以该广义积分收敛.

【例题 3.52】 求 $\int_{-\infty}^0 \cos x\mathrm{d}x$.

解：
$$\int_{-\infty}^0 \cos x\mathrm{d}x=\lim_{a\to-\infty}\int_a^0 \cos x\mathrm{d}x=\lim_{a\to-\infty}\sin x\Big|_a^0=\lim_{a\to-\infty}(-\sin a) .$$

显然，这个极限不存在，所以 $\int_{-\infty}^0 \cos x\mathrm{d}x$ 发散.

以后为简便起见，计算广义积分时，也可以使用牛顿–莱布尼茨公式的记法，即如果函数 $f(x)$ 在 $[a,+\infty)$ 上连续，$F(x)$ 是 $f(x)$ 在 $[a,b]$ 上的任一原函数，并且 $F(+\infty)=\lim\limits_{b\to+\infty}F(b)$ 存在，那么

$$\int_a^{+\infty} f(x)\mathrm{d}x=F(x)\Big|_a^{+\infty}=F(+\infty)-F(a)$$

【例题 3.53】 求 $\int_{-\infty}^{+\infty}\frac{1}{1+x^2}\mathrm{d}x$.

解：
$$\int_{-\infty}^{+\infty}\frac{1}{1+x^2}\mathrm{d}x=\arctan x\Big|_{-\infty}^{+\infty}=\frac{\pi}{2}-\left(-\frac{\pi}{2}\right)=\pi .$$

【例题 3.54】 讨论广义积分 $\int_1^{+\infty}\frac{\mathrm{d}x}{x^p}$ 的收敛性，其中 p 为常数.

解： 因为当 $p\neq 1$ 时，$\int_1^{+\infty}\frac{\mathrm{d}x}{x^p}=\left(\frac{x^{1-p}}{1-p}\right)\Bigg|_1^{+\infty}=\begin{cases}\frac{1}{p-1}, & p>1\\ +\infty, & p<1\end{cases}$

所以广义积分 $\int_1^{+\infty}\frac{\mathrm{d}x}{x^p}$ 当 $p>1$ 时收敛，当 $p<1$ 时发散.

又当 $p=1$ 时， $\int_1^{+\infty}\frac{1}{x}\mathrm{d}x=\ln x\Big|_1^{+\infty}=+\infty$

综上所述，**广义积分** $\int_1^{+\infty}\frac{\mathrm{d}x}{x^p}$，**当** $p>1$ **时收敛，当** $p\leqslant 1$ **时发散**.

3.6.2 无限区间的广义积分的简单性质

从无限区间的广义积分的定义中容易看出，它有以下简单的性质：假设 $f(x)$、$g(x)$ 在区间 $[a,+\infty)$ 上可积，

（1）常数因子可以提到广义积分号前．即

$$\int_a^{+\infty}kf(x)\mathrm{d}x=k\int_a^{+\infty}f(x)\mathrm{d}x .$$

（2）函数的代数和的广义积分等于它们的广义积分的代数和．即

$$\int_a^{+\infty}[f(x)\pm g(x)]\mathrm{d}x=\int_a^{+\infty}f(x)\mathrm{d}x\pm\int_a^{+\infty}g(x)\mathrm{d}x .$$

（3）设 $u(x)$、$v(x)$、$u'(x)$、$v'(x)$ 在区间 $[a,+\infty)$ 上连续，如果下面的等式中有两项存在，那么，第三项也存在，并且有

$$\int_a^{+\infty}u\mathrm{d}v=(uv)\Big|_a^{+\infty}-\int_a^{+\infty}v\mathrm{d}u .$$

（4）无限区间的广义积分，也有换元法则.

【例题 3.55】 求 $\int_0^{+\infty}x\mathrm{e}^{-x^2}\mathrm{d}x$.

解： $\int_0^{+\infty}x\mathrm{e}^{-x^2}\mathrm{d}x=-\frac{1}{2}\int_0^{+\infty}\mathrm{e}^{-x^2}\mathrm{d}(-x^2)=-\frac{1}{2}(\mathrm{e}^{-x^2})\Big|_0^{+\infty}=0+\frac{1}{2}=\frac{1}{2}$.

【例题 3.56】 求 $\int_0^{+\infty}x\mathrm{e}^{-x}\mathrm{d}x$.

解： $\int_0^{+\infty}x\mathrm{e}^{-x}\mathrm{d}x=-\int_0^{+\infty}x\mathrm{d}(\mathrm{e}^{-x})=-(x\mathrm{e}^{-x})\Big|_0^{+\infty}+\int_0^{+\infty}\mathrm{e}^{-x}\mathrm{d}x=(-\mathrm{e}^{-x})\Big|_0^{+\infty}=1$.

习 题 3.6

判定下列无限区间的广义积分的收敛性，若收敛，求出值.

1. $\int_1^{+\infty}\frac{\mathrm{d}x}{\sqrt{x}}$；
2. $\int_{-\infty}^{+\infty}\frac{\mathrm{d}x}{x^2+2x+2}$；
3. $\int_e^{+\infty}\frac{\ln x}{x}\mathrm{d}x$；
4. $\int_e^{+\infty}\frac{\mathrm{d}x}{x\ln x}$；
5. $\int_0^{+\infty}\frac{x\mathrm{d}x}{(1+x)^3}$；

*6. $\int_1^{+\infty}\frac{\arctan x}{x^2}\mathrm{d}x$.

3.7　定积分的应用

定积分的应用很广泛，本节将介绍微元法，通过微元法来掌握几何应用和经济应用.

3.7.1　定积分的微元法

回顾3.1.1定积分的定义中的引例1用定积分求曲边梯形的面积时，经过如下四个步骤：**第一，分割**，即把整体进行分割，在局部范围内，“以直边代曲边”；**第二，近似代换**，即求出整体量在局部范围内的近似值；**第三，求和**，即将各窄曲边梯形面积的近似值加起来；**第四，取极限**，从而得到整体量．事实上，这种方法在实际中广泛应用，为了今后应用方便，我们在解决实际问题中将这四个步骤简化成两个步骤：

（1）取微段，写出微元。分割区间$[a,b]$，在其中任取一个小区间，记为$[x,x+\Delta x]$，或记作$[x,x+\mathrm{d}x]$，设所求整体量是S，取$\zeta_i=x$（小区间的左端点），求出S在$[x,x+\mathrm{d}x]$上的局部量ΔS的近似表达式

$$\Delta S\approx f(x)\mathrm{d}x\ .$$

其中，$f(x)\mathrm{d}x$称为量S的微分元素（简称微元），记作$\mathrm{d}s=f(x)\mathrm{d}x$.

（2）定限求积分，即用定积分表示所求整体量．当$\Delta x\to 0$时，所有的微元无限相加，就是在区间$[a,b]$上的定积分：

$$S=\int_a^b f(x)\mathrm{d}x$$

用以上定积分表示具体问题的简化步骤来解决实际问题的方法称为**微元法**，下面介绍定积分的应用.

3.7.2　平面图形的面积

由定积分的几何意义，我们已经知道：由连续曲线$y=f(x)$，$(f(x)\geqslant 0)$和x轴以及两条直线$x=a$，$x=b$所围成的曲边梯形的面积为

$$A=\int_a^b f(x)\mathrm{d}x=\int_a^b y\mathrm{d}x\ .$$

应注意在上式中$f(x)$是非负的，如果$f(x)\leqslant 0$，那么相应图形面积（所围曲边梯形的面积）的微元为

$$\mathrm{d}A=\left|f(x)\right|\mathrm{d}x$$

于是，所围曲边梯形的面积为

$$A=\int_a^b\left|f(x)\right|\mathrm{d}x=\int_a^b\left|y\right|\mathrm{d}x\ .$$

一般地，由两条连续曲线$y=g(x)$，$y=f(x)$及两条直线$x=a$，$x=b$ $(a<b)$所围的平面图形（图 3.15）（假定$g(x)\leqslant f(x)$）的面积微元为

$$\mathrm{d}A=[f(x)-g(x)]\mathrm{d}x$$

于是，所围的平面图形面积为

$$A=\int_a^b[f(x)-g(x)]\mathrm{d}x\ .$$

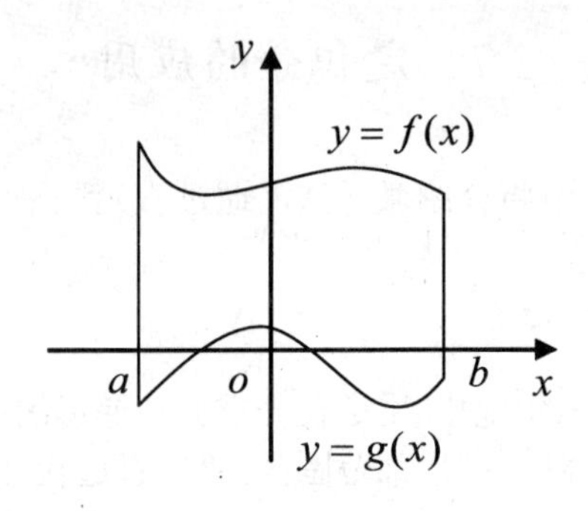

图 3.15

由此可见，当不能确定曲线 $y=g(x)$与$y=f(x)$ 谁在上面时，则以 $y=g(x)$，$y=f(x)$ 为边界及直线 $x=a$，$x=b$ $(a<b)$ 所围图形的面积应为

$$A=\int_a^b\left|f(x)-g(x)\right|\mathrm{d}x=\int_a^b(y_{上}-y_{下})\mathrm{d}x\ .$$

类似地，由连续曲线 $x=\varphi(y)\geqslant 0$，y 轴与直线 $y=c$，$y=d$ （$c<d$）所围成的曲边梯形面积为（见图 3.16 ）

$$A=\int_c^d\varphi(y)\mathrm{d}y$$

一般地，由连续曲线 $x=\varphi(y),x=\phi(y)$ 及两条直线 $y=c$，$y=d$ （$c<d$）所围成的平面图形的面积为（见图 3.17）

$$A=\int_c^d\left|\varphi(y)-\phi(y)\right|\mathrm{d}y=\int_c^d(x_{右}-x_{左})\mathrm{d}y\ .$$

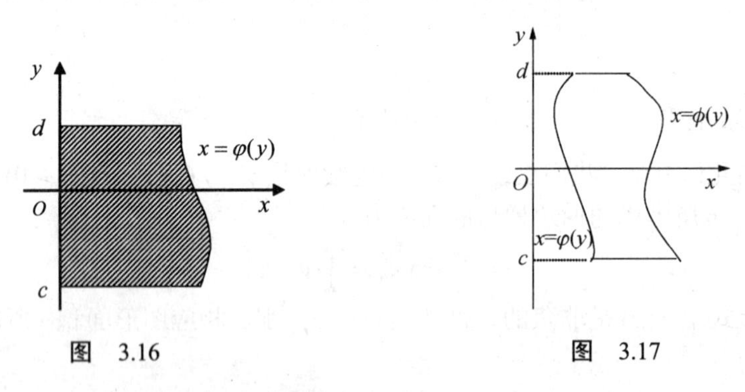

图 3.16　　　　图 3.17

【例题 3.57】 求由曲线 $xy=1$，直线 $y=x$ 和 $x=2$ 所围图形的面积.

解：首先，画草图如图 3.18 所示.

其次，由草图知，应选 x 作积分变量；为确定区间：解方程组$\begin{cases}xy=1\\y=x\end{cases}$得交点（1,1），于是可得积分区间为$[1,2]$，最后，用公式可得所求面积为

$$A=\int_1^2\left(x-\frac{1}{x}\right)\mathrm{d}x=\left(\frac{1}{2}x^2-\ln x\right)\Bigg|_1^2=\frac{3}{2}-\ln 2\ .$$

【例题 3.58】 求由曲线 $y^2=2x$ 与 $y=4-x$ 所围图形的面积.

解：画草图如图 3.19 所示.

确定积分变量为 y，解方程组 $\begin{cases} y^2=2x \\ y=4-x \end{cases}$ 得交点 $(2,2)$，$(8,-4)$，于是得积分区间为 $[-4,2]$.

所以所求图形面积为

$$A=\int_{-4}^{2}\left(4-y-\frac{y^2}{2}\right)\mathrm{d}y=\left(4y-\frac{1}{2}y^2-\frac{1}{6}y^3\right)\Bigg|_{-4}^{2}=18\,.$$

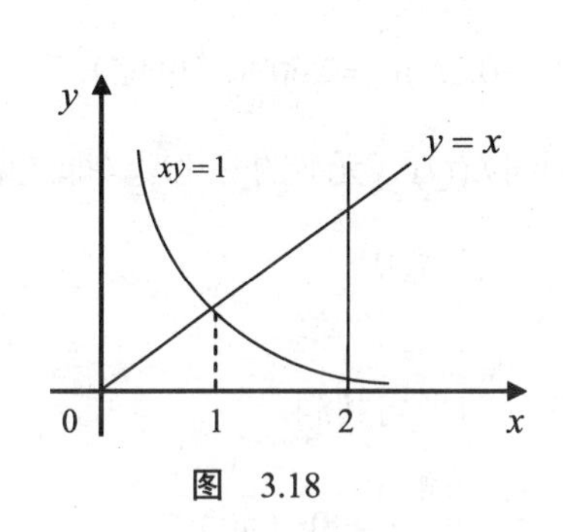

图　3.18

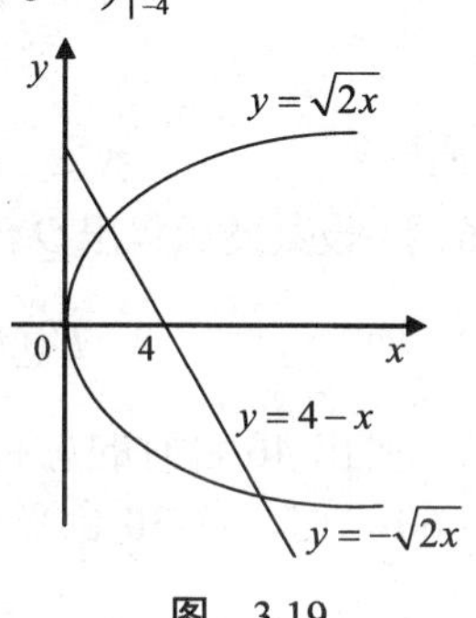

图　3.19

*【例题 3.59】 求由 $y=x$，$y=2x$，$x+y=6$ 所围图形的面积.

解：如图所示（见图 3.20），解方程组

$$\begin{cases} y=2x \\ x+y=6 \end{cases} \text{和} \begin{cases} y=x \\ x+y=6 \end{cases} \text{得交点}\,(2,4)\,\text{和}\,(3,3)$$

取积分变量为 x，则积分区间分别为 $[0,2]$，$[2,3]$ 则所求图形的面积为

$$A=\int_0^2(2x-x)\mathrm{d}x+\int_2^3(6-x-x)\mathrm{d}x$$

$$=\left(\frac{1}{2}x^2\right)\Bigg|_0^2+(6x-x^2)\Big|_2^3=3\,.$$

该题也可以取 y 为积分变量，此时积分区间为 $[0,3]$，$[3,4]$，所求图形的面积为

$$A=\int_0^3\left(y-\frac{y}{2}\right)\mathrm{d}y+\int_3^4\left(6-y-\frac{y}{2}\right)\mathrm{d}y=\frac{y^2}{4}\Bigg|_0^3+\left(6y-\frac{3y^2}{4}\right)\Bigg|_3^4=3\,.$$

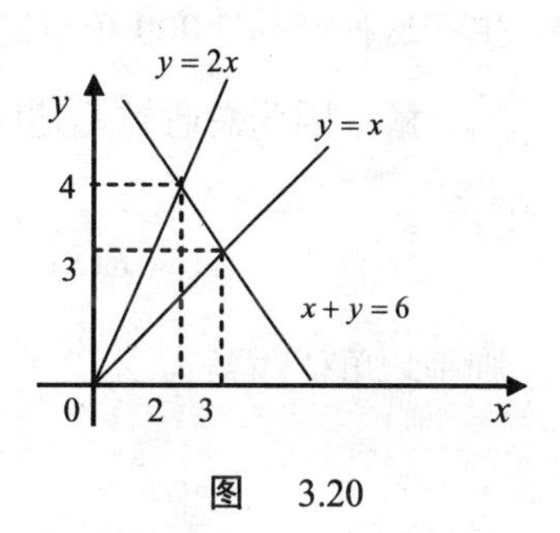

图　3.20

说明：用定积分求几何图形的面积，既可选取 x 为积分变量，也可选取 y 为积分变量．但积分变量的选取，决定了图形用不用分块，即表示面积的定积分是用一个表达式还是用几个表达式．一般情况下，选取积分变量的原则是，尽量使图形不分块（用一个定积分表示）和少分块（必须分块时）.

归纳出解题步骤：

（1）画草图；

（2）由图选取积分变量，求出积分区间；

（3）写出面积公式：

① 选 x 为积分变量，确定 x 的范围 $[a,b]$，$s=\int_a^b(y_{上}-y_{下})\mathrm{d}x$，

② 选 y 为积分变量，确定 y 的范围 $[c,d]$，$s=\int_c^d(x_{右}-x_{左})\mathrm{d}y$.

3.7.3 经济应用

1. 已知边际函数求总函数

【例题 3.60】 设某产品在时刻 t 总产量的变化率为 $f(t)=100+12t-0.6t^2$（单位/小时），求从 $t=2$ 到 $t=4$ 这两小时的总产量.

解：因为总产量 $p(t)$ 是它的变化率的原函数，所以从 $t=2$ 到 $t=4$ 这两小时的总产量为

$$\int_2^4 f(t)\mathrm{d}t=\int_2^4(100+12t-0.6t^2)\mathrm{d}t$$

$$=(100t+6t^2-0.2t^3)\Big|_2^4=260.8\text{（单位）}.$$

【例题 3.61】 设某商店售出 Q 台录音机时总利润 $L(Q)$（元）的变化率（即边际利润）为

$$L'(Q)=12.5-\frac{Q}{80} \qquad (Q\geqslant 0)$$

试求：（1）售出 40 台时的总利润；

（2）售出 60 台时，前 30 台平均利润和后 30 台的平均利润.

解：（1）$L(40)=\int_0^{40}\left(12.5-\dfrac{Q}{80}\right)\mathrm{d}Q=1\left(2.5Q-\dfrac{Q^2}{160}\right)\Bigg|_0^{40}=490$（元）.

（2）前 30 台的平均利润为：

$$\frac{1}{30}\int_0^{30}\left(12.5-\frac{Q}{80}\right)\mathrm{d}Q=\frac{1}{30}\left(12.5Q-\frac{Q^2}{160}\right)\Bigg|_0^{30}=\frac{1}{30}\times 369.4=12.31\text{（元）}.$$

后 30 台的平均利润为：

$$\frac{1}{30}\int_{30}^{60}\left(12.5-\frac{Q}{80}\right)\mathrm{d}Q==\frac{1}{30}\left(12.5Q-\frac{Q^2}{160}\right)\Bigg|_{30}^{60}=\frac{1}{30}\times 358.11=11.94\text{（元）}.$$

【例题 3.62】 已知生产某产品 x 单位时，边际收益函数（总收益函数的变化率）为 $R'(x)=200-\dfrac{x}{50}$（元/单位），试求生产 x 单位时总收益 $R(x)$ 以及平均单位收益 $\overline{R}(x)$，并求生产这种产品 2 000 单位时的总收益和平均收益.

解：因为总收益是边际收益函数在 $[0,x]$ 上的定积分，所以生产 x 单位时的总收益为

$$R(x)=\int_0^x\left(200-\frac{t}{50}\right)\mathrm{d}t=\left(200t-\frac{t^2}{100}\right)\Bigg|_0^x=200x-\frac{x^2}{100}$$

则平均单位收益为

$$\overline{R}(x)=\frac{R(x)}{x}=200-\frac{x}{100}$$

当生产 2 000 单位时，总收益为

$$R(2\,000)=200\times 2\,000-\frac{2\,000^2}{100}=360\,000\text{（元）}$$

平均单位收益为

$$\overline{R}(2\ 000)=200-\frac{2\ 000}{100}=180 \text{（元）}.$$

2. 现金流量的现值和将来值

现金流量是指在某一期间内的现金流入和流出的数量．现在我们假设现金流量是时间 t 的连续函数 $R(t)$：若 t 以年为单位，在时间点 t 年的现金流量是 $R(t)$，这样，在一个很短的时间间隔 $[t,t+\mathrm{d}t]$ 内，现金流量的总值的近似值是

$$R(t)\mathrm{d}t$$

（1）当年贴现率为 r 时，按连续复利计算，其相应的现值应是

$$R(t)\mathrm{e}^{-rt}\mathrm{d}t$$

那么，到 n 年末现金流量的总值的现值就是

$$A_0=\int_0^n R(t)\mathrm{e}^{-rt}\mathrm{d}t.$$

特别地，当现金流量 $R(t)$ 是常数 a 时（每年的现金流量不变，都是 a，这称为均匀流），则到 n 年末现金流量的总值的现值就是

$$A_0=a\int_0^n \mathrm{e}^{-rt}\mathrm{d}t=\frac{a}{r}(1-\mathrm{e}^{-rn}).$$

（2）当年利率为 r 时，按连续复利计算，到 n 年末其相应的现金流量的值应是

$$a\mathrm{e}^{r(n-t)}\mathrm{d}t$$

那么，到 n 年末现金流量的总值就是

$$A_n=\int_0^n R(t)\mathrm{e}^{r(n-t)}\mathrm{d}t$$

特别地，当现金流量是均匀流，其流量为常数 a 时，则到 n 年末现金流量的总值就是

$$A_n=\int_0^n a\mathrm{e}^{r(n-t)}\mathrm{d}t=\frac{a}{r}[-\mathrm{e}^{r(n-t)}]\Big|_0^n=\frac{a}{r}(\mathrm{e}^{rn}-1).$$

由此我们可以看到现金流量的现值和将来值仍有：

$$A_n=A_0\mathrm{e}^{rn}$$

【例题 3.63】 设从现在开始以均匀流方式向银行存款，年流量为 6000 元，年利率为 6%（连续计息结算），试问 2 年之后这些存款总值相当于现在的多少元现金？在银行存款总值是多少？

解：2 年之后在银行存款总值的现值为

$$A_0=\int_0^2 6\ 000\mathrm{e}^{-0.06t}\mathrm{d}t=\frac{6\ 000}{0.06}(1-\mathrm{e}^{-0.06\times 2})\approx 11\ 310 \text{（元）}$$

2 年之后在银行存款总值

$$A_2=A_0\mathrm{e}^{0.06\times 2}=11\ 310\times 1.127\ 5\approx 12\ 752 \text{（元）}$$

【例题 3.64】 以均匀流的方式分期付款购买一套价值 50 万元的商品房，10 年付清，若年贴现率为 4%，按连续复利计息，每年应付款多少万元？

解：因为是均匀流的方式分期付款，共付 10 年，所以每年付款数相同，设每年付款 a 万元．全部付款的总现值是 50 万元，于是，根据均匀流的现值公式，有

$$50 = a\int_0^{10} e^{-0.04t} dt = \frac{a}{0.04}(1 - e^{-0.04\times 10}),$$

即
$$2 = a(1 - 0.670\,3)，\quad a = 6.066\text{（万元）}.$$

每年应付款 6.066 万元.

【例题 3.65】 某航空公司需要增加 5 架波音 747 客机．如果购进一架客机需要一次支付 5000 万美元现金，客机的使用寿命为 15 年．如果租用一架客机，每年需要支付 600 万美元的租金，租金以均匀流的方式支付．若银行的年利润为 12%，按连续复利计算，请问购买客机与租用客机哪种方案为佳？如果银行的年利率为 6%呢？

解：计算租金流量总值的现值，然后与购价相比较．

15 年的租金流量的总值的现值为

$$A_0 = 600\int_0^{15} e^{-rt} dt = \frac{600}{r}(1 - e^{-15r})\text{（万美元）}.$$

当 $r = 12\%$ 时，

$$A_0 = \frac{600}{r}(1 - e^{-15\times 0.12}) \approx 4\,173.5\text{（万美元）}.$$

比较可知，此时租用客机比购买客机合算．

当 $r = 6\%$ 时，

$$A_0 = \frac{600}{r}(1 - e^{-15\times 0.06}) \approx 5\,934.3\text{（万美元）}.$$

此时购买客机比租用客机合算．

习 题 3.7

1．求由下列各曲线所围成的图形的面积：

（1）$y = x^3$，$y = \sqrt{x}$；（2）$y = \frac{1}{x}$，$y = 2x$，$x = 4$；

（3）$y^2 = 2 - x$，$y = x$；（4）$y = \sin x$，$y = \cos x$，$x = 0$，$x = \frac{\pi}{2}$；

（5）$y^2 = x$，$x + y - 2 = 0$．

2．已知某产品的月销售率为 $f(t) = 2t + 5$，求该产品上半年和下半年的总销售量各是多少？

3．生产某产品，其边际收益函数 $R'(Q) = 200 - \frac{Q}{50}$，

（1）求总收益函数；

（2）求生产 200 个单位时的总收益；

（3）若已经生产了 200 个单位，求再生产 200 个单位时的总收益．

4．生产某产品的固定成本为 6，而边际成本和边际收益函数分别为 $MC = 3Q^2 - 18Q + 36$，$MR = 33 - 8Q$，试求：

（1）利润 L 与产量 Q 函数关系；

（2）产量为多少时能获得最大利润？并求最大利润．

5．连续收益流量每年 5 000 元，设年利率为 8%，按连续复利计算，求 10 年末的总值为多少？总值的现值为多少？

6．年利率为 9%，按连续复利计算，抵押借债 35 000 元，为期 25 年，以均匀流的方式支付，问每月应还债多少才能付清？

本章内容精要

一、定积分的概念和性质

1．概念

（1）定积分的定义

概括起来就是积的和的极限，即 $\int_a^b f(x)\mathrm{d}x = \lim\limits_{\Delta x \to 0} \sum\limits_{i=1}^{n} f(\zeta_i)\Delta x_i$ 是一个数值.并且这个数值只与被积函数 $f(x)$ 和积分区间 $[a,b]$ 有关，而与 $[a,b]$ 的分法、ζ_i 的取法及积分变量的字母表示无关.

（2）定积分的几何意义

定积分可用曲边梯形面积的代数和表示.

2．性质

（1）$\int_a^b kf(x)\,\mathrm{d}x = k\int_a^b f(x)\,\mathrm{d}x$；

（2）$\int_a^b [f(x) \pm g(x)]\mathrm{d}x = \int_a^b f(x)\,\mathrm{d}x \pm \int_a^b g(x)\mathrm{d}x$；

（3）$\int_a^b f(x)\,\mathrm{d}x = \int_a^c f(x)\,\mathrm{d}x + \int_c^b f(x)\,\mathrm{d}x$；

（4）若 $f(x) \leqslant g(x)$，则 $\int_a^b f(x)\,\mathrm{d}x \leqslant \int_a^b g(x)\mathrm{d}x$；

（5）$m(b-a) \leqslant \int_a^b f(x)\mathrm{d}x \leqslant M(b-a)$，其中 M，m 分别是 $f(x)$ 在 $[a,b]$ 上的最大、小值;

（6）$\int_a^b f(x)\mathrm{d}x = f(\zeta)(b-a)$，$\zeta \in [a,b]$.

二、不定积分的概念和基本积分公式

1．概念

（1）原函数：若 $F(x)$ 为 $f(x)$ 的一个**原函数**，则 $F'(x) = f(x)$，或 $\mathrm{d}F(x) = f(x)\mathrm{d}x$.

（2）不定积分：若 $F'(x) = f(x)$，则 $\int f(x)\mathrm{d}x = F(x) + c$.

2．性质

（1）$[\int f(x)\mathrm{d}x]' = f(x)$ 或 $\mathrm{d}[\int f(x)\mathrm{d}x] = f(x)\mathrm{d}x$；

（2）$\int F'(x)\,\mathrm{d}x = F(x) + c$ 或 $\int \mathrm{d}F(x) = F(x) + c$；

（3）$\int [f(x) \pm g(x)]\mathrm{d}x = \int f(x)\mathrm{d}x \pm \int g(x)\mathrm{d}x$；

（4）$\int kf(x)\mathrm{d}x = k\int f(x)\mathrm{d}x$.

3．积分基本公式

要求熟记，并能正确使用.

三、定积分与不定积分的关系

1．变上限定积分的求导

（1）$F'(x) = (\int_a^x f(t)\mathrm{d}t)' = f(x)$；

（2）$\frac{\mathrm{d}}{\mathrm{d}x}\left(\int_a^{\varphi(x)} f(t)\mathrm{d}t\right) = f(\varphi(x))\varphi'(x)$.

2．微积分的基本公式（牛顿–莱布尼茨公式）

$$\int_a^b f(x)\mathrm{d}x = F(b) - F(a) \overset{\text{记作}}{=\!=} F(x)\Big|_a^b$$

四、换元积分法

1．第一类换元积分法，主要是用微分式子凑积分.

2．第二类换元积分法，主要是用于被积函数含根号的积分.

（1）幂代换

被积函数含有形如 $\sqrt[n]{ax+b}$（n 为正整数）的根式，由 $\sqrt[n]{ax+b}=t$ 设 $x=\frac{t^n-b}{a}$；

（2）三角代换

① 被积函数含有形如 $\sqrt{a^2-x^2}$ （$a>0$）的根式，设 $x=a\sin t$；

② 被积函数含有形如 $\sqrt{x^2+a^2}$ （$a>0$）的根式，设 $x=a\tan t$；

③ 被积函数含有形如 $\sqrt{x^2-a^2}$ （$a>0$）的根式，设 $x=a\sec t$.

3．若 $f(x)$ 奇函数时，$\int_{-a}^{a} f(x)\mathrm{d}x = 0$；若 $f(x)$ 为偶函数时，$\int_{-a}^{a} f(x)\mathrm{d}x = 2\int_0^a f(x)\mathrm{d}x$.

五、分部积分公式

1．不定积分的分部积分法公式：$\int u\mathrm{d}v = uv - \int v\mathrm{d}u$.

2．定积分的分部积分法公式：$\int_a^b u\mathrm{d}v = (uv)\Big|_a^b - \int_a^b v\mathrm{d}u$.

六、无限区间的广义积分

计算广义积分时，也可以用牛顿–莱布尼茨公式的记法：如

$$\int_a^{+\infty} f(x)\mathrm{d}x = F(x)\Big|_a^{+\infty} = F(+\infty) - F(a);$$

另外两个同上.

七、定积分的应用

1．微元法

（1）取微段，写出微元：任取一个小区间 $[x, x+\mathrm{d}x]$，整体量 S 的微元素：$\mathrm{d}S = f(x)\mathrm{d}x$.

（2）定限求积分，即用定积分表示所求整体量：$S = \int_a^b f(x)\mathrm{d}x$.

2．求平面图形的面积的解题步骤

（1）画草图；

（2）由图选取积分变量，求出积分区间；

（3）写出面积公式：

① 选 x 为积分变量，确定 x 的范围 $[a,b]$，$s = \int_a^b (y_{\text{上}} - y_{\text{下}})\mathrm{d}x$；

② 选 y 为积分变量，确定 y 的范围 $[c,d]$，$s = \int_c^d (x_{\text{右}} - x_{\text{左}})\mathrm{d}y$。

3．定积分的经济应用

（1）已知边际函数求总函数

① 总收益函数为 $R(Q) = \int R'(Q)\mathrm{d}Q$.

② 总成本函数为 $C(Q)=\int C'(Q)\mathrm{d}Q$.

③ 产量由 a 个单位改变到 b 个单位时，

总收益的改变量为 $\int_a^b R'(Q)\mathrm{d}(Q)$;

总成本的改变量为 $\int_a^b C'(Q)\mathrm{d}(Q)$.

（2）现金流量的现值和将来值

若现金流量是时间 t 的连续函数 $R(t)$:

① 当年贴现率为 r 时，按连续复利计算，那么，到 n 年末现金流量的总值的现值就是

$$A_0=\int_0^n R(t)\mathrm{e}^{-rt}\mathrm{d}t .$$

特别地，当现金流量是均匀流时，则到 n 年末现金流量的总值的现值就是

$$A_0=a\int_0^n \mathrm{e}^{-rt}\mathrm{d}t=\frac{a}{r}(1-\mathrm{e}^{-rn}) .$$

② 当年贴现率为 r 时，按连续复利计算，到 n 年末现金流量的总值(将来值)就是

$$A_n=A_0\mathrm{e}^{rn} .$$

自 测 题 三

一、填空题

1. $\dfrac{\mathrm{d}}{\mathrm{d}x}(\int_0^1 x\mathrm{e}^{2x}\mathrm{d}x)=$__________ ;

2. 设 $f(x)=\begin{cases}x, & 0\leqslant x\leqslant 1\\ x^2+1, & 1<x\leqslant 2\end{cases}$，则 $\int_0^2 f(x)\mathrm{d}x=$__________;

3. 设 $f(x)$ 是函数 $\sin x$ 的一个原函数，则 $\int f(x)\mathrm{d}x=$__________;

4. $\int(\tan x+\cot x)^2\mathrm{d}x=$____________________;

5. 设 e^{-x} 是 $f(x)$ 的一个原函数，则 $\int xf(x)\mathrm{d}x=$______________;

6. $\int_{-1}^1(1-\sin^3 x)\dfrac{1}{1+x^2}\mathrm{d}x=$__________;

7. $\int_1^e \dfrac{1}{x}\cos\ln x\mathrm{d}x=$____________;

8. $\int_{-\infty}^0 \mathrm{e}^{2x}\mathrm{d}x=$__________;

9. 已知某产品产量 $p(t)$ 的变化率为 $f(t)=2t+3$，其中 t 表示时间，又知 $p(0)=0$，则 $p(t)=$______________;

10. $\int\dfrac{f'(x)\mathrm{d}x}{\sqrt{f(x)}}=$______________.

二、选择题

1. 设函数 $f(x)$ 的一个原函数为 $\ln x$，则 $f'(x)=$（　　）.

（A）$\frac{1}{x}$　　（B）$-\frac{1}{x^2}$　　（C）$x\ln x$　　（D）e^x

2．$\int(3e)^x dx =$（　　）．

（A）$(3e)^x + c$　　（B）$3e^x + c$　　（C）$\frac{1}{3}(3e)^x + c$　　（D）$\frac{(3e)^x}{\ln 3+1} + c$

3．设函数 $f(x)$ 在闭区间 $[a,b]$ 上连续，则由曲线 $y=f(x)$，直线 $x=a$，$x=b$ 及 x 轴所围成的平面图形的面积等于（　　）．

（A）$\int_a^b f(x)dx$　　（B）$-\int_a^b f(x)dx$　　（C）$\left|\int_a^b f(x)dx\right|$　　（D）$\int_a^b |f(x)|dx$

4．$\int\left(\frac{1}{\cos^2 x}-1\right)d\cos x =$（　　）．

（A）$\tan x - x + c$　　（B）$\tan x - \cos x + c$

（C）$-\frac{1}{\cos x} - x + c$　　（D）$-\frac{1}{\cos x} - \cos x + c$

5．$\int e^{\sin x}\sin x\cos x dx =$（　　）．

（A）$e^{\sin x} + c$　　（B）$e^{\sin x}\sin x + c$

（C）$e^{\sin x}\cos x + c$　　（D）$e^{\sin x}(\sin x - 1) + c$

6．如果 $\int_0^x f(t)dt = x\sin x$，则 $f(x) =$（　　）．

（A）$\sin x + x\cos x$　　（B）$\sin x - x\cos x$

（C）$-\sin x + x\cos x$　　（D）$-\sin x - x\cos x$

7．$\int_{e^2}^{e^5}\frac{1}{x\sqrt{\ln x - 1}}dx =$（　　）．

（A）2　　（B）1　　（C）$2(e^{\frac{5}{2}} - e)$　　（D）$\frac{14}{3}$

*8．如图 3.21 所示，阴影部分绕 x 轴旋转，那么用定积分表示这个旋转体的体积公式是（　　）．

（A）$V=\pi\int_0^2 y^2 dx = \pi\int_0^2 x^4 dx$　　（B）$V=\pi\int_0^4 x^2 dy = \pi\int_0^4 y dy$

（C）$V=\pi\int_0^2 (4^2 - x^4)dx$　　（D）$V=\pi\int_0^4 (2^2 - y)dy$

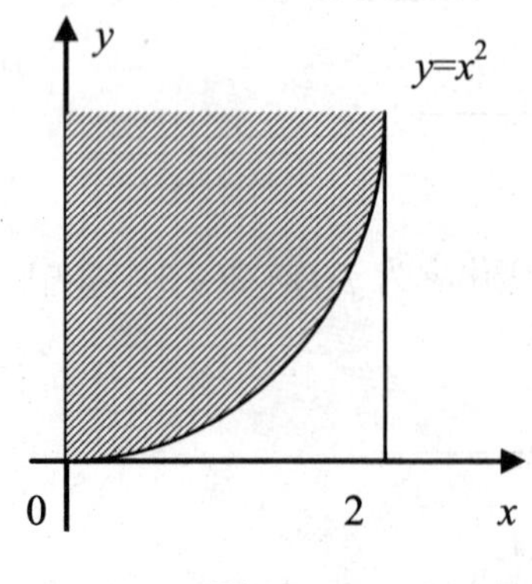

图　3.21

三、计算题

1．计算以下积分

（1）$\int\frac{4x^2-1}{1+x^2}\mathrm{d}x$；　　（2）$\int_1^{\mathrm{e}}\frac{\mathrm{d}x}{x(1+\ln x)}$；　　（3）$\int_0^{\frac{\pi}{2}}x^2\sin x\mathrm{d}x$．

2．求极限 $\lim\limits_{x\to 0}\frac{1}{x^2}\int_0^x\sin 2t\mathrm{d}t$．

3．求由曲线 $y=x^2-2x+2$，$y=x+6$ 所围成的平面图形的面积．

4．设生产某产品的固定成本为 1 万元，边际收益和边际成本分别为（单位：万元/百台）

$$R'(Q)=8-Q,\quad C'(Q)=4+\frac{Q}{4}$$

（1）求产量由 1 百台增加到 5 百台时，总收益增加多少？

（2）求产量由 1 百台增加到 5 百台时，总成本增加多少？

（3）求产量为多少时，总利润最大？

（4）求总利润最大时的总收益、总成本和总利润．

第4章 线性代数

教学目标

理解行列式和矩阵的概念，掌握行列式和矩阵的运算方法以及矩阵的初等变换，会使用克莱姆法则、矩阵的初等变换求解线性方程组，会利用矩阵的初等变换求逆矩阵、矩阵的秩，掌握线性方程组解的判定及矩阵、线性方程组在经济生活中的应用.

线性代数属于近代数学，“线性”一词源于平面解析几何中一次方程是直线方程，在这里意指数学变量之间的关系是以一次形式来表达的. 线性代数起源于处理线性关系问题，它是代数学的一个分支，虽形成于20世纪，但历史却非常久远，部分内容在东汉初年成书的《九章算术》里已有雏形论述. 在18—19世纪期间，随着研究线性方程组和变量线性变换问题的深入，先后产生了行列式和矩阵的概念，为处理线性问题提供了强有力的理论工具，并推动了线性代数的发展.

线性代数是讨论有限维空间的线性理论的课程，由于线性问题广泛存在于自然科学和技术科学的各个领域，且某些非线性问题在一定条件下也可转化为线性问题来处理，因此线性代数知识应用广泛.

4.1 二、三阶行列式

4.1.1 二阶行列式

在中学，我们学过解二元一次方程组

$$\begin{cases} a_{11}x + a_{12}y = b_1 \\ a_{21}x + a_{22}y = b_2 \end{cases}.$$

如果有解（$a_{11}a_{22} - a_{12}a_{21} \neq 0$），它的解是$\begin{cases} x = \dfrac{b_1 a_{22} - a_{12}b_2}{a_{11}a_{22} - a_{12}a_{21}} \\ y = \dfrac{a_{11}b_2 - a_{21}b_1}{a_{11}a_{22} - a_{12}a_{21}} \end{cases}$.

为了便于记忆，我们把上述解中的代数和$a_{11}a_{22} - a_{12}a_{21}$用记号$\begin{vmatrix} a_{11} & a_{12} \\ a_{21} & a_{22} \end{vmatrix}$来表示，即

$$D = \begin{vmatrix} a_{11} & a_{12} \\ a_{21} & a_{22} \end{vmatrix} = a_{11}a_{22} - a_{12}a_{21}.$$

类似地，也可将解中的另外两个代数和用这种记号表示出来，即

$$D_x=\begin{vmatrix} b_1 & a_{12} \\ b_2 & a_{22} \end{vmatrix}=b_1a_{22}-a_{12}b_2\text{，}\quad D_y=\begin{vmatrix} a_{11} & b_1 \\ a_{21} & b_2 \end{vmatrix}=a_{11}b_2-a_{21}b_1 .$$

于是，当 $D=\begin{vmatrix} a_{11} & a_{12} \\ a_{21} & a_{22} \end{vmatrix}\neq 0$，原方程组的解就可表示为

$$x=\frac{D_x}{D}\text{，}\quad y=\frac{D_y}{D} .$$

定义 4.1.1　形如记号 $\begin{vmatrix} a_{11} & a_{12} \\ a_{21} & a_{22} \end{vmatrix}$ 称为一个二阶行列式，它是由两行两列 4 个数排成的，横排称为行，竖排称为列，方块中的每个数均称为行列式的元素．$a_{11}a_{22}-a_{12}a_{21}$ 称为二阶行列式的展开式．于是得到

$$\begin{vmatrix} a_{11} & a_{12} \\ a_{21} & a_{22} \end{vmatrix}=a_{11}a_{22}-a_{12}a_{21} \tag{4.1}$$

【例题 4.1】　解方程组 $\begin{cases} 2x+3y-7=0 \\ 5x-4y-6=0 \end{cases}$.

解：原方程组即为 $\begin{cases} 2x+3y=7 \\ 5x-4y=6 \end{cases}$，因为 $D=\begin{vmatrix} 2 & 3 \\ 5 & -4 \end{vmatrix}=-23$，$D_x=\begin{vmatrix} 7 & 3 \\ 6 & -4 \end{vmatrix}=-46$，$D_y=\begin{vmatrix} 2 & 7 \\ 5 & 6 \end{vmatrix}=-23$，

所以 $x=\dfrac{D_x}{D}=\dfrac{-46}{-23}=2$，$y=\dfrac{D_y}{D}=\dfrac{-23}{-23}=1$．

4.1.2　三阶行列式

同样，在解三元一次方程组 $\begin{cases} a_{11}x+a_{12}y+a_{13}z=b_1 \\ a_{21}x+a_{22}y+a_{23}z=b_2 \\ a_{31}x+a_{32}y+a_{33}z=b_3 \end{cases}$ 时，要用到“三阶行列式”，这里可采用如下的定义．

定义 4.1.2　将 9 个数 a_{11}，a_{12}，a_{13}，a_{21}，a_{22}，a_{23}，a_{31}，a_{32}，a_{33} 排成的一个三行三列的方块，两边再各加上一条竖线所构成的记号

$$\begin{vmatrix} a_{11} & a_{12} & a_{13} \\ a_{21} & a_{22} & a_{23} \\ a_{31} & a_{32} & a_{33} \end{vmatrix}$$

称为一个三阶行列式，它的展开式是 6 项乘积的代数和

$$a_{11}a_{22}a_{33}+a_{12}a_{23}a_{31}+a_{13}a_{21}a_{32}-a_{13}a_{22}a_{31}-a_{11}a_{23}a_{32}-a_{12}a_{21}a_{33}\text{，}$$

为了便于记忆，我们用对角线法则表示，即

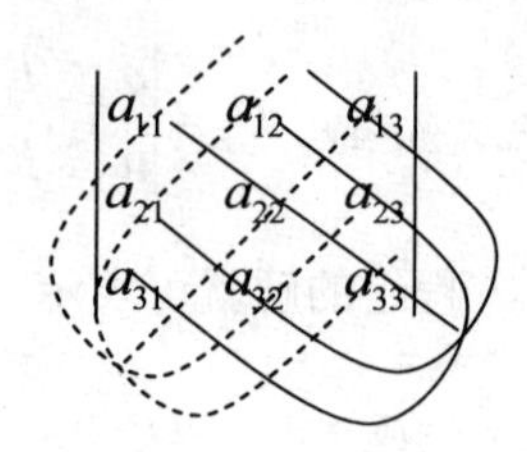

$$=a_{11}a_{22}a_{33}+a_{12}a_{23}a_{31}+a_{13}a_{21}a_{32}-a_{13}a_{22}a_{31}-a_{11}a_{23}a_{32}-a_{12}a_{21}a_{33}. \tag{4.2}$$

当 $D=\begin{vmatrix}a_{11} & a_{12} & a_{13}\\ a_{21} & a_{22} & a_{23}\\ a_{31} & a_{32} & a_{33}\end{vmatrix}\neq 0$ 时，三元一次方程组的解，可用三阶行列式表示

$$x=\frac{D_x}{D},\quad y=\frac{D_y}{D},\quad z=\frac{D_z}{D} \tag{4.3}$$

其中 D_x，D_y 和 D_z 是系数行列式 D 中 x，y 和 z 的系数依次分别换成方程组右端的常数项而成的行列式.

即 $D_x=\begin{vmatrix}b_1 & a_{12} & a_{13}\\ b_2 & a_{22} & a_{23}\\ b_3 & a_{32} & a_{33}\end{vmatrix}$，$D_y=\begin{vmatrix}a_{11} & b_1 & a_{13}\\ a_{21} & b_2 & a_{23}\\ a_{31} & b_3 & a_{33}\end{vmatrix}$，$D_z=\begin{vmatrix}a_{11} & a_{12} & b_1\\ a_{21} & a_{22} & b_2\\ a_{31} & a_{32} & b_3\end{vmatrix}$

【例题 4.2】 计算行列式 $\begin{vmatrix}2 & 3 & 4\\ 0 & 5 & 6\\ 0 & 0 & 1\end{vmatrix}$ 的值.

解： $\begin{vmatrix}2 & 3 & 4\\ 0 & 5 & 6\\ 0 & 0 & 1\end{vmatrix}=2\times5\times1+3\times6\times0+0\times0\times4-4\times5\times0-3\times0\times1-6\times0\times2=10$

【例题 4.3】 用行列式解方程组 $\begin{cases}2x+3y+5z=2\\ x+2y+5z=5\\ x+3y+5z=4\end{cases}$.

解： $D=\begin{vmatrix}2 & 3 & 5\\ 1 & 2 & 5\\ 1 & 3 & 5\end{vmatrix}=-5\neq 0$　　$D_x=\begin{vmatrix}2 & 3 & 5\\ 5 & 2 & 5\\ 4 & 3 & 5\end{vmatrix}=10$

$D_y=\begin{vmatrix}2 & 2 & 5\\ 1 & 5 & 5\\ 1 & 4 & 5\end{vmatrix}=5$　　$D_z=\begin{vmatrix}2 & 3 & 2\\ 1 & 2 & 5\\ 1 & 3 & 4\end{vmatrix}=-9$.

$$x=\frac{D_x}{D}=-2,\quad y=\frac{D_y}{D}=-1,\quad z=\frac{D_z}{D}=\frac{9}{5}.$$

【例题 4.4】 R，S，T 三公司有以下股份关系：R 公司拥有 T 公司 60%股份，T 公司拥有 R 公司 20%股份，R 公司拥有 S 公司 80%股份， S 公司拥有 T 公司 20%股份，T 公司拥有 S 公司 10%股份，R，S，T 各自营业净收入分别是 10 万元、8 万元、6 万元，求各公司联合收入及实际收入.

解： 　　联合收入=本公司营业净收入+其在其他公司股份比例的提成收入

实际收入=联合收入－其他公司股份提成

设 R，S，T 联合收入分别为 x， y， z，则三公司实际收入分别为 $0.8x$，$0.1y$，$0.2z$，则有

$$\begin{cases} x = 10 + 0.8y + 0.6z \\ y = 8 + 0.2z \\ z = 6 + 0.2x + 0.1y \end{cases}$$

化简为

$$\begin{cases} x - 0.8y - 0.6z = 10 \\ y - 0.2z = 8 \\ -0.2x - 0.1y + z = 6 \end{cases}.$$

已知这个方程组的系数行列式为：

$$D = \begin{vmatrix} 1 & -0.8 & -0.6 \\ 0 & 1 & -0.2 \\ -0.2 & -0.1 & 1 \end{vmatrix} = 0.828 \qquad D_x = \begin{vmatrix} 10 & -0.8 & -0.6 \\ 8 & 1 & -0.2 \\ 6 & -0.1 & 1 \end{vmatrix} = 21.24$$

$$D_y = \begin{vmatrix} 1 & 10 & -0.6 \\ 0 & 8 & -0.2 \\ -0.2 & 6 & 1 \end{vmatrix} = 8.64 \qquad D_z = \begin{vmatrix} 1 & -0.8 & 10 \\ 0 & 1 & 8 \\ -0.2 & -0.1 & 6 \end{vmatrix} = 10.08$$

解方程组，得 $\begin{cases} x = \dfrac{D_x}{D} = 25.65 \\ y = \dfrac{D_y}{D} = 10.43 \\ z = \dfrac{D_z}{D} = 12.17 \end{cases}.$

则 R，S，T 三公司的联合收入分别为 25.65 万元、10.43 万元、12.17 万元，R，S，T 三公司的实际收入分别为 20.52 万元，1.043 万元，2.434 万元.

习 题 4.1

一、计算下列行列式的值:

1. $\begin{vmatrix} 2 & 3 \\ 5 & -4 \end{vmatrix}$；　2. $\begin{vmatrix} 4a-5b & 2b \\ -6a & -3b \end{vmatrix}$；　3. $\begin{vmatrix} 10 & 8 & 2 \\ 15 & 12 & 3 \\ 20 & 32 & 12 \end{vmatrix}$；　4. $\begin{vmatrix} 1 & -2 & -1 \\ 2 & 0 & 0 \\ 3 & 1 & 1 \end{vmatrix}$.

二、用行列式解下列方程组:

1. $\begin{cases} 3x - y = 3 \\ x + 2y = 8 \end{cases}$；　2. $\begin{cases} 2x - y - 10 = 0 \\ x + 3y - 5 = 0 \end{cases}$；　3. $\begin{cases} x + 2y + z = 0 \\ 2x - y + z = 1 \\ x - y + 2z = 3 \end{cases}$；　4. $\begin{cases} x + y + z = 1 \\ 2x - y - z = 1 \\ x - y + z = 2 \end{cases}$.

4.2 n 阶行列式

4.2.1 n 阶行列式的概念

从二阶、三阶行列式的定义来看，其中蕴涵了一种规律，在三阶行列式的展开式中，

$$\begin{vmatrix} a_{11} & a_{12} & a_{13} \\ a_{21} & a_{22} & a_{23} \\ a_{31} & a_{32} & a_{33} \end{vmatrix} = a_{11}(a_{22}a_{33}-a_{23}a_{32}) - a_{12}(a_{21}a_{33}-a_{23}a_{31}) + a_{13}(a_{21}a_{32}-a_{22}a_{31})$$

$$= a_{11}\begin{vmatrix} a_{22} & a_{23} \\ a_{32} & a_{33} \end{vmatrix} - a_{12}\begin{vmatrix} a_{21} & a_{23} \\ a_{31} & a_{33} \end{vmatrix} + a_{13}\begin{vmatrix} a_{21} & a_{22} \\ a_{31} & a_{32} \end{vmatrix}$$

$$= a_{11}M_{11} - a_{12}M_{12} + a_{13}M_{13}$$

$$= a_{11}A_{11} + a_{12}A_{12} + a_{13}A_{13}.$$

我们同样定义更高的行列式．这种规律可由归纳法表现出来．

定义 4.2.1 由 n^2 个数排成 n 行 n 列的正方形数表，按照以下规律，可以得到一个数：

$$D = \begin{vmatrix} a_{11} & a_{12} & \cdots & a_{1n} \\ a_{21} & a_{22} & \cdots & a_{2n} \\ \vdots & \vdots & & \vdots \\ a_{n1} & a_{n2} & \cdots & a_{nn} \end{vmatrix} = a_{11}A_{11} + a_{12}A_{12} + \cdots + a_{1n}A_{1n} = \sum_{k=1}^{n} a_{1k}A_{1k} \tag{4.4}$$

称为 n 阶行列式，其中 $A_{ij} = (-1)^{i+j}M_{ij}$，$M_{ij}$ 表示在 D 中划去第 i 行第 j 列（i，$j=1$，2，…，n）后所剩下的元素按原来的位置组成的 $n-1$ 阶行列式．

M_{ij} 称为元素 a_{ij} 的**余子式**，A_{ij} 称为元素 a_{ij} 的**代数余子式**．

注：为了方便，定义一阶行列式 $|a_{11}| = a_{11}$．

【例题 4.5】 证明对角行列式（其对角线上的元素是 λ_i，未写出的元素都为 0）．

$$\begin{vmatrix} \lambda_1 & & & \\ & \lambda_2 & & \\ & & \ddots & \\ & & & \lambda_n \end{vmatrix} = \lambda_1\lambda_2\cdots\lambda_n.$$

解：按定义式

$$\begin{vmatrix} \lambda_1 & & & \\ & \lambda_2 & & \\ & & \ddots & \\ & & & \lambda_n \end{vmatrix} = \lambda_1\begin{vmatrix} \lambda_2 & & & \\ & \lambda_3 & & \\ & & \ddots & \\ & & & \lambda_n \end{vmatrix} = \lambda_1\lambda_2\begin{vmatrix} \lambda_3 & & \\ & \ddots & \\ & & \lambda_n \end{vmatrix} = \cdots = \lambda_1\lambda_2\cdots\lambda_n.$$

【例题 4.6】 证明行列式．

$$D = \begin{vmatrix} a_{11} & & & 0 \\ a_{21} & a_{22} & & \\ \vdots & \vdots & \ddots & \\ a_{n1} & a_{n2} & \cdots & a_{nn} \end{vmatrix} = a_{11}a_{22}\cdots a_{nn}.$$

这个行列式称为**下三角行列式**，其特点是在元素 a_{11} 到 a_{nn} 所成的对角线（称为行列式

的主对角线）以上的元素全为零.

证明：由定义得

$$D=a_{11}\begin{vmatrix}a_{22} & & & 0\\ a_{32} & a_{33} & & \\ \vdots & \vdots & \ddots & \\ a_{n2} & a_{n3} & \cdots & a_{nn}\end{vmatrix}=a_{11}a_{22}\begin{vmatrix}a_{33} & & & 0\\ a_{43} & & & \\ \vdots & & \ddots & \\ a_{n3} & a_{n4} & \cdots & a_{nn}\end{vmatrix}=\cdots=a_{11}a_{22}\cdots a_{nn}.$$

以上 n 阶行列式的定义式，是利用行列式的第一行元素来定义行列式的，这个式子通常称为行列式按第一行元素的展开式.

4.2.2　n 阶行列式的性质

从行列式的定义出发直接计算行列式是比较麻烦的，为了简化行列式的计算，下面我们给出行列式的一些基本性质.

将行列式 D 的对应行、列互换后，得到新的行列式 D^T，D^T 称为 D 的**转置行列式**. 即

如果 $D=\begin{vmatrix}a_{11} & a_{12} & \cdots & a_{1n}\\ a_{21} & a_{22} & \cdots & a_{2n}\\ \vdots & \vdots & \vdots & \vdots\\ a_{n1} & a_{n2} & \cdots & a_{nn}\end{vmatrix}$，则 $D^T=\begin{vmatrix}a_{11} & a_{21} & \cdots & a_{n1}\\ a_{12} & a_{22} & \cdots & a_{n2}\\ \vdots & \vdots & \vdots & \vdots\\ a_{1n} & a_{2n} & \cdots & a_{nn}\end{vmatrix}$.

性质 1　行列式与它的转置行列式相等，即 $D=D^T$.

说明：性质 1 说明行列式中行与列的地位是平等的，对行列式中行成立的性质，对列也同样成立，反过来也是对的，正因为如此，下面对行列式的讨论大多对行来进行.

【例题 4.7】　计算 n 阶行列式 $\begin{vmatrix}a_{11} & a_{12} & a_{13} & \cdots & a_{1n}\\ 0 & a_{22} & a_{23} & \cdots & a_{2n}\\ 0 & 0 & a_{33} & \cdots & a_{3n}\\ \vdots & \vdots & \vdots & & \vdots\\ 0 & 0 & 0 & \cdots & a_{nn}\end{vmatrix}$.

这个行列式称为**上三角行列式**，其特点是在元素 a_{11} 到 a_{nn} 所成的对角线以下的元素全为零.

解：$\begin{vmatrix}a_{11} & a_{12} & a_{13} & \cdots & a_{1n}\\ 0 & a_{22} & a_{23} & \cdots & a_{2n}\\ 0 & 0 & a_{33} & \cdots & a_{3n}\\ \vdots & \vdots & \vdots & & \vdots\\ 0 & 0 & 0 & \cdots & a_{nn}\end{vmatrix}=\begin{vmatrix}a_{11} & 0 & 0 & \cdots & 0\\ a_{12} & a_{22} & 0 & \cdots & 0\\ a_{13} & a_{23} & a_{33} & \cdots & 0\\ \vdots & \vdots & \vdots & & \vdots\\ a_{1n} & a_{2n} & a_{3n} & \cdots & a_{nn}\end{vmatrix}=a_{11}a_{22}\cdots a_{nn}$.

性质 2　互换行列式的两行（或两列），行列式变号.

例如，交换三阶行列式的第一行与第三行，由性质 2 有

$$\begin{vmatrix}a_{11} & a_{12} & a_{13}\\ a_{21} & a_{22} & a_{23}\\ a_{31} & a_{32} & a_{33}\end{vmatrix}=-\begin{vmatrix}a_{31} & a_{32} & a_{33}\\ a_{21} & a_{22} & a_{23}\\ a_{11} & a_{12} & a_{13}\end{vmatrix}.$$

推论　如果行列式有两行（或两列）的对应元素相同，则这个行列式等于零.

例如，$\begin{vmatrix} 3 & 12 & 15 & 5 \\ 1 & 3 & 7 & 8 \\ 6 & 16 & 23 & 31 \\ 3 & 12 & 15 & 5 \end{vmatrix}=0$；$\begin{vmatrix} 7 & 5 & 7 \\ 8 & 61 & 8 \\ 21 & 76 & 21 \end{vmatrix}=0$

性质3　n阶行列式等于它的任一行（或任一列）的每个元素与其对应的代数余子式的乘积之和．即

$$D=\begin{vmatrix} a_{11} & a_{12} & \cdots & a_{1n} \\ a_{21} & a_{22} & \cdots & a_{2n} \\ \vdots & & & \vdots \\ a_{n1} & a_{n2} & \cdots & a_{nn} \end{vmatrix}=a_{i1}A_{i1}+a_{i2}A_{i2}+\cdots+a_{in}A_{in}=\sum_{k=1}^{n}a_{ik}A_{ik}\ (i=1,\ 2,\ \cdots,\ n) \tag{4.5}$$

$$D=\begin{vmatrix} a_{11} & a_{12} & \cdots & a_{1n} \\ a_{21} & a_{22} & \cdots & a_{2n} \\ \vdots & & & \vdots \\ a_{n1} & a_{n2} & \cdots & a_{nn} \end{vmatrix}=a_{1j}A_{1j}+a_{2j}A_{2j}+\cdots+a_{nj}A_{nj}=\sum_{k=1}^{n}a_{kj}A_{kj}\ (j=1,\ 2,\ \cdots,\ n) \tag{4.6}$$

性质3说明了行列式可按任一行（或列）展开．在具体计算时，只要行列式的某一行（列）的零元素多，我们就按该行（列）来展开，行列式的计算就简单．

【例题4.8】 计算行列式$D=\begin{vmatrix} 2 & -3 & 1 & 0 \\ 4 & -1 & 6 & 2 \\ 0 & 4 & 0 & 1 \\ 0 & 1 & -1 & 0 \end{vmatrix}$．

解：按第一列展开，得

$$D=2\times(-1)^{1+1}\begin{vmatrix} -1 & 6 & 2 \\ 4 & 0 & 1 \\ 1 & -1 & 0 \end{vmatrix}+4\times(-1)^{2+1}\begin{vmatrix} -3 & 1 & 0 \\ 4 & 0 & 1 \\ 1 & -1 & 0 \end{vmatrix}=2\times(-3)-4\times(-2)=2\,.$$

【例题4.9】 计算行列式$D=\begin{vmatrix} -1 & 0 & 3 & 4 & 7 \\ 3 & 0 & 1 & -2 & 0 \\ 5 & 2 & 7 & 8 & 10 \\ 4 & 0 & -1 & -6 & 0 \\ 0 & 0 & 6 & 0 & 0 \end{vmatrix}$．

解：注意到第2列有4个零元素，可利用性质3按第2列展开

$$D=2(-1)^{3+2}\begin{vmatrix} -1 & 3 & 4 & 7 \\ 3 & 1 & -2 & 0 \\ 4 & -1 & -6 & 0 \\ 0 & 6 & 0 & 0 \end{vmatrix}\text{（按第4行展开）}$$

$$=(-2)6(-1)^{4+2}\begin{vmatrix}-1 & 4 & 7\\ 3 & -2 & 0\\ 4 & -6 & 0\end{vmatrix}（按第 3 列展开）=(-12)7(-1)^{1+3}\begin{vmatrix}3 & -2\\ 4 & -6\end{vmatrix}=840.$$

性质 4　n 阶行列式中任意一行（列）的元素与另一行（列）的相应元素的代数余子式的乘积之和等于零．即

$$a_{i1}A_{s1}+a_{i2}A_{s2}+\cdots+a_{in}A_{sn}=0(i\neq s).$$
$$a_{1j}A_{1t}+a_{2j}A_{2t}+\cdots+a_{nj}A_{nt}=0(j\neq t).$$

性质 5　行列式的某一行（或列）的所有元素都乘以一个数 k，等于 k 乘以这个行列式，即

$$\begin{vmatrix}a_{11} & a_{12} & \cdots & a_{1n}\\ \vdots & \vdots & & \vdots\\ ka_{i1} & ka_{i2} & \cdots & ka_{in}\\ \vdots & \vdots & & \vdots\\ a_{n1} & a_{n2} & \cdots & a_{nn}\end{vmatrix}=k\begin{vmatrix}a_{11} & a_{12} & \cdots & a_{1n}\\ \vdots & \vdots & & \vdots\\ a_{i1} & a_{i2} & \cdots & a_{in}\\ \vdots & \vdots & & \vdots\\ a_{n1} & a_{n2} & \cdots & a_{nn}\end{vmatrix}.$$

这个性质也可叙述为：行列式中某一行（或列）元素的公因子可以提到行列式符号的外边．由此性质，容易得到如下推论：

推论 1　如果行列式的某一行（或列）的元素全为零，则行列式等于零．

推论 2　如果行列式有两行（或列）的元素对应成比例，则行列式等于零．

性质 6　如果行列式的某一行（或列）的元素都可表示为两数之和，那么这个行列式等于两个行列式之和，这两个行列式除该行（或列）的元素分别为这两数之一外，其余各行（或列）的元素都与原来行列式的对应行（或列）相同，即

$$\begin{vmatrix}a_{11} & a_{12} & \cdots & a_{1n}\\ \vdots & \vdots & & \vdots\\ b_1+c_1 & b_2+c_2 & \cdots & b_n+c_n\\ \vdots & \vdots & & \vdots\\ a_{n1} & a_{n2} & \cdots & a_{nn}\end{vmatrix}=\begin{vmatrix}a_{11} & a_{12} & \cdots & a_{1n}\\ \vdots & \vdots & & \vdots\\ b_1 & b_2 & \cdots & b_n\\ \vdots & \vdots & & \vdots\\ a_{n1} & a_{n2} & \cdots & a_{nn}\end{vmatrix}+\begin{vmatrix}a_{11} & a_{12} & \cdots & a_{1n}\\ \vdots & \vdots & & \vdots\\ c_1 & c_2 & \cdots & c_n\\ \vdots & \vdots & & \vdots\\ a_{n1} & a_{n2} & \cdots & a_{nn}\end{vmatrix}.$$

性质 7　将行列式的某一行（或列）的元素都乘以同一个常数 k 后，再加到另一行（或列）的对应元素上，行列式的值不变，即

$$\begin{vmatrix}a_{11} & a_{12} & \cdots & a_{1n}\\ \vdots & \vdots & & \vdots\\ a_{i1} & a_{i2} & \cdots & a_{in}\\ \vdots & \vdots & & \vdots\\ a_{j1} & a_{j2} & \cdots & a_{jn}\\ \vdots & \vdots & & \vdots\\ a_{n1} & a_{n2} & \cdots & a_{nn}\end{vmatrix}=\begin{vmatrix}a_{11} & a_{12} & \cdots & a_{1n}\\ \vdots & \vdots & & \vdots\\ a_{i1} & a_{i2} & \cdots & a_{in}\\ \vdots & \vdots & & \vdots\\ a_{j1}+ka_{i1} & a_{j2}+ka_{i2} & \cdots & a_{jn}+ka_{in}\\ \vdots & \vdots & & \vdots\\ a_{n1} & a_{n2} & \cdots & a_{nn}\end{vmatrix}$$

利用行列式的性质，可以简化行列式的计算，特别是利用这里的性质 2 和性质 7，总可将一个 n 阶行列式化为容易计算的上三角行列式．当然在化简行列式的过程中，注意综合运用行列式的其他性质，有助于方便计算行列式．

4.2.3 n 阶行列式的计算

下面将通过例题说明如何应用以上性质计算行列式，为使计算过程清楚，我们引入一些记号．

用 r_i 表示第 i 行，c_i 表示第 i 列．

（1）交换 $i,\ j$ 两行（或两列）：$r_i \leftrightarrow r_j\left(c_i \leftrightarrow c_j\right)$；

（2）以数 k 乘以第 i 行（或列）：$kr_i\left(kc_i\right)$；

（3）以数 k 乘以第 j 行（或列）再加到第 i 行（或列）上：$r_i + kr_j\left(c_i + kc_j\right)$．

【例题 4.10】 计算行列式 $D=\begin{vmatrix} -2 & 1 & 3 & 1 \\ 1 & 0 & -1 & 2 \\ 1 & 3 & 4 & -2 \\ 0 & 1 & 0 & -1 \end{vmatrix}$．

解：注意到 D 的第 4 行有两个零元素，在按第 4 行展开之前，还可化简 D．

$$D \overset{c_4+c_2}{=} \begin{vmatrix} -2 & 1 & 3 & 2 \\ 1 & 0 & -1 & 2 \\ 1 & 3 & 4 & 1 \\ 0 & 1 & 0 & 0 \end{vmatrix} = (-1)^{4+2}\begin{vmatrix} -2 & 3 & 2 \\ 1 & -1 & 2 \\ 1 & 4 & 1 \end{vmatrix}$$

$$\underset{r_2-r_3}{\overset{r_1+2r_3}{=}} \begin{vmatrix} 0 & 11 & 4 \\ 0 & -5 & 1 \\ 1 & 4 & 1 \end{vmatrix} = (-1)^{3+1}\begin{vmatrix} 11 & 4 \\ -5 & 1 \end{vmatrix} = 31 .$$

【例题 4.11】 计算行列式 $D=\begin{vmatrix} a_1 & -a_1 & 0 & 0 \\ 0 & a_2 & -a_2 & 0 \\ 0 & 0 & a_3 & -a_3 \\ 1 & 1 & 1 & 1 \end{vmatrix}$．

解：根据 D 的元素的规律，可将第 4 列加到第 3 列，然后将第 3 列加到第 2 列，再将第 2 列加到第 1 列，目的是使 D 中的零元素增多．

$$D \overset{c_3+c_4}{=} \begin{vmatrix} a_1 & -a_1 & 0 & 0 \\ 0 & a_2 & -a_2 & 0 \\ 0 & 0 & 0 & -a_3 \\ 1 & 1 & 2 & 1 \end{vmatrix} \overset{c_2+c_3}{=} \begin{vmatrix} a_1 & -a_1 & 0 & 0 \\ 0 & 0 & -a_2 & 0 \\ 0 & 0 & 0 & -a_3 \\ 1 & 3 & 2 & 1 \end{vmatrix}$$

$$\overset{c_1+c_2}{=} \begin{vmatrix} 0 & -a_1 & 0 & 0 \\ 0 & 0 & -a_2 & 0 \\ 0 & 0 & 0 & -a_3 \\ 4 & 3 & 2 & 1 \end{vmatrix} = 4(-1)^{4+1}\begin{vmatrix} -a_1 & 0 & 0 \\ 0 & -a_2 & 0 \\ 0 & 0 & -a_3 \end{vmatrix} = 4a_1a_2a_3 .$$

习 题 4.2

一、计算下列行列式的值:

1．$D=\begin{vmatrix}1&2&3&4\\4&3&2&1\\0&1&0&-1\\3&2&4&1\end{vmatrix}$；　2．$D=\begin{vmatrix}1&-2&3\\7&-8&9\\4&-5&6\end{vmatrix}$；　3．$D=\begin{vmatrix}-ab&ac&ae\\bd&-cd&de\\bf&cf&-ef\end{vmatrix}$；

4．$D=\begin{vmatrix}a&1&0&0\\-1&b&1&0\\0&-1&c&1\\0&0&-1&d\end{vmatrix}$；　5．$D_n=\begin{vmatrix}x&a&\cdots&a\\a&x&\cdots&a\\\cdots&\cdots&\cdots&\cdots\\a&a&\cdots&x\end{vmatrix}$；　6．$D=\begin{vmatrix}3&1&1&1\\1&3&1&1\\1&1&3&1\\1&1&1&3\end{vmatrix}$.

二、证明下列各等式:

1．$\begin{vmatrix}a_1+tb_1&a_2+tb_2&a_3+tb_3\\b_1+c_1&b_2+c_2&b_3+c_3\\c_1&c_2&c_3\end{vmatrix}=\begin{vmatrix}a_1&b_1&c_1\\a_2&b_2&c_2\\a_3&b_3&c_3\end{vmatrix}$；

2．$\begin{vmatrix}0&-a&-b\\a&0&-c\\b&c&0\end{vmatrix}=0$.

4.3　矩阵的概念及运算

4.3.1　矩阵的概念

已知n元线性方程组

$$\begin{cases}a_{11}x_1+a_{12}x_2+\cdots+a_{1n}x_n=b_1\\a_{21}x_1+a_{22}x_2+\cdots+a_{2n}x_n=b_2\\\cdots\quad\cdots\quad\cdots\quad\cdots\quad\cdots\\a_{m1}x_1+a_{m2}x_2+\cdots+a_{mn}x_n=b_m\end{cases}.$$

的系数及常数项可以排成m行，$n+1$列的有序数表:

$$\begin{matrix}a_{11}&a_{12}&\cdots&a_{1n}&b_1\\a_{21}&a_{22}&\cdots&a_{2n}&b_2\\\cdots&\cdots&\cdots&\cdots&\cdots\\a_{m1}&a_{m2}&\cdots&a_{mn}&b_m\end{matrix}.$$

说明: 这个有序数表完全确定了线性方程组，对它的研究可以判断解的情况.

定义 4.3.1　由$m\times n$个数a_{ij}（$i=1, 2, \cdots, m$; $j=1, 2, \cdots n$）排成的m行n列的数表

$$\mathbf{A}=\begin{pmatrix}a_{11}&a_{12}&\cdots&a_{1n}\\a_{21}&a_{22}&\cdots&a_{2n}\\\cdots&\cdots&\cdots&\cdots\\a_{m1}&a_{m2}&\cdots&a_{mn}\end{pmatrix}=\left(a_{ij}\right)_{m\times n}=\left(a_{ij}\right) \tag{4.7}$$

称为 **m 行 n 列矩阵**，简称 $m\times n$ 矩阵 $\mathbf{A}_{m\times n}$，其中 a_{ij} 叫做矩阵 $\mathbf{A}$ **的元素**.

根据元素的特点，矩阵可分为**实矩阵**（a_{ij} 都是实数）与**复矩阵**.

下面给出一些特殊矩阵：

行矩阵 $m=1$ $\mathbf{A}=(a_1\ \ a_2\ \ \dots\ \ a_n)_{1\times n}$ 或 $\mathbf{A}=(a_1,a_2,\dots,a_n)_{1\times n}$.

列矩阵 $n=1$ $\mathbf{A}=\begin{pmatrix} a_1 \\ a_2 \\ \vdots \\ a_m \end{pmatrix}_{m\times 1}$.

零矩阵 $\mathbf{A}=(0)_{m\times n}=0$.

方阵 $m=n$，$\mathbf{A}=(a_{ij})_{n\times n}$，称为 **$n$ 阶方阵**.

单位矩阵 $\mathbf{E}_n=\begin{pmatrix} 1 & 0 & \cdots & 0 \\ 0 & 1 & \cdots & 0 \\ \cdots & \cdots & \cdots & \cdots \\ 0 & 0 & \cdots & 1 \end{pmatrix}_{n\times n}$ 称为 **n 阶单位矩阵**.

例如： 某厂向三个商店发送四种产品的数量可列成矩阵

$$\mathbf{A}=\begin{pmatrix} a_{11} & a_{12} & a_{13} & a_{14} \\ a_{21} & a_{22} & a_{23} & a_{24} \\ a_{31} & a_{32} & a_{33} & a_{34} \end{pmatrix}.$$

其中 a_{ij} 为工厂向第 i 店发送第 j 种产品的数量.

另外，这四种产品的单价及单件重量也可以写成矩阵 $\mathbf{B}=\begin{pmatrix} b_{11} & b_{12} \\ b_{21} & b_{22} \\ b_{31} & b_{32} \\ b_{41} & b_{42} \end{pmatrix}$.

其中 b_{i1} 为第 i 种产品的单价，b_{i2} 第 i 种产品的单件重量.

【例题 4.12】 北京、天津、南京、上海四个城市中，北京到天津 137 公里，北京到南京 1 250 公里，北京到上海 1 460 公里，天津到南京 1 080 公里，天津到上海 1 320 公里，南京到上海 220 公里，试写出表示这四个城市里程的矩阵.

解：可记作矩阵

$$\begin{array}{c} \begin{array}{cccc} \text{北京} & \text{天津} & \text{上海} & \text{南京} \end{array} \\ \begin{pmatrix} 0 & 137 & 1\,460 & 1\,250 \\ 137 & 0 & 1\,320 & 1\,080 \\ 1\,460 & 1\,320 & 0 & 220 \\ 1\,250 & 1\,080 & 220 & 0 \end{pmatrix} \begin{array}{l} \text{北京} \\ \text{天津} \\ \text{上海} \\ \text{南京} \end{array} \end{array}$$

其中矩阵的第一行表示北京到北京、天津、上海、南京四个城市的里程，第二行、三行、四行分别表示天津、上海、南京到四个城市的里程.

4.3.2　矩阵的运算

1. 矩阵的加减法

设 $\mathbf{A}=(a_{ij})_{m\times n}$，$\mathbf{B}=(b_{ij})_{m\times n}$. 称 $\mathbf{A}$，$\mathbf{B}$ 为同型矩阵（行数列数均相等）.

相等：　$\mathbf{A}=\mathbf{B} \Leftrightarrow a_{ij}=b_{ij}$（$i=1, 2, \cdots, m$; $j=1, 2, \cdots, n$）.

加减法：$\mathbf{A}\pm\mathbf{B}=\left(a_{ij}\pm b_{ij}\right)_{m\times n}$.

运算律：（1）$\mathbf{A}+\mathbf{B}=\mathbf{B}+\mathbf{A}$;　（2）$\left(\mathbf{A}+\mathbf{B}\right)+\mathbf{C}=\mathbf{A}+\left(\mathbf{C}+\mathbf{C}\right)$.

【例题 4.13】 求矩阵 $\mathbf{X}$，使 $\mathbf{X}+\mathbf{A}=\mathbf{B}$，其中 $\mathbf{A}=\begin{pmatrix}3 & -2 & 0\\ 1 & 1 & 2\\ 2 & 3 & -1\end{pmatrix}$，$\mathbf{B}=\begin{pmatrix}1 & 2 & -1\\ 1 & 3 & -4\\ -2 & -1 & 1\end{pmatrix}$.

解：$\mathbf{X}=\mathbf{B}-\mathbf{A}=\begin{pmatrix}1 & 2 & -1\\ 1 & 3 & -4\\ -2 & -1 & 1\end{pmatrix}-\begin{pmatrix}3 & -2 & 0\\ 1 & 1 & 2\\ 2 & 3 & -1\end{pmatrix}=\begin{pmatrix}-2 & 4 & -1\\ 0 & 2 & -6\\ -4 & -4 & 2\end{pmatrix}$.

【例题 4.14】 由甲、乙两地分别给Ⅰ、Ⅱ、Ⅲ三个城市供应某产品，若全年的供应情况用矩阵 $\mathbf{A}$ 表示，前三个季度的供应情况用矩阵 $\mathbf{B}$ 表示，即

$$\mathbf{A}=\begin{pmatrix}210 & 330 & 460\\ 200 & 500 & 300\end{pmatrix}\begin{matrix}甲\\ 乙\end{matrix}\quad(\text{列：Ⅰ, Ⅱ, Ⅲ})\qquad \mathbf{B}=\begin{pmatrix}180 & 300 & 400\\ 150 & 430 & 230\end{pmatrix}\begin{matrix}甲\\ 乙\end{matrix}\quad(\text{列：Ⅰ, Ⅱ, Ⅲ})$$

求第四个季度的供应情况（用矩阵表示）.

解：设第四个季度的供应情况用矩阵 $\mathbf{C}$ 表示，由题意可得

$$\mathbf{C}=\mathbf{A}-\mathbf{B}=\begin{pmatrix}210 & 330 & 460\\ 200 & 500 & 300\end{pmatrix}-\begin{pmatrix}180 & 300 & 400\\ 150 & 430 & 230\end{pmatrix}=\begin{pmatrix}30 & 30 & 60\\ 50 & 70 & 70\end{pmatrix}\begin{matrix}甲\\ 乙\end{matrix}\quad(\text{列：Ⅰ, Ⅱ, Ⅲ}).$$

注：只有同型矩阵才能进行加、减运算.

2. 数与矩阵的乘法

$$\lambda\mathbf{A}=(\lambda a_{ij})_{m\times n}，\lambda \text{ 为常数}$$

运算律：$\left(\lambda\mu\right)\mathbf{A}=\lambda\left(\mu\mathbf{A}\right)$；$\left(\lambda+\mu\right)\mathbf{A}=\lambda v+\mu\mathbf{A}$；$\lambda\left(\mathbf{A}+\mathbf{B}\right)=\lambda\mathbf{A}+\lambda\mathbf{B}$（$\lambda$，$\mu$ 为常数）.

注：矩阵的加减法和数与矩阵的乘法统称为矩阵的线性运算.

例如：设从某地四个地区到另外三个地区的距离（单位 km）为：$\mathbf{B}=\begin{pmatrix}40 & 60 & 105\\ 175 & 130 & 190\\ 120 & 70 & 135\\ 80 & 55 & 100\end{pmatrix}$.

则已知货物每吨的运费为 2.40 元/km. 那么，各地区之间每吨货物的运费可记为

$$2.4\times\mathbf{B}=\begin{pmatrix}2.4\times 40 & 2.4\times 60 & 2.4\times 105\\ 2.4\times 175 & 2.4\times 130 & 2.4\times 190\\ 2.4\times 120 & 2.4\times 70 & 2.4\times 135\\ 2.4\times 80 & 2.4\times 55 & 2.4\times 100\end{pmatrix}=\begin{pmatrix}96 & 144 & 252\\ 420 & 312 & 456\\ 288 & 168 & 324\\ 192 & 132 & 240\end{pmatrix}.$$

4.3.3 矩阵的乘法

1. 矩阵与矩阵的乘法

定义 4.3.2 设 $\mathbf{A}=(a_{ij})_{m\times s}$，$\mathbf{B}=(b_{ij})_{s\times n}$. 则规定 $\mathbf{A}$ 与 $\mathbf{B}$ 的乘积是一个 $m\times n$ 矩阵 $\mathbf{C}=\left(c_{ij}\right)_{m\times n}$，其中

$$c_{ij}=a_{i1}b_{1j}+a_{i2}b_{2j}+\cdots+a_{is}b_{sj}.$$
$$=\sum_{k=1}^{s}a_{ik}b_{kj}\quad（i=1，2，\cdots，m;\ j=1，2，\cdots，n）\tag{4.8}$$

记作：$\mathbf{C}=\mathbf{AB}$

注：（1）一行与一列相乘 $\left(a_{i1}a_{i2}\cdots a_{is}\right)\begin{pmatrix}b_{1j}\\b_{2j}\\\vdots\\b_{sj}\end{pmatrix}=\sum\limits_{k=1}^{s}a_{ik}b_{kj}=c_{ij}$.

故 $\mathbf{AB}=\mathbf{C}$ 的第 i 行第 j 列位置上的元素 c_{ij} 就是 $\mathbf{A}$ 的第 i 行与 $\mathbf{B}$ 的第 j 列的乘积.

（2） 只有 $\mathbf{A}$ 的列数等于 $\mathbf{B}$ 的行数时，$\mathbf{AB}$ 才有意义（乘法可行）.

【例题 4.15】 设 $\mathbf{A}=\begin{pmatrix}3&-1&1\\-2&0&2\end{pmatrix}$，$\mathbf{B}=\begin{pmatrix}1&0&0&0\\1&2&0&0\\2&1&3&4\end{pmatrix}$，求 $\mathbf{AB}$.

解： $c_{11}=\begin{pmatrix}3&-1&1\end{pmatrix}\begin{pmatrix}1\\1\\2\end{pmatrix}=3\times1+(-1)\times1+1\times2=4$.

$c_{12}=\begin{pmatrix}3&-1&1\end{pmatrix}\begin{pmatrix}0\\2\\1\end{pmatrix}=3\times0+(-1)\times2+1\times1=-1$.

$c_{13}=\begin{pmatrix}3&-1&1\end{pmatrix}\begin{pmatrix}0\\0\\3\end{pmatrix}=3\times0+(-1)\times0+1\times3=3$.

$c_{14}=\begin{pmatrix}3&-1&1\end{pmatrix}\begin{pmatrix}0\\0\\4\end{pmatrix}=3\times0+(-1)\times0+1\times4=4$.

同理可得 $c_{21}=2$，$c_{22}=2$，$c_{23}=6$，$c_{24}=8$，

所以 $\mathbf{AB}=\begin{pmatrix}4&-1&3&4\\2&2&6&8\end{pmatrix}$.

注： **BA** 乘法不可行.

【例题 4.16】 设 $\mathbf{A}=\begin{pmatrix}4 & -2\\ -2 & 1\end{pmatrix}$，$\mathbf{B}=\begin{pmatrix}3 & 6\\ -2 & -4\end{pmatrix}$，求 $\mathbf{AB}$ 及 $\mathbf{BA}$.

解：$\mathbf{AB}=\begin{pmatrix}4 & -2\\ -2 & 1\end{pmatrix}\begin{pmatrix}3 & 6\\ -2 & -4\end{pmatrix}=\begin{pmatrix}16 & 32\\ -8 & -16\end{pmatrix}$.

$\mathbf{BA}=\begin{pmatrix}3 & 6\\ -2 & -4\end{pmatrix}\begin{pmatrix}4 & -2\\ -2 & 1\end{pmatrix}=\begin{pmatrix}0 & 0\\ 0 & 0\end{pmatrix}$.

由此发现：（1）$\mathbf{AB}\neq\mathbf{BA}$（不满足交换律）；

（2）$\mathbf{A}\neq 0$，$\mathbf{B}\neq 0$，但却有 $\mathbf{BA}=0$.

【例题 4.17】 某公司 4 个工厂均能生产甲乙丙 3 种产品，其单位生产成本如下表：

单位成本 / 产品 / 工厂	甲	乙	丙
A	3	5	6
B	2	4	8
C	4	5	5
D	4	3	7

现要生产产品甲 660 件，乙 500 件，丙 200 件，试比较由哪个工厂生产才能达到成本最低？

解：4 个工厂生产的甲、乙、丙三种产品可用矩阵来 $\begin{pmatrix}3 & 5 & 6\\ 2 & 4 & 8\\ 4 & 5 & 5\\ 4 & 3 & 7\end{pmatrix}$ 表示，故 4 个工厂生产甲、乙、丙三种产品总成本为：

$$\begin{pmatrix}3 & 5 & 6\\ 2 & 4 & 8\\ 4 & 5 & 5\\ 4 & 3 & 7\end{pmatrix}\begin{pmatrix}600\\ 500\\ 200\end{pmatrix}=\begin{pmatrix}5\,500\\ 4\,800\\ 5\,900\\ 5\,300\end{pmatrix}$$

所以由 B 厂生产成本最低.

2. 矩阵乘法的运算律（假定运算是可行的）

（1）$(\mathbf{AB})\mathbf{C}=\mathbf{A}(\mathbf{BC})$　(结合律)

（2）$\mathbf{A}(\mathbf{B}+\mathbf{C})=\mathbf{AB}+\mathbf{AC}$　$(\mathbf{A}+\mathbf{B})\mathbf{C}=\mathbf{AC}+\mathbf{BC}$　(分配律)

（3）$\lambda(\mathbf{AB})=(\lambda\mathbf{A})\mathbf{B}=\mathbf{A}(\lambda\mathbf{B})$　（λ 为常数）

（4）$\mathbf{EA}=\mathbf{A}$，$\mathbf{BE}=\mathbf{B}$　(单位矩阵的意义所在)

3. n 阶方阵的幂

设 $\mathbf{A}$ 是 n 阶方阵，则定义

$$\mathbf{A}^1=\mathbf{A},\ \mathbf{A}^2=\mathbf{A}^1\mathbf{A}^1,\ \mathbf{A}^3=\mathbf{A}^2\mathbf{A},\ \cdots,\ \mathbf{A}^{k+1}=\mathbf{A}^k\mathbf{A}^1 .$$

或

$$\mathbf{A}^1=\mathbf{A},\ \mathbf{A}^2=\mathbf{A}^1\mathbf{A}^1,\ \mathbf{A}^3=\mathbf{A}^1\mathbf{A}^1\mathbf{A}^1,\ \cdots,\ \mathbf{A}^{k+1}=\underbrace{\mathbf{A}\cdots\mathbf{A}}_{k+1} .$$

规律：　$\mathbf{A}^k\mathbf{A}^l=\mathbf{A}^{k+l}$，$(\mathbf{A}^k)^l=\mathbf{A}^{kl}$，其中$k$，$l$为正整数.

但一般地，$(\mathbf{AB})^k\neq\mathbf{A}^k\mathbf{B}^k$，$\mathbf{A},\mathbf{B}$为$n$阶方阵.

【例题 4.18】 计算$\begin{pmatrix}1&1\\0&1\end{pmatrix}^n$.

解：设$\mathbf{A}=\begin{pmatrix}1&1\\0&1\end{pmatrix}$，

则 $\mathbf{A}^2=\mathbf{AA}=\begin{pmatrix}1&1\\0&1\end{pmatrix}\begin{pmatrix}1&1\\0&1\end{pmatrix}=\begin{pmatrix}1&2\\0&1\end{pmatrix}$，$\mathbf{A}^3=\mathbf{A}^2\mathbf{A}=\begin{pmatrix}1&2\\0&1\end{pmatrix}\begin{pmatrix}1&1\\0&1\end{pmatrix}=\begin{pmatrix}1&3\\0&1\end{pmatrix}$.

假设 $\mathbf{A}^{n-1}=\begin{pmatrix}1&n-1\\0&1\end{pmatrix}$，则$\mathbf{A}^n=\mathbf{A}^{n-1}\mathbf{A}=\begin{pmatrix}1&n-1\\0&1\end{pmatrix}\begin{pmatrix}1&1\\0&1\end{pmatrix}=\begin{pmatrix}1&n\\0&1\end{pmatrix}$，

于是由归纳法知，对于任意正整数n，有$\begin{pmatrix}1&1\\0&1\end{pmatrix}^n=\begin{pmatrix}1&n\\0&1\end{pmatrix}$.

4.3.4 转置矩阵

定义 4.3.3 把矩阵$\mathbf{A}$的各行均换成同序数的列所得到的矩阵，称为$\mathbf{A}$的**转置矩阵**，记作$\mathbf{A}'$（或$\mathbf{A}^T$）.

例如：

$$\mathbf{A}=\begin{pmatrix}2&0&-1\\1&3&2\end{pmatrix},\quad \mathbf{A}'=\begin{pmatrix}2&1\\0&3\\-1&2\end{pmatrix}.$$

运算律：（1）$(\mathbf{A}')'=\mathbf{A}$；　　（2）$(\mathbf{A}+\mathbf{B})'=\mathbf{A}'+\mathbf{B}'$；

（3）$(k\mathbf{A})'=k\mathbf{A}'$；　　（4）$(\mathbf{AB})'=\mathbf{B}'\mathbf{A}'$.

【例题 4.19】 已知$\mathbf{A}=\begin{pmatrix}2&1&4&0\\1&-1&3&4\end{pmatrix}$，$\mathbf{B}=\begin{pmatrix}1&3&1\\0&-1&2\\1&-3&1\\4&0&-2\end{pmatrix}$，求$(\mathbf{AB})'$.

解：（法一）$\mathbf{AB}=\begin{pmatrix}2&1&4&0\\1&-1&3&4\end{pmatrix}\begin{pmatrix}1&3&1\\0&-1&2\\1&-3&1\\4&0&-2\end{pmatrix}=\begin{pmatrix}6&-7&8\\20&-5&-6\end{pmatrix}$.

所以
$$(\mathbf{AB})'=\begin{pmatrix}6&20\\-7&-5\\8&-6\end{pmatrix}.$$

$$（法二）(\mathbf{AB})' = \mathbf{B}'\mathbf{A}' = \begin{pmatrix} 1 & 0 & 1 & 4 \\ 3 & -1 & -3 & 0 \\ 1 & 2 & 1 & -2 \end{pmatrix} \begin{pmatrix} 2 & 1 \\ 1 & -1 \\ 4 & 3 \\ 0 & 4 \end{pmatrix} = \begin{pmatrix} 6 & 20 \\ -7 & -5 \\ 8 & -6 \end{pmatrix}.$$

4.3.5　方阵的行列式

定义 4.3.4　由 n 阶方阵 $\mathbf{A}$ 的元素所构成的 n 阶行列式（各元素的位置不变），称为方阵 $\mathbf{A}$ 的行列式．记作 $|\mathbf{A}|$ 或 $\det\mathbf{A}$（determinant）.

注意：方阵与其行列式不同，前者为数表，后者为数值.

运算律：

（1）$|\mathbf{A}'| = |\mathbf{A}|$；

（2）$|k\mathbf{A}| = k^n|\mathbf{A}|$　（$\mathbf{A}_{n\times n}$）；

（3）$\mathbf{AB} = |\mathbf{A}||\mathbf{B}|$　（证明略）.

【例题 4.20】　设 $\mathbf{A} = \begin{pmatrix} 1 & 2 \\ 3 & 3 \end{pmatrix}$，$\mathbf{B} = \begin{pmatrix} 1 & 2 \\ -1 & 3 \end{pmatrix}$，求 $|\mathbf{AB}|$.

解：（法一）$\because \mathbf{AB} = \begin{pmatrix} -1 & 8 \\ 0 & 15 \end{pmatrix}$，$\therefore |\mathbf{AB}| = \begin{vmatrix} -1 & 8 \\ 0 & 15 \end{vmatrix} = -15$.

（法二）$|\mathbf{AB}| = |\mathbf{A}||\mathbf{B}| = \begin{vmatrix} 1 & 2 \\ 3 & 3 \end{vmatrix}\begin{vmatrix} 1 & 2 \\ -1 & 3 \end{vmatrix} = (-3)\times 5 = -15$.

4.3.6　几种特殊矩阵

1. 对角矩阵

定义 4.3.5　$\begin{pmatrix} \lambda_1 & 0 & \cdots & 0 \\ 0 & \lambda_2 & \cdots & 0 \\ \vdots & & \ddots & \vdots \\ 0 & 0 & \cdots & \lambda_n \end{pmatrix}$，简记为 $\begin{pmatrix} \lambda_1 & & & \\ & \lambda_2 & & \\ & & \ddots & \\ & & & \lambda_n \end{pmatrix}$，称为 n 阶对角矩阵.

易知：$\begin{pmatrix} a_1 & & & \\ & a_2 & & \\ & & \ddots & \\ & & & a_n \end{pmatrix}\begin{pmatrix} b_1 & & & \\ & b_2 & & \\ & & \ddots & \\ & & & b_n \end{pmatrix} = \begin{pmatrix} a_1b_1 & & & \\ & a_2b_2 & & \\ & & \ddots & \\ & & & a_nb_n \end{pmatrix}$.

2. 数量矩阵

定义 4.3.6　若 n 阶对角矩阵中主对角线上的元素都相等，即

$$\mathbf{A}=\begin{pmatrix}\lambda & & & \\ & \lambda & & \\ & & \ddots & \\ & & & \lambda\end{pmatrix}=\lambda\mathbf{E}_n .$$

则称$\mathbf{A}$为n阶数量矩阵．当$\lambda=1$时，$\mathbf{A}$就是n阶单位矩阵．

易知：（1）$\lambda\mathbf{E}_m\cdot\mathbf{B}_{m\times n}=\mathbf{B}_{m\times n}\cdot\lambda\mathbf{E}_n=\lambda\mathbf{B}_{m\times n}$特别地$\lambda\mathbf{E}_n\cdot\mathbf{B}_{n\times n}=\mathbf{B}_{n\times n}\cdot\lambda\mathbf{E}_n=\lambda\mathbf{B}_{n\times n}$．

（2）$\lambda\mathbf{E}_n+k\mathbf{E}_n=(\lambda+k)\mathbf{E}_n$，$\lambda\mathbf{E}_n\cdot k\mathbf{E}_n=(\lambda k)\mathbf{E}_n$．

说明：数量矩阵的加减乘法与数的运算完全相同．

3．上（下）三角矩阵

$$\mathbf{A}=\begin{pmatrix}a_{11} & a_{12} & \cdots & a_{1n}\\ 0 & a_{22} & \cdots & a_{2n}\\ \vdots & \vdots & \ddots & \vdots\\ 0 & 0 & \cdots & a_{nn}\end{pmatrix}\text{为上三角矩阵，}\mathbf{B}=\begin{pmatrix}b_{11} & 0 & \cdots & 0\\ b_{21} & b_{22} & \cdots & 0\\ \vdots & \vdots & \ddots & \vdots\\ b_{n1} & b_{n2} & \cdots & b_{nn}\end{pmatrix}\text{为下三角矩阵．}$$

易知：设$\mathbf{A}$，$\mathbf{B}$为上三角阵，则$\lambda\mathbf{A}$，$\mathbf{A}+\mathbf{B}$，$\mathbf{AB}$仍为上三角阵；下三角阵也类似．

习 题 4.3

一、已知$\mathbf{A}=\begin{pmatrix}3 & 6 & 2\\ 2 & 4 & 7\\ -1 & 2 & 5\end{pmatrix}$，求$\mathbf{A}+\mathbf{A}'$及$\mathbf{A}-\mathbf{A}'$．

二、已知$\mathbf{A}=\begin{pmatrix}3 & 1 & 1\\ 2 & 1 & 2\\ 1 & 2 & 3\end{pmatrix}$，$\mathbf{B}=\begin{pmatrix}1 & 1 & -1\\ 2 & -1 & 0\\ 1 & 0 & 1\end{pmatrix}$．求$\mathbf{AB}-\mathbf{BA}$．

三、计算：

1．$\begin{pmatrix}1 & 0\\ 0 & 1\end{pmatrix}\begin{pmatrix}3 & 2\\ 5 & 6\end{pmatrix}$；　　2．$\begin{pmatrix}2\\ 1\\ -1\\ 2\end{pmatrix}\begin{pmatrix}-2 & 1 & 0\end{pmatrix}$．

四、已知$\mathbf{AB}=\mathbf{BA}$，$\mathbf{AC}=\mathbf{CA}$，求证：$\mathbf{A}(\mathbf{B}+\mathbf{C})=(\mathbf{B}+\mathbf{C})\mathbf{A}$．

五、某公司采购员到三个装修超市去买红、黄两种颜料，三个超市的价格（元/桶）如右表，在每个超市购买红色6桶，黄色8桶，用矩阵的运算求在各个超市购买红、黄两种颜料所花费的金额．

六、假设对不同年龄段的消费者在购买某产品时优先考虑的因素情况如下表，其中年龄结构为：15~25岁的占30%，26~45岁的占45%，45岁以上的占25%，求消费者优先考虑的因素中，哪个占的百分比最高．

价格	红	黄
超市一	10	15
超市二	12	13
超市三	8	14

各类因素所占百分数（因素）/ 年龄段	价 格	包 装	质 量	广 告
15～25	0.15	0.35	0.25	0.25
26～45	0.40	0.15	0.30	0.15
45 以上	0.30	0.10	0.55	0.05

4.4　矩阵的初等变换与矩阵的秩

4.4.1　矩阵的初等变换

定义 4.4.1　对矩阵施以下列三种变换，称为矩阵的初等变换．

（1）串位变换：任意交换矩阵的两行（列）；用 $r_i \leftrightarrow r_j$（$c_i \leftrightarrow c_j$）表示第 i 行（列）和第 j 行（列）互换；

（2）数乘变换：以一个非零的数 k 乘以矩阵的某一行（列）；用 kr_i（或 kc_i）表示以 k 乘以第 i 行（列）．

（3）消元变换：把矩阵的某一行（列）的 k 倍加于另一行（列）上．用 $r_i + kr_j$（或$c_i + kc_j$）表示第 j 行（列）的 k 倍加到第 i 行（列）上．

只对行进行的初等变换称为**初等行变换**（以下讨论中只对矩阵的行进行变换）．

定义 4.4.2　满足以下条件的矩阵称为**行阶梯形矩阵**：

（1）所有首非零元的列标随着行标递增而严格增大；

（2）矩阵的所有零行在矩阵的最下方（如果有的话）．

例如：
$$\begin{bmatrix} 2 & 1 & 0 & 6 & 3 \\ 0 & 1 & 3 & 0 & 0 \\ 0 & 0 & 0 & 2 & 1 \\ 0 & 0 & 0 & 0 & 0 \end{bmatrix}$$

定义 4.4.3　满足以下条件的行阶梯形矩阵称为**最简行阶梯形矩阵**：

（1）所有首非零元都为 1；

（2）所有首非零元所在列的其余元素都为 0．

例如：
$$\begin{bmatrix} 1 & 0 & 2 & 0 & 3 \\ 0 & 1 & 3 & 0 & 0 \\ 0 & 0 & 0 & 1 & 1 \\ 0 & 0 & 0 & 0 & 0 \end{bmatrix}$$

定理 1　任一矩阵 $\mathbf{A}$ 都可经过若干次初等行变换化成行阶梯形矩阵，进而化为最简行阶梯形矩阵．

【例题 4.21】　用初等行变换，把矩阵$\begin{pmatrix} 2 & 0 & -1 & 3 \\ 1 & 2 & -2 & 4 \\ 0 & 1 & 3 & -1 \end{pmatrix}$化为最简行阶梯形矩阵．

解： $\begin{pmatrix} 2 & 0 & -1 & 3 \\ 1 & 2 & -2 & 4 \\ 0 & 1 & 3 & -1 \end{pmatrix} \to \begin{pmatrix} 1 & 2 & -2 & 4 \\ 2 & 0 & -1 & 3 \\ 0 & 1 & 3 & -1 \end{pmatrix} \to \begin{pmatrix} 1 & 2 & -2 & 4 \\ 0 & 1 & 3 & -1 \\ 0 & -4 & 3 & -5 \end{pmatrix} \to \begin{pmatrix} 1 & 2 & -2 & 4 \\ 0 & 1 & 3 & -1 \\ 0 & 0 & 15 & -9 \end{pmatrix}$

$$\to \begin{pmatrix} 1 & 2 & -2 & 4 \\ 0 & 1 & 3 & -1 \\ 0 & 0 & 1 & -\frac{3}{5} \end{pmatrix} \to \begin{pmatrix} 1 & 2 & 0 & \frac{14}{5} \\ 0 & 1 & 0 & \frac{4}{5} \\ 0 & 0 & 1 & -\frac{3}{5} \end{pmatrix} \to \begin{pmatrix} 1 & 0 & 0 & \frac{6}{5} \\ 0 & 1 & 0 & \frac{4}{5} \\ 0 & 0 & 1 & -\frac{3}{5} \end{pmatrix}.$$

4.4.2 矩阵的秩

矩阵的秩是一个很重要的概念，在研究线性方程组的解等方面起着非常重要的作用.

定义 4.4.4 在矩阵 $\mathbf{A}_{m\times n}$ 中任取 k 行 k 列 $(1\leqslant k\leqslant \min(m,n))$，由位于这些行、列相交处的元素按原来的次序构成的 k 阶行列式，称为 $\mathbf{A}$ 的一个 k 阶子式，记作 $\mathbf{D}_k(\mathbf{A})$.

$\mathbf{D}_k(\mathbf{A})$ 共有 $C_m^k \cdot C_n^k$ 个.

例如： $\mathbf{A}_{3\times 4} = \begin{pmatrix} a_{11} & a_{12} & a_{13} & a_{14} \\ a_{21} & a_{22} & a_{23} & a_{24} \\ a_{31} & a_{32} & a_{33} & a_{34} \end{pmatrix}$ 有 4 个三阶子式，18 个二阶子式.

定义 4.4.5 若矩阵 $\mathbf{A}$ 中不等于 0 的子式的最高阶数是 r，则称 r 为矩阵 $\mathbf{A}$ 的秩，记作 $\mathbf{R}(\mathbf{A})=r$.

结论：（1）$\mathbf{R}(\mathbf{A})=0 \Leftrightarrow \mathbf{A}=0$；

（2）对于 $\mathbf{A}_{m\times n}$，有 $0\leqslant \mathbf{R}(\mathbf{A})\leqslant \min(m,n)$；

（3）若 $\mathbf{R}(\mathbf{A})=r$，则 $\mathbf{A}$ 中至少有一个 $\mathbf{D}_r(\mathbf{A})\neq 0$，而所有的 $\mathbf{D}_{r+1}(\mathbf{A})=0$.

定义 4.4.6 设 $\mathbf{A}_{n\times n}$，若 $\mathbf{R}(\mathbf{A})=n$，则称 $\mathbf{A}$ 为满秩方阵；若 $\mathbf{R}(\mathbf{A})<n$，则称 $\mathbf{A}$ 为降秩方阵.

【例题 4.22】 求下列矩阵的秩.

$$\mathbf{A} = \begin{pmatrix} 1 & 1 & 0 & 0 \\ 1 & 0 & 1 & 1 \\ 2 & -1 & 3 & 3 \end{pmatrix},\quad \mathbf{B} = \begin{pmatrix} 1 & 0 & 1 & 0 \\ 2 & 1 & -1 & -3 \\ 1 & 0 & -3 & -1 \\ 0 & 2 & -6 & 3 \end{pmatrix}.$$

解： $\mathbf{D}_2(\mathbf{A}) = \begin{vmatrix} 1 & 0 \\ 0 & 1 \end{vmatrix} = 1 \neq 0$，而 $\mathbf{A}$ 的所有三阶子式（4 个）

$$\begin{vmatrix} 1 & 1 & 0 \\ 1 & 0 & 1 \\ 2 & -1 & 3 \end{vmatrix}=0,\quad \begin{vmatrix} 1 & 1 & 0 \\ 1 & 0 & 1 \\ 2 & -1 & 3 \end{vmatrix}=0,\quad \begin{vmatrix} 1 & 0 & 0 \\ 1 & 1 & 1 \\ 2 & 3 & 3 \end{vmatrix}=0,\quad \begin{vmatrix} 1 & 0 & 0 \\ 0 & 1 & 1 \\ -1 & 3 & 3 \end{vmatrix}=0.$$

所以 $\mathbf{R}(\mathbf{A})=2$.

$$\because |\mathbf{B}| = \begin{vmatrix} 1 & 0 & 1 & 0 \\ 2 & 1 & -1 & -3 \\ 1 & 0 & -3 & -1 \\ 0 & 2 & -6 & 3 \end{vmatrix} \overset{c_3 - c_1}{=} \begin{vmatrix} 1 & 0 & 0 & 0 \\ 2 & 1 & -3 & -3 \\ 1 & 0 & -4 & -1 \\ 0 & 2 & -6 & 3 \end{vmatrix} = \begin{vmatrix} 1 & -3 & -3 \\ 0 & -4 & -1 \\ 2 & -6 & 3 \end{vmatrix} \overset{r_3 - 2r_1}{=} \begin{vmatrix} 1 & -3 & -3 \\ 0 & -4 & -1 \\ 0 & 0 & 9 \end{vmatrix} = -36 \neq 0$$

$\therefore \mathbf{R}(\mathbf{B}) = 4$.

4.4.3　利用初等变换求矩阵的秩

定理 4.2　矩阵的初等变换不改变矩阵的秩（证明略）.

利用定理可以简化求秩 $\mathbf{R}(\mathbf{A})$ 的计算，其常用的方法是：把 $\mathbf{A}$ 化为行阶梯形矩阵，其非零行的行数为 $\mathbf{R}(\mathbf{A})$.

【例题 4.23】　求 $\mathbf{R}(\mathbf{A})$，其中 $\mathbf{A} = \begin{pmatrix} 1 & 1 & 2 & 2 & 1 \\ 0 & 2 & 1 & 5 & -1 \\ 2 & 0 & 3 & -1 & 3 \\ 1 & 1 & 0 & 4 & -1 \end{pmatrix}$.

解：

$$\mathbf{A} \xrightarrow[r_4 - r_1]{r_3 - 2r_1} \begin{pmatrix} 1 & 1 & 2 & 2 & 1 \\ 0 & 2 & 1 & 5 & -1 \\ 0 & -2 & -1 & -5 & 1 \\ 0 & 0 & -2 & 2 & -2 \end{pmatrix} \xrightarrow{r_3 + r_2} \begin{pmatrix} 1 & 1 & 2 & 2 & 1 \\ 0 & 2 & 1 & 5 & -1 \\ 0 & 0 & 0 & 0 & 0 \\ 0 & 0 & -2 & 2 & -2 \end{pmatrix}$$

$$\xrightarrow{r_3 \leftrightarrow r_4} \begin{pmatrix} 1 & 1 & 2 & 2 & 1 \\ 0 & 2 & 1 & 5 & -1 \\ 0 & 0 & -2 & 2 & -2 \\ 0 & 0 & 0 & 0 & 0 \end{pmatrix} \text{（行阶梯形）.}$$

由此可看出 $\mathbf{R}(\mathbf{A}) = 3$.

在具体的解题过程中，如果 $\mathbf{A}$ 经过几次初等变换后即可看出 $\mathbf{R}(\mathbf{A})$ 的秩时，就不必再继续将 $\mathbf{A}$ 化为阶梯形.

习 题 4.4

一、求下列矩阵的秩：

1．$\mathbf{A} = \begin{pmatrix} 1 & 2 & -3 \\ -1 & -3 & 4 \\ 1 & 1 & -2 \end{pmatrix}$；

2．$\mathbf{A} = \begin{pmatrix} 1 & 2 & 2 & 11 \\ 1 & -3 & -3 & -14 \\ 3 & 1 & 1 & 8 \end{pmatrix}$；

3．$\mathbf{A} = \begin{pmatrix} 1 & 2 & 2 & 11 \\ 1 & 2 & -3 & -14 \\ 3 & 1 & 1 & 3 \\ 2 & 5 & 5 & 28 \end{pmatrix}$；

4．$\mathbf{A} = \begin{pmatrix} 1 & 0 & -1 & -1 & 2 \\ 0 & -1 & 2 & 3 & 1 \\ 1 & -1 & 1 & 2 & 3 \\ 1 & 2 & -5 & -7 & 0 \end{pmatrix}$.

二、一个秩为 r 的矩阵 $\mathbf{A}$，它的所有 r 阶子式均不为零．举例说明．

三、一个秩为 r 的矩阵 $\mathbf{A}$，它的所有 $(r-1)$ 阶子式是否都可为零？为什么？

4.5 逆矩阵

4.5.1 逆矩阵的概念与性质

定义 4.5.1 设 $\mathbf{A}$ 为 n 阶方阵，若存在一个 n 阶方阵 $\mathbf{C}$，使得 $\mathbf{CA}=\mathbf{AC}=\mathbf{E}$，则称方阵 $\mathbf{A}$ 可逆，并称方阵 $\mathbf{C}$ 为 $\mathbf{A}$ 的逆矩阵，记作 $\mathbf{A}^{-1}=\mathbf{C}$，即若 $\mathbf{CA}=\mathbf{AC}=\mathbf{E}$，则 $\mathbf{C}=\mathbf{A}^{-1}$.

结论 1：若 $\mathbf{A}^{-1}$ 存在，则 $\mathbf{A}^{-1}$ 必唯一.

证明：设 $\mathbf{B}$，$\mathbf{C}$ 都是 $\mathbf{A}$ 的逆阵，则有

$$\mathbf{B}=\mathbf{BE}=\mathbf{B}(\mathbf{AC})=(\mathbf{BA})\mathbf{C}=\mathbf{EC}=\mathbf{C}\ \text{（唯一）}.$$

结论 2：若 $\mathbf{A}$ 可逆，则 $(\mathbf{A}^{-1})^{-1}=\mathbf{A}$.

证明：$\because \mathbf{A}$ 可逆，$\therefore \mathbf{AA}^{-1}=\mathbf{A}^{-1}\mathbf{A}=\mathbf{E}$，从而 $\mathbf{A}^{-1}$ 也可逆，且 $(\mathbf{A}^{-1})^{-1}=\mathbf{A}$.

结论 3：若 $\mathbf{A}$ 可逆，则 $\mathbf{A}'$ 可逆，且 $\left(\mathbf{A}'\right)^{-1}=\left(\mathbf{A}^{-1}\right)'$.

证明：$\because \mathbf{A}^{-1}\mathbf{A}=\mathbf{AA}^{-1}=\mathbf{E}$，$\therefore (\mathbf{A}^{-1}\mathbf{A})'=(\mathbf{AA}^{-1})'=\mathbf{E}'$

从而 $\mathbf{A}'(\mathbf{A}^{-1})'=(\mathbf{A}^{-1})'\mathbf{A}'=\mathbf{E}$，于是 $(\mathbf{A}')^{-1}=(\mathbf{A}^{-1})'$.

结论 4：若同阶方阵 $\mathbf{A}$，$\mathbf{B}$ 都可逆，则 $\mathbf{AB}$ 也可逆，且 $(\mathbf{AB})^{-1}=\mathbf{B}^{-1}\mathbf{A}^{-1}$.

证明：$\because (\mathbf{AB})(\mathbf{B}^{-1}\mathbf{A}^{-1})=\mathbf{A}(\mathbf{BB}^{-1})\mathbf{A}^{-1}=\mathbf{AEA}^{-1}=\mathbf{AA}^{-1}=\mathbf{E}$

$(\mathbf{B}^{-1}\mathbf{A}^{-1})(\mathbf{AB})=\mathbf{B}^{-1}(\mathbf{A}^{-1}\mathbf{A})\mathbf{B}=\mathbf{B}^{-1}\mathbf{EB}=\mathbf{B}^{-1}\mathbf{B}=\mathbf{E}$.

$\therefore$ $\mathbf{AB}$ 可逆，且 $(\mathbf{AB})^{-1}=\mathbf{B}^{-1}\mathbf{A}^{-1}$.

4.5.2 逆矩阵存在的条件及求法

定义 4.5.2 由 $\mathbf{A}=(a_{ij})_{n\times n}$ 的行列式 $|\mathbf{A}|=\begin{vmatrix} a_{11} & a_{12} & \cdots & a_{1n} \\ a_{21} & a_{22} & \cdots & a_{2n} \\ \vdots & \vdots & \ddots & \vdots \\ a_{n1} & a_{n2} & \cdots & a_{nn} \end{vmatrix}$ 中元素 a_{ij} 的代数余子式 $\mathbf{A}_{ij}$（i，$j=1$，2，…，n）构成的 n 阶方阵，

记作 $\mathbf{A}^*$，即 $\mathbf{A}^*=\begin{pmatrix} A_{11} & A_{21} & \cdots & A_{n1} \\ A_{12} & A_{22} & \cdots & A_{n2} \\ \vdots & & \ddots & \vdots \\ A_{1n} & A_{2n} & \cdots & A_{nn} \end{pmatrix}$，称之为 $\mathbf{A}$ 的伴随矩阵.

【例题 4.24】 设 $\mathbf{A}=\begin{pmatrix} 3 & 2 & 1 \\ 1 & 2 & 2 \\ 3 & 4 & 3 \end{pmatrix}$，求 $\mathbf{A}^*$.

解：因为 $\mathbf{A}_{11}=-2$，$\mathbf{A}_{12}=3$，$\mathbf{A}_{13}=-2$，$\mathbf{A}_{21}=-2$，$\mathbf{A}_{22}=6$，$\mathbf{A}_{23}=-6$，

$\mathbf{A}_{31}=2$，$\mathbf{A}_{32}=-5$，$\mathbf{A}_{33}=4$. 所以 $\mathbf{A}^*=\begin{pmatrix} -2 & -2 & 2 \\ 3 & 6 & -5 \\ -2 & -6 & 4 \end{pmatrix}$.

定理 4.3　方阵 $\mathbf{A}=\left(a_{ij}\right)_{n\times n}$ 可逆 $\Leftrightarrow |\mathbf{A}|\neq 0$ 且 $\mathbf{A}^{-1}=\dfrac{\mathbf{A}^{*}}{|\mathbf{A}|}$（证明略）.

推论 1　设 $\mathbf{A}$ 为 n 阶方阵，若存在 n 阶方阵 $\mathbf{B}$，使得 $\mathbf{AB}=\mathbf{E}$（或 $\mathbf{BA}=\mathbf{E}$），则 $\mathbf{B}=\mathbf{A}^{-1}$.

推论 2　$\mathbf{A}$ 为满秩方阵 $\Leftrightarrow |\mathbf{A}|\neq 0$.

由此可知：$\mathbf{A}$ 可逆 $\Leftrightarrow$ $\mathbf{A}$ 为满秩方阵.

【例题 4.25】 判断下列方阵 $\mathbf{A}=\begin{pmatrix}3&2&1\\1&2&2\\3&4&3\end{pmatrix}$，$\mathbf{B}=\begin{pmatrix}-1&3&2\\-11&15&1\\-3&3&-1\end{pmatrix}$ 是否可逆？若可逆，求其逆阵.

解：$\because$ $|\mathbf{A}|=-2\neq 0$，$|\mathbf{B}|=0$，所以 $\mathbf{B}$ 不可逆，$\mathbf{A}$ 可逆，

$$\text{并且 } \mathbf{A}^{-1}=-\frac{\mathbf{A}^{*}}{2}=-\frac{1}{2}\begin{pmatrix}-2&-2&-2\\3&6&-5\\-2&-6&4\end{pmatrix}=\begin{pmatrix}1&1&1\\-\dfrac{3}{2}&-3&\dfrac{5}{2}\\1&3&-2\end{pmatrix}.$$

4.5.3　利用初等变换求逆矩阵

定理4.4　n阶可逆方阵 $\mathbf{A}_n=\left(a_{ij}\right)_{n\times n}$ 可以经过一系列的初等行变换化为n阶单位矩阵 $\mathbf{E}_n$.

其方法为：$\left(\mathbf{A}_n\vdots\mathbf{E}_n\right)\xrightarrow{\text{行初等变换}}\left(\mathbf{E}_n\vdots\mathbf{A}_n^{-1}\right)$，其中 $\left(\mathbf{A}_n\vdots\mathbf{E}_n\right)$，$\left(\mathbf{E}_n\vdots\mathbf{A}_n^{-1}\right)$ 表示 $n\times 2n$ 的矩阵.

【例题 4.26】 设 $\mathbf{A}=\begin{pmatrix}1&2&3\\2&1&2\\1&3&4\end{pmatrix}$，用初等变换法求 $\mathbf{A}^{-1}$.

解：
$$(\mathbf{A}\vdots\mathbf{E})=\left(\begin{array}{ccc:ccc}1&2&3&1&0&0\\2&1&2&0&1&0\\1&3&4&0&0&1\end{array}\right)\xrightarrow[r_3-r_1]{r_2-2r_1}\left(\begin{array}{ccc:ccc}1&2&3&1&0&0\\0&-3&-4&-2&1&0\\0&1&1&-1&0&1\end{array}\right)$$

$$\xrightarrow{r_2\leftrightarrow r_3}\left(\begin{array}{ccc:ccc}1&2&3&1&0&0\\0&1&1&-1&0&1\\0&-3&-4&-2&1&0\end{array}\right)\xrightarrow{r_3+3r_2}\left(\begin{array}{ccc:ccc}1&2&3&1&0&0\\0&1&1&-1&0&1\\0&0&-1&-5&1&3\end{array}\right)$$

$$\xrightarrow[\substack{r_2+r_3\\(-1)\times r_3}]{r_1+3r_3}\left(\begin{array}{ccc:ccc}1&2&0&-14&3&9\\0&1&0&-6&1&4\\0&0&1&5&-1&-3\end{array}\right)\xrightarrow{r_1-2r_2}\left(\begin{array}{ccc:ccc}1&0&0&-2&1&1\\0&1&0&-6&1&4\\0&0&1&5&-1&-3\end{array}\right).$$

所以 $\mathbf{A}^{-1}=\begin{pmatrix}-2&1&1\\-6&1&4\\5&-1&-3\end{pmatrix}$.

【例题 4.27】 某工厂检验室有甲乙两种不同的化学原料，甲种原料分别含锌与镁 10%与 20%，乙种原料分别含锌与镁 10%与 30%，现在要用这两种原料分别配制 A、B 两种试剂，A 试剂需含锌 2 克、镁 5 克，B 试剂需含锌 1 克、镁 2 克．问配制 AB 两种试剂分别需要甲乙两种化学原料各多少克？

解：设配制 A 试剂需甲乙两种化学原料分别为 x，y 克；配制 B 试剂需甲乙两种化学原料分别为 s，t 克；根据题意，得如下矩阵方程

$$\begin{pmatrix} 0.1 & 0.1 \\ 0.2 & 0.3 \end{pmatrix}\begin{pmatrix} x & s \\ y & t \end{pmatrix}=\begin{pmatrix} 2 & 1 \\ 5 & 2 \end{pmatrix}$$

设
$$\mathbf{A}=\begin{pmatrix} 0.1 & 0.1 \\ 0.2 & 0.3 \end{pmatrix},\ \mathbf{X}=\begin{pmatrix} x & s \\ y & t \end{pmatrix},\ \mathbf{B}=\begin{pmatrix} 2 & 1 \\ 5 & 2 \end{pmatrix}$$

则
$$\mathbf{X}=\mathbf{A}^{-1}\mathbf{B}$$

下面用初等行变换求 $\mathbf{A}^{-1}$

$$\begin{pmatrix} 0.1 & 0.1 & 1 & 0 \\ 0.2 & 0.3 & 0 & 1 \end{pmatrix}\xrightarrow[10r_2]{10r_1}\begin{pmatrix} 1 & 1 & 10 & 0 \\ 2 & 3 & 0 & 10 \end{pmatrix}\xrightarrow{r_2-2r_1}\begin{pmatrix} 1 & 1 & 10 & 0 \\ 0 & 1 & -20 & 10 \end{pmatrix}\xrightarrow{r_1-r_2}\begin{pmatrix} 1 & 0 & 30 & -10 \\ 0 & 1 & -20 & 10 \end{pmatrix}$$

即 $\mathbf{A}^{-1}=\begin{pmatrix} 30 & -10 \\ -20 & 10 \end{pmatrix}$

所以 $\mathbf{X}=\begin{pmatrix} x & s \\ y & t \end{pmatrix}=\begin{pmatrix} 30 & -10 \\ -20 & 10 \end{pmatrix}\begin{pmatrix} 2 & 1 \\ 5 & 2 \end{pmatrix}=\begin{pmatrix} 10 & 10 \\ 10 & 0 \end{pmatrix}$

即配制 A 试剂分别需要甲乙两种化学原料各 10 克，配制 B 试剂需甲乙两种化学原料分别为 10 克、0 克.

习 题 4.5

一、求下列矩阵的逆矩阵：

1. $\begin{pmatrix} 1 & 2 & -3 \\ 0 & 1 & 2 \\ 0 & 0 & 1 \end{pmatrix}$；　　2. $\begin{pmatrix} 1 & 0 & 0 & 0 \\ a & 1 & 0 & 0 \\ a^2 & a & 1 & 0 \\ a^3 & a^2 & a & 1 \end{pmatrix}$.

二、判断方阵 $\mathbf{A}=\begin{pmatrix} 1 & 1 & 1 & 1 \\ 1 & -2 & -2 & -1 \\ 2 & 5 & -1 & 4 \\ 4 & 1 & 1 & 2 \end{pmatrix}$ 是否可逆，若可逆，求 $\mathbf{A}^{-1}$.

三、求矩阵 $\mathbf{A}=\begin{pmatrix} 1 & 0 & 1 \\ 2 & 1 & 0 \\ -3 & 2 & -5 \end{pmatrix}$ 的逆矩阵.

4.6 线性方程组的解法

4.6.1 克莱姆法则

在引进二阶行列式的定义前，我们曾给出二元一次方程组 $\begin{cases} a_{11}x+a_{12}y=b_1 \\ a_{21}x+a_{22}y=b_2 \end{cases}$，当它的系

数行列式 $\mathbf{D}=\begin{vmatrix} a_{11} & a_{12} \\ a_{21} & a_{22} \end{vmatrix}\neq 0$ 时. 原方程组的解可表示为 $x=\dfrac{\mathbf{D}_1}{\mathbf{D}}$，$y=\dfrac{\mathbf{D}_2}{\mathbf{D}}$. 这里 $\mathbf{D}_1=\begin{vmatrix} b_1 & a_{12} \\ b_2 & a_{22} \end{vmatrix}$，$\mathbf{D}_2=\begin{vmatrix} a_{11} & b_1 \\ a_{21} & b_2 \end{vmatrix}$ 是把 $\mathbf{D}$ 中第一、二列的元素分别换成方程组右端的常数项 b_1,b_2 所得到的行列式. 由此得到下面的定理.

定理 4.5（克莱姆法则）设由 n 个含有 n 个未知数的 n 元一次方程构成的方程组.

$$\begin{cases} a_{11}x_1+a_{12}x_2+\cdots+a_{1n}x_n=b_1 \\ a_{21}x_1+a_{22}x_2+\cdots+a_{2n}x_n=b_2 \\ \cdots \quad \cdots \quad \cdots \quad \cdots \quad \cdots \\ a_{n1}x_1+a_{n2}x_2+\cdots+a_{nn}x_n=b_n \end{cases} \tag{4.9}$$

利用（4.9）的系数可以构成一个 n 阶行列式

$$\mathbf{D}=\begin{vmatrix} a_{11} & a_{12} & \cdots & a_{1n} \\ a_{21} & a_{22} & \cdots & a_{2n} \\ \vdots & \vdots & \ddots & \vdots \\ a_{n1} & a_{n2} & \cdots & a_{nn} \end{vmatrix} \tag{4.10}$$

这个行列式叫做方程组（4.9）的系数行列式.

当系数行列式 $\mathbf{D}\neq 0$ 时，其唯一解为 $x_i=\dfrac{\mathbf{D}_i}{\mathbf{D}}$（$i=1, 2, \cdots, n$）　（4.11）

此处 $\mathbf{D}_i$（$i=1, 2, \cdots n$）是把行列式 $\mathbf{D}$ 中的第 i 列的元素换成方程组的常数项 $b_1, b_2,\cdots b_n$ 而得到的 n 阶行列式，即

$$\mathbf{D}_i=\begin{vmatrix} a_{11} & \cdots & a_{1,i-1} & b_1 & a_{1,i+1} & \cdots & a_{1n} \\ a_{21} & \cdots & a_{2,i-1} & b_2 & a_{2,i+1} & \cdots & a_{2n} \\ \vdots & & \vdots & \vdots & \vdots & & \vdots \\ a_{n1} & \cdots & a_{n,i-1} & b_n & a_{n,i+1} & \cdots & a_{nn} \end{vmatrix} \quad (i=1, 2, \cdots, n).$$

【例题 4.28】 解线性方程组 $\begin{cases} x_1+x_2+2x_3+3x_4=4 \\ x_1+x_2+x_4=4 \\ 3x_1+2x_2+5x_3+10x_4=12 \\ 4x_1+5x_2+9x_3+13x_4=18 \end{cases}$.

解：方程组的系数行列式 $\mathbf{D}=\begin{vmatrix} 1 & 1 & 2 & 3 \\ 1 & 1 & 0 & 1 \\ 3 & 2 & 5 & 10 \\ 4 & 5 & 9 & 13 \end{vmatrix}=\begin{vmatrix} 0 & 0 & 2 & 2 \\ 1 & 1 & 0 & 1 \\ 0 & -1 & 5 & 7 \\ 0 & 1 & 9 & 9 \end{vmatrix}=-\begin{vmatrix} 0 & 2 & 2 \\ -1 & 5 & 7 \\ 1 & 9 & 9 \end{vmatrix}$

$$=-\begin{vmatrix} 0 & 2 & 2 \\ -1 & 5 & 7 \\ 0 & 14 & 16 \end{vmatrix}=-\begin{vmatrix} 2 & 2 \\ 14 & 16 \end{vmatrix}=-(32-28)=-4 .$$

因为 $\mathbf{D}\neq 0$，所以可用克莱姆法则求解

$$\mathbf{D}_1=\begin{vmatrix}4&1&2&3\\4&1&0&1\\12&2&5&10\\18&5&9&13\end{vmatrix}=\begin{vmatrix}0&0&2&2\\4&1&0&1\\0&-1&5&7\\18&5&9&13\end{vmatrix}=\begin{vmatrix}0&0&2&0\\4&1&0&1\\0&-1&5&2\\18&5&9&4\end{vmatrix}=2\begin{vmatrix}4&1&1\\0&-1&2\\18&5&4\end{vmatrix}=-4\,.$$

$$\mathbf{D}_2=\begin{vmatrix}1&4&2&3\\1&4&0&1\\3&12&5&10\\4&18&9&13\end{vmatrix}=\begin{vmatrix}0&0&2&2\\1&4&0&1\\0&0&5&7\\0&2&9&9\end{vmatrix}=-\begin{vmatrix}0&2&2\\0&5&7\\2&9&9\end{vmatrix}=-8\,.$$

$$\mathbf{D}_3=\begin{vmatrix}1&1&4&3\\1&1&4&1\\3&2&12&10\\4&5&18&13\end{vmatrix}=\begin{vmatrix}0&0&0&2\\1&1&4&1\\0&-1&0&7\\0&1&2&9\end{vmatrix}=-2\begin{vmatrix}1&1&4\\0&-1&0\\0&1&2\end{vmatrix}=4\,.$$

$$\mathbf{D}_4=\begin{vmatrix}1&1&2&4\\1&1&0&4\\3&2&5&12\\4&5&9&18\end{vmatrix}=\begin{vmatrix}0&0&2&0\\1&1&0&4\\0&-1&5&0\\0&1&9&2\end{vmatrix}=2\begin{vmatrix}1&1&4\\0&-1&0\\0&1&2\end{vmatrix}=-4\,.$$

故方程组的解是

$$x_1=\frac{\mathbf{D}_1}{\mathbf{D}}=\frac{-4}{-4}=1\,,\quad x_2=\frac{\mathbf{D}_2}{\mathbf{D}}=\frac{-8}{-4}=2\,,\quad x_3=\frac{\mathbf{D}_3}{\mathbf{D}}=\frac{4}{-4}=-1\,,\quad x_4=\frac{\mathbf{D}_4}{\mathbf{D}}=\frac{-4}{-4}=1\,.$$

4.6.2 线性方程组的讨论

定义 4.6.1 线性方程组

$$\begin{cases}a_{11}x_1+a_{12}x_2+\cdots+a_{1n}x_n=b_1\\a_{21}x_1+a_{22}x_2+\cdots+a_{2n}x_n=b_2\\\cdots\quad\cdots\quad\cdots\quad\cdots\quad\cdots\\a_{m1}x_1+a_{m2}x_2+\cdots+a_{mn}x_n=b_m\end{cases}\tag{4.12}$$

称为一般线性方程组．设 $\mathbf{A}=\left(a_{ij}\right)_{m\times n}=\begin{pmatrix}a_{11}&a_{12}&\cdots&a_{1n}\\a_{21}&a_{22}&\cdots&a_{2n}\\\vdots&&\ddots&\vdots\\a_{m1}&a_{m2}&\cdots&a_{mn}\end{pmatrix}$，则称 $\mathbf{A}$ 是方程组（4.12）的系数矩阵．设 $\tilde{\mathbf{A}}=\begin{pmatrix}a_{11}&a_{12}&\cdots&a_{1n}&b_1\\a_{21}&a_{22}&\cdots&a_{2n}&b_2\\\vdots&&\ddots&\vdots&\vdots\\a_{m1}&a_{m2}&\cdots&a_{mn}&b_m\end{pmatrix}$．

则称 $\tilde{\mathbf{A}}$ 是方程组（4.12）的增广矩阵．设

$$\mathbf{X}=\begin{pmatrix}x_1\\x_2\\\vdots\\x_n\end{pmatrix}\qquad\mathbf{B}=\begin{pmatrix}b_1\\b_2\\\vdots\\b_m\end{pmatrix}.$$

则称 $\mathbf{X}$，$\mathbf{B}$ 分别是方程组（4.12）的未知数列矩阵、常数项列矩阵．
这时方程组（4.12）可记为 $\mathbf{AX}=\mathbf{B}$．　（4.13）

定义 4.6.2　线性方程组

$$\begin{cases}a_{11}x_1+a_{12}x_2+\cdots+a_{1n}x_n=0\\a_{21}x_1+a_{22}x_2+\cdots+a_{2n}x_n=0\\\cdots\quad\cdots\quad\cdots\quad\cdots\quad\cdots\\a_{m1}x_1+a_{m2}x_2+\cdots+a_{mn}x_n=0\end{cases}\tag{4.14}$$

称为齐次线性方程组．若记 $\mathbf{A}=\left(a_{ij}\right)_{m\times n}$，$\mathbf{X}=\begin{pmatrix}x_1\\x_2\\\vdots\\x_n\end{pmatrix}$，$0=\begin{pmatrix}0\\0\\0\\0\end{pmatrix}$．

则方程组（4.14）可记为 $\mathbf{AX}=0$　（4.15）

注意：方程组（4.12）又称为非齐次线性方程组．

定理 4.6　对非齐次线性方程组（4.12）有以下结论：

（1）若 $r(\tilde{\mathbf{A}})=r(\mathbf{A})=n$，则（4.12）有且只有唯一解；

（2）若 $r(\tilde{\mathbf{A}})=r(\mathbf{A})<n$，则（4.12）有无穷多解；

（3）若 $r(\tilde{\mathbf{A}})\neq r(\mathbf{A})$，则（4.12）没有解；

（4）若 $m=n$ 且 $|A|\neq 0$，则（4.13）有且仅有唯一解．（克莱姆法则）．

【例题 4.29】　判断下列方程组是否有解，若有解，试确定解的个数．

$$\begin{cases}x_1+2x_2-3x_3+x_4=1\\x_1+x_2+x_3+x_4=0\end{cases}$$

解：此方程组的增广矩阵为 $\tilde{\mathbf{A}}=\left(\begin{array}{cccc:c}1&2&-3&1&1\\1&1&1&1&0\end{array}\right)$，显然，有一个二阶子式

$$\begin{vmatrix}1&2\\1&1\end{vmatrix}=-1\neq 0.$$

因此 $r\left(\tilde{\mathbf{A}}\right)=r\left(\mathbf{A}\right)=2<4=n$．故此方程组有无穷多解．

【例题 4.30】　判断下列方程组是否有解，若有解，试确定解的个数．

$$\begin{cases}-3x_1+x_2+4x_3=-5\\x_1+x_2+x_3=2\\-2x_1+x_3=-3\\x_1+x_2-2x_3=5\end{cases}$$

解：$$\tilde{\mathbf{A}}=\begin{pmatrix}-3&1&4&\vdots&-5\\1&1&1&\vdots&2\\-2&0&1&\vdots&-3\\1&1&-2&\vdots&5\end{pmatrix}\to\begin{pmatrix}1&1&1&\vdots&2\\-3&1&4&\vdots&-5\\-2&0&1&\vdots&-3\\1&1&-2&\vdots&5\end{pmatrix}\to\begin{pmatrix}1&1&1&\vdots&2\\0&4&7&\vdots&1\\0&2&3&\vdots&1\\0&0&-3&\vdots&3\end{pmatrix}$$

$$\to\begin{pmatrix}1&1&1&\vdots&2\\0&4&7&\vdots&1\\0&2&3&\vdots&1\\0&0&-1&\vdots&1\end{pmatrix}\to\begin{pmatrix}1&1&1&\vdots&2\\0&2&3&\vdots&1\\0&4&7&\vdots&1\\0&0&-1&\vdots&1\end{pmatrix}$$

$$\to\begin{pmatrix}1&1&1&\vdots&2\\0&2&3&\vdots&1\\0&0&1&\vdots&-1\\0&0&-1&\vdots&1\end{pmatrix}\to\begin{pmatrix}1&1&1&\vdots&2\\0&2&3&\vdots&1\\0&0&1&\vdots&-1\\0&0&0&\vdots&0\end{pmatrix}.$$

因此 $r(\tilde{\mathbf{A}})=r(\mathbf{A})=3=n$．故原方程组有唯一解．

定理 4.7 对齐次线性方程组（4.14），有以下结论：

（1）若 $r(\mathbf{A})=n$（未知量个数），则（4.14）有唯一零解；

（2）若 $r(\mathbf{A})<n$，则（4.14）有非零解；

由此可知，$m<n$（即方程个数小于未知量个数）时，（4.14）有非零解．

【例题 4.31】 讨论下列方程组解的情况．

（1）$\begin{cases}x_1+2x_2+3x_3=0\\2x_1+5x_2+3x_3=0\\x_1+5x_2+8x_3=0\end{cases}$；（2）$\begin{cases}x_1+x_2=0\\x_1-2x_2+3x_3=0\\3x_1+5x_3=0\end{cases}$．

解:（1）$$\mathbf{A}=\begin{pmatrix}1&2&3\\2&5&3\\1&5&8\end{pmatrix}\to\begin{pmatrix}1&2&3\\0&1&-3\\0&3&5\end{pmatrix}\to\begin{pmatrix}1&2&3\\0&1&-3\\0&0&14\end{pmatrix}.$$

所以 $r(\mathbf{A})=3$．故此方程组有唯一零解．

（2）$$\mathbf{A}=\begin{pmatrix}1&1&1\\1&-2&3\\3&0&5\end{pmatrix}\to\begin{pmatrix}1&1&1\\0&-3&2\\0&-3&2\end{pmatrix}\to\begin{pmatrix}1&1&1\\0&-3&2\\0&0&0\end{pmatrix}.$$

所以 $r(A)=2<3$，故方程组有非零解．

【例题4.32】 一个牧场，12头牛4周吃草$\frac{10}{3}$格尔，21头牛9周吃草10格尔，问24格尔牧草，多少头牛18周吃完？（注：格尔——牧场的面积单位）

解：设每头牛每周吃草量为 x，每格尔草地每周的生长量（即草的生长量）为 y，每格尔草地的原有草量为 a，另外设24格尔牧草，z 头牛18周吃完．

则根据题意得$\begin{cases} 12\times 4x=\dfrac{10a}{3}+\dfrac{10}{3}\times 4y \\ 21\times 9x=10a+10\times 9y \\ z\times 18x=24a+24\times 18y \end{cases}$，其中$(x,y,a)$是线性方程组的未知数

化简得$\begin{cases} 144x-40y-10a=0 \\ 189x-90y-10a=0 \\ 18zx-432y-24a=0 \end{cases}$

根据题意知齐次线性方程组有非零解，故$r(\mathbf{A})<3$，即系数行列式

$$\begin{vmatrix} 144 & -40 & -10 \\ 189 & -90 & -10 \\ 18z & -432 & -24 \end{vmatrix}=0\text{，计算得 } z=36 .$$

所以24格尔牧草36头牛18周吃完.

4.6.3　逆矩阵法解线性方程组

定理 4.8　对于方程组（4.10），设

$$\mathbf{A}=\begin{pmatrix} a_{11} & a_{12} & \cdots & a_{1n} \\ a_{21} & a_{22} & \cdots & a_{2n} \\ \vdots & & \ddots & \vdots \\ a_{n1} & a_{n2} & \cdots & a_{nn} \end{pmatrix}，\mathbf{X}=\begin{pmatrix} x_1 \\ x_2 \\ \vdots \\ x_n \end{pmatrix}，\mathbf{B}=\begin{pmatrix} b_1 \\ b_2 \\ \vdots \\ b_n \end{pmatrix}.$$

且$|\mathbf{A}|\neq 0$，则$\mathbf{X}=\mathbf{A}^{-1}\mathbf{B}$为方程组（4.10）的解.

【例题 4.33】　解线性方程组$\begin{cases} 3x_1+2x_2+x_3=1 \\ x_1+2x_2+2x_3=2 \\ 3x_1+4x_2+3x_3=3 \end{cases}$.

解：其矩阵式为$\begin{pmatrix} 3 & 2 & 1 \\ 1 & 2 & 2 \\ 3 & 4 & 3 \end{pmatrix}\begin{pmatrix} x_1 \\ x_2 \\ x_3 \end{pmatrix}=\begin{pmatrix} 1 \\ 2 \\ 3 \end{pmatrix}$. 因$\begin{vmatrix} 3 & 2 & 1 \\ 1 & 2 & 2 \\ 3 & 4 & 3 \end{vmatrix}=-2$.

所以
$$\begin{pmatrix} x_1 \\ x_2 \\ x_3 \end{pmatrix}=\begin{pmatrix} 3 & 2 & 1 \\ 1 & 2 & 2 \\ 3 & 4 & 3 \end{pmatrix}^{-1}\begin{pmatrix} 1 \\ 2 \\ 3 \end{pmatrix}=-\frac{1}{2}\begin{pmatrix} -2 & -2 & 2 \\ 3 & 6 & -5 \\ -2 & -6 & 4 \end{pmatrix}\begin{pmatrix} 1 \\ 2 \\ 3 \end{pmatrix}=\begin{pmatrix} 0 \\ 0 \\ 1 \end{pmatrix}.$$

所以其解为$x_1=0$，$x_2=0$，$x_3=1$

【例题 4.34】　求解矩阵方程$\mathbf{AXB}=\mathbf{C}$，其中

$$\mathbf{A}=\begin{pmatrix} 3 & 2 & 1 \\ 1 & 2 & 2 \\ 3 & 4 & 3 \end{pmatrix}，\mathbf{B}=\begin{pmatrix} 3 & 1 \\ 5 & 2 \end{pmatrix}，\mathbf{C}=\begin{pmatrix} 1 & 4 \\ 2 & 0 \\ 3 & 2 \end{pmatrix}.$$

解：易知 $\mathbf{A}^{-1}=\begin{pmatrix}1 & 1 & -1\\ -\frac{3}{2} & -3 & \frac{5}{2}\\ 1 & 3 & -2\end{pmatrix}$，$\mathbf{B}^{-1}=\begin{pmatrix}2 & -1\\ -5 & 3\end{pmatrix}$，则

$$\mathbf{X}=\mathbf{A}^{-1}\mathbf{C}\mathbf{B}^{-1}=\begin{pmatrix}1 & 1 & -1\\ -\frac{3}{2} & -3 & \frac{5}{2}\\ 1 & 3 & -2\end{pmatrix}\begin{pmatrix}1 & 4\\ 2 & 0\\ 3 & 2\end{pmatrix}\begin{pmatrix}2 & -1\\ -5 & 3\end{pmatrix}=\begin{pmatrix}-10 & 6\\ 5 & -3\\ 2 & -1\end{pmatrix}.$$

4.6.4 初等行变换法解线性方程组

定理 4.9 如果通过初等行变换将一个线性方程组的增广矩阵 $(\mathbf{A}\vdots\mathbf{B})$ 化为 $(\mathbf{C}\vdots\mathbf{D})$，则方程组 $\mathbf{AX}=\mathbf{B}$ 与 $\mathbf{CX}=\mathbf{D}$ 是同解方程组.

根据定理 4.9 求解方程组的方法是：对线性方程组的增广矩阵作初等行变换，化成最简行阶梯形矩阵，再还原成线性方程组，就可以得到线性方程组的解.

【例题 4.35】 解线性方程组：$\begin{cases}x_1+3x_2-2x_3+x_4=3\\ 2x_1+x_2-3x_3=2\\ x_1-2x_2-x_3-x_4=-1\end{cases}$.

解：对其增广矩阵作初等行变换，化成最简行阶梯形矩阵

$$\tilde{\mathbf{A}}=(\mathbf{A}\vdots\mathbf{B})=\begin{pmatrix}1 & 3 & -2 & 1 & 3\\ 2 & 1 & -3 & 0 & 2\\ 1 & -2 & -1 & -1 & -1\end{pmatrix}\to\begin{pmatrix}1 & 3 & -2 & 1 & 3\\ 0 & 1 & -\frac{1}{5} & \frac{2}{5} & \frac{4}{5}\\ 0 & 0 & 0 & 0 & 0\end{pmatrix}\to\begin{pmatrix}1 & 0 & -\frac{7}{5} & -\frac{1}{5} & \frac{3}{5}\\ 0 & 1 & -\frac{1}{5} & \frac{2}{5} & \frac{4}{5}\\ 0 & 0 & 0 & 0 & 0\end{pmatrix}.$$

将阶梯形矩阵还原成线性方程组

$$\begin{cases}x_1-\frac{7}{5}x_3-\frac{1}{5}x_4=\frac{3}{5}\\ x_2-\frac{1}{5}x_3+\frac{2}{5}x_4=\frac{4}{5}\end{cases},\quad 即\quad \begin{cases}x_1=-\frac{3}{5}+\frac{7}{5}x_3+\frac{1}{5}x_4\\ x_2=\frac{4}{5}+\frac{1}{5}x_3-\frac{2}{5}x_4\end{cases}.$$

原方程组中有三个方程，通过消元只剩下两个方程，第三个方程没有了，说明第三个方程完全可以用其他两个方程代替，所以是多余方程.

当取 $x_3=c_1$，$x_4=c_2$ 时（c_1，c_2 为任意常数），解为：$\begin{cases}x_1=\frac{3}{5}+\frac{7}{5}c_1+\frac{1}{5}c_2\\ x_2=\frac{4}{5}+\frac{1}{5}c_1-\frac{2}{5}c_2\\ x_3=c_1\\ x_4=c_2\end{cases}$.

因为 c_1，c_2 为任意常数，所以此方程组有无穷多解.

【例题 4.36】 一百货商店出售四种型号的 T 衫：小号、中号、大号和加大号。四种型号的 T 衫的售价分别为：22 元，24 元，26 元，30 元。若商店某周共售出了 13 件 T 衫，毛收入为 320 元。已知大号的销售量为小号和加大号销售量的总和，大号的销售收入也为小号和加大号销售收入的总和，问各种型号的 T 衫各售出多少件？

解：设该 T 衫小号、中号、大号和加大号的销售量分别为：$x_i(i=1,2,3,4)$，

由题意得：
$$\begin{cases} x_1+x_2+x_3+x_4=13 \\ 22x_1+24x_2+26x_3+30x_4=320 \\ x_1-x_3+x_4=0 \\ 22x_1-26x_3+30x_4=0 \end{cases}$$

下面用初等行变换把 $\tilde{\mathbf{A}}$ 化成最简行阶梯形矩阵

$$\tilde{\mathbf{A}}=\begin{pmatrix} 1 & 1 & 1 & 1 & 13 \\ 22 & 24 & 26 & 30 & 320 \\ 1 & 0 & -1 & 1 & 0 \\ 22 & 0 & -26 & 30 & 0 \end{pmatrix} \xrightarrow[r_4-22r_1]{r_2-22r_1,r_3-r_1} \begin{pmatrix} 1 & 1 & 1 & 1 & 13 \\ 0 & 2 & 4 & 8 & 34 \\ 0 & -1 & -2 & 0 & -13 \\ 0 & -22 & -48 & 8 & -286 \end{pmatrix}$$

$$\xrightarrow{r_2\longleftrightarrow r_3} \begin{pmatrix} 1 & 1 & 1 & 1 & 13 \\ 0 & -1 & -2 & 0 & -13 \\ 0 & 2 & 4 & 8 & 34 \\ 0 & -22 & -48 & 8 & -286 \end{pmatrix} \xrightarrow[r_4-22r_2]{r_3+2r_2} \begin{pmatrix} 1 & 1 & 1 & 1 & 13 \\ 0 & -1 & -2 & 0 & -13 \\ 0 & 0 & 0 & 8 & 8 \\ 0 & 0 & -4 & 8 & 0 \end{pmatrix}$$

$$\xrightarrow{r_3\longleftrightarrow r_4} \begin{pmatrix} 1 & 1 & 1 & 1 & 13 \\ 0 & -1 & -2 & 0 & -13 \\ 0 & 0 & -4 & 8 & 0 \\ 0 & 0 & 0 & 8 & 8 \end{pmatrix} \xrightarrow[-\frac{1}{8}r_4]{-r_2,\frac{1}{4}r_3} \begin{pmatrix} 1 & 1 & 1 & 1 & 13 \\ 0 & 1 & 2 & 0 & 13 \\ 0 & 0 & 1 & -2 & 0 \\ 0 & 0 & 0 & 1 & 1 \end{pmatrix}$$

$$\xrightarrow[r_1-r_4]{r_3+2r_4} \begin{pmatrix} 1 & 1 & 1 & 0 & 12 \\ 0 & 1 & 2 & 0 & 13 \\ 0 & 0 & 1 & 0 & 2 \\ 0 & 0 & 0 & 1 & 1 \end{pmatrix} \xrightarrow[r_1-r_3]{r_2-2r_3} \begin{pmatrix} 1 & 1 & 0 & 0 & 10 \\ 0 & 1 & 0 & 0 & 9 \\ 0 & 0 & 1 & 0 & 2 \\ 0 & 0 & 0 & 1 & 1 \end{pmatrix} \xrightarrow{r_1-r_2} \begin{pmatrix} 1 & 0 & 0 & 0 & 1 \\ 0 & 1 & 0 & 0 & 9 \\ 0 & 0 & 1 & 0 & 2 \\ 0 & 0 & 0 & 1 & 1 \end{pmatrix}$$

所以方程组解为：
$$\begin{cases} x_1=1 \\ x_2=9 \\ x_3=2 \\ x_4=1 \end{cases}$$

因此 T 衫小号、中号、大号和加大号的销售量分别为 1 件、9 件、2 件和 1 件.

习 题 4.6

一、用克莱姆法则求解线性方程组：

1. $\begin{cases} x+2y+z=0 \\ 2x-y+z=1 \\ x-y+2z=3 \end{cases}$；　　2. $\begin{cases} x+y+z=1 \\ 2x-y-z=1 \\ x-y+z=2 \end{cases}$.

二、判断 t 为何值时，方程组：$\begin{cases} -x_1-4x_2+x_3=1 \\ tx_2-3x_3=3 \\ x_1+3x_2+(t+1)x_3=0 \end{cases}$ 无解，有唯一解，有无穷多解？

三、解矩阵方程 $\mathbf{AX}=\mathbf{B}$，其中 $\mathbf{A}=\begin{pmatrix} 1 & 0 & 1 \\ 2 & 1 & 0 \\ -3 & 2 & -5 \end{pmatrix}$，$\mathbf{B}=\begin{pmatrix} 1 & -2 & -1 \\ 4 & -5 & 2 \\ 1 & -4 & -1 \end{pmatrix}$.

四、求解矩阵方程 $\mathbf{AXB}=\mathbf{C}$，其中 $\mathbf{A}=\begin{pmatrix} 1 & 0 & 1 \\ 1 & -1 & 2 \\ 0 & 0 & 1 \end{pmatrix}$，$\mathbf{B}=\begin{pmatrix} 1 & 1 \\ 0 & 1 \end{pmatrix}$，$\mathbf{C}=\begin{pmatrix} 1 & 1 \\ 2 & 0 \\ 0 & 2 \end{pmatrix}$.

五、 用逆矩阵解线性方程组 $\begin{cases} 2x+2y+z=5 \\ 3x+y+5z=0 \\ 3x+2y+3z=0 \end{cases}$.

六、用初等行变换法解线性方程组 $\begin{cases} x_1+x_2-2x_3-x_4=-1 \\ x_1+5x_2-3x_3-2x_4=0 \\ 3x_1-x_2+x_3+4x_4=2 \\ -2x_1+2x_2+x_3-x_4=1 \end{cases}$.

本章内容精要

本章主要介绍了两部分内容：一是行列式的基本概念、运算和性质，以及行列式的计算和使用克莱姆法则解线性方程组；二是矩阵的基本概念、运算、性质以及矩阵的初等变换、逆矩阵、矩阵的秩的求法和求解线性方程组．它们的知识要点分别是：

一、行列式

1．**定义**：根据 n 阶行列式的定义，我们可按某行（或列）展开为本行（或列）各元素与其代数余子式积之和，化为对 n 个 $n-1$ 阶行列式的计算，定义本身即给出了展开、降阶计算行列式的有效方法．

应当指出的是：行列式是一个数，其记号与本质都与矩阵完全不同．而对于 n 阶方阵，其本身与对应行列式只是一种形式上的联系，切不可认为二者是相同的．

2．**性质与计算**：利用行列式的性质计算行列式的值，每人都应当用心地加以总结．就常用的方法与技巧而言，这里主要列出如下几种：（1）化零：化为三角行列式；（2）降阶：直接展开；（3）拆项：化为几个行列式之和；（4）递推：导出递推公式；（5）根据元素布局特点全加到第一行（列），再用以去消减其余行（列），或逐行（列）相减．

注意：n 阶行列式的计算是本章的难点，应当通过大量做题、及时总结和阅读参考书努力攻克．

3．**应用**：可以利用行列式求逆矩阵、矩阵的秩以及求解线性方程组（克莱姆法则）．

二、矩阵

1．**定义**：矩阵是个元素组成的数表（一个整体），与行列式是两个完全不同的概念，其表示方法也不同，一定要注意：不要把矩阵写成行列式或把行列式写成矩阵．

2．**线性运算**：数乘矩阵是用该数去乘矩阵的每一个元素．而同形矩阵的加减法是对应元素相加减.

3．**乘法**：矩阵的乘法有其特定的法则，决不可与其他数学运算相混淆．特别注意左因子矩阵的列数与右因子矩阵的行数相等才可以相乘，其规则可简单地概括为（左阵的）行乘（右阵的）列．而且，其运算律也与数的运算律有一些明显的不同，如交换律、消去律不成立，一定要特别注意：尤其在证明题中遇到抽象矩阵时不可忽视．

4．**转置**：即把矩阵的各行换为相应的列．这是一种特殊的数学运算（或变换），通过这种运算应当使我们对“运算”这一概念的理解有所扩充与加深．

5．**初等变换**：共有三种，分别为（1）用非零常数乘某行（或列）；（2）交换两行（或列）；（3）某行（或列）加上另一行的常数倍．

6. **秩**：用化为行阶梯形矩阵时其非零行的个数或用求矩阵非零子式的最高阶数来求秩．

7．**线性方程组**：线性方程组的解的判定以及求解的三种方法：（1）克来姆法则；（2）逆矩阵法；（3）初等行变换法．

自 测 题 四

一、填空题

1．行列式$\begin{vmatrix} a & b & c \\ 1 & -1 & 1 \\ 1 & 2 & 3 \end{vmatrix}=$__________．

2．行列式$\begin{vmatrix} 2 & 1 & -4 \\ 1 & 3 & 2 \\ -3 & 1 & 5 \end{vmatrix}$的代数余子式$A_{31}=$__________，$A_{23}=$________．

3．线性方程组$\begin{cases} ax_1+bx_2=m \\ cx_1+dx_2=n \end{cases}$的系数满足__________时，方程组有唯一解．

二、单项选择题（每小题只有一个正确答案）

1．若$\begin{vmatrix} 3 & 1 & -1 \\ 2 & 5 & x \\ 2 & 3 & 2 \end{vmatrix}=2$，则$x=$（　　）．

A．0　　B．30　　C．$\dfrac{30}{7}$　　D．4

2．$\begin{vmatrix} 0 & 0 & 0 & a \\ 0 & 0 & b & 0 \\ 0 & c & 0 & 0 \\ d & 0 & 0 & 2 \end{vmatrix}=$（　　）．

A．$abcd$　　B．$-abcd$　　C．$2abcd$　　D．$-2abcd$

三、计算题

1．解方程：$\begin{vmatrix} x-1 & 2 & 0 \\ 2 & x & 2 \\ 0 & 2 & x+1 \end{vmatrix}=0$.

2．某厂生产四种产品，1～3月份的生产数量及产品的单位价格如下表.

产量 产品 月份	甲	乙	丙	丁
1	50	30	25	10
2	30	60	25	20
3	50	60	1	25
单位价格（万元）	0.95	1.2	2.5	3

写出矩阵$\mathbf{A}=(a_{ij})_{3\times4}$使$a_{ij}$表示$i$月份生产$j$种产品的数量，$\mathbf{B}=(b_j)_{4\times1}$，使$b_j$表示第$j$种产品的单位价格；计算该厂各月份的总值.

3．计算$\begin{vmatrix} 1 & 2 & 0 & 1 \\ 1 & 3 & 2 & 9 \\ -1 & 1 & 5 & 6 \\ 2 & 3 & 1 & 2 \end{vmatrix}$的值.

4．用克莱姆法则求解方程组：$\begin{cases} 3x_1+5x_2+x_3=4 \\ 2x_1-3x_2+2x_3=-3. \\ 5x_1+4x_2-2x_3=2 \end{cases}$

四、求下列矩阵的秩：

1．$\begin{pmatrix} 1 & 2 & 3 & 4 \\ 1 & -5 & 4 & 5 \\ 1 & 10 & 1 & 2 \end{pmatrix}$　　2．$\begin{pmatrix} 7 \\ 6 \\ -4 \\ 1 \end{pmatrix}$　　3．$\begin{pmatrix} 1 & -1 & 2 \\ 2 & -2 & 4 \\ 3 & 0 & 6 \\ 2 & 1 & 4 \end{pmatrix}$

五、求下列矩阵的逆矩阵：

1．$\begin{pmatrix} 1 & 0 & -2 \\ 2 & -1 & 0 \\ -3 & 1 & 1 \end{pmatrix}$　　2．$\begin{pmatrix} 1 & 2 & 3 & 4 \\ 0 & 1 & 2 & 3 \\ 0 & 0 & 2 & 3 \\ 0 & 0 & 0 & 5 \end{pmatrix}$

六、证明：当$\lambda\neq1$和-2时，线性方程组$\begin{cases} \lambda x_1+x_2+x_3=b_1 \\ x_1+\lambda x_2+x_3=b_2 \\ x_1+x_2+\lambda x_3=b_3 \end{cases}$对于任何实数$b_1$，$b_2$，$b_3$，都有唯一解.

第 5 章　概率统计基础

教学目标

理解概率的定义、性质、事件之间的关系与基本运算，会用古典概型、加法公式、条件概率公式、贝努利概型计算概率；理解几种重要随机变量、密度函数的概念及其性质；掌握数学期望、方差的性质与计算；了解常见统计量、参数估计.

概率论与数理统计是研究随机现象统计规律的一门学科，在经济管理和工程技术中都有着广泛的应用．本章将介绍概率的基本概念及运算、随机变量及其分布、随机变量的数字特征等概率的基本内容；还将介绍样本及分布、参数估计等数理统计的基础知识.

5.1　随 机 事 件

5.1.1　随机事件概念

1．随机现象

在自然界和人类的活动中，经常遇到各种各样的现象，例如：

（1）掷一枚质地均匀硬币，可能出现正面，也可能出现反面.

（2）某人射击一次，可能会命中 0 环，1 环，…，10 环.

（3）重物在高处失去支撑的情况下必然会垂直落到地面.

这三种现象中，（1）（2）有多种可能结果，事前不能确定哪种结果会发生，（3）却只有确定的一种结果，故称（1）（2）为随机现象，（3）为必然现象．所有各种现象也都可大致归为这两类：

随机现象（偶然现象）：在一定条件下，有多种可能结果，且事前不能预言哪种结果会出现的现象.

必然现象（确定现象）：在一定条件下，必然会出现某种结果的现象.

实践经验告诉我们，当对一随机现象进行大量重复观察时，各种可能结果的发生会呈现出一定的规律，我们称之为**统计规律性**．例如，将一枚质地均匀的硬币反复抛掷大量次，就会发现出现正面的次数和出现反面的次数大约各占一半.

2．随机试验

要研究随机现象的统计规律性，就得通过试验来观察随机现象．这里所说的试验是一个含义广泛的术语，它包括各种各样的科学实验，甚至对某一事物的某一特征或某一现象的观察都认为是一种试验.

定义 5.1.1　如果一个试验具有下列三个特性，就称这个试验是**随机试验**，简称**试验**，记作E.

（1）**可重复性**。试验可以在相同条件下大量重复进行.

（2）**明确性**。每次试验结果可能不止一个，但在试验之前已知所有的可能结果.

（3）**随机性**。在一次试验中，某种结果出现与否是不确定的，在试验之前无法准确地预言哪一个结果会出现.

我们是通过研究随机试验来研究随机现象的.

【例题 5.1】　下面几种试验都是随机试验：

（1）记录电话交换台一分钟内接到的呼唤次数；

（2）掷一颗骰子，观察出现的点数；

（3）记录车站售票处一天内售出的车票数.

以上3个例子都是满足随机试验的三个特性的，所以它们都是随机试验.

3. 随机事件

定义 5.1.2　随机试验E的所有可能的试验结果组成的集合称为试验E的**样本空间**，记作Ω. 样本空间的元素（即试验E的每个可能结果）称为**样本点**，记作ω.

【例题 5.2】　写出【例题 5.1】中几个随机试验的样本空间：

（1）$\Omega_1=\{0, 1, 2, 3, 4, \cdots\}$；

（2）$\Omega_2=\{1, 2, 3, 4, 5, 6\}$；

（3）$\Omega_3=\{0, 1, 2, 3, \cdots, n\}$，这里的$n$是售票处一天内准备出售的车票.

当我们通过试验来研究随机现象时，常常不是关心某一个样本点在试验后是否出现，而是关心满足某些条件的样本点在试验后是否出现. 例如，在【例题 5.1】(3) 中，我们要通过对该车站售票处一天售出的票数来决定是否需要扩建车站. 假定超过n张便认为需要扩建，这时，我们关心的便是试验是否大于n. 满足这一条件的样本点组成了样本空间的一个子集.

定义 5.1.3　试验E的样本空间Ω的子集称为E的**随机事件**，简称**事件**，记作：$A, B, C, D, \cdots$. 在每次试验中，当且仅当这一子集中的一个样本点出现时，就称这一事件发生.

特别，由一个样本点组成的单点集，称为**基本事件**. 例如，【例题 5.1】(2) 有6个基本事件$\{1\}, \{2\}, \{3\}, \{4\}, \{5\}, \{6\}$. 由若干基本事件组合而成的事件称为**复合事件**.【例题 5.1】(2) 既是复合事件.

对于一个试验E，在每次试验中必然发生的事情，称为**必然事件**；在每次试验中都不发生的事情，称为**不可能事件**. 例如在【例题 5.1】(2) 中，{掷出的点数不超过6点}是必然事件，若用试验结果的集合来表示，这一事件就是该试验样本空间$\Omega_2=\{1, 2, 3, 4, 5, 6\}$. 而事件{掷出的点数小于1点}是不可能事件，这个事件不包含该试验的任何一个可能结果，故我们用空集的记号$\varnothing$表示不可能事件.

一般地，对于试验E，包含它的所有可能结果的试验结果的样本空间Ω是必然事件；不包含它的任何一个试验结果的事件$\varnothing$是不可能事件. 今后我们就用Ω表示必然事件，用$\varnothing$表示不可能事件.

5.1.2　事件之间的关系与运算

从上一小节的讨论，我们知道，对于试验 E，不可能事件是 $\varnothing$，必然事件是样本空间 Ω 本身，事件 A 是样本空间 Ω 的子集，于是事件的关系和运算就可以用集合论的知识来解释．下面，在讨论两个事件之间的关系和对若干个事件进行运算时，均假定它们是同一个随机试验下的随机事件．

1．事件的包含与相等

设有两个事件 A,B，若事件 A 发生必然导致事件 B 发生，则称**事件 B 包含事件 A**，或者**事件 A 包含于事件 B**，记作 $B\supset A$，或者 $A\subset B$．用集合论的术语来表达，即，$\forall\omega\in A\Rightarrow\omega\in B$，如图 5.1 所示．

【例题 5.3】 一批产品中有合格产品与不合格产品，合格产品中有一、二、三等品，从中随机抽取一件，是合格品记作 A，是一等品记作 B，显然 B 发生时 A 一定发生，因此 $B\subset A$．

若事件 A,B 相互包含，即 $A\subset B$，且 $B\subset A$，则事件 A，B **相等**，记作 $A=B$．

【例题 5.4】 在掷骰子的试验中，记 $A=$｛掷出 3 点或 6 点｝，$B=$｛掷出 3 点的倍数点｝，这两个事件表面上看起来是不同的两种说法，其实表示了同一件事，因而 $A=B$．

2．事件的和

若事件 A 与事件 B 至少有一个发生的事件，称之为事件 A 与事件 B 的**和**（**并**），记作 $A+B$ 或 $A\cup B$．用集合论的术语来表达，如图 5.2 所示，即：

$$A+B=\{\omega|\omega\in A\text{或}\omega\in B\}.$$

【例题 5.5】 在 10 件产品中，有 8 件正品，2 件次品，从中任意取 2 件，记作 $A_1=$｛恰有 1 件次品｝，$A_2=$｛恰有 2 件次品｝，$B=$｛至少有1件次品｝．

由于 $B=$｛至少有 1 件次品｝是指所取出的 2 件产品中，或者是 $A_1=$｛恰有 1 件次品｝，或者是 $A_2=$｛恰有 2 件次品｝，二者必有一发生，因此 $B=A_1+A_2$．

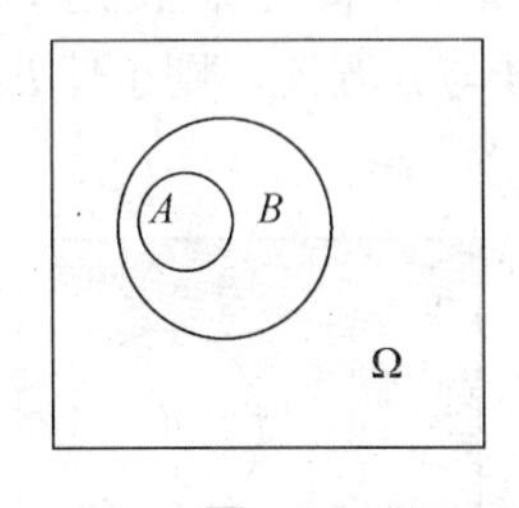

图　5.1

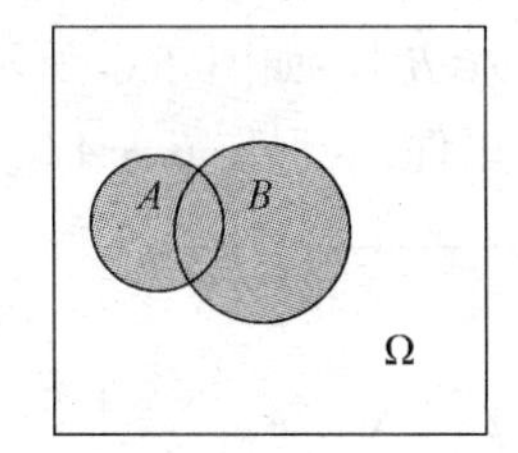

图　5.2

3．事件的积

若事件 A 与事件 B 同时发生的事件，称为事件 A 与事件 B 的**积**，记作 AB．用集合论的术语来表达，即 $AB=\{\omega|\omega\in A\text{且}\omega\in B\}$．如图 5.3 所示，有时也把事件的积称为事件的交．

【例题 5.6】 设 $A=$｛甲厂生产的产品｝，$B=$｛合格品｝，$C=$｛甲厂生产的合格品｝，则 $C=AB$．

根据事件积的定义可知，对任一事件 A，有

$$A\Omega = A, \quad A\varnothing = \varnothing .$$

4. 事件的差

若事件 A 发生而事件 B 不发生的事件称为事件 A 与事件 B 的差，记作 $A-B$. 用集合论的术语来表达，即 $A-B=\{\omega | \omega\in A且\omega\notin B\}$，如图 5.4 所示.

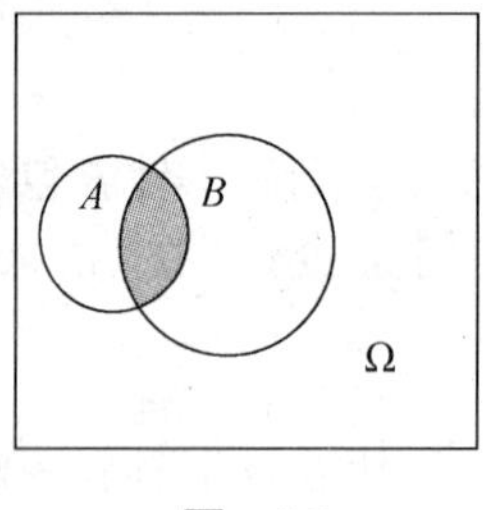

图 5.3

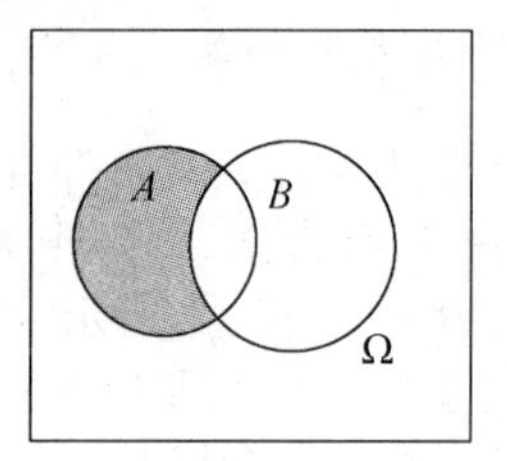

图 5.4

【例题 5.7】 设 $A=$｛甲厂生产的产品｝，$C=$｛甲厂生产的合格品｝，$D=$｛甲厂生产的合格品｝，则 $D=A-C$.

5. 互斥事件（或不相容事件）

若事件 A 与事件 B 满足 $AB=\varnothing$，则称事件 A 与 B 是**互不相容（或互斥）**，如图 5.5 所示.

【例题 5.8】 掷一颗骰子，设 $A=$｛偶数点｝，$B=$｛奇数点｝，则事件 A 与事件 B 是互斥的，即 $AB=\varnothing$.

6. 互逆事件（或对立事件）

若在随机试验中，事件 A 与 B 必有一个事件且仅有一个事件发生，则称事件 A 与 B 是**互逆事件**（或**对立事件**），记作 $A=\overline{B}$. 用集合论的术语来表达，即 $A=\overline{B}=\{\omega | \omega\in\Omega且\omega\notin B\}$，如图 5.6 所示，显然，如果事件 A 与 B 互逆，则事件 B 也是 A 的逆事件（或对立事件），记作 $B=\overline{A}$.

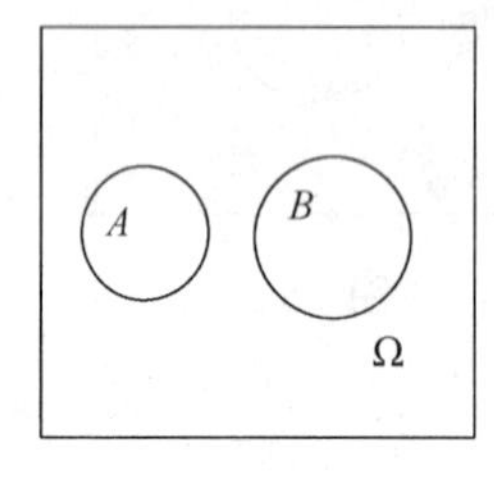

图 5.5

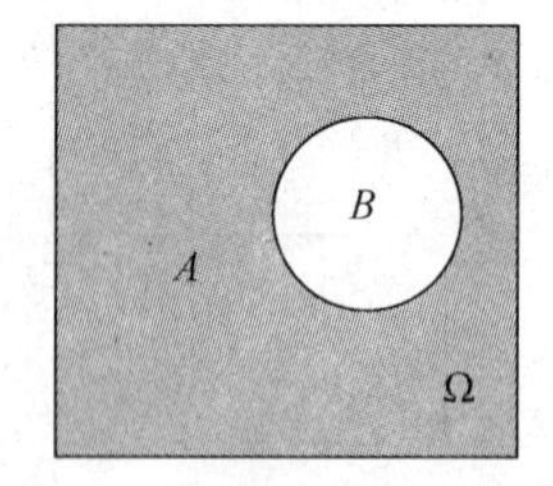

图 5.6

【例题 5.9】 在 10 件产品中，有 8 件正品，2 件次品，从中任取 2 件，设 $A=$｛恰有 2 件次品｝，$B=$｛至多 1 件次品｝，则 $B=\overline{A}$.

根据互逆事件定义可知，若事件 A 与事件 B 互逆，则有 $A+B=\Omega$，$AB=\varnothing$. 对任意事件 A，B 也可得如下结论：

（1）$A-B=A\overline{B}$.

（2）$\overline{\overline{A}} = A$．

注： 互逆与互斥是不同的概念，互逆必互斥，但互斥不一定互逆，例如，事件{射中 10 环}与{射中 9 环}是互斥的，但不是互逆的，因为不能说{没有射中 10 环}就一定有{射中 9 环}，{射中 10 环}的逆事件是{没有射中 10 环}．

根据 6 以上事件的 6 种关系，在进行运算时，经常要用到下述定律：

设有事件 A, B, C，则有：

交换律　$A+B=B+A$，$AB=BA$

结合律　$(A+B)+C=A+(B+C)$，$(AB)C=A(BC)$

分配律　$(A+B)C=AC+BC$，$(AB)+C=(A+C)(B+C)$

德·摩根律　$\overline{(A+B)}=\overline{A}\overline{B}$，$\overline{(AB)}=\overline{A}+\overline{B}$

【例题 5.10】 以直径和长度为衡量一种零件是否合格的指标，规定两项指标中有一项不合格则认为此零件不合格．设 $A=$｛零件直径合格｝，$B=$｛零件长度合格｝，$C=$｛零件合格｝，则：

$\overline{A}=$｛零件直径不合格｝　$\overline{B}=$｛零件长度不合格｝　$\overline{C}=$｛零件不合格｝

于是 $C=AB$，$\overline{C}=\overline{A}+\overline{B}$，即有 $\overline{AB}=\overline{A}+\overline{B}$．

习 题 5.1

一、选择题

1．下列事件不是随机事件的是（　　）．

（1）一批产品有正品，从中任意抽出一件是“正品”

（2）“明天降雨”

（3）“十字路口汽车的流量”

（4）“在北京地区，将水加热到 100℃，变成水蒸气”

（5）掷一枚均匀的骰子，“出现 1 点”

A．（2）（4）　B．（2）（3）（4）　C．只有（4）　D．（2）（3）

2．设甲乙两人进行象棋比赛，考虑事件 $A=$｛甲胜乙负｝，则 $\overline{A}$ 为（　　）．

A．｛甲负乙胜｝　B．｛甲乙平局｝　C．｛甲负｝　D．｛甲负或平局｝

3．如果（　）成立，则事件 A 与 B 为对立事件．

A．$AB=\varnothing$　B．$A+B=\Omega$　C．$AB=\varnothing$ 且 $A+B=\Omega$　D．A 与 $\overline{B}$ 互为对立事件

4．对于事件 A, B，命题（　）是正确的．

A．如果 A, B 互不相容，则 $\overline{A}, \overline{B}$ 也互不相容

B．如果 $A\subset B$，则 $\overline{A}\subset\overline{B}$

C．如果 A, B 相容，则 $\overline{A}, \overline{B}$ 也相容

D．如果 A, B 对立，则 $\overline{A}, \overline{B}$ 也对立

二、填空题

设 A, B, C 为 3 个事件，则用 A, B, C 表示下列事件有：

（1）A, B, C 都出现＿＿＿＿＿＿＿＿；

（2）A, B, C 都不出现＿＿＿＿＿＿＿＿＿＿＿＿；

（3）A, B, C 不都出现＿＿＿＿＿＿＿＿＿＿＿＿；

（4）A, B, C 恰好一个出现＿＿＿＿＿＿＿＿＿＿＿＿＿＿＿＿．

三、简答题

1．$A=$｛甲产品畅销，乙产品滞销｝，求 A 的逆事件．

2．从某系学生中任选一名学生，$A=$｛所选者会英语｝，$B=$｛所选者会日语｝，$C=$｛所选者是男生｝，试描述事件 AC 和 $A=B$．

3．从一批产品中每次取出一件产品进行检验（每次取出的产品不放回），事件 A_i 表示第 i 次取到的合格品（$i=1，2，3$）．试用事件的运算符号表示下列事件：

A：三次都取到了合格品；

B：三次中至少有一次取到了合格品；

C：三次中恰有两次取到合格品；

D：三次中最多有一次取到合格品．

5.2 随机事件的概率

一个随机试验有许多可能结果，我们希望知道某些结果出现的可能性有多大．例如，购买某品牌的电视机，我们很想知道它是次品的可能性有多大？显然，电视机是次品是一个随机事件，我们希望能将随机事件发生的可能性大小用数值来刻画．这个数值就是概率．本节的主要内容就是研究概率的概念、性质及其简单的计算．

5.2.1 统计概率

为得到概率的统计定义，先建立频率的概念．

定义 5.2.1 若在同一条件下将试验 E 重复 N 次，事件 A 发生了 m 次，则称比值 $\frac{m}{N}$ 为事件 A 在 N 次重复试验中发生的**频率**，记为 $f_N(A)$，即

$$f_N(A)=\frac{m}{N} \tag{5.1}$$

人们在实践中发现，当重复试验次数 N 较大时，事件发生的频率往往可以大致反映事件发生的可能性的大小．为了解决更一般场合下概率的定义与计算问题，历史上许多人做了大量的实验来研究频率（表 5-1 记录了部分投掷硬币的实验结果），发现频率具有稳定性：当 N 很大时，频率值 $f_N(A)$ 会在某个常值附近摆动，而随着试验次数 N 的增大，这种摆动幅度会越来越小，这个常值就是概率．

表　5-1

人　名	投掷次数	出现正面的次数	频　率
蒲　丰	4 040	2 048	0.506 9
费　勒	10 000	4 979	0.497 9
皮尔逊	12 000	6 019	0.501 6
皮尔逊	24 000	12 012	0.500 5

频率的稳定性为人们用当 N 很大时的频率值近似地作为概率值提供了依据，由此，也得到了历史上第一个概率的定义——概率的统计定义．

定义 5.2.2　在一个随机试验中，如果随着试验次数的增大，事件 A 出现的频率 $\frac{m}{N}$ 在某个常数 p 附近摆动，则称 p 为事件 A 的概率，记作 $P(A)=p$，此概率称为**统计概率**.

5.2.2　古典概率

若试验 E 具有以下两个特征。

（1）有限性：E 的样本空间 Ω 只含有有限个元素 ω_1，ω_2，…，ω_n；

（2）等可能性：E 的各基本事件｛ω_1｝｛ω_2｝｛ω_n｝出现的可能性相等；则称 E 为**古典型随机试验（或古典概型）**.

例如“投掷硬币”、“掷骰子”等试验就具备以上两个条件，所以属于古典概型.

根据古典概型的特点，我们可以定义任一随机事件 A 的概率.

定义 5.2.3　如果古典概型中的所有基本事件的个数是 n，事件 A 包含的基本事件的个数是 m，则事件 A 的概率为

$$P(A)=\frac{m}{n}=\frac{\text{事件}A\text{包含的基本事件的个数}}{\text{所有基本事件的个数}}.$$

并称此概率为**古典概率**.

【例题 5.11】　设盒中有 8 个球，其中红球 3 个，白球 5 个，

（1）若从中随机取出一球，用 A 表示｛取出的是红球｝，B 表示｛取出的是白球｝，求 $P(A)$，$P(B)$；

（2）若从中随机取出两球，设 C 表示｛两个都是白球｝，D 表示｛一红一白｝，求 $P(C)$，$P(D)$；

（3）若从中随机取出 5 球，设 E 表示｛取到的 5 个球恰有 2 个白球｝，求 $P(E)$.

解：（1）从 8 个球中随机取出 1 个球，取出方式有 C_8^1 种，即基本事件的总数为 C_8^1，事件 A 包含的基本事件的个数为 C_3^1，事件 B 包含的基本事件的个数为 C_5^1，故

$$P(A)=\frac{C_3^1}{C_8^1}=\frac{3}{8}，P(B)=\frac{C_5^1}{C_8^1}=\frac{5}{8}.$$

（2）从 8 个球中随机取出 2 球，基本事件的总数为 C_8^2，取出｛两个都是白球｝包含的基本事件的个数为 C_5^2，故

$$P(C)=\frac{C_5^2}{C_8^2}=\frac{5\times4}{2\times1}\cdot\frac{2\times1}{8\times7}\approx0.357.$$

取出｛一红一白｝包含的基本事件的个数为 $C_3^1C_5^1$，故

$$P(D)=\frac{C_3^1C_5^1}{C_8^2}=\frac{3\times5\times2\times1}{8\times7}\approx0.536.$$

（3）从 8 个球中任取 5 个球，基本事件的总数为 C_8^5，取到的｛5 个球中恰有 2 个白球｝包含的基本事件的个数为 $C_3^3C_5^2$，因此

$$P(E)=\frac{C_3^3C_5^2}{C_8^5}=\frac{1\times5\times4}{2\times1}\cdot\frac{5\times4\times3\times2\times1}{8\times7\times6\times5\times4}\approx0.179.$$

5.2.3 几何概率

概率的古典定义利用等可能性的概念，成功解决了古典概型中的概率计算问题. 能否突破古典概型关于"基本事件总数有限"的限制，将这种做法推广到无限多结果而又有某种可能性的场合？对这一问题的研究便产生了概率的几何定义.

几何型随机试验：设试验E的样本空间Ω为某一区域，且其任一基本事件的发生具有等可能性，则称E为**几何型随机试验（或几何概型）**.

可见几何概型与古典概型一样具有**"等可能性"**，但其样本空间含无限多样本点且形成一个几何区域. 基于"等可能性"，古典概率被定义为"部分"比"全体"，那么，对于几何概型，如果我们能够度量其"部分"与"全体"，其事件的概率也应定义为二者之比.

定义 5.2.4 若几何型随机试验E的事件A的度量大小为$\mu(A)$，E的样本空间Ω的度量大小为$\mu(\Omega)$，则事件A发生的概率为

$$P(A)=\frac{\mu(A)}{\mu(\Omega)}.$$

并称此概率为**几何概率**.

由于几何概型的特点，任一具体的几何概型问题都可以看作是向一有界区域Ω随机投一点，因而求几何概率的关键是确定该问题样本空间所成的几何区域以及有利于事件A的样本点所成的子区域.

【例题 5.12】 设公共汽车每 5min 一班，求乘客等车不超过 1min 的概率.

解：设乘客的到站时刻为t，他到站后来的第一辆车到站时刻为t_0，由于乘客在t_0-5与t_0之间的任一时刻到站是等可能的，问题归结为向直线区域

$$\Omega=\{t|t_0-5<t\leqslant t_0\}.$$

随机投一点，而

$$A=\{\text{等车不超过1min}\}=\{t|t_0-1\leqslant t\leqslant t_0\}.$$

故

$$P(A)=\frac{\mu(A)}{\mu(\Omega)}=\frac{t_0-(t_0-1)}{t_0-(t_0-5)}=\frac{1}{5}.$$

5.2.4 概率的性质

由以上三种概率的定义可知，无论哪一种概率都有以下三条基本性质：

（1）对任意事件A，有$0\leqslant P(A)\leqslant 1$；

（2）对必然事件Ω，$P(\Omega)=1$；

（3）不可能事件$\varnothing$，$P(\varnothing)=0$；

由这三条基本性质，可推出概率的下述重要性质：

性质 1（概率的加法原理） 若A_1，A_2，A_3，…，A_n是两两互斥的事件，则

$$P(\sum_{i=1}^{n}A_i)=\sum_{i=1}^{n}P(A_i).$$

即互斥事件之和的概率等于各事件的概率之和.

【例题 5.13】 有产品 50 个，其中 45 个正品，5 个次品，从中任取 3 个，求有次品的概率.

解：设 $A=$ { 有次品 }，$A_i=$ { 有 i 个次品 }（$i=1, 2, 3$），抽取时，A_1，A_2，A_3 不可能同时发生，故 A_1，A_2，A_3 是两两互斥的．所以

$$A=A_1+A_2+A_3 .$$

$$P(A)=P(A_1+A_2+A_3)=P(A_1)+P(A_2)+P(A_3)$$
$$=\frac{C_5^1C_{45}^2}{C_{50}^3}+\frac{C_5^2C_{45}^1}{C_{50}^3}+\frac{C_5^3}{C_{50}^3}\approx 0.276\ 0 .$$

性质 2　设 A 为任一随机事件，则

$$P(\overline{A})=1-P(A) .$$

性质 2 告诉我们：如果正面计算事件 A 的概率有困难时．可以先求其逆事件 $\overline{A}$ 的概率，然后再利用此性质得其所求.

【例题 5.14】 某集体有 6 人是 1980 年 9 月出生的，求其中至少有 2 人是同一天出生的概率.

解：设 A 表示事件 { 6人中至少有2人同一天出生 }，显然 A 包含以下情况：

A_1：恰有 2 个人同一天出生；

A_2：恰有 3 个人同一天出生；

A_3：恰有 4 个人同一天出生；

A_4：恰有 5 个人同一天出生；

A_5：6 个人同一天出生.

于是 $A=A_1+A_2+A_3+A_4+A_5$，显然 A_i（$i=1, 2, \cdots, 5$）之间是两两互斥的，由性质 1 知：

$$P(A)=P(A_1)+P(A_2)+P(A_3)+P(A_4)+P(A_5)$$

这个计算是繁琐的，因此考虑用逆事件 $\overline{A}$ 计算，用 A_0 表示事件 {6 人中没有同一天出生}，则

$$A_0+A_1+A_2+A_3+A_4+A_5=A_0+A=\Omega .$$

又因为 $A_0A=\varnothing$，所以 $A_0=\overline{A}$，于是

$$P(A)=1-P(\overline{A})=1-P(A_0) .$$

由于 9 月共有 30 天，每个人可以在这 30 天里的任何一天出生，于是全部可能情况共有：

$$30\times30\times30\times30\times30\times30=30^6 .$$

种不同情况，没有任何 2 人生日相同就是 30 中取 6 的排列：

$$P_{30}^6=30\times29\times28\times27\times26\times25 .$$

这就是 A_0 包含基本事件的个数，于是

$$P(A_0)=\left(\frac{1}{30}\right)^6\times30\times29\times28\times27\times26\times25\approx0.586\ 4 .$$

因此　$$P(A)=1-P(A_0)=1-0.586\ 4=0.413\ 6 .$$

性质3 设A,B是两事件，若$A\subset B$，则有$P(B-A)=P(B)-P(A)$.

【例题5.15】 对任意两个事件A与B，有$P(A-B)=$（　　）.

（A）$P(A)-P(B)$　　（B）$P(A)-P(B)+P(AB)$

（C）$P(A)-P(AB)$　　（D）$P(A)+P(AB)$

解：因为事件A与B的关系不知道，所以只能是把事件A中含有B的那一部分去掉，即应选（C）.

性质4 对任意两个事件A,B，有$P(A+B)=P(A)+P(B)-P(AB)$.

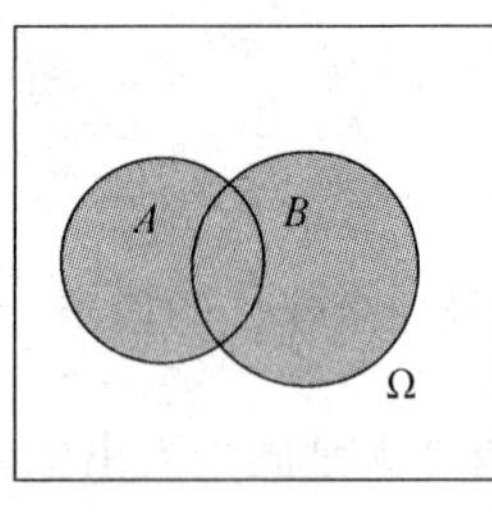

图　5.7

性质4可以用几何图形解释，如图5.7所示，整个矩形面积为1，$P(A+B)$可以用阴影部分的面积表示，$P(A)+P(B)$是图中A的面积与B的面积之和，它减去重复计算了一次的AB的面积，剩下的就是图中阴影部分的面积.

【例题5.16】 某设备由甲、乙两个部件组成，当超载负荷时，各自出故障的概率分别为0.90和0.85，同时出故障的概率是0.80，求超载负荷时至少有一个出故障的概率.

解：设A表示{甲部件出故障}，B表示{乙部件出故障}，则

$$P(A)=0.90，\quad P(B)=0.85，\quad P(AB)=0.80.$$

于是

$$P(A+B)=P(A)+P(B)-P(AB)=0.90+0.85-0.80=0.95.$$

即超载负荷时至少有一个部件出故障的概率是0.95.

性质4也可以推广到多个事件相加的情形，下面给出三个随机事件的加法公式：

$$P(A+B+C)=P(A)+P(B)+P(C)-P(AB)-P(BC)-P(AC)+P(ABC).$$

习题5.2

一、选择题

1．一批产品1000件，其中有10件次品，无放回地从中任取2件，则取得至少有一件次品的概率为（　　）.

A．0.09　　B．0.038　　C．0.050　　D．0.019 9

2．设袋中有6个球，其中有2个红球，4个白球，现随机地同时取出2球，则这2球中至少有1个白球的概率是（　　）.

A．$\frac{1}{15}$　　B．$\frac{14}{15}$　　C．$\frac{2}{3}$　　D．$\frac{1}{3}$

3．同时掷3枚均匀硬币，恰好有两枚正面向上的概率为（　　）.

A．0.5　　B．0.25　　C．0.125　　D．0.375

4．10张奖券中含有3张中奖的奖券，每人购买一张，则前3个购买者中恰有一人中奖的概率为（　　）.

A．$C_{10}^{3}\times0.7^{2}\times0.3$　　B．0.3　　C．$\frac{7}{40}$　　D．$\frac{21}{40}$

5．已知事件A与B的概率都是$\frac{1}{2}$，则下列结论一定正确的是（　　）.

A．$P(A+B)=1$　　B．$P(\overline{A}\overline{B})=\frac{1}{4}$　　C．$P(AB)=\frac{1}{2}$　　D．$P(AB)=P(\overline{A}\overline{B})$

6．设 $P(A+B)=a,P(\overline{A})=b,P(\overline{B})=c$，则 $P(A\overline{B})=$（　　）.

A．$(a+c)c$　　　B．$a+c-1$　　　C．$a+b-c$　　　D．$(1-b)c$

二、填空题

1．10 把钥匙中有 3 把能打开门，今任取 2 把，能打开门的概率 $P(A)=$________.

2．在区间(0，1)中随机抽取两个数，则事件“两个数之和小于 $\frac{6}{5}$ ”的概率为_______.

3．从数字 1，2，3，4，5 中任取 3 个，组成没有重复数字的三位数，则这个三位数是偶数的概率为________.

4．有甲、乙、丙三个人，每人都等可能地被分配到四个不同房间中的任一间内，则三个人在不同房间的概率为________.

5．从 52 张扑克牌中任意抽取 13 张，则抽到 5 张黑桃，4 张红心，3 张方块，1 张草花的概率为____________.

三、解答题

1．100 件产品中有 20 件次品，80 件正品，从中任取 10 件，试求：

（1）恰有 2 件次品的概率；

（2）至少有两件次品的概率.

2．从装有 5 个白球，6 个黑球的袋中逐个地任意取出 3 个球，求顺序为黑白黑的概率.

3．某年级有 200 人，问至少有一个的生日是 10 月 1 日的概率是多少？

4．产品分为一等品、二等品、次品三种，若一等品的概率为 0.73，二等品的概率为 0.21，求产品的合格率与次品率.

5.3　条件概率与独立性

在大千世界中，事物是互相联系、互相影响的，这对随机事件也不例外．在同一试验中，一个事件发生与否对其他事件发生的可能性的大小究竟有何影响？这便是本节将要讨论的内容.

5.3.1　条件概率

首先我们来考察一个简单的例子.

某家电器商店库存有甲、乙两联营厂生产的相同牌号的冰箱 100 台．甲厂生产的 40 台中有 5 台次品；乙厂生产的 60 台中有 10 台次品．今工商质检队随机地从库存的冰箱中抽检 1 台．试求抽检到 1 台是次品（记为事件 A）的概率有多大．其答案是

$$P(A)=\frac{15}{100}.$$

如果商店有意让质检队从甲厂生产的冰箱中抽检 1 台，那么，这 1 台是次品的概率有多大？由于样本空间不再是全部库存的冰箱，而是缩小到甲厂生产的冰箱，则这个概率为 $\frac{5}{40}$．这两个概率不相同是容易理解的，因为在第二个问题中所抽到次品必是甲厂生产的，

这比第一问题多了一个“附加条件”，设事件 B 表示｛抽到的产品是甲厂生产的｝，第二个问题可以看作是，在“已知 B 发生”的附加条件下，求事件 A 的概率，这个概率便是下面将要研究的条件概率，记作 $P(A|B)$，它表示｛在已知 B 发生的条件下，事件 A 的概率｝，前面已经算得 $P(A|B)=\frac{5}{40}$，仔细观察后发现，$P(A|B)$ 与 $P(B)$，$P(AB)$ 之间有如下关系：

$$P(A|B)=\frac{5}{40}=\frac{5/100}{40/100}=\frac{P(AB)}{P(B)}.$$

由此引出条件概率定义.

定义 5.3.1 在事件 B 发生的条件下事件 A 发生的概率，称为**已知 B 时 A 的条件概率或 A 关于 B 的条件概率**，记作 $P(A|B)$．并且条件概率的计算公式：$P(A|B)=\frac{P(AB)}{P(B)}$（$P(B)\neq 0$）.

同理在事件 A 发生的条件下事件 B 发生的条件概率

$$P(B|A)=\frac{P(AB)}{P(A)} \quad (P(A)\neq 0).$$

【例题 5.17】 某元件用满 6000 小时未坏的概率是 3/4，用满 10000 小时未坏的概率是 1/2，现有一个此种元件，已经用过 6000 小时未坏，问它能用到 10000 小时的概率.

解：设 A 表示｛用满 10000 小时未坏｝，B 表示｛用满 6000 小时未坏｝，则

$$P(B)=\frac{3}{4},\quad P(A)=\frac{1}{2}.$$

由于 $A\subset B, AB=A$，因而 $P(AB)=P(A)=\frac{1}{2}$，故

$$P(A|B)=\frac{P(AB)}{P(B)}=\frac{P(A)}{P(B)}=\frac{1/2}{3/4}=\frac{2}{3}.$$

5.3.2 乘法公式

将条件概率公式以另一种形式写出，就是乘法公式的一般形式：

设 $P(A)\neq 0$，则有

$$P(AB)=P(A)P(B|A) \tag{5.2}$$

将 A，B 的位置对换，则可得到乘法公式的另一种形式

$$P(AB)=P(B)P(A|B) \quad (P(B)\neq 0) \tag{5.3}$$

利用乘法公式，可以计算两事件 A,B 同时发生的概率 $P(AB)$.

【例题 5.18】 已知盒子中装有 10 只电子元件，其中 6 只正品，从其中不放回地任取两次，每次取一只．问两次都取到正品的概率是多少？

解：设 A 表示｛第一次取到的是正品｝，B 表示｛第二次取到的是正品｝，则

$$P(A)=\frac{6}{10},\quad P(B|A)=\frac{5}{9}.$$

两次都取到正品的概率是

$$P(AB)=P(A)P(B|A)=\frac{6}{10}\times\frac{5}{9}=\frac{1}{3}.$$

乘法公式也可以推广到有限多个事件的情形，例如对于三个随机事件 A_1，A_2，A_3 $(P(A_1A_2)\neq 0)$ 有

$$P(A_1A_2A_3)=P(A_1)P(A_2|A_1)P(A_3|A_1A_2).$$

5.3.3　事件的独立性

设 A,B 是试验 E 的两个事件，若 $P(A)>0$，一般地，A 的发生对 B 发生的概率是有影响的，这时 $P(B|A)\neq P(B)$，但在实际问题中，也还会有另一种情况，即事件 B 的发生与否不受事件 A 是否发生的影响，即

$$P(B|A)=P(B).$$

定义 5.3.2　如果两个事件 A,B 中任一事件的发生不影响另一事件发生的概率，即

$$P(A|B)=P(A)\text{ 或 }P(B|A)=P(B),$$

则称 A,B 为**相互独立的事件**，否则，称为是不独立的．容易证明：

（1）若事件 A 与事件 B 相互独立，则 A 与 $\overline{B}$，$\overline{A}$ 与 B，$\overline{A}$ 与 $\overline{B}$ 也相互独立；

（2）若 $P(A)>0$，$P(B)>0$，则 A,B 相互独立与 A，B 不相容不能同时成立．

定理 5.1　两个事件 A,B 相互独立的充分必要条件是

$$P(AB)=P(A)P(B).$$

在实际应用中，对于事件的独立性，我们往往不是根据定义来判断，而是根据实际意义来加以判断的．

【例题 5.19】　设甲，乙两射手独立地射击同一目标，他们击中目标的概率分别为 0.9 和 0.8，求在一次射击中，目标被击中的概率．

解：设事件 A 表示｛甲击中目标｝，B 表示｛乙击中目标｝，C 表示｛击中目标｝，则有

$$P(A)=0.9,\quad P(B)=0.8.$$

又因为 $C=A+B$，且 A 与 B 相互独立，故

$$\begin{aligned}P(C)&=P(A+B)=P(A)+P(B)-P(AB)\\&=P(A)+P(B)-P(A)P(B)\\&=0.9+0.8-0.9\times0.8=0.98\end{aligned}$$

5.3.4　n 重独立试验概型

定义 5.3.3　若试验 E 单次试验的结果只有两个 A，$\overline{A}$，且 $P(A)=p$ 保持不变，将试验 E 在相同条件下独立地重复做 n 次，称这 n 次试验为 n 重独立试验序列，这个试验模型称为 n 重独立试验序列概型，也称为 ***n* 重贝努利概型**，简称**贝努利概型**．

问题是 n 重贝努利概型中事件 A 发生 k 次的概率是多少？先看下面例子．

【例题 5.20】　设有一批产品，次品率为 p，现进行有放回地抽取，即任取一个产品，检查一下它是正品还是次品后，放回去，再进行第二次抽取，问任取 n 次后发现二个次品的概率是多少？

解：先讨论 $n=4$ 的情形．

设 A_i 表示{第i次抽得的是次品}（$i=1, 2, 3, 4$），则 $\overline{A}_i$ 表示{第i次抽得的是正品}. 在4次试验中，抽得两次次品的方式有 $C_4^2=6$ 种：

$$\begin{matrix} A_1A_2\overline{A}_3\overline{A}_4, & A_1\overline{A}_2A_3\overline{A}_4, & A_1\overline{A}_2\overline{A}_3A_4 \\ \overline{A}_1A_2A_3\overline{A}_4, & \overline{A}_1A_2\overline{A}_3A, & \overline{A}_1\overline{A}_2A_3A_4 \end{matrix}.$$

以上各式中，任何两种方式都是互斥的，因此在4次试验中，恰抽得两个次品的概率是

$$P_4(2)=P(A_1A_2\overline{A}_3\overline{A}_4)+P(A_1\overline{A}_2A_3\overline{A}_4)+\cdots+P(\overline{A}_1\overline{A}_2A_3A_4).$$

由于抽得次品的概率都是一样的，即 $P(A_i)=p$，且各次试验是相互独立的，于是有

$$P(A_1A_2\overline{A}_3\overline{A}_4)=P(A_1)P(A_2)P(\overline{A}_3)P(\overline{A}_4)=p^2(1-p)^{4-2}.$$

同理有 $$P(A_1\overline{A}_2A_3\overline{A}_4)=\cdots=P(\overline{A}_1\overline{A}_2A_3A_4)=p^2(1-p)^{4-2}.$$

于是 $$P_4(2)=p^2(1-p)^{4-2}+p^2(1-p)^{4-2}+\cdots+p^2(1-p)^{4-2}=C_4^2p^2(1-p)^{4-2}.$$

推广到一般情形，n 次试验中事件 A 发生 $k(0\leqslant k\leqslant n)$ 次的概率为

$$p_k=P_n(k)=C_n^kp^k(1-p)^{n-k}，（k=0, 1, 2, \cdots, n）.$$

可以证明 $$\sum_{k=0}^{n}p_k=\sum_{k=0}^{n}C_n^kp^k(1-p)^{n-k}=(p+1-p)^n=1 \tag{5.4}$$

定理 5.2 若单次试验中事件 A 发生的概率 $p(0<p<1)$，则在 n 次重复试验中 A 发生 K 次的概率为：

$$P_n(k)=C_n^kp^kq^{n-k} \quad (q=1-p, k=0, 1, 2, \cdots, n) \tag{5.5}$$

注意： $C_n^kp^kq^{n-k}$ 是二项式的展开式中的第 $n+1$ 项，故定理5.2也称为二项概率计算公式.

【例题 5.21】 某射手每次击中目标的概率是0.6，如果射击5次，试求至少击中两次的概率.

解：

$$\begin{aligned} P_5(k\geqslant 2)&=\sum_{k=2}^{5}P_5(k) \\ &=1-P_5(0)-P_5(1) \\ &=1-C_5^0(0.6)^0(0.4)^5-C_5^1(0.6)^1(0.4)^4. \\ &\approx 0.913 \end{aligned}$$

二项概率公式应用的前提是{n重独立重复试验}，实际中，真正完全重复的现象并不常见，常见的只不过是近似的重复. 尽管如此，还是可用上述二项概率公式作近似处理.

【例题 5.22】 某种产品的次品为5%，该产品的总数很大，且抽出样品的数量相对较小，因而可以当作是有放回抽样处理，这样做会有一些误差，但误差不会太大，抽出20个样品检验，可看作是做了20次独立试验，每一次是否为次品可看成是一次试验的结果，因此20个该产品中恰有2个次品的概率是

$$P_{20}(2)=C_{20}^2(0.05)^2(0.95)^{18}\approx 0.189.$$

习 题 5.3

一、选择题

1．对于任意二事件 A和B，有（　　）.

A．若 $AB\neq\varnothing$，则 A,B 一定独立

B．若 $AB\neq\varnothing$，则 A,B 有可能独立

C．若 $AB=\varnothing$，则 A,B 一定独立

D．若 $AB=\varnothing$，则 A,B 一定不独立

2．将一枚均匀的硬币独立地掷 3 次，A_1= {掷第一次出现正面}，A_2= {掷第二次出现正面}，A_3= {正、反面各出现一次}，A_4= {正面出现两次}，则下列说法正确的是（　　）．

A．A_1，A_2，A_3 互相独立　　B．A_2，A_3，A_4 互相独立

C．A_1，A_2，A_3 两两独立　　D．A_2，A_3，A_4 两两独立

3．设 $P(A)=0.8$，$P(B)=0.7$，$P(A|B)=0.8$，则下列结论正确的是（　　）．

A．事件 A 与 B 互不相容　　B．$A\subset B$

C．事件 A 与 B 互相独立　　D．$P(A+B)=P(A)+P(B)$

4．每次试验的成功率为 p（$0<p<1$），独立地重复进行试验直到第 n 次才取得 r（$1\leqslant r\leqslant n$）次成功的概率为（　　）．

A．$C_n^r p^r(1-p)^{n-r}$　　B．$C_{n-1}^{r-1} p^r(1-p)^{n-r}$

C．$p^r(1-p)^{n-r}$　　D．$C_{n-1}^{r-1} p^{r-1}(1-p)^{n-r}$

二、填空题

1．设 A，B 为两个随机事件，已知 $P(A|B)=0.3$，$P(B|A)=0.4$，$P(\overline{A}|\overline{B})=0.7$，则 $P(A+B)=$ ______________．

2．电灯泡使用寿命在 1 000 h 以上的概率为 0.2，则 3 个灯泡在使用 1 000 h 以后，最多只有 1 个坏了的概率为____________．

3．某射手在 3 次射击中至少命中 1 次的概率为 0.875，则该射手在 1 次射击中命中的概率为__________．

4．设 10 件产品中有 4 件不合格品，从中任取 2 件，已知所取 2 件产品中有 1 件是不合格品，则另一件也是不合格品的概率是____________．

5．一学生金工实习，用一台机器连续独立地制造了 3 个同样零件，第 i 个零件是不合格品的概率 $P_i=\dfrac{1}{1+i}$（$i=1,2,3$），以 X 表示 3 个零件中合格品数，则 $P(X=2)=$ ________．

三、解答题

1．3 个人独立地去破译一个密码，他们能译出的概率分别为 $\dfrac{1}{5}$，$\dfrac{1}{6}$，$\dfrac{1}{3}$，问不能将此密码破译的概率是多少？

2．（1）已知 $P(A)=0.5$，$P(B)=0.6$，$P(B|A)=0.8$，求 $P(A+B)$；

（2）$P(\overline{A})=0.4$，$P(B)=0.5$，$P(A|\overline{B})=0.8$，求 $P(A|B)$．

3．袋中有 10 个球，8 红 2 白，从袋中任取两次，每次取一球作不放回抽样，求下列事件的概率：

（1）两次都取得红球；

（2）两次中一次取得红球，另一次取得白球；

（3）至少一次取得白球；

（4）第二次取得白球．

4．某家庭中有两个小孩，已知其中一个是男孩，试问另一个也是男孩的概率是多少？

5．甲、乙两人考大学，甲考上的概率是 0.7，乙考上的概率是 0.8，问（1）甲乙都考上的概率是多少？（2）甲乙两人至少一人考上的概率是多少？

5.4 随机变量及其分布

5.4.1 随机变量的概念

为了全面地研究随机试验的结果，揭示客观存在着的统计规律，我们将随机试验的结果数量化，把随机试验的结果与实数对应起来．事实上，有许多随机试验的结果本身就是一个实数．例如，在【例题 5.1】中试验的结果都是实数，也就是在【例题 5.2】中列出的样本空间 Ω_1，Ω_2，Ω_3．当然也有一些随机试验的结果，它本身不是一个实数，这时我们可以设法将其量化．

【例题 5.23】 考察"抛硬币"这一试验，它有两个可能结果："出现 H "或"出现 T "．为了便于研究，我们将每一个结果用一个实数来代替．例如，用数"1"代表"出现 H "，用"0"代表"出现 T "．这样，当我们讨论试验结果时，就可以简单地说成结果是数 1 或者数 0．

建立这种数量化关系，实际上就相当于引入一个变量 X，对于试验的两个结果，将 X 的值分别定为 1 或 0．这样的变量 X 随着试验的不同结果而取不同的值．如果与试验的样本空间 $\Omega=\{\omega\}=\{H,T\}$ 联系起来，那么，对应于样本空间的不同元素，变量 X 取不同的值，因而 X 是定义在样本空间上的函数，即

$$X=X(\omega)=\begin{cases}0, & \omega=T\\ 1, & \omega=H\end{cases}.$$

由于试验结果的出现是随机的，因而 $X(\omega)$ 的取值也是随机的，我们称 $X(\omega)$ 为随机变量，其一般定义如下。

定义 5.4.1 设 E 是随机试验，它的样本空间是 $\Omega=\{\omega\}$（这里我们用 ω 代表样本空间中的所有元素）．如果对于每一个 $\omega\in\Omega$，有一个实数 $X(\omega)$ 与之对应，这样就得到一个定义在 Ω 上的单值实函数 $X=X(\omega)$，称为**随机变量**．记作 X 或 ξ．

引入随机变量 X 后，就可以用随机变量 X 来描述事件．如在【例题 5.23】中，X 取值为 1 写成 $\{X=1\}$，它表示事件 $\{H\}$；X 取值为 0 写成 $\{X=0\}$，它表示事件 $\{T\}$．由于随机变量 X 的取值随试验的结果而定，而试验的各个结果的出现有一定的概率，因而 X 取各个值也有一定的概率，如在例 5.23 中，有

$$P\{X=1\}=P\{H\}=\frac{1}{2}.$$

如上所说，随机变量是定义在样本空间 Ω 上的单值实函数 $X=X(\omega)$，它与普通函数的定义有类似之处，但也有本质区别．主要是：第一，随机变量随着试验的结果不同而取不同的值，因而在试验之前，只知道它可能取值的范围，而不能预知它取什么值；第二，随机变量取各个值有一定的概率，而不像普通函数那样给定一个 x 值，就有一个确定的 y 值与之对应；第三，普通函数是定义在实数轴上的，而随机变量是定义在样本空间上的（样本空间的元素不一定是实数）．

随机变量是研究随机试验的有效工具．随机变量按其取值情况可以分为离散型随机变量和非离散型（其中主要是连续型）随机变量两类，下面将分别介绍．

5.4.2　离散型随机变量的分布列

1．离散型随机变量的概念

定义 5.4.2　如果随机变量 X 只取有限个或可列无限多个值，而且以确定的概率取这些不同的值，则称 X 为**离散型随机变量**．

例如，【例题 5.23】中的随机变量只可能取 0，1 两个值，它是一个离散型随机变量．又如电话交换台一分钟内收到的呼唤次数可能取 0，1，…，因此也是一个离散型随机变量．而检验灯泡寿命，它所可能取的值充满一个区间，是无法按一定次序一一列举出来的，所以它是一个非离散型随机变量．

容易知道，要掌握一个离散型随机变量 X 的统计规律，必须且只须知道 X 的所有可能取的值以及取每一个可能值的概率就可以了．

定义 5.4.3　设离散型随机变量 X 所有可能取的值为 x_k（$k=1, 2, \cdots, n$），X 取这些可能值的概率，即事件 $\{X=x_k\}$ 的概率为

$$P\{X=x_k\}=p_k(k=1, 2, \cdots, n), \tag{5.6}$$

且 p_k 满足如下两个条件：

（1）$p_k \geqslant 0(k=1, 2, \cdots, n)$．

（2）$\sum\limits_{k=1}^{\infty} p_k = 1$．

我们称式（5.6）为离散型随机变量 X 的**概率分布或分布律**．分布律也可以用表格形式来表示（见表 5-2）．

表　5-2

X	x_1　x_2　…　x_n　…
p_k	p_1　p_2　…　p_n　…

【例题 5.24】　盒中有编号为 1，2，3，4，5 的五个小球，从中随机抽取三个，每个球被抽到的机会相等．以 X 表示被抽到的三个球中的最大号码，试求 X 的分布律．

解：显然，X 的所有可能取的值为 3，4，5．它是一个离散型随机变量，属于等可能概型，其中样本空间 Ω 中的基本事件总数 $n=C_5^3=10$．而有利于事件 $\{X=3\}$ 的基本事件数 $k_1=C_3^3=1$（即只能从 1，2，3 这三个数中取三个，才能使号码 3 为最大）．

有利于事件 $\{X=4\}$ 的基本事件数为 $k_2=C_3^2C_1^1=3$（即只能从 1，2，3 这三个数中取两个，再将 4 取出来，就能保证数码 4 为最大）．

有利于事件 $\{X=5\}$ 的基本事件数为 $k_3=C_4^2C_1^1=6$（理由同上）．

于是所求的分布律如表 5-3 所示．

表 5-3

X	3	4	5
p_k	$\frac{1}{10}$	$\frac{3}{10}$	$\frac{6}{10}$

$$P\{X=3\}=\frac{1}{10}，\ P\{X=4\}=\frac{3}{10}，\ P\{X=5\}=\frac{6}{10}.$$

2. 几个重要的离散型随机变量

（1）两点分布

定义 5.4.4 设随机变量 X 只可能取 0 与 1 两个值，它的分布律是

$$P\{X=3\}=p^k(1-p)^{1-k}，\ k=0,\ 1\quad (0<p<1) \tag{5.7}$$

则称 X 服从**两点分布(也称 0-1 分布)**.其分布律也可列表表示（见表 5-4）.

表 5-4

X	0	1
p_k	$1-p$	p

对于一个随机试验 E，如果它的样本空间只包含两个元素，即$\Omega=\{e_1,\ e_2\}$，我们总能在Ω上定义一个服从两点分布的随机变量

$$X=X(\omega)=\begin{cases}0，& 当\omega=e_1\\ 1，& 当\omega=e_2\end{cases}.$$

来描述这个随机试验的结果．例如，对新生婴儿的性别进行登记，检查产品的质量是否合格以及前面多次讨论过的“抛硬币”试验等都可以用两点分布的随机变量来描述.

（2）二项分布

由定理 5.2 可知，对于贝努利试验，事件 A 在 n 次试验中出现 k 次的概率为

$$P_n\{k\}=C_n^k p^k q^{n-k}\quad (q=1-p，\ k=0,\ 1,\ 2,\ \cdots,\ n).$$

且满足：① $P_n(k)\geqslant 0$，$k=0,\ 1,\ \cdots,\ n$;

② $\sum_{k=0}^{n}P_n(k)=\sum_{k=0}^{n}C_n^k p^k q^{n-k}=(p+q)^n=1$.

由于 $C_n^k p^k q^{n-k}$ 刚好是二项式 $(p+q)^n$ 的展开式中出现 p^k 的一项，故我们称随机变量服从二项分布．一般定义如下。

定义 5.4.5 设随机变量 X 的分布律为

$$P\{X=k\}=C_n^k p^k q^{n-k}，(k=0,\ 1,\ \cdots,\ n).$$

其中 $0<p<1,\ q=1-p$，则称 X **服从参数** $n,\ p$ **的二项分布**，记为 $X\sim B(n,\ p)$.

显然，两点分布（当 $n=1$ 时）是二项分布的特殊情况.

【例题 5.25】 进口某种货物n件，如果每件货物可能为不合格品的概率是p，问n件货物中有k件不合格品的概率是多少？

解：用X记n件货物中的不合格品数，则$X \sim B(n,p)$，所以n件货物中有k件不合格品的概率为

$$P(X=k)=C_n^k \cdot p^k(1-p)^{n-k}，\ (0 \leqslant k \leqslant n).$$

5.4.3 随机变量的分布函数

以后我们会经常遇到求某一随机变量X不大于实数x的概率值，下面给出随机变量X的分布函数的概念.

定义 5.4.6 设X是一个随机变量，x是任意实数，则函数

$$F(x)=P\{X \leqslant x\}$$

称为X的**分布函数**.

对于任意实数$x_1,x_2(x_1<x_2)$，有

$$P\{x_1<X \leqslant x_2\}=P\{X \leqslant x_2\}-P\{X \leqslant x\}=F(x_2)-F(x_1). \tag{5.8}$$

因此，若已知X的分布函数，就可以用（5.8）式计算出X落在任一区间$(x_1,x_2]$上的概率，

如果将X看成是数轴上的随机点的坐标，那么分布函数$F(x)$在x处的函数值就表示随机变量X的取值落在区间$(-\infty,x]$上的概率（见图 5.8）

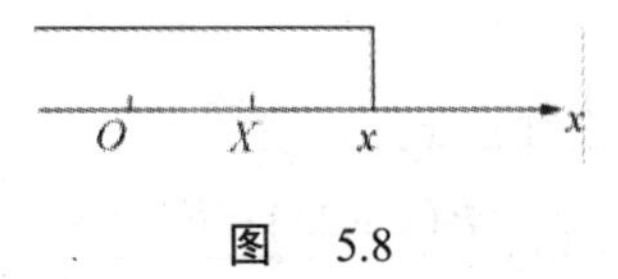

图　5.8

设$F(x)$是随机变量X的分布函数，则它具有下述基本性质：

（1）$F(x)$是一个不减函数；

（2）$0 \leqslant F(x) \leqslant 1$，且

$$F(-\infty)=\lim_{x \to -\infty} F(x)=0$$
$$F(+\infty)=\lim_{x \to +\infty} F(x)=1.$$

（3）$F(x+0)=F(x)$，即$F(x)$在任何点x处右连续.

5.4.4 连续型随机变量的概率密度

1. 连续型随机变量的概念

有些随机变量是在一个区间内连续取值，不像离散型随机变量那样可能取的值一个一个地列举出来，例如，在灯泡的寿命试验中，我们要研究寿命t落在某个区间（例如$500<t \leqslant 1500$小时）的概率，其分布函数可用积分的形式来表示.

定义 5.4.7 对于随机变量X的分布函数$F(x)$，若存在非负函数$f(x)$，使得对于任意实数x，有

$$F(x)=P\{X \leqslant x\}=\int_{-\infty}^{x} f(t)\mathrm{d}t \tag{5.9}$$

成立（广义积分存在），则称 X 为连续型随机变量，其中函数 $f(x)$ 称为 X 的**概率密度函数**，简称**概率密度**或**密度函数**.

由定义 5.4.7 知，连续型随机变量的概率密度 $f(x)$ 具有以下性质：

（1）$f(x)\geqslant 0$；

（2）$\int_{-\infty}^{+\infty} f(x)\mathrm{d}x=1$；

（3）$P\{x_1<X\leqslant x_2\}=F(x_2)-F(x_1)=\int_{x_1}^{x_2} f(x)\mathrm{d}x \quad (x_1\leqslant x_2)$；

（4）若 $f(x)$ 在点 x 处连续，则有 $F'(x)=f(x)$.

由性质（2）知，介于曲线 $y=f(x)$ 与 Ox 轴之间的面积等于 1（见图 5.9）.

由性质（3）知，X 落在区间 $(x_1,x_2]$ 的概率 $P\{x_1<X\leqslant x_2\}$ 等于区间 $(x_1,x_2]$ 上曲线 $y=f(x)$ 之下的曲边梯形的面积（见图 5.10）.

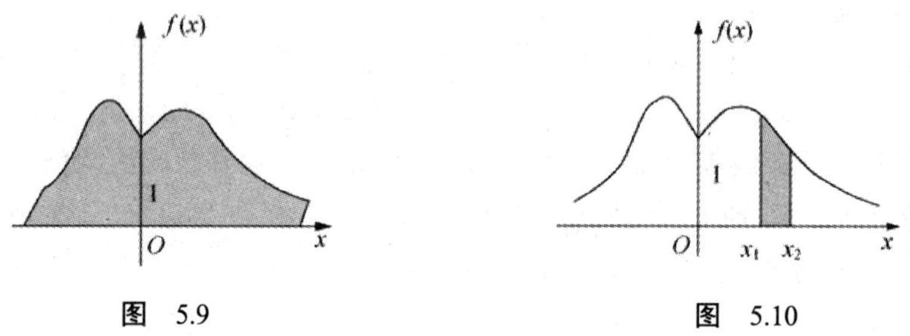

图 5.9　　　　图 5.10

由性质（4）知，在 $f(x)$ 的连续点 x 处，有

$$f(x)=\lim_{\Delta x\to 0^+}\frac{F(x+\Delta x)-F(x)}{\Delta x}$$

$$=\lim_{\Delta x\to 0^+}\frac{P\{x<X\leqslant x+\Delta x\}}{\Delta x}. \tag{5.10}$$

从（5.10）式可以看出，概率密度的定义与物理学中的线密度的定义相类似. 另外，若不计高阶无穷小，则（5.10）式有

$$P\{x<X\leqslant x+\Delta x\}=f(x)\cdot\Delta x \tag{5.11}$$

这表明随机变量 X 落在小区间 $(x,\ x+\Delta x]$ 上的概率近似地等于 $f(x)\cdot\Delta x$.

我们规定：**连续型随机变量在某点的概率为 0.**

据此，在计算连续型随机变量落在某一区间的概率时，就可以不必区分该区间是开的、闭的或半开半闭的，都有

$$P\{a<X\leqslant b\}=P\{a\leqslant X\leqslant b\}=P\{a<X<b\}.$$

【例题 5.26】 设随机变量 X 的概率密度为

$$f(x)=\begin{cases} a\cos x, & -\dfrac{\pi}{2}\leqslant x\leqslant\dfrac{\pi}{2}, \\ 0, & \text{其他} \end{cases}.$$

（1）求系数 a；

（2）求分布函数 $F(x)$；

（3）求 $P\left\{-\frac{\pi}{3}\leqslant X\leqslant\frac{\pi}{3}\right\}$.

解：（1）由概率密度的性质（2）可知 $\int_{-\infty}^{+\infty}f(x)\mathrm{d}x=1$.

而
$$\int_{-\infty}^{+\infty}f(x)\mathrm{d}x=\int_{-\frac{\pi}{2}}^{\frac{\pi}{2}}f(x)\mathrm{d}x=2a.$$

所以 $2a=1$，得 $a=\frac{1}{2}$.

（2）当 $x<-\frac{\pi}{2}$ 时，有 $F(x)=\int_{-\infty}^{x}f(x)\mathrm{d}x=\int_{-\infty}^{x}0\cdot\mathrm{d}x=0$.

当 $-\frac{\pi}{2}\leqslant x<\frac{\pi}{2}$ 时，有 $F(x)=\int_{-\infty}^{x}f(x)\mathrm{d}x=\int_{-\infty}^{-\frac{\pi}{2}}0\cdot\mathrm{d}x+\int_{-\frac{\pi}{2}}^{x}\frac{1}{2}\cos x\mathrm{d}x=\frac{1}{2}(\sin x+1)$

当 $x\geqslant\frac{\pi}{2}$ 时，有 $F(x)=\int_{-\infty}^{x}f(x)\mathrm{d}x=\int_{-\infty}^{-\frac{\pi}{2}}0\cdot\mathrm{d}x+\int_{-\frac{\pi}{2}}^{\frac{\pi}{2}}\frac{1}{2}\cos x\mathrm{d}x+\int_{\frac{\pi}{2}}^{+\infty}0\cdot\mathrm{d}x=1$.

所以，
$$F(x)=\begin{cases}0, & x<-\frac{\pi}{2}\\ \frac{1}{2}(\sin x+1), & -\frac{\pi}{2}\leqslant x<\frac{\pi}{2}\\ 1, & x\geqslant\frac{\pi}{2}\end{cases}.$$

（3）
$$P\left\{-\frac{\pi}{3}\leqslant X\leqslant\frac{\pi}{3}\right\}=F\left(\frac{\pi}{3}\right)-F\left(-\frac{\pi}{3}\right)$$
$$=\frac{1}{2}\left(\sin\frac{\pi}{3}+1\right)-\left[\frac{1}{2}\left(\sin\left(-\frac{\pi}{3}\right)+1\right)\right]=\frac{\sqrt{3}}{2}$$

2. 两个重要的连续型随机变量

（1）均匀分布

定义 5.4.8 设连续型随机变量 X 具有概率密度。

$$f(x)=\begin{cases}\frac{1}{b-a}, & a\leqslant x\leqslant b\\ 0, & \text{其他}\end{cases} \tag{5.12}$$

则称 X 在区间 $[a,b]$ 上服从**均匀分布**，记作 $X\sim U[a,b]$.

服从均匀分布的随机变量 X 的分布函数为

$$F(x)=\begin{cases}0, & x<a\\ \frac{x-a}{b-a}, & a\leqslant x<b\\ 1, & x\geqslant b\end{cases} \tag{5.13}$$

$f(x)$ 及 $F(x)$ 的图形分别如图 5.11 和 5.12 所示.

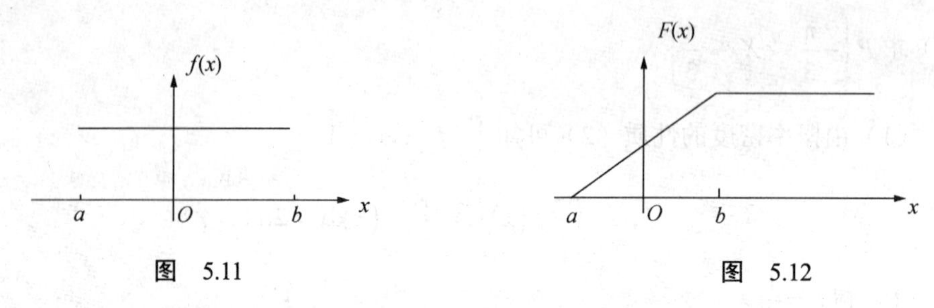

图 5.11　　　　图 5.12

【例题 5.27】 在数值计算中，由于“四舍五入”引起的误差 X 是服从均匀分布的随机变量．如果只要求保留小数点后两位数，则第三位是服从在区间（$-0.005, 0.005$）上的均匀分布的随机变量 X．

① 求 X 的概率密度和分布函数；

② 求误差在（0.003，0.006）上的概率．

解：① 由定义 5.4.8 知，X 的概率密度为

$$f(x)=\begin{cases}\dfrac{1}{0.01}, & -0.005<x<0.005\\ 0, & \text{其他}\end{cases}.$$

其分布函数为

$$F(x)=\begin{cases}0\ , & x<-0.005\\ \dfrac{x+0.005}{0.01}, & -0.005\leqslant x<0.005\\ 1\ , & x\geqslant 0.005\end{cases}.$$

② $P\{0.003\leqslant X\leqslant 0.006\}=F(0.006)-F(0.003)=1-0.8=0.2$．

（2）正态分布

正态分布最早是由德莫弗（A.De.Moivre）在 1733 年提出的，但当时没有引起学术界的重视，后来高斯（C.F.Gauss）在 1809 年，拉普拉斯（M.De Laplace）在 1812 年分别重新提出的，所以**正态分布**也称为**高斯分布**或**高斯–拉普拉斯分布**．

定义 5.4.9 设连续型随机变量 X 具有概率密度

$$f(x)=\frac{1}{\sqrt{2\pi}\sigma}\mathrm{e}^{-\frac{(x-\mu)^2}{2\sigma^2}}，(-\infty<x<+\infty) \tag{5.14}$$

其中 μ，$\sigma(\sigma>0)$ 为常数，则称 X 服从参数为 μ，σ 的**正态分布**，记为 $X\sim N(\mu,\ \sigma^2)$．

$f(x)$ 的图形如图 5.13 所示，它具有以下性质：

① 曲线 $y=f(x)$ 关于 $x=\mu$ 对称，这表明对于任意 $h>0$ 有

$$P\{\ \mu-h<X\leqslant\mu\ \}=P\{\ \mu<X\leqslant\mu+h\ \}.$$

② 当 $x=\mu$ 时取到最大值 $f(\mu)=\dfrac{1}{\sqrt{2\pi}\sigma}$　　(5.15)

③ 在 $x=\mu\pm\sigma$ 处曲线有拐点，曲线以 ox 为渐近线．

另外，如果固定 σ，改变 μ 的值，则图形沿着 ox 轴平移，而不改变其形状（如图 5.13）．可见正态分布的概率密度曲线 $y=f(x)$ 的位置完全由参数 μ 所确定，μ 称为位置参数．

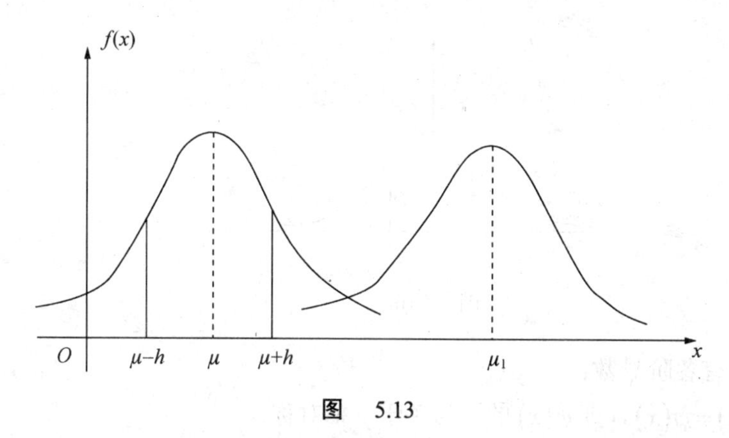

图　5.13

如果固定μ，改变σ的值，则由最大值的公式（5.15）可知，当σ越小时图形变得越尖，因而X落在μ附近的概率越大；而当σ越大时，图形变得越平缓，因而X落在μ附近的概率越小（图 5.14）.

服从正态分布的随机变量X的分布函数为

$$F(x)=\frac{1}{\sqrt{2\pi}\sigma}\int_{-\infty}^{x}\mathrm{e}^{-\frac{(t-\mu)^2}{2\sigma^2}}\mathrm{d}t \tag{5.16}$$

它的图形如图 5.15 所示.

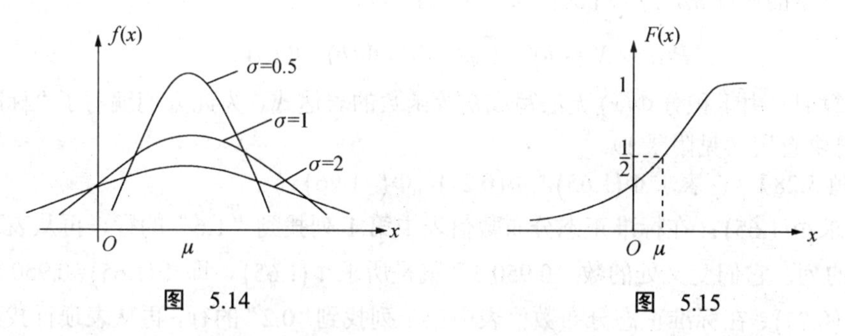

图　5.14　　　　图　5.15

特别，在（5.14）和（5.16）式中，当$\mu=0$，$\sigma=1$时称X服从标准正态分布，记为$X\sim N(0,1)$．其概率密度和分布函数分别用$\varphi(x)$和$\Phi(x)$表示，即有

$$\varphi(x)=\frac{1}{\sqrt{2\pi}}\mathrm{e}^{-\frac{x^2}{2}}\quad(-\infty<x<+\infty).$$

$$\Phi(x)=P(X\leqslant x)=\frac{1}{\sqrt{2\pi}}\int_{-\infty}^{x}\mathrm{e}^{-\frac{t^2}{2}}\mathrm{d}t\quad(-\infty<x<+\infty).$$

易知

$$\Phi(-x)=1-\Phi(x).$$

标准正态分布的概率密度$\varphi(x)$除具有一般概率密度的性质之外，还有下列性质（见图 5.16）：

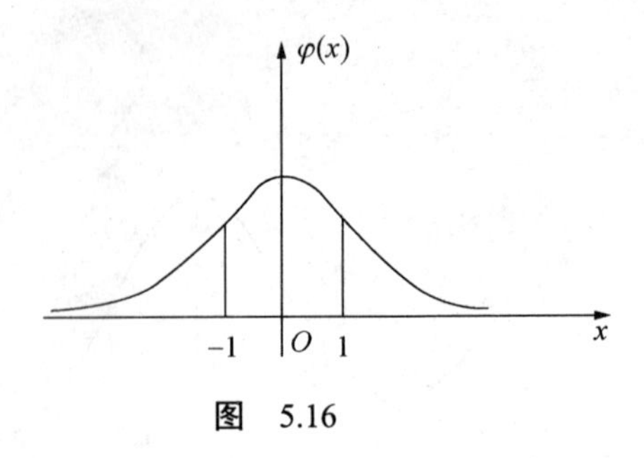

图 5.16

（1）$\varphi(x)$有各阶导数；

（2）$\varphi(-x)=\varphi(x)$，即$\varphi(x)$的图形关于y轴对称；

（3）$\varphi(x)$在$(-\infty,0)$内严格单调上升，在$(0,+\infty)$内严格单调下降，在$x=0$达到最大值

$$\varphi(0)=\frac{1}{\sqrt{2\pi}}\approx 0.398\ 9 .$$

（4）$\varphi(x)$在$x=\pm 1$处有两个拐点；

（5）$\lim\limits_{x\to\infty}\varphi(x)=0$，即曲线$y=\varphi(x)$以$ox$为水平渐近线.

如何计算服从正态分布的随机变量落在区间$[a,\ b]$内的概率$P(a\leqslant X\leqslant b)$呢？由连续型随机变量的概率密度$f(x)$的性质（3）有

$$P(a\leqslant X\leqslant b)=\int_a^b \varphi(x)\mathrm{d}x=\Phi(b)-\Phi(a) .$$

但具体计算时，由于积分$\Phi(x)$无法写成初等函数的表达式，为此人们编写了“标准正态分布表”，可供查用（见附录I）.

【例题 5.28】 查表求$\Phi(1.65)$，$\Phi(0.21)$，$\Phi(-1.96)$.

解： 求$\Phi(1.65)$：在标准正态分布数值表中第1列找到“1.6”的行，再从表顶行找到“0.05”的列，它们交叉处的数“0.950 5”就是所求$\Phi(1.65)$，即$\Phi(1.65)$=0.950 5.

求$\Phi(0.21)$：在标准正态分布数值表中第1列找到“0.2”的行，再从表顶行找到“0.01”的列，它们的交叉处的数“0.583 2”就是所求的$\Phi(0.21)$，即$\Phi(0.21)$=0.583 2.

求$\Phi(-1.96)$：标准正态分布数值表中只给了$x\geqslant 0$时$\Phi(x)$的值，当$x<0$时，用

$$\Phi(-x)=1-\Phi(x)$$

于是
$$\Phi(-1.96)=1-\Phi(1.96)=1-0.975\ 0=0.025\ 0 .$$

【例题 5.29】 设随机变量$X\sim N(0,1)$，求$P\{X<1.65\}$，$P\{1.65\leqslant X<2.09\}$，$P\{X\geqslant 2.09\}$.

解： $P\{X<1.65\}=\Phi(1.65)=0.950\ 5$；

$P\{1.65\leqslant X<2.09\}=\Phi(2.09)-\Phi(1.65)=0.981\ 7-0.950\ 5=0.031\ 2$；

$P\{X\geqslant 2.09\}=1-P(X<2.09)=1-0.981\ 7=0.018\ 3$.

一般，若随机变量X服从正态分布，即$X\sim N(\mu,\sigma^2)$，我们只要通过一个线性变换就能将它化成标准正态分布.

定理 5.3　若随机变量 $X \sim N(\mu,\sigma^2)$，则 $Z=\dfrac{X-\mu}{\sigma} \sim N(0,1)$.

【例题 5.30】　设 $X \sim N(1,0.2^2)$，求 $P\{X<1.2\}$ 及 $P\{0.7 \leqslant X<1.1\}$.

解： 设 $Z=\dfrac{X-\mu}{\sigma}=\dfrac{X-1}{0.2}$，则 $Z \sim N(0,1)$，于是

$$P\{X<1.2\}=P\left\{Z<\frac{1.2-1}{0.2}\right\}=P\{Z<1\}=\Phi(1)=0.8413 .$$

$$P\{0.7 \leqslant X<1.1\}=P\left\{\frac{0.7-1}{0.2} \leqslant Z<\frac{1.1-1}{0.2}\right\}=P\{-1.5 \leqslant Z<0.5\}=\Phi(0.5)-\Phi(-1.5)$$
$$=\Phi(0.5)+\Phi(1.5)-1=0.691\,5+0.933\,2-1=0.624\,7 .$$

习 题 5.4

一、选择题

1．设随机变量 X 的分布律为 $P(X=k)=\dfrac{k}{15}, k=1, 2, 3, 4, 5$，则 $P\left\{\dfrac{1}{2}<X<\dfrac{5}{2}\right\}$ 的值是（　　）.

A. $\dfrac{3}{5}$　　B. $\dfrac{1}{5}$　　C. $\dfrac{2}{5}$　　D. $\dfrac{4}{5}$

2．任何一个连续型随机变量的概率密度 $f(x)$ 一定满足（　　）.

A. $0 \leqslant f(x) \leqslant 1$　　B. 在定义域内单调不减

C. $\int_{-\infty}^{+\infty} f(x) \mathrm{d}x=1$　　D. $\lim\limits_{x \to +\infty} f(x)=1$

3．某公共汽车站从上午 6 时起，每 15 分钟有一班车通过，若某乘客到达此站的时间是 8:00 到 9:00 之间服从均匀分布的随机变量，则他候车时间少于 5 分钟的概率是（　　）.

A. $\dfrac{1}{3}$　　B. $\dfrac{2}{3}$　　C. $\dfrac{1}{4}$　　D. $\dfrac{1}{2}$

4．已知标准正态分布函数为 $\Phi(x)$，则 $\Phi(-x)$ 的值等于（　　）.

A. $\Phi(x)$　　B. $1-\Phi(x)$　　C. $-\Phi(x)$　　D. $\dfrac{1}{2}+\Phi(x)$

5．若随机变量 $X \sim N(0,1)$，分布函数是 $\Phi(x)=\dfrac{1}{\sqrt{2\pi}}\int_{-\infty}^{x} \mathrm{e}^{-\frac{t^2}{2}} \mathrm{d}t \quad (-\infty<x<+\infty)$，且 $P\{X>x\}=\alpha \in (0,1)$ 则 $x=$（　　）.

A. $\Phi^{-1}(\alpha)$　　B. $\Phi^{-1}\left(1-\dfrac{\alpha}{2}\right)$　　C. $\Phi^{-1}(1-\alpha)$　　D. $\Phi^{-1}\left(\dfrac{\alpha}{2}\right)$

二、填空题

1．设 100 件产品中有 10 件次品，每次随机抽取 1 件，检验后放回去，连续抽 3 次，则最多取到 1 件次品的概率为 ______________.

2．某射手每次射击击中目标的概率为 p，连续向同一目标射击，直到某一次击中为止，则射击次数 X 的概率为__________.

3．设随机变量 $X \sim N(2,\sigma^2)$，且 $P\{2<X<4\}=0.3$，则 $P\{X<0\}=$__________.

4．离散型随机变量 X 的分布律为

X	-2	-1	0	1	2
p	$\frac{1}{5}$	0	$\frac{2}{5}$	$\frac{1}{5}$	$\frac{1}{5}$

则 $Y=X^2$ 的分布律为__________________________.

三、解答题

1．掷一枚均匀的骰子，试写出点数 X 的概率分布律，并求 $P\{X>1\}$，$P\{2<X<5\}$．

2．盒中装有某种产品15件，其中有2件次品，现在从中任取3件，试写出取出次品数 X 的分布律．

3．某人射击，设每次射击的命中率为0.01，独立射击500次，求可能命中5次的概率．

4．设 $X\sim N\left(1,0.6^2\right)$，求 $P\{X>0\}$，$P\{0.2<X<1.8\}$．

5.5 随机变量的数字特征

随机变量 X 的分布能够完整地描述随机变量的统计规律．但要确定一个随机变量的分布有时是比较困难的，而且往往也是不必要的，实际问题中，有时只需要知道随机变量取值的平均数以及描述随机变量取值分散程度等一些特征数即可．这些特征数在一定程度上刻画出随机变量的基本性态，而且也可用数理统计的方法估计它们．因此，研究随机变量的数字特征无论在理论上还是实际中都有着重要的意义．

5.5.1 数学期望及其性质

1．离散型随机变量的数学期望

先看一个例子．

【例题5.31】 设有甲、乙两个射手在相同的条件下进行射击比赛，其命中的环数 X 是一个随机变量，其命中率分别如表5-5所示（其中0环表示脱靶）．试问，应如何来评定甲、乙两人的胜负？

表 5-5

X	10	9	8	7	6	5	0
$p_{甲}$	0.5	0.2	0.1	0.1	0.05	0.05	0
$p_{乙}$	0.4	0.3	0.2	0.05	0.05	0	0

解：由射手甲的命中率可以看出，平均起来甲命中的环数约为

$$\begin{aligned}&\frac{1}{100}(10\times50+9\times20+8\times10+7\times10+6\times5+5\times5+0\times0)\\&=10\times0.5+9\times0.2+8\times0.1+7\times0.1+6\times0.05+5\times0.05+0\times0\\&=8.85\ (环)\end{aligned}$$

同理，可以算出乙命中的环数为

$$\frac{1}{100}(10\times40+9\times30+8\times20+7\times5+6\times5+5\times0+0\times0)$$
$$=10\times0.4+9\times0.3+8\times0.2+7\times0.05+6\times0.05+5\times0+0\times0$$
$$=8.95 \text{（环）}$$

从平均命中的环数看，射手乙的射击水平显然高于甲的射击水平？同时我们也看到，这种反映随机变量取值的“平均数”，显然不是一般意义下的“算术平均数”，而是以随机变量的一切可能取的值与取值的概率乘积之和，它是一种加权平均数，其权重就是相应的概率．我们称这种加权平均数为随机变量的数学期望．一般定义如下．

定义 5.5.1　设离散型随机变量 X 的分布律为

$$P\{X=x_k\}=p_k,\ (k=1,\ 2,\ \cdots,\ n)$$

则称 $\sum_{k=1}^{n}x_k p_k$ 为随机变量 X 的**数学期望**，简称**期望**或**均值**，记作 $E(X)=\sum_{k=1}^{n}x_k p_k$．

对于离散型随机变量 X 的函数 $Y=f(X)$ 的数学期望有如下公式：

如果 $f(X)$ 的数学期望存在，则

$$E(f(X))=\sum_{k}f(x_k)p_k\ \ (k=1,\ 2,\ \cdots,\ n).$$

【例题 5.32】 已知在 100 件产品中，有 10 件次品，从中任意取 5 件，求次品数 X 的数学期望 $E(X)$ 和 $E(X^2)$．

解：X 的概率分布为 $P\{X=K\}=\frac{C_{10}^{k}C_{90}^{5-k}}{C_{100}^{5}}$，$k=0,\ 1,\ \cdots,\ 5$ 由此算出概率分布律（见表 5-6）．

表　5-6

X	0	1	2	3	4	5
p_k	0.583	0.340	0.070	0.007	≈0	≈0

再由数学期望公式，得

$$E(X)=0\times0.583+1\times0.340+2\times0.070+3\times0.007+4\times0+5\times0=0.501$$
$$E(X^2)=0^2\times0.583+1^2\times0.340+2^2\times0.070+3^2\times0.007+4^2\times0+5^2\times0=0.683$$

2. 连续型随机变量的数学期望

设连续型随机变量 X，其概率密度是 $f(x)$，注意到 $f(x)\mathrm{d}x$ 的作用与离散型随机变量中的 p_k 相类似，故有如下定义．

定义 5.5.2　设连续型随机变量 X 的概率密度是 $f(x)$，若积分 $\int_{-\infty}^{+\infty}|x|f(x)\mathrm{d}x$ 收敛，则称积分 $\int_{-\infty}^{+\infty}xf(x)\mathrm{d}x$ 为随机变量 X 的**数学期望**，记作 $E(X)=\int_{-\infty}^{+\infty}xf(x)\mathrm{d}x$．

同样，对于连续型随机变量 X 的函数 $Y=g(X)$ 的数学期望有如下公式：

如果 $g(X)$ 的数学期望存在，则

$$E[g(X)]=\int_{-\infty}^{+\infty}g(x)f(x)\mathrm{d}x.$$

其中 $f(x)$ 是 X 的概率密度.

【例题 5.33】 经预测知，国际市场每年对我国某种出口产品的需求量 X（以 t 为单位）在 $[2\ 000, 4\ 000]$ 上服从均匀分布，每出口 $1t$ 可获利 3 万元，若积压 $1t$，则亏损 2 万元. 现由某进出口公司独家经营此出口业务，问该公司应准备多少 t 该种货物，才能使所获利润的数学期望最大?

解：设该公司应准备 $y\,t$ 该种货物，显然有 $2\ 000 \leqslant y \leqslant 4\ 000$. 该公司可获得的利润应从两方面来考虑：

（1）当供过于求时，即当 $2\ 000 \leqslant X < y$，其利润为 $3X - 2(y - X)$；

（2）当供不应求时，即 $y \leqslant X \leqslant 4\ 000$ 时，其利润为 $3y$.

故总利润为

$$L(X)=\begin{cases}3X-2(y-X), & 2\ 000\leqslant X<y\\ 3y, & y\leqslant X\leqslant 4\ 000\end{cases}.$$

又已知 X 的概率密度为

$$f(x)=\begin{cases}\dfrac{1}{2\ 000}, & 2\ 000\leqslant X<4\ 000\\ 0, & \text{其他}\end{cases}.$$

由于 $L(X)$ 是随机变量 X 的函数，其数学期望为

$$\begin{aligned}E[L(X)] &= \int_{-\infty}^{+\infty} L(X)\cdot f(x)\mathrm{d}x\\ &= \int_{2\ 000}^{y}(5x-2y)\cdot\frac{1}{2\ 000}\mathrm{d}x+\int_{y}^{4\ 000}3y\cdot\frac{1}{2\ 000}\mathrm{d}x .\\ &= \frac{1}{2\ 000}\left(-\frac{5}{2}y^2+16\ 000y-10^7\right)\end{aligned}$$

为求 $E[L(X)]$ 的最大值，可由

$$\frac{\mathrm{d}E[L(X)]}{\mathrm{d}y}=\frac{1}{2\ 000}(-5y+16\ 000).$$

再令 $\dfrac{\mathrm{d}E[L(X)]}{\mathrm{d}y}=0$，得 $y=3\ 200$.

即当该公司准备 $y=3200\,t$ 该种货物时，可使所获得利润的期望值最大.

随机变量的数学期望具有下列重要性质：

（1）设 C 为常数，则有 $E(C)=C$；

（2）设 X 是一个随机变量，C 是常数，则有 $E(CX)=CE(X)$；

（3）设 X，Y 是两个随机变量，则有 $E(X+Y)=E(X)+E(Y)$；

（4）设 X，Y 是相互独立的随机变量，则有 $E(XY)=E(X)\cdot E(Y)$，这一性质可以推广到任意有限个相互独立的随机变量之积的情况.

以上性质不论对离散型随机变量还是连续型随机变量，都成立.

5.5.2　方差及其性质

先从例子说起．有一批灯泡，知其平均寿命是$E(X)=1\ 000$(小时)，但仅由这一指标，我们还不能判定这些灯泡的质量好坏．事实上，有可能其中绝大部分灯泡的寿命都在950～1 500 小时；也有可能其中大约一半是高质量的，它们的寿命大约有 1 300 小时，而另一半的质量却很差，其寿命大约只有 700 小时，为了评定这批灯泡质量的好坏，还需要进一步考察灯泡的寿命 X 与均值$E(X)=1\ 000$的偏差程度．若偏离程度小，说明这批灯泡的质量比较稳定，从这个意义上讲，我们认为质量较好，否则就认为质量较差．由此可见，研究随机变量与其均值的偏离程度也是十分必要的．那么，究竟用怎样的量去度量这个偏离程度呢？容易看到

$$E\{|X-E(X)|\}.$$

能度量随机变量 X 与其均值$E(X)$的偏离程度，但由于带有绝对值，运算不方便，通常用

$$E\{[X-E(X)]^2\}.$$

来度量随机变量 X 与其均值$E(X)$的偏离程度．

定义 5.5.3　设 X 是一个随机变量，$E(X)$是其数学期望，若

$$E\{[X-E(X)]^2\}.$$

存在，则称它为 X 的方差，记为$D(X)$或$Var(X)$，即

$$D(X)=Var(X)=E\{[X-E(X)]^2\} \tag{5.17}$$

在应用上，还引入与随机变量 X 具有相同量纲的量$\sqrt{D(X)}$，记为$\sigma(X)$，称为标准方差或均方差，即

$$\sigma(X)=\sqrt{D(X)}=\sqrt{E\{[X-E(X)]^2\}} \tag{5.18}$$

按定义，随机变量 X 的方差表达了 X 的取值与其数学期望的偏离程度．若 X 取值比较集中，则$D(X)$较小；反之，若 X 取值比较分散，则$D(X)$较大．因此，$D(X)$是衡量 X 取值的分散程度的一个尺度．

对于离散型随机变量X，其方差可按下列公式计算

$$D(X)=\sum_{k=1}^{\infty}[x_k-E(X)]^2 p_k \tag{5.19}$$

其中$P\{X=x_k\}=p_k$，$k=1$，2，$\cdots$是 X 的分布律．

对于连续型随机变量X，其方差的计算公式为

$$D(X)=\int_{-\infty}^{+\infty}[x-E(X)]^2\cdot f(x)\mathrm{d}x \tag{5.20}$$

其中$f(x)$是 X 的概率密度．

由数学期望的性质可以证明，随机变量 X 的方差还可以按下列公式计算

$$D(X)=E(X^2)-[E(X)]^2 \tag{5.21}$$

随机变量的方差具有下列重要性质：

(1) 设 C 是常数，则$D(C)=0$；

(2) 设 X 是随机变量，C 是常数，则有$D(CX)=C^2D(X)$；

（3）设 X,Y 是两个相互独立的随机变量，则有 $D(X+Y)=D(X)+D(Y)$.
这一性质可以推广到任意有限多个相互独立的随机变量之和的情况.

（4）$D(X)=0$ 的充分条件是 X 以概率 1 取常数 C，即 $P\{X=C\}=1$，显然，这里 $C=E(X)$.

以上性质不论对离散型随机变量，还是对连续型随机变量都成立.

【例题 5.34】 就本节【例题 5.32】，求次品数 X 的方差.

解： 由公式（5.21），得

$$D(X)=E(X^2)-[E(X)]^2=0.683-(0.501)^2=0.432.$$

【例题 5.35】 设随机变量 X 具有概率密度

$$f(x)=\begin{cases}1+x, & -1<x<0\\ 1-x, & 0\leqslant x<1\\ 0, & \text{其他}\end{cases}.$$

求 $E(X)$，$D(X)$.

解： $E(X)=\int_{-1}^{0}x(1+x)\mathrm{d}x+\int_{0}^{1}x(1-x)\mathrm{d}x=0$

$$E(X^2)=\int_{-1}^{0}x^2(1+x)\mathrm{d}x+\int_{0}^{1}x^2(1-x)\mathrm{d}x=\frac{1}{6}.$$

于是它由公式（5.21），得

$$D(X)=E(X^2)-[E(X)]^2=\frac{1}{6}.$$

5.5.3 几种重要随机变量的数学期望和方差

下面就 5.4 节中已经介绍过的几种重要的随机变量来分析它们的数字特征——数学期望和方差，这些在实际应用中都有重要的应用价值.

1. 两点分布

设随机变量 X 只可能取 0 与 1 两个值，它的分布律如表 5-7 所示：

表 5-7

X	0	1
p	q	p

显然有 $E(X)=0\times q+1\times p=p$.

$$D(X)=(0-p)^2\cdot q+(1-p)^2\cdot p=pq=p(1-p).$$

2. 二项分布

设随机变量 X 服从参数 n，p 的二项分布，其分布律为

$$P\{X=k\}=C_n^k p^k q^{n-k}\quad(k=0,1,\cdots,n).$$

其中 $0<p<1$，$q+p=1$. 求 $E(X)$，$D(X)$.

为了解决这个问题，我们从下面的例子入手.

【例题 5.36】 设 X_1，X_2，…，X_n 是 n 个相互独立的随机变量，且服从同一两点分布，其分布律为

$$P\{X_i=0\}=1-p,\ P\{X_i=1\}=p\ (i=1,\ 2,\ \cdots,\ n).$$

证明：$X=X_1+X_2+\cdots+X_n$ 服从参数 n,p 的二项分布，并求 $E(X)$，$D(X)$.

解：易见 X 所有可能取的值为 0，1，…，n，由独立性知，X 以特定的方式（例如前 k 个取 1，后 $n-k$ 个取 0）取得 $k(0\leqslant k\leqslant n)$ 的概率为

$$p^k(1-p)^{n-k}.$$

而 X 取 k 的两两互不相容的方式共有 C_n^k 种，故知

$$P\{X=k\}=C_n^k p^k(1-p)^{n-k}\quad (k=0,\ 1,\ \cdots n).$$

即 X 服从参数 n,p 的二项分布，现在来求 $E(X)$，$D(X)$.

由两点分布的性质可知 $E(X_i)=p, D(X_i)=p(1-p)\quad (i=1,\ 2,\ \cdots,\ n)$.

故有 $E(X)=E\left(\sum_{i=1}^{n}X_i\right)=\sum_{i=1}^{n}E(X_i)=np$.

由于 X_1，X_2，…，X_n 相互独立，得

$$D(X)=D\left(\sum_{i=1}^{n}X_i\right)=\sum_{i=1}^{n}D(X_i)=np(1-p)=npq(q=1-p,\ 0<p<1).$$

由此，若 $X\sim B(n,\ p)$，则 $E(X)=np,\ D(X)=npq(q=1-p,\ 0<p<1)$　　（5.22）

3. 均匀分布

设随机变量 X 在区间 $[a,b]$ 上服从均匀分布，其概率密度为

$$f(x)=\begin{cases}\dfrac{1}{b-a}, & a\leqslant x\leqslant b\\ 0, & \text{其他}\end{cases}$$

求 $E(X)$，$D(X)$.

数学期望为：

$$E(X)=\int_a^b x\cdot\frac{1}{b-a}\mathrm{d}x=\frac{a+b}{2}.$$

即数学期望位于区间的中点. 方差为：

$$\begin{aligned}D(X)&=E(X^2)-[E(X)]^2\\&=\int_a^b x^2\cdot\frac{1}{b-a}\mathrm{d}x-\left(\frac{a+b}{2}\right)^2=\frac{1}{12}(b-a)^2\end{aligned}$$

即　若 $X\sim U[a,b]$，则

$$\begin{cases}E(X)=\dfrac{a+b}{2}\\ D(X)=\dfrac{1}{12}(b-a)^2\end{cases}\qquad (5.23)$$

4. 正态分布

设随机变量X服从参数为μ，σ的正态分布，其概率密度为

$$f(x)=\frac{1}{\sqrt{2\pi}\sigma}\mathrm{e}^{-\frac{(x-\mu)^2}{2\sigma^2}},\quad -\infty<x<+\infty .$$

其中μ，σ为参数且$\sigma>0$，求$E(X)$，$D(X)$.

$$E(X)=\int_{-\infty}^{+\infty}x\cdot\frac{1}{\sqrt{2\pi}\sigma}\cdot\mathrm{e}^{-\frac{(x-\mu)^2}{2\sigma^2}}\mathrm{d}x .$$

令$\frac{x-\mu}{\sigma}=t$，得$E(X)=\frac{1}{\sqrt{2\pi}}\int_{-\infty}^{+\infty}(\sigma t+\mu)\mathrm{e}^{-\frac{t^2}{2}}\mathrm{d}t$

$$=\frac{\mu}{\sqrt{2\pi}}\int_{-\infty}^{+\infty}\mathrm{e}^{-\frac{t^2}{2}}\mathrm{d}t=\frac{\mu}{\sqrt{2\pi}}\cdot\sqrt{2\pi}=\mu$$

$$D(X)=\int_{-\infty}^{+\infty}(x-\mu)^2 f(x)\mathrm{d}x$$

$$=\frac{1}{\sqrt{2\pi}\sigma}\int_{-\infty}^{+\infty}(x-\mu)^2\mathrm{e}^{-\frac{(x-\mu)^2}{2\sigma^2}}\mathrm{d}x$$

令$\frac{x-\mu}{\sigma}=t$，得$D(X)=\frac{\sigma^2}{\sqrt{2\pi}}\int_{-\infty}^{+\infty}t^2\mathrm{e}^{-\frac{t^2}{2}}\mathrm{d}t=\frac{\sigma^2}{\sqrt{2\pi}}\cdot\sqrt{2\pi}=\sigma^2$.

即　　若 $X\sim N(\mu,\sigma^2)$，则 $E(X)=\mu$，$D(X)=\sigma^2$　　（5.24）

这就是说，正态随机变量的概率密度中的两个参数μ和σ^2分别就是该随机变量的数学期望和方差，σ为其标准差. 因而正态随机变量的分布完全可以由它的数学期望和方差所确定.

习 题 5.5

一、选择题

1. 设$X\sim B(n,\ p)$，且$E(X)=4.8$，$D(X)=1.92$，则（　　）.

A. $n=6$，$p=0.8$　　B. $n=8$，$p=0.6$　　C. $n=12$，$p=0.4$　　D. $n=16$，$p=0.3$

2. 设$X\sim N(2,3^2)$，且$Y=2X-3$，则$Y\sim$（　　）.

A. $N(1,\ 1.5^2)$　　B. $N(1,\ 6^2)$　　C. $N(1,\ 1)$　　D. $N(1,\ 3^2)$

3. 盒中有6个红球4个白球，任意摸出一球，记住颜色后再放入盒中，一共进行了4次，设X为红球出现的次数，则$E(X)=$（　　）.

A. $\frac{16}{10}$　　B. $\frac{4}{10}$　　C. $\frac{24}{10}$　　D. $\frac{4^2\times 6}{10}$

4. 设随机变量$X\sim N(\mu,\ \sigma^2)$，$P\{|X-\mu|\leqslant 2\sigma\}=$（　　）.

A. 0.68　　B. 0.90　　C. 0.95　　D. 0.99

5. 设连续性随机变量X的分布函数为$F(x)=\begin{cases}0, & x<0\\ x^3, & 0\leqslant x\leqslant 1\\ 1, & x>1\end{cases}$，则$E(X)=$（　　）.

A. $\int_0^{-\infty}x^4\mathrm{d}x$　　B. $\int_0^1 3x^3\mathrm{d}x$　　C. $\int_0^1 x^4\mathrm{d}x+\int_1^{+\infty}x\mathrm{d}x$　　D. $\int_0^{+\infty}3x^3\mathrm{d}x$

6．设 X 是随机变量，$E(X)=\mu$，$D(X)=\sigma^2$，μ，$\sigma>0$ 为常数，则对任意常数 C，有（　　）.

A．$E(X-C)^2=EX^2-C^2$　　B．$E(X-C)^2=E(X-\mu)^2$

C．$E(X-C)^2<E(X-\mu)^2$　　D．$E(X-C)^2\geqslant E(X-\mu)^2$

二、填空题

1．某批产品的正品率为 $\frac{3}{4}$，现对其进行测试，以 X 表示首先测到正品时已进行的测试次数，则 X 的数学期望为____________.

2．当 X 的数学期望 $E(X)$ 和 $E(X^2)$ 都存在时，X 的方差的计算公式为 $D(X)=$________.

3．设 $X\sim B(n,p)$，则 $P\{X=k\}=$__________.

4．设随机变量 X 服从区间 $[1,5]$ 上的均匀分布，当 $x_1<1<x_2<5$ 时，$P\{x_1\leqslant X\leqslant x_2\}=$__________.

5．一射手对同一目标独立地进行 4 次射击，每次射击的命中率相同，如果至少命中一次的概率为 $\frac{80}{81}$，用 X 表示该射手命中的次数，则数学期望 $E(X^2)=$__________.

6．设随机变量 X_1，X_2，X_3 均服从区间 $[0,2]$ 上的均匀分布，则 $E(3X_1-X_2+2X_3)=$_____.

三、解答题

1．已知甲、乙两箱中装有同种产品，其中甲箱中装有 3 件合格品和 3 件次品，乙箱中仅装有 3 件合格品．从甲箱中任取 3 件产品放入乙箱后，求：乙箱中次品件数的数学期望.

2．一部机器在一天内发生故障的概率为 0.2，发生故障则当天停止工作，若一周 5 个工作日无故障，可获利润率 10 万元，发生 1 次故障仍可获利润 5 万元，发生 2 次故障获利 0 元，发生 3 次或 3 次以上故障要亏损 2 万元，求一周内期望利润是多少？

3．某种产品周需求量 X 在 $(10,30)$ 上服从均匀分布，而商店周进货量 a 是区间 $(10,30)$ 上的某一整数，商店每销售 1 单位商品，获利润 500 元，若供大于求，则削价处理，这时亏损 100 元，若供不应求，可从外部调剂供应，此时每单位获利 300 元，为使商店获利期望值不少于 9 280 元，试确定最少进货量 a .

4．设随机变量 X 与 Y 相互独立，且 $X\sim N\left(1,\sqrt{2}^2\right)$，$Y\sim(0,1)$，试求 $Z=2X-Y+3$ 的概率密度.

5.6　样本及分布

5.6.1　总体及样本

在现实生活中，我们经常会遇到以下情形：

【例题 5.37】 为了解某城市职工的年收入情况，一般随机抽取一少部分职工，进行调查统计，以此作为这个城市职工收入状况的估计.

【例题 5.38】 为检测一批钢筋的拉力是否合格，一般采用从中任意抽取 2 根进行测试的方法．如果这两根合格了，则认为这批钢筋合格；否则，再抽取 4 根进行测试，若合格，则认为这批钢筋合格；否则，判这批钢筋不合格.

上述两个例子说明：为了研究某个对象的性质，不是一一研究对象所包含的全部个体，而是从中抽取一部分，通过对这部分个体的研究，推断出对象全体的性质，这是一种**从局部推断全体**的方法.

在数理统计学中，对某一问题的研究对象的全体称为**总体**，如果总体中的个体有有限个称为**有限总体**，否则称为**无限总体**；组成总体的每个基本单元称为**个体**，从总体中抽出来的个体称为**样品**，若干个样品组成的集合称为**样本**，一个样本中所含样品的个数称为**样本容量**，由n个样品组成的样本用x_1，x_2，…，x_n表示.

如【例题5.37】中，该城市全体职工的年收入构成一个总体，每一个职工的年收入是一个个体，从总体中抽取出来的职工收入是一个样品，所有抽取出来的职工收入构成一个样本. 在【例题5.38】中，所有钢筋的拉力构成总体，抽出来的2根钢筋的拉力构成样本，其中每一根的钢筋的拉力是样品.

而总体的特性是由各个个体的特性组成，因此任何一个总体都可以用一个随机变量X来表示，X的每一个取值就是一个个体的数量指标，总体是随机变量X取值的全体. 假设表示总体的随机变量X的分布函数为$F(X)$，则总体X的分布为$F(X)$，记作$X \sim F(X)$. 今后，凡是提到总体，就是指一个随机变量；说总体的分布，就是指随机变量的分布. 总体用大写的X，Y，$Z\cdots$等表示.

当从总体中抽取一个样品进行测试后，随机变量就取得一个观测值，这个数值称为样品值；抽取n个样品组成样本x_1，x_2，…，x_n时，得到的一组观测值称为样本值，为方便起见，在不至于引起混淆的情况下，我们仍用x_1，x_2，…，x_n表示样本值.

我们的目的是要根据观测到样本值x_1，x_2，…，x_n，对总体的某些特性进行估计、推断，这就需要对样本的抽取提出一些要求. 一是独立性：样本x_1，x_2，…，x_n是相互独立的随机变量. 二是代表性，每个样品x_i（$i=1, 2, \cdots n$）必须与总体具有相同的概率分布. 满足这两个要求的样本称为**简单随机样本**，今后我们提到的样本，都是指简单随机样本. 怎样才能得到简单随机样本呢？通常样本的容量相对于总体的数目都是很小的，取了一个样品，再取一个，总体分布可以认为毫不改变，因此样品之间彼此是相互独立的，即样本x_1，x_2，…，x_n是一组简单随机样本；如重复测量一个物体的长度，测量值是一个随机变量，在重复n次后得到的样本x_1，x_2，…，x_n是简单随机样本.

5.6.2　统计量及常见统计量

样本是进行统计推断的依据，但在应用时，往往不是直接使用样本本身，而是针对不同的问题来构造样本的函数进行统计推断，为此我们引入统计量的概念.

定义5.6.1　设x_1，x_2，…，x_n为总体X的一个样本，$f(x_1, x_2, \cdots, x_n)$为x_1，x_2，…，x_n的连续函数，若f中不包含任何未知参数，则称$f(x_1, x_2, \cdots, x_n)$为一个**统计量**. 当x_1，x_2，…，x_n取定一组数时，$f(x_1, x_2, \cdots, x_n)$就是统计量的一个**观测值**.

一个统计量就是样本的一个函数，且其中不含任何未知参数. 因此，根据一个样本可以设计出很多的统计量. 在一个具体问题中，究竟要用什么统计量，要根据我们研究的目的而定. 例如，设$X \sim N(\mu, \sigma^2)$，x_1，x_2，…，x_n为总体X的一个样本，若μ已知，σ^2未知，则x_1+x_2，$\sum\limits_{i=1}^{n}(x_i-\mu)^2$等都是统计量，而$n\sigma / \sum\limits_{i=1}^{n} x_i$不是统计量，因为它包括未知参数$\sigma$.

对于一个样本x_1，x_2，…，x_n，各次独立抽取得到的样本观察值是不同的. 因此，作为随机样本的函数，统计量$f(x_1, x_2, \cdots, x_n)$的各次观察值也是不同的. 所以，统计量也是个随机变量.

下面定义一些常用的统计量.

定义 5.6.2　设 x_1，x_2，…，x_n 是来自总体 X 的一个样本，x_1，x_2，…，x_n 是这一样本的观察值，则统计量 $\overline{x}=\dfrac{1}{n}\sum_{i=1}^{n}x_i$ 称为**样本均值**. 统计量 $S^2=\dfrac{1}{n-1}\sum_{i=1}^{n}(x_i-\overline{x})^2$ 称为**样本方差**. 统计量 $S=\sqrt{S^2}=\sqrt{\dfrac{1}{n-1}\sum_{i=1}^{n}(x_i-\overline{x})^2}$ 称为**样本标准差**.

这三个统计量十分重要，以后会经常用到它们.

5.6.3　常见统计量的分布

一般说来，要确定某一统计量的分布是比较复杂的问题，在此介绍几个常用统计量的分布，同时给出一些特殊形式的随机变量所服从的分布.

1. 统计量 U 的分布

设总体 X 服从分布 $f(x)$（不论什么分布），x_1，x_2，…，x_n 是来自总体的一个样本，$\overline{x}$ 为样本均值，则当总体的均值 μ 和方差 σ^2 存在时，总有

$$E(\overline{x})=\mu,\ D(\overline{x})=\sigma^2/n \tag{5.25}$$

进而，设 $X\sim N(\mu,\sigma^2)$，即 X 为正态总体时，则有 $\overline{x}\sim N\left(\mu,\dfrac{\sigma^2}{n}\right)$，于是有统计量

$$U=\frac{\overline{x}-\mu}{\sigma/\sqrt{n}}\sim N(0,1) \tag{5.26}$$

事实上就是把非标准的一般的正态分布变换为标准正态分布，因此把非标准的正态分布变换为标准正态分布的过程又称作一般正态分布的标准化.

统计量 U 的上 α 分位点定义：

定义 5.6.3　设 $f(x)$ 为标准正态分布 U 的密度函数，对于给定的 $\alpha(0<\alpha<1)$，称满足条件 $P\{U>U_\alpha\}=P\{U_\alpha<U<+\infty\}=1-\int_{-\infty}^{U_\alpha}f(x)\mathrm{d}x=1-\Phi(U_\alpha)=\alpha$ 的点 U_α 为 U 分布的**上 α 分位点**，如图 5.17 所示. 可以利用正态分布表查出 U_α.

【例题 5.39】　已知 $P\{|U|>U_\alpha\}=0.05$ 求 U_α.

解：由图 5.17 可知 $P\{|U|>U_\alpha\}=2P\{U>U_\alpha\}=0.05$

所以 $P\{U>U_\alpha\}=0.025$

$$U_\alpha=U_{0.025}.$$

由定义 $\Phi(U_{0.025})=0.975$，查正态分布表得 $U_{0.025}=1.96$.

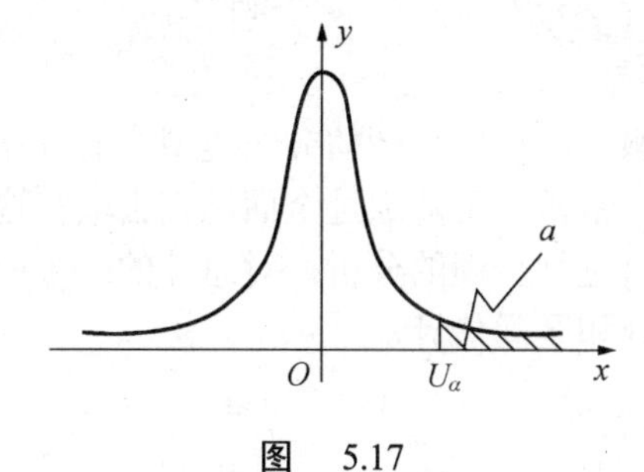

图　5.17

2. 统计量χ^2的分布

定义 5.6.4 设x_1，x_2，…，x_n是来自标准正态分布$X \sim N(0,1)$的一组样本，则称为统计量

$$\chi^2 = x_1^2 + x_2^2 + \cdots + x_n^2 \tag{5.27}$$

服从自由度为n的χ^2分布，记为$\chi^2 \sim \chi^2(n)$.

此处，自由度n是指（5.27）式右端包含的独立变量的个数. $\chi^2(n)$分布的参数只有一个，即自由度n.

χ^2分布的上α分位点定义如下.

定义 5.6.5 χ^2分布的密度函数为$f(x)$，对于给定的α（$0<\alpha<1$），称满足条件

$$P\left\{\chi^2 > \chi_{\alpha}^2(n)\right\} = \int_{\chi_{\alpha}^2(n)} f(x)\mathrm{d}x = \alpha$$

的点$\chi_{\alpha}^2(n)$为χ^2分布的**上α分位点**. 如图 5.18 所示. 例如$\alpha = 0.1$，$n=15$，查表得

$$\chi_{0.1}^2(15) = 22.307 .$$

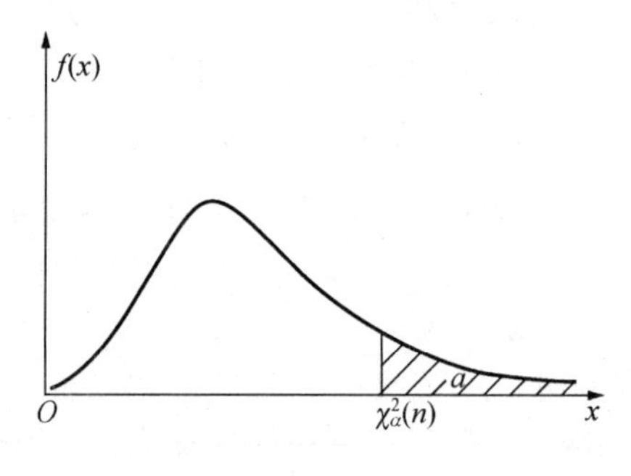

图 5.18

习 题 5.6

1. 从总体X中任意抽取一个容量为10的样本，样本值为

4.5 2.0 1.0 1.5 3.5 4.5 6.5 5.0 3.5 4.0 .

试分别计算样本均值及样本方差.

2. 设x_1，x_2，…，x_5是两点分布$b(1,p)$，$p(X=1)=p$，$p(x=0)=1-p$，其中p是未知参数.

（1）指出$x_1 + x_2$，$\max\limits_{1 \leqslant i \leqslant 5}\{x_i\}$，$x_3 + p$，$(x_4 - 3x_2)^2$中哪些是统计量？

（2）如果$(x_1, x_2, \cdots, x_5)$的一个观察值是$(0, 1, 0, 1, 1)$，计算样本均值和样本方差.

*5.7 参 数 估 计

在大多数的统计推断问题中，已知总体的分布类型，而分布类型中的参数是未知的，由于时间、费用等种种原因，常常不可能通过全面调查去取得这些未知参数的值. 这就需要我们研究如何根据样本资料进行合理的分析. 对总体的一个或多个参数进行估计，称**参数估计**. 参数估计分为**点估计和区间估计**.

5.7.1　点估计

假设总体 X 的分布函数的形式为已知，但它的一个或者多个参数未知．如果得到了 X 的一组样本观察值 x_1，x_2，…，x_n，用这组数据来估计总体参数的值，这类问题称为**参数的点估计**．就是要求构造样本的一些函数，即统计量 $\theta^* = f(x_1, x_2, \cdots, x_n)$ 作为总体未知参数 θ 的估计量．构造的函数不同，参数的估计量就不同，而总体未知参数是不变的，为此首先叙述估计问题中衡量一种估计好不好的方法，即估计的两种特性：无偏性和有效性．

设总体未知参数为 θ，$\theta^* = f(x_1, x_2, \cdots, x_n)$ 为一统计量，若 $E(\theta^*) = \theta$，则称 θ^* 是总体参数 θ 的一个无偏估计．当然，只具有无偏性是不够的，容易想到，我们还希望估计量 θ^* 偏离 θ 越小越好，即方差要尽可能的小．

若 θ_1^* 和 θ_2^* 是 θ 的无偏估计，且 $D(\theta_1^*) < D(\theta_2^*)$，则估计 θ_1^* 更有效．在所有无偏估计中，方差最小的一个称为 θ 的有效估计，或者是最小方差无偏估计．

定义 5.7.1　设总体 X 的分布中含有未知参数 θ，从总体 X 中抽取样本 x_1，x_2，…，x_n，构造某个统计量 $\hat{\theta}(x_1, x_2, \cdots, x_n)$ 作为参数 θ 的估计，则称 $\hat{\theta}(x_1, x_2, \cdots, x_n)$ 为参数 θ 的**点估计量**．

设 x_1，x_2，…，x_n 是来自正态总体的一个样本，若总体 $X \sim N\left(\mu, \sigma^2\right)$，那么样本均值 $\overline{x} \sim N\left(\mu, \dfrac{\sigma^2}{n}\right)$，所以，样本均值 $\overline{x}$ 可作为正态总体均值 μ 的估计量，即 $\hat{\mu} = \overline{x}$．样本方差 S^2 可作为正态总体方差 σ^2 的估计量，即 $\hat{\sigma}^2 = S^2$．

【例题 5.40】　设某种灯泡寿命 $X \sim N(\mu, \sigma^2)$，其中 μ 和 σ^2 未知，今随机抽取 5 只灯泡，测得寿命（单位：h）分别为1 623,1 527,1 287,1 432,1 591．求样本均值 μ 和方差 σ^2 的估计值．

解：根据样本均值和方差的定义得到：

$$\begin{cases} \hat{\mu} = \overline{x} = \dfrac{1}{5}(1\ 623+1\ 527+1\ 287+1\ 432+1\ 591) = 1\ 492 \\ \hat{\sigma}^2 = \dfrac{1}{n}\sum\limits_{i=1}^{n}(x_i - \overline{x})^2 = \dfrac{1}{5}[(1\ 623-1\ 492)^2+\cdots+(1\ 591-1\ 492)^2] = 14\ 762.4 \end{cases}.$$

即 μ 和 σ^2 的估计分别为 $\begin{cases} \hat{\mu} = 1\ 492 \\ \hat{\sigma}^2 = 14\ 762.4 \end{cases}$．

5.7.2　区间估计

点估计的优点是简单直观，但它是对总体参数给出一个确定的数值，准确性很难讨论，导致它的应用受到限制．如果把点估计的值附上一个误差 $\varepsilon(\varepsilon > 0)$，得到一个区间 $(\mu - \varepsilon, \mu + \varepsilon)$，然后讨论该区间有多大可能包含总体未知参数 μ，就变得很有意义．也就是估计参数的一个所在范围，并指出该参数包含在该范围内的概率，这就是区间估计问题．

定义 5.7.2　设 x_1，x_2，…，x_n 是分布函数为 $f(x; \theta)$ 的一个样本，对给定的 α $(0 < \alpha < 1)$，如果能求得两个统计量 θ_1 及 θ_2 使得

$$P\{\theta_1 \leqslant \theta \leqslant \theta_2\} = 1 - \alpha \tag{5.28}$$

则称 $1-\alpha$ 为**置信度**，称为区间[θ_1， θ_2]为参数 θ 的置信度为 $1-\alpha$ **的置信区间**．置信度简称为信度，置信度为 $1-\alpha$ 的置信区间在不至于混淆时也简称为置信区间．

置信区间的含义是：在重复的随机抽样中，如果得到很多（5.28）式这样的区间，则其中的$100(1-\alpha)\%$会含有真值θ，而只有$100\alpha\%$不包含真值θ．从定义看出，置信区间是与一定的概率保证相对的：概率大的相应的置信区间长度就长；概率相同时，测量精度越高（测量误差越小），相应的置信区间就越短．

下面只介绍正态总体的期望和方差的区间估计．

1．正态总体的数学期望的估计可分为两类情况：方差σ^2已知或未知．这里只介绍方差σ^2已知的情况．

设x_1，x_2，…，x_n为总体服从正态分布$X \sim N(\mu,\sigma^2)$的一个样本，其中μ未知，$\sigma^2=\sigma_0{}^2$（已知），可以证明$\overline{x}=\frac{1}{n}\sum_{i=1}^{n}x_i \sim N\left(\mu,\frac{\sigma_0^2}{n}\right)$，其中

$$E(\overline{x})=\frac{1}{n}E\left(\sum_{i=1}^{n}x_i\right)=\frac{1}{n}\bullet n\mu=\mu\,, \tag{5.29}$$

$$D(\overline{x})=\frac{1}{n}D\left(\sum_{i=1}^{n}x_i\right)=\frac{1}{n^2}\bullet n\sigma^2=\frac{1}{n}\sigma^2\,. \tag{5.30}$$

对$\overline{x}$做标准化变换

$$u=\frac{\overline{x}-\mu}{\frac{\sigma}{\sqrt{n}}}\sim N(0,1) \tag{5.31}$$

对于给定的置信度$1-\alpha$，存在$z_{\alpha/2}>0$，$\Phi(z_{\alpha/2})=1-\alpha/2$，使得

$$P\left\{-z_{\alpha/2}<\frac{\overline{x}-\mu}{\sigma_0/\sqrt{n}}<z_{\alpha/2}\right\}=1-\alpha \tag{5.32}$$

如图 5.19 所示，

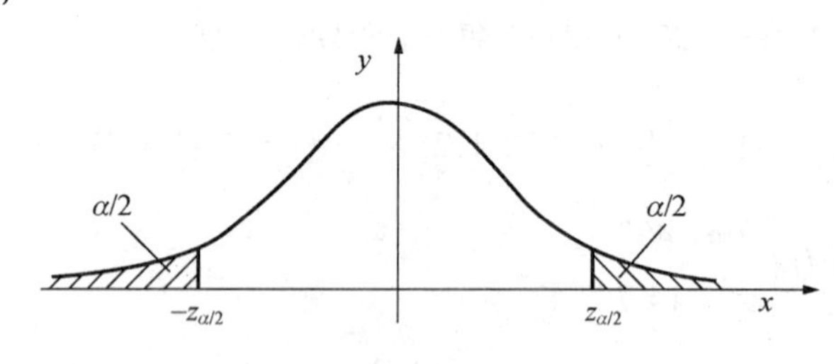

图 5.19

于是由不等式$-z_{\alpha/2}<\frac{\overline{x}-\mu}{\sigma_0/\sqrt{n}}<z_{\alpha/2}$推出，$\overline{x}-z_{\alpha/2}\cdot\frac{\sigma_0}{\sqrt{n}}<\mu<\overline{x}+z_{\alpha/2}\cdot\frac{\sigma_0}{\sqrt{n}}$，故所求期望$\mu$的置信区间为$\left(\overline{x}-z_{\alpha/2}\cdot\frac{\sigma_0}{\sqrt{n}},\overline{x}+z_{\alpha/2}\cdot\frac{\sigma_0}{\sqrt{n}}\right)$．

【例题 5.41】 某县 2002 年进行一项抽样调查结果表明：调查的 400 户农民家庭平均每人每年的化纤布消费量为 3.3m，根据过去的资料可知总体方差为 0.96．试以 95%的置信水平估计该县 2002 年农民家庭平均每人化纤布消费的置信区间．

解：以X表示总体，X的分布形式虽然未知，但已知$n=400$为大样本．可知$\overline{x}$近似服从正态分布，且总体方差已知：$\sigma^2=0.96$．因此，以 95%的置信水平估计该县 2002 年农民家庭平均每人化纤布消费量的置信区间，就是要求

$$P\left\{\overline{x}-z_{\alpha/2}\cdot\frac{\sigma}{\sqrt{n}}<\mu<\overline{x}+z_{\alpha/2}\cdot\frac{\sigma}{\sqrt{n}}\right\}=0.95\text{，}\overline{x}=3.3\text{，}z_{\alpha/2}=z_{0.025}=1.96\text{，}$$

$$\sigma=\sqrt{0.96}=0.98\text{，}\overline{x}\pm z_{\alpha/2}\cdot\frac{\sigma}{\sqrt{n}}=3.3\pm1.96\cdot\frac{0.98}{\sqrt{400}}=3.3\pm0.096 .$$

置信区间为$(3.204,3.396)$．故可以 95%的把握保证该县 2002 年农民家庭平均化纤布消费量约为$3.2\sim3.4\text{m}$．

2．总体正态分布的方差的估计，我们只介绍正态总体参数μ未知的情况．可以证明统计量

$$\frac{(n-1)S^2}{\sigma^2}\sim\chi^2(n-1)\text{，}\tag{5.33}$$

对给定的置信度$1-\alpha$，存在${\chi_{\alpha/2}}^2(n-1)$和${\chi_{1-\alpha/2}}^2(n-1)$，使得

$$P\left\{\chi^2_{1-\alpha/2}(n-1)<\frac{(n-1)S^2}{\sigma^2}<\chi^2_{\alpha/2}(n-1)\right\}=1-\alpha\tag{5.34}$$

如图 5.20 所示，由此得到σ^2的$1-\alpha$置信区间为

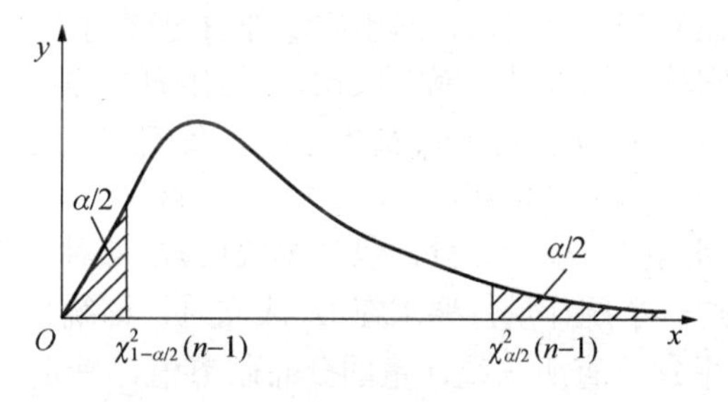

图　5.20

$$\left(\frac{(n-1)S^2}{\chi^2_{\alpha/2}(n-1)},\ \frac{(n-1)S^2}{\chi^2_{1-\alpha/2}(n-1)}\right).$$

【例题 5.42】　从一个正态总体中随机抽取一容量$n=10$样本，计算得$\overline{x}=52.74$，$S^2=1.18^2$，求关于总体方差σ^2的区间估计，置信度为95%．

解：查χ^2分布表，得自由度为$n-1=9$的临界值$\chi^2_{\alpha/2}=19.023$，$\chi^2_{1-\alpha/2}=2.700$，带入公式得到$\sigma^2$的 0.95 置信区间为$\left(\frac{9\times1.18^2}{19.023},\frac{9\times1.18^2}{2.7}\right)=(0.658\,9,4.641)$．

习 题 5.7

1．设x_1，x_2，…，x_n是来自正态分布$N(\mu,1)$的样本值，求μ的估计值．

2．某种零件的长度服从正态分布．已知总体的标准差$\sigma=1.5$，从总体中抽取 200 个零件组成样本，测得他们的平均长度为 8.8*cm*，试估计在 95%置信水平下，全部零件平均长度的置信区间．

3．从正态总体$X\sim N(\mu,4^2)$中抽取容量为 4 的样本，样本均值为$\overline{x}=\frac{1}{n}\sum_{i=1}^{n}x_i=13.2$．求$\mu$的置信度为 0.95 的置信区间．

4．设来自正态总体分布$X\sim N(\mu,\sigma^2)$的样本值为

5.1，5.1，4.8，5.0，4.7，5.0，5.2，5.1，5.0

试就已知$\sigma=1$，求总体均值μ的 0.95 的置信区间．

*5.8 参数的假设检验

前面介绍了参数估计，本节将介绍统计推断的另一类重要问题．它从样本出发，对关于总体情况的某一命题是否成立做出定性的回答，比如判断产品是否合格，分布是否为某一已知分布，方差是否相等，等等．在数理统计中，我们称待考察的命题为假设，称为**假设检验**．假设的主要原理就是“小概率事件在一次试验中是不可能发生的”，这个原理叫做**小概率原理**．要说明的是，小概率事件并不是不可能发生，它是有可能发生的，只不过是发生的概率很小，人们就认为它在一次试验中不可能发生，而一次发生的事件是很难让人相信是小概率事件．

那么，多小的概率才算是小概率呢？这要依据具体情况而定．比如，即使下雨的概率达到20%，仍有人会因为概率太小而不带雨具．但是如果某航空公司的事故率为1%，人们就会因为它太大，而不敢乘坐该公司的航班了．在一般情况下，认为概率不超过5%的事件是小概率事件．在进行假设检验时，必须先确定小概率的界限α，称之为**显著水平**，即认为不超过α的概率为小概率．常用的α值为0.10，0.05，0.01等．

在做假设检验时，总有某一种状态，对于它除非有足够的理由我们不轻易认为是不存在的，在统计假设里把它称为原假设（或零假设），记作H_0；则其对立的另一种状态称为对立假设（或备选假设），记作H_1，当H_0被拒绝时，我们就接受H_1．有了原假设和对立假设，我们来说明假设检验的一般步骤：

（1）根据要检验的问题提出检验假设，包括原假设H_0与对立假设H_1．

（2）根据已知条件选一个统计量，要求在H_0成立时，该统计量分布已知．

（3）根据显著性水平α，查所选统计量的分布临界值，确定拒绝H_0的区域，这个区域叫作H_0的拒绝域．

（4）根据样本观测值计算统计量，并与临界值比较．

（5）下结论．如果计算的统计量在H_0的拒绝域内，则拒绝H_0，接受H_1；如果计算的统计量不在H_0的拒绝域内，则接受H_0，拒绝H_1．

下面介绍两种最常用的检验方法．

5.8.1 U检验

设x_1，x_2，…，x_n是正态总体$X \sim N(\mu,\sigma^2)$的一个样本，其中μ未知，σ^2已知．给定一个μ_0，用x_1，x_2，…，x_n检验μ是否等于μ_0，则现在假设

$$H_0:\mu=\mu_0 \text{（}\mu_0\text{是已知数），} H_1:\mu\neq\mu_0 .$$

可以证明统计量$U=\dfrac{\overline{x}-\mu}{\sigma/\sqrt{n}}$服从$N(0,1)$，则当$H_0$成立时，有统计量$U_0=\dfrac{\overline{x}-\mu_0}{\sigma_0/\sqrt{n}}$服从$N(0,1)$，即

$$U_0=\frac{\overline{x}-\mu_0}{\sigma_0/\sqrt{n}} \sim N(0,1) .$$

对给定显著性水平α，查标准正态分布数值表得$z_{\alpha/2}$，使得$\Phi(z_{\alpha/2})=1-\dfrac{\alpha}{2}$．因为

$P(|U|>z_{\alpha/2})=\alpha$，由样本 x_1，x_2，…，x_n 计算检验量 U 的值 U_0；如果 $|U_0|>z_{\alpha/2}$，则拒绝 H_0，接受 H_1；否则接受 $H_0:\mu=\mu_0$，如图 5.21 所示．也就是说检验量 U 在区间 $(-\infty,-z_{\alpha/2})\cup(z_{\alpha/2},+\infty)$ 内时拒绝 H_0，接受 H_1，称这个区间为 H_0 的**拒绝域**；检验量 U 在区间 $(-z_{\alpha/2},z_{\alpha/2})$ 时，则接受 $H_0:\mu=\mu_0$，称这个区间为 H_0 的**相容域**.

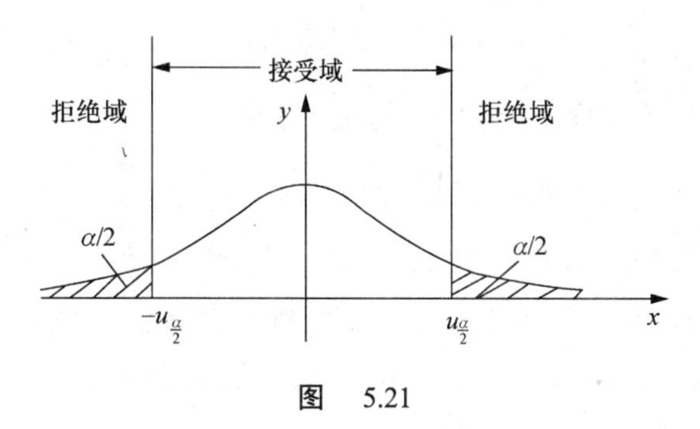

图　5.21

【例题 5.43】 某饮料生产商生产的一种新型饮料的额定标准为每瓶 200 克，设饮料的实际重量服从正态分布，且根据以往经验知其方差为 $\sigma^2=6^2$ 克．为检验某批产品是否达标，随机抽取 10 支，称得重量（单位克）为

198.8，　202.4，　207.2，　209.6，　195.2

204，　206，　204.8，　197.1，　204.4

问这批饮料是否合格，即这批饮料的均值是否符合额定标准 200 克?（显著性水平 0.05）

解：饮料的实际重量 X 服从正态分布 $N(200,6^2)$，原假设 $H_0:\mu=\mu_0=200$，备选假设 $H_1:\mu\neq\mu_0=200$；由 X 服从正态分布及方差已知，可取统计量

$$U=\frac{\overline{x}-\mu_0}{\sigma_0/\sqrt{n}},$$

在 H_0 成立时，U 服从标准正态分布．又由于 $\overline{x}$ 是 μ 的估计，在 H_0 成立时，$|\overline{x}-\mu_0|$ 不能过大，从而 $|U|$ 也不能过大．因此，$|U|$ 过大是小概率事件，记 $P\{|U|>a\}=\alpha$．由 U 服从标准正态分布，查表得 $a=\mu_{\alpha/2}$．于是 H_0 的拒绝域为 $|U|>\mu_{\alpha/2}$，计算得

$$|U|=\left|\frac{\overline{x}-\mu}{\sigma/\sqrt{n}}\right|=\left|\frac{202.95-200}{6/\sqrt{10}}\right|=1.554\ 8\ .$$

由取显著性水平 $\alpha=0.05$，查表得 $u_{\frac{\alpha}{2}}=u_{0.025}=1.96$，如图 5.23 所示，此时 $|U|=1.5548<1.96=u_{\frac{\alpha}{2}}$．于是，接受 H_0，拒绝 H_1．即认为这批产品是合格的，即这批饮料的均值是否符合额定标准 200 克.

5.8.2　χ^2 检验

设 $X\sim N(\mu,\sigma^2)$，在 μ 未知的情况下，给定 σ_0^2 和总体 X 的一个样本 x_1，x_2，…，x_n，欲检验 σ^2 是否等于 σ_0^2.

现在假设 $H_0:\sigma^2=\sigma_0^2$，$H_1:\sigma^2\neq\sigma_0^2$，可以证明有统计量 $\chi^2=\dfrac{S^2}{\sigma^2/(n-1)}$ 服从自由度为

$n-1$的χ^2分布，则当H_0成立，有统计量$\chi_0^2=\dfrac{S^2}{\sigma_0^2/(n-1)}$服从自由度为$n-1$的$\chi^2$分布，即：

$$\chi_0^2=\frac{S^2}{\sigma_0^2/(n-1)}\sim\chi^2(n-1).$$

其中可以证明$S^2=\dfrac{1}{n-1}\sum_{i=1}^{n}(x_i-\overline{x})^2$是$\sigma^2$的无偏估计量.

因为χ^2分布的图形不对称，对于给定的α，根据

$$P\{\chi^2\geqslant\lambda_1\}=1-\frac{\alpha}{2},\quad P\{\chi^2\geqslant\lambda_2\}=\frac{\alpha}{2},$$

求出两个临界值λ_1，λ_2，如图5.22所示，其中λ_1即图中的$\chi_{1-\alpha/2}^2(n)$，λ_2即图中的$\chi_{\alpha/2}^2(n)$，它们由χ^2分布表查出；再由样本x_1，x_2，…，x_n算出检验量χ^2的值χ_0^2，当$\chi_0^2\leqslant\lambda_1$或者$\chi_0^2\geqslant\lambda_2$时，拒绝$H_0$；当$\lambda_1<\chi_0^2<\lambda_2$时，接受$H_0$，这个检验方法称为$\chi^2$**检验**.

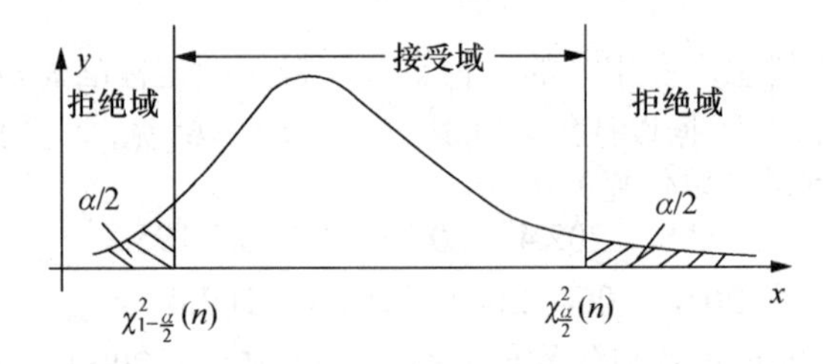

图　5.22

【例题5.44】　根据过去几年农业产量调查的资料认为，某乡镇水稻亩产服从正态分布，其方差为5 625．在今年对收成进行评估中，随机抽取了10块地，亩产分别为（单位：千克）

270，316，337，340，347，348，354，368，390，423

问根据以上评估资料，能否认为该乡镇水稻亩产的方差没有发生变化？

解：在总体方差未知时，用过去的资料估算出一个方差代替总体方差，是实际工作中经常遇到的．但是这个估算的方差σ_0^2是否能代表真正的总体方差σ^2，需要进行一下检验．

原假设$H_0:\sigma^2=\sigma_0^2=5\ 625$，

备选假设$H_1:\sigma^2\neq5\ 625$，则$S^2=\dfrac{1}{n-1}\sum_{i=1}^{n}(x_i-\overline{x})^2=6\ 680$．令$\alpha=0.05$，查$\chi^2$分布表得到$\lambda_2=\chi_{\alpha/2}^2(n-1)=\chi_{0.025}^2(9)=19.0$，$\lambda_1=\chi_{1-\alpha/2}^2(n-1)=\chi_{0.975}^2(9)=2.70$．

而$\dfrac{(n-1)S^2}{\sigma_0^2}=\dfrac{(10-1)6\ 680}{5\ 625}=10.688$．因为$2.7<10.688<19.0$，所以不能拒绝$H_0$．不能认为该乡镇水稻亩产的方差发生了改变．也就是说可以利用根据过去调查资料估算出来的总体方差${\sigma_0}^2=5625$作为今年水稻产量调查的总体方差.

习　题　5.8

1．假定某厂生产一种钢索，其断裂强度$X\sim N(\mu,40^2)$．从中选取一个容量为9的样本，计算得样本均值$\overline{x}=780$（kg/cm²）．能否据此样本认为这批钢索的断裂强度为800（kg/cm²）？（取$\alpha=0.05$）

2．某车间生产的铜丝，生产一向稳定，今从产品中任抽10根检查折断力，得数据如下（单位：kg）：

578, 572, 570, 568, 572, 570, 572, 596, 584, 570

问是否可相信该车间生产的铜丝的折断力的方差为 64？（取 $\alpha = 0.05$）

3．检验某电子元件的可靠性指标 15 次，计算得指标平均值为 $\bar{x} = 0.95$，样本标准差为 $S = 0.03$，该元件的订货合同规定其可靠性的标准差为 0.05，假设元件可靠性指标服从正态分布．问 $\alpha = 0.10$ 时，该电子元件可靠性指标的方差是否符合合同标准？

本章内容精要

1．理解随机事件的概念时，要深刻体会它的“随机”性，就是说，随机事件是可能发生也可能不发生的，了解事件之间的关系及其运算，善于将某些复杂的事件表示为若干个简单事件的和或积．注意事件互斥（互不相容）与互逆两个概念的联系和区别．理解事件的独立性概念．

2．古典概型和贝努利概型是两个比较基本而又重要的试验概型，对这两个概型应用时要注意两个概型所需要的条件以及所求随机事件的含义．

3．统计概率、古典概率和条件概率是三个不同意义下的概率，统计概率就是概率的统计定义，是从大量重复试验中随机事件频率的稳定性引出的，它给出了实际问题中计算概率的一种近似方法——用频率代替概率（试验次数较多时使用）．古典概型要求试验中基本事件个数有限、互斥且等概，计算时常用到排列、组合，读者需复习有关的知识．条件概率 $P(B|A)$ 是指在{事件 A 已经发生}的条件下 B 发生的概率，它可利用定义计算．

4．加法公式就事件之间的关系而言，分为互不相容和一般情形两种公式：

$$P(A+B) = P(A) + P(B) \quad (A，B\text{互斥})$$

$$P(A+B) = P(A) + P(B) - P(AB)$$

乘法公式就事件之间的关系而言，分为相互独立和一般情形两个公式，应用时注意条件概率的使用

$$P(AB) = P(A)P(B) \quad (A，B\text{独立})$$

$$P(AB) = P(B)P(A|B) = P(A)P(B|A)$$

实际中常用到两个事件是独立的加法公式

$$P(A+B) = P(A) + P(B) - P(A)P(B)$$

加法公式和乘法公式中事件的个数都可以从两个事件推广到有限多个．

5．理解随机变量的概念时，首先要弄清楚随机变量与随机事件之间的联系：随机变量 X 取某个数值 $X = a$ 或取某个范围内的数值 $X < b$ 或 $c < X < d$ 等都是随机事件，其次要清楚随机变量与普通变量的区别：随机变量的取值是与一定的概率相关的，而普通变量的取值没有这一点．

6．随机变量的取值范围是与概率相联系的，因此研究随机变量重要的就是研究它的概率分布（或概率密度）．

7．数字特征是从不同侧面刻画随机变量分布特征的数值．本章主要介绍期望和方差两个数字特征．由于统计中最常用的一些随机变量的分布函数的参数一般都与期望和方差有关，因此掌握好这两个数字特征很重要．

8. 本章介绍了几个常用的分布，要记住它们的分布律或概率密度，同时要结合它们的实际背景理解它们的含义.

9. 总体和样本的概念是数理统计中的基础概念，正是这两个概念的区别才引出了统计推断的天地，本章所介绍的几种统计量是在数理统计中常用的，需要牢固记忆.

*10. 参数估计主要介绍了点估计和区间估计. 同时介绍了点估计量好坏的两个标准：无偏性和有效性. 点估计的优点是直观、方便，缺点是没有充分利用总体分布对参数所提供的信息. 区间估计主要介绍了单个正态总体的期望（方差已知或未知）和方差的估计方法，要了解区间估计的基本思想以及置信区间、置信度等概念的含义.

*11. 假设检验是数理统计中很重要的一种方法，许多统计方法都要用到，它的基本思想属于反证法范畴：先假设命题成立，然后根据问题进行推理，如果小概率事件没有发生，则接受假设，反之，就拒绝假设命题. 要理解好显著水平、小概率原理等概念的含义.

自 测 题 五

一、选择题

1. 若事件 A 和 B 相互独立，则有（ ）.

A. $AB=\varnothing$　　B. $P(A+B)=P(A)+P(B)$

C. $P(AB)=P(A)$　　D. $P(A|B)=P(A)$

2. 10 个彩票中有一个中奖，无放回顺序抽取，每次取一个，则第二次抽到“有”的概率是（ ）.

A. $\frac{1}{10}$　　B. $\frac{2}{10}$　　C. $\frac{1}{9}$　　D. $\frac{2}{9}$

3. 若（ ）成立，则 A,B 互为对立事件.

A. $AB=\varnothing$　　B. $P(A+B)=P(A)+P(B)$

C. $P(A)+P(B)=1$　　D. $AB=\varnothing$ 且 $A+B=\Omega$

4. 设 $X\sim B\left(n,\frac{1}{3}\right)$，则 $P\{X=3\}:P\{X=4\}=$（ ）.

A. $\frac{3}{4}$　　B. $\frac{4}{3}$　　C. $\frac{8}{n-3}$　　D. $\frac{4}{n-3}$

5. 下列四个函数，哪个不能作为随机变量 X 的分布函数？

（A）$F(x)=\begin{cases}0, & x<0\\ \frac{1}{3}, & 0\leqslant x<2\\ \frac{1}{2}, & 1\leqslant x<2\\ 1, & x\geqslant 2\end{cases}$　　（B）$F(x)=\begin{cases}0, & x<0\\ \sin x, & 0\leqslant x<\pi\\ 1, & x\geqslant \pi\end{cases}$

（C）$F(x)=\begin{cases}0, & x<0 \\ \dfrac{x^2}{4}, & 0\leqslant x<2 \\ 1, & x\geqslant 2\end{cases}$　　　　（D）$F(x)=\begin{cases}1-\mathrm{e}^{-x}, & x\geqslant 0 \\ 0, & x<0\end{cases}$

6．设 $X\sim N(\mu, \sigma^2)$（$\sigma>0$），概率密度为 $\varphi(x)$，分布函数为 $F(x)$，则下图中阴影部分的面积分别为（　）.

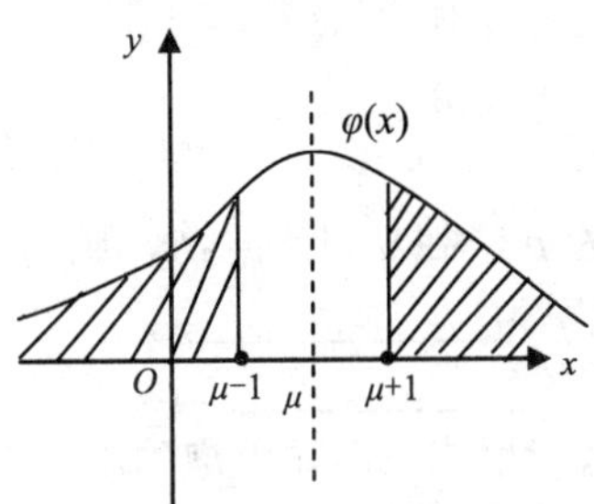

（A）$\varphi(\mu-1)$和 $\varphi(\mu+1)$　　　　（B）$F(\mu-1)$和 $F(\mu+1)$

（C）$\varphi(\mu-1)$和 $1-\varphi(\mu+1)$　　　　（D）$F(\mu-1)$和 $1-F(\mu+1)$

7．设随机变量 X_1, X_2 都服从正态分布 $N\left(\mu,\sigma^2\right)$，则 $E\left(X_1-X_2\right)$ 和 $D\left(X_1-X_2\right)$ 应为（　）.

A．0，0　　　　B．0，$2\sigma^2$　　　　C．2μ，0　　　　D．2μ，$2\sigma^2$

8．设 $Y=aX+b$，其中 X 是随机变量，a,b 是常数，则（　）成立.

A．$E(Y)=aE(X)+b, D(Y)=aD(X)+b$

B．$E(Y)=aE(X)+b, D(Y)=a^2D(X)+b^2$

C．$E(Y)=aE(X)+b, D(Y)=D(X)+b^2$

D．$E(Y)=aE(X)+b, D(Y)=a^2D(X)$

9．设 $X\sim N\left(\mu,\sigma^2\right)$，$\Phi(x)$ 为标准正态分布函数，则 $P(a\leqslant x\leqslant b)=$（　）.

A．$\Phi(b)-\Phi(a)$　　　　B．$\Phi(b-\mu)-\Phi(a-\mu)$

C．$\Phi\left(\dfrac{b-\mu}{\sigma}\right)-\Phi\left(\dfrac{a-\mu}{\sigma}\right)$　　　　D．$\Phi\left(\dfrac{b-\mu}{\sigma^2}\right)-\Phi\left(\dfrac{a-\mu}{\sigma^2}\right)$

10．设总体 X 服从正态分布 $N(\mu,\sigma^2)$，其中 μ 已知，σ^2 未知．x_1，x_2，…，x_n 是取自总体 X 的简单随机样本，则样本函数中不是统计量的是（　）.

A．$\dfrac{1}{n}\sum\limits_{i=1}^{n}x_i$　　　　B．$\max\limits_{1\leq i\leq n} x_i$

C．$\sum\limits_{i=1}^{n}\left(\dfrac{x_i-\mu}{\sigma}\right)^2$　　　　D．$\dfrac{1}{n}\sum\limits_{i=1}^{n}(x_i-\mu)^2$

11*．总体均值 μ 置信度为 95% 的置信区间为 $(\hat{\theta}_1,\hat{\theta}_2)$，其含义是（　）.

A．总体均值 μ 的真值以 95% 的概率落入区间 $(\hat{\theta}_1,\hat{\theta}_2)$

B．样本均值 $\bar{x}$ 以 95% 的概率落入区间 $(\hat{\theta}_1,\hat{\theta}_2)$

C．区间 $(\hat{\theta}_1,\hat{\theta}_2)$ 含总体均值 μ 的真值的概率为 95%

D．区间 $(\hat{\theta}_1,\hat{\theta}_2)$ 含样本均值 $\bar{x}$ 的概率为 95%

12*．在假设检验中，如果原假设 H_0 拒绝域是 W，那么样本值 x_1，x_2，…，x_n 只可能有下列四种情况．其中拒绝 H_0 且不犯错误的是（　）．

A．H_0 成立，$(x_1,x_2,\cdots,x_n)\in W$

B．H_0 成立，$(x_1,x_2,\cdots,x_n)\notin W$

C．H_0 不成立，$(x_1,x_2,\cdots,x_n)\in W$

D．H_0 不成立，$(x_1,x_2,\cdots,x_n)\notin W$

二、填空题

1．某射手的射击命中率为 p，独立射击 4 次，则

（1）恰好射中了 3 次的概率为____________；

（2）至多射中了 3 次的概率____________．

2．甲乙两炮同时向一架敌机射击，已知甲炮的击中率是 0.5，乙炮的击中率是 0.6，甲乙两炮都击中的概率是 0.3，则飞机被击中的概率为____________．

3．设 A、B 是两个事件，$P(A)=0.5$，　$P(B)=0.6$，问

（1）在什么条件下 $P(AB)$ 取到最大值，最大值是多少？

（2）在什么条件下 $P(AB)$ 取到最小值，最小值是多少？

4．设 $P(A)=0.5$，$P(A+B)=0.8$，那么

（1）若 A 与 B 互不相容，则 $P(B)=$_______；

（2）若 A 与 B 相互独立，则 $P(B)=$_______．

5．已知 $P(A)=0.6, P(B)=0.8, P(B\mid\bar{A})=0.2$，则 $P(A\mid B)=$____________．

6．掷两枚骰子，出现“点数和为偶数”的概率为____________．

7．设随机变量 X 的分布列 $P\{X=k\}=\dfrac{k}{15}$，$k=1$，2，3，4，5，则 $P\left\{\dfrac{1}{2}<X<\dfrac{5}{2}\right\}=$ _________．

8．设 $X\sim B(n,p)$，且 $E(X)=6$，$D(X)=3.6$，则 $n=$____________．

9．当 X 与 Y 相互独立时，方差 $D(2X-3Y)=$____________．

10．设 $X\sim\chi^2(m)$，$Y\sim\chi^2(n)$，X 与 Y 相互独立，则 $E(X+Y)\sim$____________．

三、解答题

1．假设有甲乙两批种子，发芽率分别为 0.8 和 0.7，在这两批种子中各取一粒，求

（1）两粒都发芽的概率；

（2）至少有一粒发芽的概率；

（3）恰有一粒发芽的概率．

2．某集体有 50 名同学，求其中至少有 2 人是同一天生日的概率．

3．某一车间里有 12 台车床，由于工艺上的原因，每台车床时常要停车．设这台车床停车（或开车）是相互独立的，且在任一时刻处于停车状态的概率为 0.3，计算在任一指定时刻里有 2 台车床处于停车状态的概率．

4．设随机变量 X 服从两点分布 $P\{X=1\}=p, P\{X=0\}=1-p$，求 X 的分布函数．

5．设随机变量 Z 在 $[0,10]$ 上服从均匀分布．

（1）试写出 Z 的密度函数；

（2）试求概率 $P\{Z<3\}$，$P\{Z\geqslant 6\}$ 与 $P\{3<Z\leqslant 8\}$.

6．已知某罐装饮料的重量服从正态分布 $N\left(245,2.5^2\right)$，净重在 $245\pm 5ml$ 的范围内属于合格品，求合格品的概率.

7．设某射手每次击中目标的概率是 0.9，现连续射击 30 次，求：

（1）“击中目标的次数 X ”的概率分布；（2）$E(X)$，$D(X)$.

8．设随机变量 X 的概率密度为

$$f(x)=\begin{cases} a\sin 2x, & 0\leqslant x\leqslant \dfrac{\pi}{2} \\ 0, & \text{其他} \end{cases}$$

（1）求系数 a；

（2）求分布函数 $F(x)$；

（3）求 $P\left(\dfrac{\pi}{6}\leqslant X\leqslant \dfrac{\pi}{3}\right)$；

（4）求 $E(X)$.

*9．设总体 X 的概率密度为

$$f(x)=\begin{cases} \lambda e^{-\lambda x}, & x>0 \\ 0, & x\leqslant 0 \end{cases}$$

其中 λ 是未知参数，x_1，x_2，…，x_n 是来自总体 X 的一个简单随机样本，用矩法估计求 λ 的估计量.

*10．某零件长度服从正态分布，过去的均值为 20.0，现换了新材料，从产品中随机抽取 8 个样品，测得的长度为

20.0，20.2，20.1，20.0，20.2，20.3，19.8，19.5

问用新材料的零件平均长度是否起了变化（$\alpha=0.05$）.

第6章 常微分方程

教学目标

理解微分方程的概念，理解齐次型方程的解法和可降阶的二阶微分方程的解法，掌握可分离变量微分方程、一阶线性微分方程、二阶常系数线性齐次微分方程的解法，会求简单的二阶常系数线性非齐次微分方程，掌握微分方程在经济上的应用。

在科学技术和经济管理的许多问题中，往往需要求出所涉及的变量间的函数关系．根据问题所提供的信息，可以列出含有要求的函数及其导数的关系式，这样的关系式叫微分方程，通过求解微分方程就可确定该函数关系．微分方程的理论已经成为数学学科的一个重要分支，它在经济学中有着重要的应用．

本章介绍微分方程的一些基本概念；讲述下列微分方程的解法：一阶微分方程中的常见类型、可降阶的二阶微分方程和二阶常系数线性微分方程；最后讲述微分方程在经济中的应用．

6.1 微分方程的基本概念

我们通过例题来说明微分方程的一些基本概念．

【例题6.1】 已知某种商品的需求价格弹性$E_d=-0.04P$，且市场对该商品的最大需求$Q=1\,000$，试求需求函数．

本例要求一个需求函数$Q=\varphi(P)$，按需求价格弹性的定义，它满足关系式

$$\frac{P}{Q}\cdot\frac{\mathrm{d}Q}{\mathrm{d}P}=-0.04P\text{，即}\quad\frac{\mathrm{d}Q}{\mathrm{d}P}=-0.04Q \tag{6.1}$$

且满足条件：当$p=0$时，$Q=1\,000$．将（6.1）式改写为

$$\frac{\mathrm{d}Q}{Q}=-0.04\mathrm{d}P,$$

两端积分，得

$$\int\frac{\mathrm{d}Q}{Q}=-\int 0.04\mathrm{d}P,$$

即

$$\ln Q=-0.04P+C_1,$$

其中C_1是任意常数，若以$\ln C$ $(C>0)$来代替上式中的任意常数C_1，则上式可写为

$$Q=C\mathrm{e}^{-0.04P} \tag{6.2}$$

这是一族需求函数．

将$p=0$，$Q=1\,000$代入（6.2）式，得$C=1\,000$，这就得到了所求的需求函数

$$Q = 1\,000\mathrm{e}^{-0.04P}\,.$$

在该问题中，需求函数 $Q=\varphi(P)$ 是未知的，称为**未知函数**。关系式（6.1）是一个含有未知函数 Q 及其导数 $\dfrac{\mathrm{d}Q}{\mathrm{d}P}$ 的方程，称为**微分方程**．由于微分方程（6.1）中仅含未知函数的一阶导数，所以（6.1）式称为一阶微分方程．

若将函数 $Q = C\mathrm{e}^{-0.04P}$，及其导数 $\dfrac{\mathrm{d}Q}{\mathrm{d}P} = -0.04C\mathrm{e}^{-0.04P}$ 代入（6.1）式，有

$$-0.04C\mathrm{e}^{-0.04P} = -0.04C\mathrm{e}^{-0.04P}\,.$$

这显然是一个恒等式，这种能使微分方程成为恒等式的函数，称为**微分方程的解**．

（6.1）式是一阶微分方程，函数 $Q = C\mathrm{e}^{-0.04P}$ 中含有一个任意常数，这种含有任意常数的个数等于微分方程的阶数的解，叫做**微分方程的通解**；函数 $Q = 1\,000\mathrm{e}^{-0.04P}$ 是 C 取 1 000 时的解，当通解中的任意常数 C 确定为某一特定值时的解，称为微分方程的**特解**．本例中，当 $p=0$ 时，$Q=1\,000$，这是用来确定通解中的任意常数 C 取特定值的条件，这样的条件一般称为**初始条件**．

【例题 6.2】 若总收益 R 是产量 Q 的函数，且边际收益的变化率为 -8，假设产量为 0 时，总收益为 0，产量为 2 时，边际收益为 17，求总收益函数。

由题意可得　$R''(Q) = -8$　（6.3）

对（6.3）式两边积分，得　$R'(Q) = -8Q + C_1$，其中 C_1 是任意常数．　（6.4）

对（6.4）式两边再积分，得　$R(Q) = -4Q^2 + C_1Q + C_2$，其中 C_2 也是任意常数．　（6.5）

显然（6.5）是给出了 R 与 Q 的函数关系．

依题意可得

$$R(0) = R\big|_{Q=0} = 0\,, \tag{6.6}$$

$$R'(2) = \left.\frac{\mathrm{d}R}{\mathrm{d}Q}\right|_{Q=2} = 17\,. \tag{6.7}$$

将（6.7）式代入（6.4）式，可得 $C_1 = 33$；再将（6.6）式和 $C_1 = 33$ 代入（6.5）式，可得 $C_2 = 0$．于是，所求的 R 与 Q 的函数关系，即总收益函数 $R = 33Q - 4Q^2$．

在本例中，需要求的 R 与 Q 的函数关系 $R = R(Q)$ 是**未知函数**；（6.3）式中含有未知函数的**二阶导数**，称为**二阶微分方程**；函数（6.5）式，满足微分方程（6.3）式，它是该微分方程的**解**；对于（6.3）式这样的二阶微分方程，满足它的函数（6.5）式中含有两个任意常数，这是**通解**；而 $R = 33Q - 4Q^2$，是当 $C_1 = 33$ 且 $C_2 = 0$ 时的解，这是**特解**；（6.6）式和（6.7）式是用来确定 C_1 和 C_2 的条件，这是**初始条件**．

分析以上两个例题，可得到**微分方程的一般概念**：

凡表示未知函数、未知函数的导数与自变量之间的关系的方程，叫做**微分方程**．注意微分方程中可以不显含自变量和未知函数，但必须显含未知函数的导数或微分．因此，简单地说，含有未知函数的导数或微分的方程，叫做**微分方程**．

未知函数是一元函数的方程叫做**常微分方程**；未知函数是多元函数的方程，叫做**偏微分方程**．本章只讨论常微分方程．

微分方程中所出现的未知函数导数的最高阶阶数，叫做**微分方程的阶**．

二阶和二阶以上的微分方程统称为**高阶微分方程**．

一般地，n阶微分方程的形式是$F(x,y,y',\cdots,y^{(n)})=0$.

如果把一个函数及其导数代入微分方程后，能使微分方程成为恒等式，则称此函数为**该微分方程的解**.

如果微分方程的解中含有任意常数，且独立的任意常数的个数与微分方程的阶数相同，这样的解叫做**微分方程的通解**；确定了通解中的任意常数以后，就得到微分方程的**特解**.

用以确定通解中任意常数的条件通常称为**初始条件**.

【例题 6.3】 验证：函数$x=C_1\cos kt+C_2\sin kt$是微分方程$\frac{d^2x}{dt^2}+k^2x=0$的通解.

解：首先，求所给函数的导数：

$$\frac{dx}{dt}=-kC_1\sin kt+kC_2\cos kt,$$

$$\frac{d^2x}{dt^2}=-k^2C_1\cos kt-k^2C_2\sin kt=-k^2(C_1\cos kt+C_2\sin kt).$$

将$\frac{d^2x}{dt^2}$及x的表达式代入所给方程，得

$$-k^2(C_1\cos kt+C_2\sin kt)+k^2(C_1\cos kt+C_2\sin kt)=0.$$

即函数$x=C_1\cos kt+C_2\sin kt$是方程$\frac{d^2x}{dt^2}+k^2x=0$的解，并且解中含两个独立常数，所以，函数$x=C_1\cos kt+C_2\sin kt$是方程$\frac{d^2x}{dt^2}+k^2x=0$的通解.

求微分方程满足某初始条件的解的问题，称为**微分方程的初值问题**.

例如，函数$y=4e^x-3$就是满足初值问题$\frac{dy}{dx}=y+3$，$y(0)=1$的解.

习 题 6.1

1．验证：对任意的常数C，$y=Ce^x$是微分方程$\frac{dy}{dx}=y$的通解.

2．验证：函数$y=2e^{x^2}$是微分方程$y'=2xy$满足初始条件$y(0)=2$的特解.

6.2 一阶微分方程

本节讲授几种常见类型的一阶微分方程的解法.

6.2.1 可分离变量的微分方程

形如
$$\frac{dy}{dx}=f(x)\cdot g(y) \tag{6.8}$$
的微分方程称为**可分离变量的微分方程**.

例如，下列方程都是可分离变量的微分方程：

$$\frac{dy}{dx}=-e^x\cdot e^y,\quad \frac{dy}{dx}=\frac{e^x}{y\left(1+e^x\right)}.$$

这种方程可以用分离变量法求解:

若 $g(y)\neq 0$，则可将（6.8）式写成如下形式

$$\frac{dy}{g(y)}=f(x)\cdot dx. \tag{6.9}$$

若 $f(x)$，$g(y)$ 为连续函数，将（6.9）式两端分别积分，它们的原函数只相差一个常数，便有 $\int\frac{1}{g(y)}dy=\int f(x)dx+C$，其中 $\int\frac{1}{g(y)}dy$，$\int f(x)dx$ 分别表示函数 $\frac{1}{g(y)}$，$f(x)$ 的一个原函数，C 是任意常数，称为积分常数．这就得到了 x 与 y 之间的函数关系．

$\int\frac{1}{g(y)}dy=\int f(x)dx+C$ 是微分方程 $\frac{dy}{dx}=f(x)\cdot g(y)$ 的通解．

可分离变量的微分方程也可以写成如下形式

$$M_1(x)M_2(y)dx+N_1(x)N_2(y)dy=0,$$

分离变量，得

$$\frac{N_2(y)}{M_2(y)}dy=-\frac{M_1(x)}{N_1(x)}dx,$$

这就是（6.9）式的形式．

【例题 6.4】 求微分方程 $\frac{dy}{dx}=2xy$ 的通解．

解：此方程是可分离变量的微分方程，分离变量后得

$$\frac{dy}{y}=2xdx$$

两端积分 $$\int\frac{dy}{y}=\int 2xdx+C_1$$

得 $$\ln|y|=x^2+C_1,$$

从而 $$y=\pm e^{x^2+C_1}=\pm e^{C_1}e^{x^2}.$$

又因为 $\pm e^{C_1}$ 仍是任意非零常数，把它记作 C，则得

$$y=Ce^{x^2}\quad (C\neq 0).$$

注意到 $y=0$ 也是原方程的解，所以 C 实际上也可以取零．这样就得到原方程的通解为 $y=Ce^{x^2}$（C 为任意常数）．

从例题 6.4 解的过程可以看出，以后凡遇到方程左端积分后是对数的形式，为使解法过程简洁起见，都可作如下简化处理．以例题 6.4 为例示范如下：

分离变量后得 $$\frac{dy}{y}=2xdx$$

两边积分得 $$\ln y=x^2+\ln C\quad (\text{把 } C_1 \text{ 直接写成 } \ln C)$$

通解为 $$y=Ce^{x^2}\quad (C\text{ 为任意常数}).$$

【例题 6.5】 求微分方程$\frac{\mathrm{d}y}{\mathrm{d}x}=1+x+y^2+xy^2$的通解.

解：原方程可化为
$$\frac{\mathrm{d}y}{\mathrm{d}x}=(1+x)(1+y^2),$$
分离变量得
$$\frac{1}{1+y^2}\mathrm{d}y=(1+x)\mathrm{d}x,$$
两边积分得
$$\int\frac{1}{1+y^2}\mathrm{d}y=\int(1+x)\mathrm{d}x+C，\quad 即 \arctan y=\frac{1}{2}x^2+x+C.$$
于是原方程的通解为
$$y=\tan(\frac{1}{2}x^2+x+C).$$

6.2.2 齐次微分方程

形如
$$\frac{\mathrm{d}y}{\mathrm{d}x}=\varphi(\frac{y}{x}) \tag{6.10}$$
的一阶微分方程称为齐次微分方程.

这种方程通过变量替换可化为可分离变量的微分方程.

即令$u=\frac{y}{x}$（u是关于x的函数），得$y=xu$，将$y=xu$两端对x求导，得
$$\frac{\mathrm{d}y}{\mathrm{d}x}=x\frac{\mathrm{d}u}{\mathrm{d}x}+u$$
将$u=\frac{y}{x}$及上式代入（6.10）式，得
$$x\frac{\mathrm{d}u}{\mathrm{d}x}+u=\varphi(u)，整理得\frac{\mathrm{d}u}{\mathrm{d}x}=\frac{\varphi(u)-u}{x},$$
这是可分离变量的微分方程，分离变量得 $\frac{\mathrm{d}u}{\varphi(u)-u}=\frac{\mathrm{d}x}{x}$,

两端积分得
$$\int\frac{\mathrm{d}u}{\varphi(u)-u}=\int\frac{\mathrm{d}x}{x}+C,$$
求出积分后，再用$\frac{y}{x}$代换u，便得所给齐次微分方程的通解.

【例题 6.6】 解方程$xy'=y(1+\ln y-\ln x)$.

解：原式可化为
$$\frac{\mathrm{d}y}{\mathrm{d}x}=\frac{y}{x}(1+\ln\frac{y}{x}),$$
令$u=\frac{y}{x}$，则
$$\frac{\mathrm{d}y}{\mathrm{d}x}=x\frac{\mathrm{d}u}{\mathrm{d}x}+u,$$
于是

$$x\frac{\mathrm{d}u}{\mathrm{d}x}+u=u(1+\ln u),$$

分离变量得
$$\frac{\mathrm{d}u}{u\ln u}=\frac{\mathrm{d}x}{x},$$
对上式两端积分，得
$$\ln\ln u=\ln x+\ln C=\ln Cx,$$
去掉对数符号，得
$$u=\mathrm{e}^{Cx}.$$
故方程通解为
$$y=x\mathrm{e}^{Cx}.$$

【例题 6.7】 求解微分方程 $y^2+x^2\frac{\mathrm{d}y}{\mathrm{d}x}=xy\frac{\mathrm{d}y}{\mathrm{d}x}$ 的通解.

解：原方程可写成

$$\frac{\mathrm{d}y}{\mathrm{d}x}=\frac{y^2}{xy-x^2}=\frac{(\frac{y}{x})^2}{\frac{y}{x}-1},$$

因此它是齐次微分方程．令 $\frac{y}{x}=u$，则 $y=ux$，$\frac{\mathrm{d}y}{\mathrm{d}x}=u+x\frac{\mathrm{d}u}{\mathrm{d}x}$，

于是原方程变为
$$u+x\frac{\mathrm{d}u}{\mathrm{d}x}=\frac{u^2}{u-1},$$

即
$$x\frac{\mathrm{d}u}{\mathrm{d}x}=\frac{u}{u-1}.$$

分离变量，得
$$(1-\frac{1}{u})\,\mathrm{d}u=\frac{\mathrm{d}x}{x}.$$

两边积分，可得
$$u-\ln|u|+\ln C=\ln|x|,$$
或写成
$$\ln|xu|=u+\ln C.$$

将 $u=\frac{y}{x}$ 代入上式，得 $\ln|y|=\frac{y}{x}+\ln C$，所以，方程的通解　$y=C\mathrm{e}^{\frac{y}{x}}$.

6.2.3　一阶线性微分方程

形如
$$\frac{\mathrm{d}y}{\mathrm{d}x}+P(x)y=Q(x) \tag{6.11}$$
的微分方程，称为**一阶线性微分方程**．其中，$P(x)$与$Q(x)$都是已知的连续函数，$Q(x)$称为自由项．微分方程中所含未知函数 y 及其导数 y' 是一次的，且不含 y 与 y' 的乘积．

当 $Q(x)\neq 0$ 时，（6.11）式称为**一阶线性非齐次微分方程**．当 $Q(x)\equiv 0$ 时，即
$$\frac{\mathrm{d}y}{\mathrm{d}x}+P(x)y=0 \tag{6.12}$$
称为与一阶线性非齐次微分方程（6.11）相对应的**一阶线性齐次微分方程**.

对于形如（6.11）式的一阶线性非齐次微分方程可用如下的**常数变易法求解**.

首先，求一阶线性齐次微分方程（6.12）的通解．方程（6.12）是可分离变量的微分方程．分离变量，积分得

$$\frac{\mathrm{d}y}{y}=-P(x)\mathrm{d}x\,,\ln y=\int -P(x)\mathrm{d}x+\ln C\,,$$

由此得通解

$$y=C\mathrm{e}^{\int -P(x)\mathrm{d}x}\ \text{（}C\text{是任意常数）} \tag{6.13}$$

其次，求一阶线性非齐次微分方程（6.11）的通解．将一阶线性齐次微分方程（6.12）的通解（6.13）中的常数 C 换成 x 的未知函数 $u(x)$，这里 $u(x)$ 是一个待定的函数，即设一阶线性非齐次微分方程（6.11）有如下形式的解

$$y=u(x)\mathrm{e}^{-\int P(x)\mathrm{d}x}.$$

将其代入非齐次线性微分方程（6.11），它应满足该微分方程，并可由此来确定 $u(x)$．

把上式及其导数代入微分方程（6.11）可得

$$u'(x)\mathrm{e}^{-\int P(x)\mathrm{d}x}-u(x)\mathrm{e}^{-\int P(x)\mathrm{d}x}P(x)+P(x)u(x)\mathrm{e}^{-\int P(x)\mathrm{d}x}=Q(x)\,,$$

化简得

$$u'(x)=Q(x)\mathrm{e}^{\int P(x)\mathrm{d}x}\,,$$

两端积分得

$$u(x)=\int Q(x)\mathrm{e}^{\int P(x)\mathrm{d}x}\mathrm{d}x+C\,,$$

于是，一阶线性非齐次微分方程（6.11）的通解为

$$y=\mathrm{e}^{-\int P(x)\mathrm{d}x}[\int Q(x)\mathrm{e}^{\int P(x)\mathrm{d}x}\mathrm{d}x+C]\,, \tag{6.14}$$

或

$$y=C\mathrm{e}^{-\int P(x)\mathrm{d}x}+\mathrm{e}^{-\int P(x)\mathrm{d}x}\int Q(x)\mathrm{e}^{\int P(x)\mathrm{d}x}\mathrm{d}x\,. \tag{6.15}$$

在（6.15）中，第一项是齐次微分方程（6.12）的通解；第二项是非齐次微分方程（6.11）的一个特解．若将（6.15）式的第一项记作 y_C；第二项记做 y^*，则非齐次微分方程（6.11）的通解为 $y=y_C+y^*$．

【例题 6.8】 求方程 $\frac{\mathrm{d}y}{\mathrm{d}x}-\frac{2y}{x+1}=(x+1)^{\frac{5}{2}}$ 的通解．

解：这里 $P(x)=-\frac{2}{x+1}$，　$Q(x)=(x+1)^{\frac{5}{2}}$，

因为

$$\int P(x)\mathrm{d}x=\int(-\frac{2}{x+1})\mathrm{d}x=-2\ln(x+1)\,,$$

$$\mathrm{e}^{-\int P(x)\mathrm{d}x}=\mathrm{e}^{2\ln(x+1)}=(x+1)^2\,,$$

$$\int Q(x)\,\mathrm{e}^{\int P(x)\mathrm{d}x}\mathrm{d}x=\int(x+1)^{\frac{5}{2}}(x+1)^{-2}\,\mathrm{d}x=\int(x+1)^{\frac{1}{2}}\,\mathrm{d}x=\frac{2}{3}(x+1)^{\frac{3}{2}}\,,$$

所以通解为

$$y=\mathrm{e}^{-\int P(x)\mathrm{d}x}[\int Q(x)\mathrm{e}^{\int P(x)\mathrm{d}x}\mathrm{d}x+C]=(x+1)^2[\frac{2}{3}(x+1)^{\frac{3}{2}}+C]\,.$$

*【**例题 6.9**】（污染治理问题）某湖泊蓄水量为 V，每年流入湖泊中的含污染物 A 的污水量为 $\frac{V}{6}$，流出湖泊的水量为 $\frac{V}{3}$，已知 2005 年年底湖泊中的含污染物 A 的含量为 $5m_0$（m_0 为国家规定的达标指标），超过国家规定指标，为了治理污染，从 2006 年起，限制流入湖泊的含污染物 A 的污水的浓度不超过 $\frac{m_0}{V}$，问至少需经过几年，湖泊中污染物 A 的含量降至 m_0 以内．假设湖水中污染物 A 的分布是均匀的．

解：用微小量分析法建立微分方程模型。设 t 年湖泊中污染物 A 的含量为 $m(t)$，经过 T 年达标，则浓度为 $\frac{m(t)}{V}$，污染物增量为 $\mathrm{d}m(t)$，又设 2006 年年初 $t_0=0$，$m(0)=5m_0$，$m(T)=m_0$，由于污染物 A 的增量=污染物 A 的流入量－污染物 A 的流出量，在时间间隔 $[t,\ t+\mathrm{d}t]$ 内污染物 A 的流入量 $\frac{V}{6}\frac{m_0}{V}\mathrm{d}t=\frac{m_0}{6}\mathrm{d}t$（限制流入湖泊的含污染物 A 的污水的浓度不超过 $\frac{m_0}{V}$），污染物 A 的流出量为 $\frac{V}{3}\frac{m(t)}{V}\mathrm{d}t=\frac{m(t)}{3}\mathrm{d}t$，于是

$$\mathrm{d}m=\frac{m_0}{6}\mathrm{d}t-\frac{m}{3}\mathrm{d}t \quad 即 \quad \frac{\mathrm{d}m}{\mathrm{d}t}=\frac{m_0}{6}-\frac{m}{3}.$$

此微分方程可看做是一阶线性非齐次微分方程，由一阶线性微分方程的公式法解得：

$$m(t)=\mathrm{e}^{-\int\frac{1}{3}\mathrm{d}t}\left[\int\frac{m_0}{6}\mathrm{e}^{\int\frac{1}{3}\mathrm{d}t}\mathrm{d}t+C\right]=\frac{m_0}{2}+C\mathrm{e}^{-\frac{t}{3}}$$

由 $m(0)=5m_0$，得 $C=\frac{9}{2}m_0$．

因此，满足初始条件的特解为 $\qquad m(t)=\frac{m_0}{2}+\frac{9}{2}m_0\mathrm{e}^{-\frac{t}{3}}$.

又由 $m(T)=\frac{m_0}{2}+\frac{9}{2}m_0\, e^{-\frac{T}{3}}=m_0$，解得 $T=6\ln 3\approx 6.6$ 年．即至少需要 6.6 年的时间湖泊中的污染物 A 的含量达标．

习 题 6.2

1．求下列方程的通解或满足给定条件的特解：

（1）$(1+y^2)\mathrm{d}x=x\mathrm{d}y$；（2）$\frac{\mathrm{d}y}{\mathrm{d}x}=\sqrt{1-y^2}$；（3）$\frac{\mathrm{d}y}{\mathrm{d}x}+yx^2=0,\ y|_{x=0}=1$．

2．求下列方程的通解：

（1）$(x+2y)\mathrm{d}x-x\mathrm{d}y=0$；（2）$\frac{\mathrm{d}y}{\mathrm{d}x}=\frac{x^2+y^2}{xy}$；（3）$3xy^2\mathrm{d}y=(2y^3-x^3)\mathrm{d}x$．

3．求下列方程的通解或满足给定条件的特解：

（1）$y'+2y=\mathrm{e}^{-x}$；（2）$y'+3y=2$；（3）$x^2+xy'=y, y|_{x=1}=0$．

6.3 可降阶的二阶微分方程

在二阶微分方程中有的可以降为一阶微分方程来求解．本节介绍三种易降阶的二阶微分方程．

6.3.1 形如 $y''=f(x)$ 的微分方程

这种二阶微分方程的特点是不显含未知函数 y 及其一阶导数 y'，这是最简单的二阶微分方程，通过两次积分即可得到通解．

$$y' = \int f(x)\mathrm{d}x + C_1,$$

$$y = \int [\int f(x)\mathrm{d}x + C_1]\mathrm{d}x + C_2,$$

其中C_1，C_2为两个任意常数.

思考：若$y^{(n)} = f(x)$，其通解怎样？

【例题 6.10】 解方程$y'' = \dfrac{1}{\sqrt{2x+1}}$.

解：两边积分一次得

$$y' = \frac{1}{2}\int \frac{1}{\sqrt{2x+1}}\mathrm{d}(2x+1) = (2x+1)^{\frac{1}{2}} + C_1$$

两边在积分一次，得

$$y = \int \left[(2x+1)^{\frac{1}{2}} + C_1\right]\mathrm{d}x = \frac{1}{3}(2x+1)^{\frac{3}{2}} + C_1 x + C_2$$

为其通解.

6.3.2 形如$y'' = f(x, y')$的微分方程

这种微分方程的特点是不显含函数y，我们可以先求出y'，然后再求出y，可通过变量替换 $y' = p = p(x)$，则 $y'' = p'(x)$. 于是原方程可化成关于自变量x和未知函数p的一阶微分方程 $p' = f(x, p)$.

可用前述求解一阶微分方程的方法求得p；由$y' = p$，再积分就得到未知函数y.

【例题 6.11】 求二阶微分方程$xy'' + y' - x^2 = 0$的通解

解：设$y' = p = p(x)$，则 $y'' = p'$，代入方程，则原方程化为一阶线性非齐次微分方程 $p' + \dfrac{1}{x}p = x$. 由公式(6.14)，可得$p = \dfrac{1}{3}x^2 + \dfrac{C_1}{x}$，即 $\dfrac{\mathrm{d}y}{\mathrm{d}x} = \dfrac{1}{3}x^2 + \dfrac{C_1}{x}$. 对上式积分即得原微分方程的通解为$y = \dfrac{1}{9}x^3 + C_1 \ln x + C_2$.

【例题 6.12】 求微分方程$(1+x^2)y'' = 2xy'$ 满足初始条件 $y|_{x=0} = 1$，$y'|_{x=0} = 3$ 的特解.

解：所给方程是$y'' = f(x, y')$型的.

设$y' = p = p(x)$，$y'' = p'$，代入方程并分离变量后，有

$$\frac{\mathrm{d}p}{p} = \frac{2x}{1+x^2}\mathrm{d}x.$$

两边积分，得 $\ln p = \ln(1+x^2) + \ln C_1$， 即$p = C_1(1+x^2)$

由条件 $y'|_{x=0} = p|_{x=0} = 3$，得$C_1 = 3$

所以 $y' = 3(1+x^2)$

两边再积分，得 $y = x^3 + 3x + C_2$

又由条件 $y|_{x=0} = 1$， 得$C_2 = 1$

于是所求的特解为 $y = x^3 + 3x + 1$.

6.3.3　形如 $y''=f(y,y')$ 的微分方程

这种微分方程的特点是显含 y'',y',y，不显含 x．令 $y'=p$，这里 y 是自变量，p 是关于 y 的未知函数，则

$$y''=\frac{\mathrm{d}p}{\mathrm{d}x}=\frac{\mathrm{d}p}{\mathrm{d}y}\cdot\frac{\mathrm{d}y}{\mathrm{d}x}=p\cdot\frac{\mathrm{d}p}{\mathrm{d}y},$$

于是可将其化为一阶微分方程.

【例题 6.13】　$yy''-y'^2+y'=0$

解：令 $y'=p$，则 $y''=\frac{\mathrm{d}p}{\mathrm{d}x}=\frac{\mathrm{d}p}{\mathrm{d}y}\cdot\frac{\mathrm{d}y}{\mathrm{d}x}=p\frac{\mathrm{d}p}{\mathrm{d}y}$，代入原微分方程，得

$$yp\frac{\mathrm{d}p}{\mathrm{d}y}-p^2+p=0,$$

在 $y\neq 0$，$p\neq 0$ 时，约去 p 并分离变量，得 $\frac{\mathrm{d}p}{p-1}=\frac{\mathrm{d}y}{y}$，

两边积分，得 $p=1+C_1y$，即 $y'=1+C_1y$．

这是一个可分离变量的微分方程，分离变量积分可得原方程通解为

$$\ln(1+C_1y)=C_1x+C_2.$$

【例题 6.14】　求微分 $yy''-y'^2=0$ 的通解.

解：设 $y'=p$，则 $y''=p\cdot\frac{\mathrm{d}p}{\mathrm{d}y}$，

代入方程，得

$$yp\cdot\frac{\mathrm{d}p}{\mathrm{d}y}-p^2=0.$$

在 $y\neq 0$，$p\neq 0$ 时，约去 p 并分离变量，得

$$\frac{\mathrm{d}p}{p}=\frac{\mathrm{d}y}{y}.$$

两边积分得　$\ln p=\ln y+\ln C_1$，$p=C_1y$

即　$y'=C_1y$

再分离变量并两边积分得　$\ln y=C_1x+\ln C_2$

即原方程的通解为　$y=C_2\mathrm{e}^{C_1x}$（C_1，C_2 是任意常数）．

习　题 6.3

求下列微分方程的通解：

1．$y''=x^2$；　2．$y''=\cos x$；　3．$y''=y'+x$；　4．$(1+x^2)y''=2xy'$．

6.4 二阶常系数线性微分方程

本节介绍线性微分方程解的基本定理，重点讲述二阶常系数线性微分方程的解法.

二阶常系数线性微分方程的一般形式是

$$y''+py'+qy=f(x), \tag{6.16}$$

其中y'',y'和y都是一次的；p，q为实数；$f(x)$是关于x的已知连续函数，称为微分方程的自由项.

当$f(x)\equiv 0$时，与微分方程（6.16）所对应的齐次微分方程是

$$y''+py'+qy=0 \tag{6.17}$$

通常称（6.16）式为**二阶常系数线性非齐次微分方程**；称（6.17）式为与（6.16）式相对应的**二阶常系数线性齐次微分方程**.

6.4.1 线性微分方程的一般理论

函数$y_1(x)$与$y_2(x)$都定义在区间I上，若存在两个不全为零的常数k_1,k_2，使等式$k_1y_1(x)+k_2y_2(x)\equiv 0$恒成立，则称函数在区间$I$上**线性相关**；若当且仅当$k_1=k_2=0$时，上述恒等式成立，则称函数$y_1(x)$, $y_2(x)$**线性无关**.一般判断线性相关性的方法是，做比值$\dfrac{y_1(x)}{y_2(x)}$，如果结果为常数，则$y_1(x)$, $y_2(x)$线性相关；如果结果为变量，则$y_1(x)$, $y_2(x)$线性无关.

例如函数$y_1(x)=x^2$与$y_2(x)=2x^2$，由于$\dfrac{y_1(x)}{y_2(x)}=\dfrac{1}{2}$，所以二者线性相关；而函数$y_1(x)=x^2$与$y_3(x)=e^x$，由于$\dfrac{y_1(x)}{y_3(x)}=\dfrac{x^2}{e^x}\neq$常数，所以二者线性无关.

定理 6.1（二阶常系数线性齐次微分方程解的结构） 若函数$y_1(x)$和$y_2(x)$是二阶常系数线性齐次微分方程的解，则$y=C_1y_1(x)+C_2y_2(x)$也是（6.17）的解，其中C_1，C_2为任意常数.

特别地，当$y_1(x)$，$y_2(x)$线性无关时，则$y=C_1y_1(x)+C_2y_2(x)$是（6.17）的通解.

定理 6.2（二阶常系数线性非齐次微分方程通解的结构） 设y^*是（6.16）的一个特解，y_C是（6.17）的通解，则$y=y_C+y^*$是（6.16）的通解.

上述定理告诉我们，求二阶常系数线性齐次微分方程的通解，其关键就是要找到它的两个线性无关的解。而如果再找到满足非齐次方程的一个特解，那么非齐次方程的通解问题也随之得到解决。以下我们就分别讨论这两个通解的求解问题.

6.4.2　二阶常系数线性齐次微分方程的通解

假设 $y=e^{rx}$ 是二阶常系数线性齐次微分方程（6.17）的解，则将 $y=e^{rx}$ 代入（6.17）中，有 $(r^2+pr+q)e^{rx}=0$，其中 r 是待定常数．因为 $e^{rx}\neq 0$，所以必须是 $r^2+pr+q=0$，称 $r^2+pr+q=0$ 为微分方程（6.17）的**特征方程**．特征方程的解称为**特征根**．

假设 r_1,r_2 为特征方程 $r^2+pr+q=0$ 的解．下面分三种情况讨论如何根据特征根的情况求方程 $y''+py'+qy=0$ 的通解．

（1）特征根为两个相异实根

此时判别式 $\Delta=p^2-4q>0$，则两实根为 $r_1=\frac{1}{2}\left(-p+\sqrt{\Delta}\right),r_2=\frac{1}{2}\left(-p-\sqrt{\Delta}\right)$

这时方程有两个特解， $y_1=\mathrm{e}^{r_1x}$，$y_2=\mathrm{e}^{r_2x}$

且二者线性无关，（因为 $\frac{y_1}{y_2}=\mathrm{e}^{(r_1-r_2)x}\neq$ 常数），因此方程的通解为

$$y=C_1\mathrm{e}^{r_1x}+C_2\mathrm{e}^{r_2x}\quad,\ C_1,C_2\text{ 为任意常数}.$$

（2）特征根为两相等实根

此时判别式 $\Delta=p^2-4q=0$，则两实根为 $r_1=r_2=-\frac{1}{2}p=r$，

这时方程有一个特解是： $y_1=\mathrm{e}^{rx}$，经验证 $y_2=x\mathrm{e}^{rx}$ 是方程 $y''+py'+qy=0$ 的另一个特解，且二者线性无关，因此方程的通解为 $y=\left(C_1+C_2x\right)\mathrm{e}^{rx}$， C_1,C_2 为任意常数．

（3）特征根为两共轭复根

此时判别式 $\Delta=p^2-4q<0$，则两共轭复根为

$$r_1=\frac{1}{2}\left(-p+\sqrt{-\Delta}i\right),\ r_2=\frac{1}{2}\left(-p-\sqrt{-\Delta}i\right)$$

记复数 r_1，r_2 的实部与虚部为 $\alpha=-\frac{1}{2}p$，$\beta=\frac{1}{2}\sqrt{-\Delta}$．

可验证 $y_1=\mathrm{e}^{\alpha x}\cos\beta x$，$y_2=\mathrm{e}^{\alpha x}\sin\beta x$ 是方程的两个特解，且线性无关，故通解为

$$y=\mathrm{e}^{\alpha x}(C_1\cos\beta x+C_2\sin\beta x).$$

【例题 6.15】 求方程 $y''-2y'-3y=0$ 的通解．

解：特征方程为 $r^2-2r-3=\left(r-3\right)\left(r+1\right)=0$

故有两个特征根 $r_1=-1$，$r_2=3$，因此方程的通解为

$$y=C_1\mathrm{e}^{-x}+C_2\mathrm{e}^{3x}\text{，其中 }C_1\text{，}C_2\text{ 为任意常数}.$$

【例题 6.16】 求方程 $y''-3y'+\frac{9}{4}y=0$ 的通解．

解：特征方程为 $r^2-3r+\frac{9}{4}=\left(r-\frac{3}{2}\right)^2=0$

故有两个相等的特征根 $r_1=r_2=\frac{3}{2}$，因此方程的通解为 $y=\left(C_1+C_2x\right)\mathrm{e}^{\frac{3}{2}x}$，其中 C_1，C_2 为任意常数．

【例题 6.17】 求方程 $y''-2y'+5y=0$ 的通解．

解：特征方程为 $r^2-2r+5=0$

它有两个共轭复根 $r_{1,2}=1\pm 2\mathrm{i}$，因此方程的通解为 $y=\mathrm{e}^x(C_1\cos 2x+C_2\sin 2x)$，其中 C_1, C_2 为任意常数.

6.4.3 二阶常系数线性非齐次微分方程的通解

求二阶常系数线性非齐次微分方程的通解，可以归结为求其一个特解与对应齐次微分方程的通解之和，求齐次微分方程 $y''+py'+qy=0$ 通解的方法上面已经介绍了，剩下关键的问题是如何求非齐次微分方程 $y''+py'+qy=f(x)$ 一个特解. 这里介绍待定系数法.

待定系数法的思路是：将与非齐次方程的自由项 $f(x)$ 形状相同的含有待定系数的函数代入 $y''+py'+qy=f(x)$ 中，然后利用方程两端对任何 x 值都相等的条件确定出待定系数，从而求出方程的一个特解.

1. $f(x)$ 为 $P_m(x)$ 型

这里 $P_m(x)$ 是 x 的 m 次多项式，即

$$P_m(x)=a_0x^m+a_1x^{m-1}+\cdots+a_{m-1}x+a_m,$$

其中 a_0，a_1，…，a_{m-1}，a_m 是常数，且 $a_0\neq 0$.

对于二阶常系数线性非齐次微分方程 $y''+py'+qy=P_m(x)$，由于 p，q 为常数，且多项式的一阶导数、二阶导数 y'', y' 仍为多项式，可验证，该方程有如下的特解

$$y^*=x^kQ_m(x),$$

其中 $Q_m(x)$，$P_m(x)$ 是同次多项式，其系数待定，k 的取值为：

（1）当 $q\neq 0$ 时，数 0 不是特征方程的根，取 $k=0$，即特解

$$y^*=x^0Q_m(x)=Q_m(x)=b_0x^m+b_1x^{m-1}+\cdots+b_{m-1}x+b_m;$$

（2）当 $q=0$，$p\neq 0$ 时，数 0 是特征方程的一重根，取 $k=1$，即特解

$$y^*=x^1Q_m(x)=xQ_m(x)=x\left(b_0x^m+b_1x^{m-1}+\cdots+b_{m-1}x+b_m\right);$$

（3）当 $q=0$，$p=0$ 时，数 0 是特征方程的二重根，取 $k=2$，即特解

$$y^*=x^2Q_m(x)=x^2Q_m(x)=x^2\left(b_0x^m+b_1x^{m-1}+\cdots+b_{m-1}x+b_m\right).$$

此时，微分方程形如 $y''=P_m(x)$，只要两端积分两次即可.

【例题 6.18】 求微分方程 $y''-2y'-3y=3x+1$ 的一个特解

解：这是二阶常系数线性非齐次微分方程，其自由项

$$f(x)=P_1(x)=3x+1$$

是一次多项式，且 $q\neq 0$，所以可设待定特解为

$$y^*=ax+b，\text{则}\quad y^{*\prime}=a,\ y^{*\prime\prime}=0$$

把 y^*，$y^{*\prime}$，$y^{*\prime\prime}$ 的表示式带入原微分方程，有

$$-2a-3\left(ax+b\right)=3x+1,$$

即

$$-3ax-2a-3b=3x+1$$

比较等式两端 x 同次幂的系数，得 $a=-1$，$b=\dfrac{1}{3}$，

于是，所求的特解为 $y^*=-x+\dfrac{1}{3}$.

【例题 6.19】 求微分方程 $y''+9y'=x-4$ 的通解.

解：这是二阶常系数线性非齐次微分方程，其自由项

$$f(x)=P_1(x)=x-4$$

是一次多项式，且 $q=0$，先求已知微分方程对应的齐次微分方程的通解．特征方程是 $r^2+9r=0$，特征根是 $r_1=0$，$r_2=-9$．于是，齐次微分方程的通解为：$y_C=C_1+C_2\mathrm{e}^{-9x}$，$C_1,C_2$ 为任意常数．

自由项 $f(x)=P_1(x)=x-4$ 是一次多项式，且 $q=0$，所以可设特解为

$$y^*=x(ax+b)，则\quad y^{*\prime}=2ax+b,\ y^{*\prime\prime}=2a$$

把 y^*，$y^{*\prime}$，$y^{*\prime\prime}$ 的表示式代入原微分方程，有

$$2a+9(2ax+b)=x-4,$$

即

$$18ax+2a+9b=x-4$$

比较等式两端 x 同次幂的系数，得 $a=\dfrac{1}{18}$，$b=-\dfrac{37}{81}$，

于是，所求的特解为 $$y^*=x\left(\frac{1}{18}x-\frac{37}{81}\right).$$

综上所述，原微分方程的通解是

$$y=y_C+y^*=C_1+C_2\mathrm{e}^{-9x}+x\left(\frac{1}{18}x-\frac{37}{81}\right)$$

2. $f(x)$ 为 $A\mathrm{e}^{\alpha x}$ 型

这里 A,α 都是常数．对于二阶常系数非齐次线性微分方程 $y''+py'+qy=A\mathrm{e}^{\alpha x}$，由于 p,q 为常数，且指数函数的导数仍为指数函数，可验证，该方程有如下形式的特解

$$y^*=ax^k\mathrm{e}^{\alpha x},$$

其中 a 是待定系数，k 的取值为：

（1）当 α 不是特征方程的根时，取 $k=0$，待定特解为 $y^*=a\mathrm{e}^{\alpha x}$；

（2）当 α 是特征方程的一重根时，取 $k=1$，即特解 $y^*=ax\mathrm{e}^{\alpha x}$；

（3）当 α 是特征方程的二重根时，取 $k=2$，即特解 $y^*=ax^2\mathrm{e}^{\alpha x}$.

【例题 6.20】 求微分方程 $y''-2y'-3y=\mathrm{e}^{-x}$ 的通解.

解：与之对应的齐次微分方程 $y''-2y'-3y=0$ 的通解为 $y_C=C_1\mathrm{e}^{3x}+C_2\mathrm{e}^{-x}$.

现求原方程的一个特解．这里自由项 $f(x)=\mathrm{e}^{-x}$，因为 $\alpha=-1$ 是特征方程的一重根，故有特解形如 $y^*=ax\mathrm{e}^{-x}$，将它代回原方程，得到 $-4ax\mathrm{e}^{-x}=x\mathrm{e}^{-x}$，从而，$a=-\dfrac{1}{4}$．即原方程的一个特解 $y^*=-\dfrac{1}{4}x\mathrm{e}^{-x}$，所以原方程的通解为 $y=y_C+y^*==C_1\mathrm{e}^{3x}+C_2\mathrm{e}^{-x}-\dfrac{1}{4}x\mathrm{e}^{-x}$，$C_1,C_2$ 为任意常数.

3. $f(x)$ 为 $\mathrm{e}^{\alpha x}(A\cos\beta x+B\sin\beta x)$ 型

这里 A,B,α,β 都是常数，且 $\beta>0$，A与B 不同时为零。对于二阶常系数微分非齐次线性方程

$$y''+py'+qy=\mathrm{e}^{\alpha x}(A\cos\beta x+B\sin\beta x),$$

由于 p,q 为常数，可验证，该方程有如下形式的特解

$$y^*=x^k e^{\alpha x}\left(a\cos\beta x+b\sin\beta x\right),$$

其中 a,b 是待定系数，k 的取值为：

（1）当 $\alpha\pm i\beta$ 不是特征方程 $r^2+pr+q=0$ 的根时，取 $k=0$，待定特解为

$$y^*=e^{\alpha x}\left(a\cos\beta x+b\sin\beta x\right).$$

（2）当 $\alpha\pm i\beta$ 是特征方程 $r^2+pr+q=0$ 的根时，取 $k=1$，待定特解为

$$y^*=xe^{\alpha x}\left(a\cos\beta x+b\sin\beta x\right).$$

【例题 6.21】 求微分方程 $y''+2y'+2y=10\sin 2x$ 的通解.

解：特征方程为 $r^2+2r+2=0$

其特征根为 $r_{1,2}=-1\pm i$，对应齐次方程的通解为 $y_C=(C_1\cos x+C_2\sin x)e^{-x}$，由于自由项为 $10\sin 2x$，$\alpha\pm\beta i=\pm 2i$ 不是特征根，故取待定特解为

$$y^*=a\cos 2x+b\sin 2x$$（其中 a,b 是待定常数.）

将此方程代入原方程可得

$$-2(2a+b)\sin 2x+2\left(-a+2b\right)\cos 2x=10\sin 2x.$$

比较系数得
$$\begin{cases}-2(2a+b)=10\\2\left(-a+2b\right)=0\end{cases}$$

由此得 $a=-2$，$b=-1$，因此，特解 $y^*=-2\cos 2x-\sin 2x$.

从而原方程的通解为：

$$y=y_C+y^*=(C_1\cos x+C_2\sin x)e^{-x}-2\cos 2x-\sin 2x,$$

其中 C_1，C_2 为任意常数.

【例题 6.22】 求微分方程 $y''+2y'+2y=2e^{-x}\sin x$ 的通解.

解：特征方程为 $r^2+2r+2=0$，

因为 $\Delta=-4<0$，则其特征根为 $r_{1,2}=-1\pm i$，对应齐次方程的通解为

$$y_C=(C_1\cos x+C_2\sin x)e^{-x}.$$

由于自由项为 $2e^{-x}\sin x$，$\alpha\pm\beta i=-1\pm i$ 是原方程的特征根，故取待定特解为

$$y^*=x\left(a\cos x+b\sin x\right)e^{-x}$$（其中 a，b 是待定常数.）

将此方程代入原方程可得

$$-2a\sin x\cdot e^{-x}+2b\cos x\cdot e^{-x}=2\sin x\cdot e^{-x},$$

比较系数得 $a=-1$，$b=0$.

因此，所求特解为 $y^*=-x\cos x\cdot e^{-x}$.

从而原方程的通解为：

$$y=y_C+y^*=(C_1\cos x+C_2\sin x)e^{-x}-x\cos x\cdot e^{-x}$$，其中 C_1,C_2 为任意常数.

习 题 6.4

1．求下列二阶常系数线性齐次微分方程的通解：

（1）$y''+3y'-10y=0$； （2）$y''+4y'+4y=0$；

（3）$y''+4y'+5y=0$； （4）$y''+y'=0$.

2．求下列二阶常系数线性非齐次微分方程的通解：

（1）$y''+4y=4x^2+8x+1$； （2）$2y''+5y'=5x^2-2x-1$；

（3）$y''+2y'+y=-2$；（4）$y''+y=-\sin 2x$；

（5）$y''+2y'=4\mathrm{e}^{x}(\sin x+\cos x)$．

6.5　微分方程的经济应用

【例题 6.23】（市场均衡）设某商品的供给函数为 $Q_s=60+P+4\frac{\mathrm{d}P}{\mathrm{d}t}$，其需求函数为 $Q_d=100-P+3\frac{\mathrm{d}P}{\mathrm{d}t}$，其中 $P(t)$ 表示时刻 t 时该商品的价格，$\frac{\mathrm{d}P}{\mathrm{d}t}$ 表示价格关于时间的变化率，已知 $P(0)=8$，试把市场均衡价格表示成关于时间的函数，并说明其实际意义．

解：市场均衡价格处有 $Q_s=Q_d$，即

$$60+P+4\frac{\mathrm{d}P}{\mathrm{d}t}=100-P+3\frac{\mathrm{d}P}{\mathrm{d}t},$$

$\frac{\mathrm{d}P}{\mathrm{d}t}=40-2P$，这是一个可分离变量的微分方程，解得 $P=20-C\mathrm{e}^{-2t}$，由 $P(0)=8$ 得 $C=12$．因此均衡价格关于时间的函数 $P=20-12\mathrm{e}^{-2t}$．由于 $\lim\limits_{t\to+\infty}P=\lim\limits_{t\to+\infty}\left(20-12\mathrm{e}^{-2t}\right)=20$

所以，随着时间的推移，这种商品的市场价格趋于稳定，此商品的价格逐渐趋向于 20．

【例题 6.24】（银行账户余额）某银行账户，以连续复利方式计息，年利率为 5%，希望连续 20 年以每年 12 000 元人民币的速率用这一账户支付职工工资，若 t 以年为单位，求账户上余额 $B=f(t)$ 所满足的微分方程，且问当初始存入的数额 B_0 为多少时，才能使 20 年后账户中的余额精确减至 0．

解：显然，银行余额的变化率=利息盈取率－工资支付速率．

因为时间 t 以年为单位，银行余额的变化率为 $\frac{\mathrm{d}B}{\mathrm{d}t}$，利息盈取的速率为每年 $0.05B$ 元，工资支付的速率为每年 12 000 元，于是有 $\frac{\mathrm{d}B}{\mathrm{d}t}=0.05\mathrm{B}-12\,000$．$\mathrm{B}=f(t)$ 为未知函数，利用变量分离法解此方程，得 $\frac{\mathrm{d}B}{0.05B-12\,000}=\mathrm{d}t$．

两端积分，得

$$B=C\mathrm{e}^{0.05t}+240\,000.$$

由 $B\big|_{t=0}=B_0$，得 $C=B_0-240\,000$，故

$$B=\left(B_0-240\,000\right)\mathrm{e}^{0.05t}+240\,000,$$

由题意，令 $t=20$ 时，$B=0$，即 $0=\left(B_0-240\,000\right)\mathrm{e}+240\,000$，

由此得当 $B_0=240\,000-240\,000\times\mathrm{e}^{-1}$ 时，20 年后银行的余额为零．

习题 6.5

1．设某物品的需求价格弹性 $E=-\frac{4}{\sqrt{Q}}$，且 Q=100 时，P=1，试求价格函数：将价格 P 表示为需求量 Q 的函数．

2. 设边际成本与产出单位数 Q 成正比，与总成本 C 成反比，且固定成本为 C_0，求总成本函数 $C=C(Q)$.

本章内容精要

一、微分方程的基本概念

1．微分方程

含有未知函数的导数与微分的方程叫做微分方程.

2．微分方程的解

能使微分方程成为恒等式的函数，称为**微分方程的解**.

含有任意常数的个数等于微分方程的阶数的解，叫做**微分方程的通解**.

当通解中的任意常数 C 确定为某一特定值的解，称为微分方程的**特解**.

用来确定通解中的任意常数 C 取特定值的条件，称为**初始条件**.

二、一阶微分方程

1．可分离变量的微分方程

（1）定义

形如 $\frac{\mathrm{d}y}{\mathrm{d}x}=f(x)\cdot g(y)$ 的微分方程称为**可分离变量的微分方程**.

（2）解法——分离变量法

分离变量 $\frac{\mathrm{d}y}{g(y)}=f(x)\cdot\mathrm{d}x$，

两边积分 $\int\frac{1}{g(y)}\mathrm{d}y=\int f(x)\mathrm{d}x+C$，

其中 $\int\frac{1}{g(y)}\mathrm{d}y$，$\int f(x)\mathrm{d}x$ 分别表示函数 $\frac{1}{g(y)}$，$f(x)$ 的一个原函数，C 是任意常数，则方程的通解为 $\int\frac{1}{g(y)}\mathrm{d}y=\int f(x)\mathrm{d}x+C$.

2．齐次微分方程

（1）定义

形如 $\frac{\mathrm{d}y}{\mathrm{d}x}=\varphi(\frac{y}{x})$ 的一阶微分方程称为**齐次微分方程**.

（2）解法

通过变量代换可化为可分离变量的微分方程求解.

令 $u=\frac{y}{x}$，得 $y=xu$，则 $\frac{\mathrm{d}y}{\mathrm{d}x}=x\frac{\mathrm{d}u}{\mathrm{d}x}+u$

代入原方程得 $x\frac{\mathrm{d}u}{\mathrm{d}x}+u=\varphi(u)$，分离变量得 $\frac{\mathrm{d}u}{\varphi(u)-u}=\frac{\mathrm{d}x}{x}$，

两端积分得 $\int\frac{\mathrm{d}u}{\varphi(u)-u}=\int\frac{\mathrm{d}x}{x}+C$，

求出积分后，再用 $\frac{y}{x}$ 代换 u，便得所给齐次微分方程的通解.

3．一阶线性微分方程

（1）定义

形如 $\frac{\mathrm{d}y}{\mathrm{d}x}+P(x)y=Q(x)$ 的微分方程，称为**一阶线性微分方程**.

当 $Q(x)\neq 0$ 时，称为**一阶线性非齐次微分方程**.

当 $Q(x)\equiv 0$ 时，称为与一阶线性非齐次微分方程相对应的**一阶线性齐次微分方程**.

（2）解法

一阶线性非齐次微分方程的通解为 $y=\mathrm{e}^{-\int P(x)\mathrm{d}x}[\int Q(x)\mathrm{e}^{\int P(x)\mathrm{d}x}\mathrm{d}x+C]$.

三、二阶微分方程

1．可降阶的二阶微分方程

（1）形如 $y''=f(x)$ 的微分方程

这种二阶微分方程的特点是不显含未知函数 y 及其一阶导数 y'，通过两次积分即可得到通解.

（2）形如 $y''=f(x,y')$ 的微分方程

这种微分方程的特点是不显含函数 y，可以先求出 y'，然后再求出 y，可通过变量替换 $y'=p=p(x)$，则 $y''=p'(x)$. 原方程化成关于 $p(x)$ 的一阶微分方程 $p'=f(x,p)$. 用求解一阶微分方程的方法求得 p；由 $y'=p$，再积分就得到未知函数 y.

（3）形如 $y''=f(y,y')$ 的微分方程

这种微分方程的特点是显含 y'',y',y，不显含 x. 令 $y'=p$, p 是关于 y 的未知函数，则 $y''=\frac{\mathrm{d}p}{\mathrm{d}x}=\frac{\mathrm{d}p}{\mathrm{d}y}\cdot\frac{\mathrm{d}y}{\mathrm{d}x}=p\frac{\mathrm{d}p}{\mathrm{d}y}$，于是可化为一阶微分方程.

2．二阶常系数线性微分方程

（1）二阶常系数齐次线性微分方程的解法

先写出 $y''+py'+qy=0$ 的特征方程 $r^2+pr+q=0$，其中 p,q 为常数，再求出特征根，最后写出通解.

由特征根 r_1，r_2 的情况，方程 $y''+py'+qy=0$ 的通解可分为三种形式：

① 特征根为两个相异实根时，方程的通解为 $y=C_1\mathrm{e}^{r_1x}+C_2\mathrm{e}^{r_2x}$，$C_1$，$C_2$ 为任意常数.

② 特征根为两相等实根时，方程的通解为 $y=\left(C_1+C_2x\right)\mathrm{e}^{rx}$，$C_1$，$C_2$ 为任意常数.

③ 特征根为两共轭复根时，通解为 $y=\mathrm{e}^{\alpha x}(C_1\cos\beta x+C_2\sin\beta x)$，$C_1$，$C_2$ 为任意常数.

（2）二阶常系数非齐次线性微分方程的解法

先求出相应的齐次方程的通解 y_C，再求 $y''+py'+qy=f(x)$ 的一个特解 y^*，则 $y=y_C+y^*$ 是线性非齐次微分方程的通解.

可用待定系数法求 $y''+py'+qy=f(x)$ 的一个特解.

① 当 $f(x)$ 为 $P_m(x)$ 型时，该方程特解形式为 $y^*=x^kQ_m(x)$，其中 $Q_m(x)$，$P_m(x)$ 是同次多项式，其系数待定，k 的取值为：

当 $q\neq 0$ 时，数 0 不是特征方程的根，取 $k=0$；

当 $q=0$，$p\neq 0$ 时，数 0 是特征方程的一重根，取 $k=1$；

当$q=0$，$p=0$时，数0是特征方程的二重根，取$k=2$.

② 当$f(x)$为$Ae^{\alpha x}$型时，方程有形如$y^*=ax^ke^{\alpha x}$的特解，其中a是待定常数，

当α不是特征方程的根时，取$k=0$，待定特解为$y^*=ae^{\alpha x}$，

当α是特征方程的一重根时，取$k=1$，即特解$y^*=axe^{\alpha x}$，

当α是特征方程的二重根时，取$k=2$，即特解$y^*=ax^2e^{\alpha x}$.

③ 当$f(x)$为$e^{\alpha x}\left(A\cos\beta x+B\sin\beta x\right)$型时，方程有如下形式的特解

$y^*=x^ke^{\alpha x}\left(a\cos\beta x+b\sin\beta x\right)$，其中$a$，$b$是待定常数，

当$\alpha\pm i\beta$不是特征方程$r^2+pr+q=0$的根时，取$k=0$.

当$\alpha\pm i\beta$是特征方程$r^2+pr+q=0$的根时，取$k=1$.

自 测 题 六

一、选择题

1．下列方程中，不是微分方程的是（　　）.

A．$(\frac{dy}{dx})^2-3y=0$　　B．$dy+\frac{1}{x}dx=0$　　C．$y'=e^{x-y}$　　D．$x^2-y^2=k$

2．下列函数中（　　）微分方程$y'-y=2\sin x$的解.

A．$y=\sin x+\cos x$　　B．$y=\sin x-\cos x$

C．$y=-\sin x+\cos x$　　D．$y=-\sin x-\cos x$.

3．微分方程$y'-\frac{1}{x}=0$（　　）.

A．不是可分离变量的微分方程　　B．是一阶齐次微分方程

C．是一阶线性非齐次微分方程　　D．是一阶线性齐次微分方程.

4．具有形如$y=(C_1+C_2x)e^{rx}$的通解的微分方程是（　　）.

A．$y''+8y'+16y=0$　　B．$y''-4y'-4y=0$

C．$y''-6y'+8y=0$　　D．$y''-3y'+2y=0$.

5．下列函数组在定义域内线性相关的是（　　）.

A．e^{-x}，xe^{-x}　　B．$\log_a x$，$\log_a x^2$　　C．x，$\frac{1}{x}$　　D．$\sin x$，$\cos x$.

二、求下列微分方程的通解或在给定条件下的特解：

1．$\frac{dy}{dx}=\frac{y^2-1}{2}$，$y|_{x=0}=0$；　　2．$y^2+x^2y'=xyy'$；

3．$y'+2xy=e^{-x^2}$；　　4．$2y''=e^x$；

5．$y''+y=0$；　　6．$y''-4y'+3y=0$，$y|_{x=0}=6$，$y'|_{x=0}=10$；

7．$y''+2y'+2y=1+x$；　　8．$y''+3y'+2y=e^{-x}\cos x$.

三、验证由方程$x^2-xy+y^2=c$所确定的函数为微分方程$(x-2y)y'=2x-y$的解.

四、应用题

1．已知曲线 $y=f(x)$ 在任意一点 x 处的切线斜率都比该点横坐标的立方根少 1.

（1）求出该曲线方程的所有可能形式；

（2）若已知该曲线经过（1，1）点，求该曲线的方程.

2．设商品的需求函数与供给函数分别为

$$Q_d = a - bP \ (a,\ b>0),\quad Q_s = -c + dP \ (c,\ d>0).$$

又价格 p 由市场调节：视价格 p 随时间 t 变化，且在任意时刻价格的变化率与当时的过剩需求成正比。若商品的初始价格为 P_0，试确定价格 p 与时间 t 的函数关系.

附录Ⅰ 标准正态分布数值表

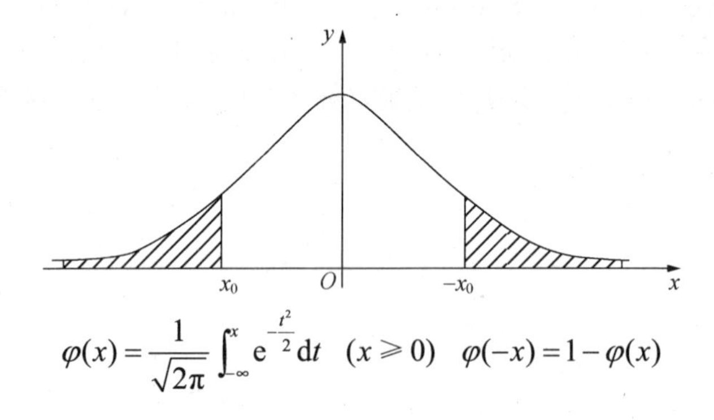

$$\varphi(x)=\frac{1}{\sqrt{2\pi}}\int_{-\infty}^{x}e^{-\frac{t^2}{2}}dt \quad (x \geqslant 0) \quad \varphi(-x)=1-\varphi(x)$$

x	0.00	0.01	0.02	0.03	0.04	0.05	0.06	0.07	0.08	0.09
0.0	0.500 0	0.504 0	0.508 0	0.512 0	0.516 0	0.519 9	0.523 9	0.527 9	0.531 9	0.535 9
0.1	0.539 8	0.543 8	0.547 8	0.551 7	0.555 7	0.559 6	0.563 6	0.567 5	0.571 4	0.575 3
0.2	0.579 3	0.583 2	0.587 1	0.591 0	0.594 8	0.598 7	0.602 6	0.606 4	0.610 3	0.614 1
0.3	0.617 9	0.621 7	0.625 5	0.629 3	0.633 1	0.636 8	0.640 6	0.644 3	0.648 0	0.651 7
0.4	0.655 4	0.659 1	0.662 8	0.666 4	0.670 0	0.673 6	0.677 2	0.680 8	0.684 4	0.687 9
0.5	0.691 5	0.695 0	0.698 5	0.701 9	0.705 4	0.708 8	0.712 3	0.715 7	0.719 0	0.722 4
0.6	0.725 7	0.729 1	0.732 4	0.735 7	0.738 9	0.742 2	0.745 4	0.748 6	0.751 7	0.754 9
0.7	0.758 0	0.761 1	0.764 2	0.767 3	0.770 3	0.773 4	0.776 4	0.779 4	0.782 3	0.785 2
0.8	0.788 1	0.791 0	0.793 9	0.796 7	0.799 5	0.802 3	0.805 1	0.807 8	0.810 6	0.813 3
0.9	0.815 9	0.818 6	0.821 2	0.823 8	0.826 4	0.828 9	0.831 5	0.834 0	0.836 5	0.838 9
1.0	0.841 3	0.843 8	0.846 1	0.848 5	0.850 8	0.853 1	0.855 4	0.857 7	0.859 9	0.862 1
1.1	0.864 3	0.866 5	0.868 6	0.870 8	0.872 9	0.874 9	0.877 0	0.879 0	0.881 0	0.883 0
1.2	0.884 9	0.886 9	0.888 8	0.890 7	0.892 5	0.894 4	0.896 2	0.898 0	0.899 7	0.901 5
1.3	0.903 2	0.904 9	0.906 6	0.908 2	0.909 9	0.911 5	0.913 1	0.914 7	0.916 2	0.917 7
1.4	0.919 2	0.920 7	0.922 2	0.923 6	0.925 1	0.926 5	0.927 8	0.929 2	0.930 6	0.931 9
1.5	0.933 2	0.934 5	0.935 7	0.937 0	0.938 2	0.939 4	0.940 6	0.941 8	0.943 0	0.944 1
1.6	0.945 2	0.946 3	0.947 4	0.948 4	0.949 5	0.950 5	0.951 5	0.952 5	0.953 5	0.954 5
1.7	0.955 4	0.956 4	0.957 3	0.958 2	0.959 1	0.959 9	0.960 8	0.961 6	0.962 5	0.963 3
1.8	0.964 1	0.964 8	0.965 6	0.966 4	0.967 1	0.967 8	0.968 6	0.969 3	0.970 0	0.970 6
1.9	0.971 3	0.971 9	0.972 6	0.973 2	0.973 8	0.974 4	0.975 0	0.975 6	0.976 2	0.976 7
2.0	0.977 2	0.977 8	0.978 3	0.978 8	0.979 3	0.979 8	0.980 3	0.980 8	0.981 2	0.981 7
2.1	0.982 1	0.982 6	0.983 0	0.983 4	0.983 8	0.984 2	0.984 6	0.985 0	0.985 4	0.985 7
2.2	0.986 1	0.986 4	0.986 8	0.987 1	0.987 4	0.987 8	0.988 1	0.988 4	0.988 7	0.989 0
2.3	0.989 3	0.989 6	0.989 8	0.990 1	0.990 4	0.990 6	0.990 9	0.991 1	0.991 3	0.991 6
2.4	0.991 8	0.992 0	0.992 2	0.992 5	0.992 7	0.992 9	0.993 1	0.993 2	0.993 4	0.993 6

（续　表）

x	0.00	0.01	0.02	0.03	0.04	0.05	0.06	0.07	0.08	0.09
2.5	0.993 8	0.994 0	0.994 1	0.994 3	0.9945	0.9946	0.994 8	0.994 9	0.995 1	0.995 2
2.6	0.995 3	0.995 5	0.995 6	0.995 7	0.9959	0.9960	0.996 1	0.996 2	0.996 3	0.996 4
2.7	0.996 5	0.996 6	0.996 7	0.996 8	0.9969	0.9970	0.997 1	0.997 2	0.997 3	0.997 4
2.8	0.997 4	0.997 5	0.997 6	0.997 7	0.9977	0.9978	0.997 9	0.997 9	0.998 0	0.998 1
2.9	0.998 1	0.998 2	0.998 2	0.998 3	0.9984	0.9984	0.998 5	0.998 5	0.998 6	0.998 6
3.0	0.998 7	0.999 0	0.999 3	0.999 5	0.9997	0.9998	0.999 8	0.999 9	0.999 9	1.000 0

注：本表最后一行自左至右依次是 $\phi(3.0)$、…、$\phi(3.9)$的值

附录II　χ^2分布数值表

α / df	0.995	0.99	0.975	0.95	0.90	0.10	0.05	0.025	0.01	0.005
1	0.000 04	0.000 16	0.001	0.004	0.016	2.706	3.841	5.024	6.635	7.879
2	0.010	0.020	0.051	0.103	0.211	4.605	5.991	7.378	9.210	10.597
3	0.072	0.115	0.216	0.352	0.584	6.251	7.815	9.348	11.345	12.838
4	0.207	0.297	0.484	0.711	1.064	7.779	9.488	11.143	13.277	14.860
5	0.412	0.554	0.831	1.145	1.610	9.236	11.070	12.833	15.086	16.750
6	0.676	0.872	1.237	1.635	2.204	10.645	12.592	14.449	16.812	18.548
7	0.989	1.239	1.690	2.167	2.833	12.017	14.067	16.013	18.475	20.278
8	1.344	1.646	2.180	2.733	3.490	13.362	15.507	17.535	20.09	21.955
9	1.735	2.088	2.700	3.325	4.168	14.684	16.919	19.023	21.666	23.589
10	2.156	2.558	3.247	3.940	4.865	15.987	18.307	20.483	23.209	25.188
11	2.603	3.053	3.816	4.575	5.578	17.275	19.675	21.920	24.725	26.757
12	3.074	3.571	4.404	5.226	6.304	18.549	21.026	23.337	26.217	28.300
13	3.565	4.107	5.009	5.892	7.042	19.812	22.362	24.736	27.688	29.819
14	4.075	4.660	5.629	6.571	7.790	21.064	23.685	26.119	29.141	31.319
15	4.601	5.229	6.262	7.261	8.547	22.307	24.996	27.488	30.578	32.801
16	5.142	5.812	6.908	7.962	9.312	23.542	26.296	28.845	32.000	34.267
17	5.697	6.408	7.564	8.672	10.085	24.769	27.587	30.191	33.409	35.718
18	6.265	7.015	8.231	9.390	10.865	25.989	28.869	31.526	34.805	37.156
19	6.884	7.633	8.907	10.117	11.651	27.204	30.144	32.852	36.191	38.582
20	7.434	8.260	9.591	10.851	12.443	28.412	31.410	34.170	37.566	39.997

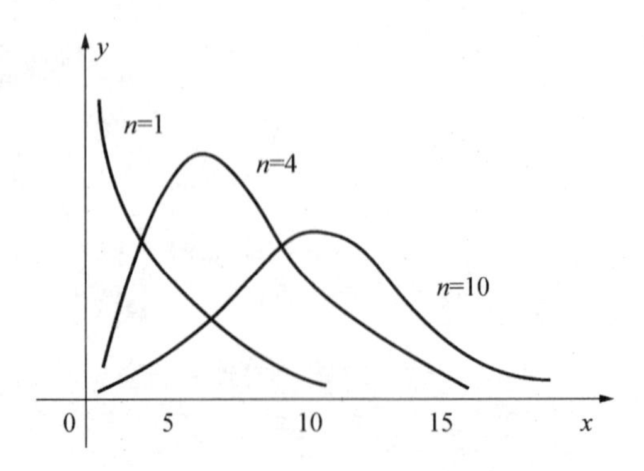

附录III 常用积分公式

（一）含有 $ax+b$ 的积分（$a\neq 0$）

1. $\int\frac{dx}{ax+b}=\frac{1}{a}\ln|ax+b|+C$

2. $\int(ax+b)^{\mu}dx=\frac{1}{a(\mu+1)}(ax+b)^{\mu+1}+C$（$\mu\neq -1$）

3. $\int\frac{x}{ax+b}dx=\frac{1}{a^2}(ax+b-b\ln|ax+b|)+C$

4. $\int\frac{x^2}{ax+b}dx=\frac{1}{a^3}\left[\frac{1}{2}(ax+b)^2-2b(ax+b)+b^2\ln|ax+b|\right]+C$

5. $\int\frac{dx}{x(ax+b)}=-\frac{1}{b}\ln\left|\frac{ax+b}{x}\right|+C$

6. $\int\frac{dx}{x^2(ax+b)}=-\frac{1}{bx}+\frac{a}{b^2}\ln\left|\frac{ax+b}{x}\right|+C$

7. $\int\frac{x}{(ax+b)^2}dx=\frac{1}{a^2}(\ln|ax+b|+\frac{b}{ax+b})+C$

8. $\int\frac{x^2}{(ax+b)^2}dx=\frac{1}{a^3}(ax+b-2b\ln|ax+b|-\frac{b^2}{ax+b})+C$

9. $\int\frac{dx}{x(ax+b)^2}=\frac{1}{b(ax+b)}-\frac{1}{b^2}\ln\left|\frac{ax+b}{x}\right|+C$

（二）含有 $\sqrt{ax+b}$ 的积分

10. $\int\sqrt{ax+b}dx=\frac{2}{3a}\sqrt{(ax+b)^3}+C$

11. $\int x\sqrt{ax+b}dx=\frac{2}{15a^2}(3ax-2b)\sqrt{(ax+b)^3}+C$

12. $\int x^2\sqrt{ax+b}dx=\frac{2}{105a^3}(15a^2x^2-12abx+8b^2)\sqrt{(ax+b)^3}+C$

13. $\int\frac{x}{\sqrt{ax+b}}dx=\frac{2}{3a^2}(ax-2b)\sqrt{ax+b}+C$

14. $\int\frac{x^2}{\sqrt{ax+b}}dx=\frac{2}{15a^3}(3a^2x^2-4abx+8b^2)\sqrt{ax+b}+C$

15. $\int\frac{dx}{x\sqrt{ax+b}}=\begin{cases}\frac{1}{\sqrt{b}}\ln\left|\frac{\sqrt{ax+b}-\sqrt{b}}{\sqrt{ax+b}+\sqrt{b}}\right|+C & (b>0)\\ \frac{2}{\sqrt{-b}}\arctan\sqrt{\frac{ax+b}{-b}}+C & (b<0)\end{cases}$

16. $\int\frac{dx}{x^2\sqrt{ax+b}}=-\frac{\sqrt{ax+b}}{bx}-\frac{a}{2b}\int\frac{dx}{x\sqrt{ax+b}}$

17. $\int\frac{\sqrt{ax+b}}{x}dx=2\sqrt{ax+b}+b\int\frac{dx}{x\sqrt{ax+b}}$

18. $\int\frac{\sqrt{ax+b}}{x^2}dx=-\frac{\sqrt{ax+b}}{x}+\frac{a}{2}\int\frac{dx}{x\sqrt{ax+b}}$

（三）含有 $x^2\pm a^2$ 的积分

19. $\int\frac{dx}{x^2+a^2}=\frac{1}{a}\arctan\frac{x}{a}+C$

20. $\int\frac{dx}{(x^2+a^2)^n}=\frac{x}{2(n-1)a^2(x^2+a^2)^{n-1}}+\frac{2n-3}{2(n-1)a^2}\int\frac{dx}{(x^2+a^2)^{n-1}}$

21. $\int\frac{dx}{x^2-a^2}=\frac{1}{2a}\ln\left|\frac{x-a}{x+a}\right|+C$

（四）含有 $ax^2+b(a>0)$ 的积分

22. $\int\frac{dx}{ax^2+b}=\begin{cases}\frac{1}{\sqrt{ab}}\arctan\sqrt{\frac{a}{b}}x+C & (b>0)\\ \frac{1}{2\sqrt{-ab}}\ln\left|\frac{\sqrt{a}x-\sqrt{-b}}{\sqrt{a}x+\sqrt{-b}}\right|+C & (b<0)\end{cases}$

23. $\int\frac{x}{ax^2+b}dx=\frac{1}{2a}\ln\left|ax^2+b\right|+C$

24. $\int\frac{x^2}{ax^2+b}dx=\frac{x}{a}-\frac{b}{a}\int\frac{dx}{ax^2+b}$

25. $\int\frac{dx}{x(ax^2+b)}=\frac{1}{2b}\ln\frac{x^2}{\left|ax^2+b\right|}+C$

26. $\int\frac{dx}{x^2(ax^2+b)}=-\frac{1}{bx}-\frac{a}{b}\int\frac{dx}{ax^2+b}$

27. $\int\frac{dx}{x^3(ax^2+b)}=\frac{a}{2b^2}\ln\frac{\left|ax^2+b\right|}{x^2}-\frac{1}{2bx^2}+C$

28. $\int\frac{dx}{(ax^2+b)^2}=\frac{x}{2b(ax^2+b)}+\frac{1}{2b}\int\frac{dx}{ax^2+b}$

（五）含有 $ax^2+bx+c\ (a>0)$ 的积分

29. $$\int\frac{\mathrm{d}x}{ax^2+bx+c}=\begin{cases}\dfrac{2}{\sqrt{4ac-b^2}}\arctan\dfrac{2ax+b}{\sqrt{4ac-b^2}}+C & (b^2<4ac)\\ \dfrac{1}{\sqrt{b^2-4ac}}\ln\left|\dfrac{2ax+b-\sqrt{b^2-4ac}}{2ax+b+\sqrt{b^2-4ac}}\right|+C & (b^2>4ac)\end{cases}$$

30. $$\int\frac{x}{ax^2+bx+c}\mathrm{d}x=\frac{1}{2a}\ln\left|ax^2+bx+c\right|-\frac{b}{2a}\int\frac{\mathrm{d}x}{ax^2+bx+c}$$

（六）含有 $\sqrt{x^2+a^2}\ (a>0)$ 的积分

31. $$\int\frac{\mathrm{d}x}{\sqrt{x^2+a^2}}=\operatorname{arsh}\frac{x}{a}+C_1=\ln(x+\sqrt{x^2+a^2})+C$$

32. $$\int\frac{\mathrm{d}x}{\sqrt{(x^2+a^2)^3}}=\frac{x}{a^2\sqrt{x^2+a^2}}+C$$

33. $$\int\frac{x}{\sqrt{x^2+a^2}}\mathrm{d}x=\sqrt{x^2+a^2}+C$$

34. $$\int\frac{x}{\sqrt{(x^2+a^2)^3}}\mathrm{d}x=-\frac{1}{\sqrt{x^2+a^2}}+C$$

35. $$\int\frac{x^2}{\sqrt{x^2+a^2}}\mathrm{d}x=\frac{x}{2}\sqrt{x^2+a^2}-\frac{a^2}{2}\ln(x+\sqrt{x^2+a^2})+C$$

36. $$\int\frac{x^2}{\sqrt{(x^2+a^2)^3}}\mathrm{d}x=-\frac{x}{\sqrt{x^2+a^2}}+\ln(x+\sqrt{x^2+a^2})+C$$

37. $$\int\frac{\mathrm{d}x}{x\sqrt{x^2+a^2}}=\frac{1}{a}\ln\frac{\sqrt{x^2+a^2}-a}{|x|}+C$$

38. $$\int\frac{\mathrm{d}x}{x^2\sqrt{x^2+a^2}}=-\frac{\sqrt{x^2+a^2}}{a^2x}+C$$

39. $$\int\sqrt{x^2+a^2}\,\mathrm{d}x=\frac{x}{2}\sqrt{x^2+a^2}+\frac{a^2}{2}\ln(x+\sqrt{x^2+a^2})+C$$

40. $$\int\sqrt{(x^2+a^2)^3}\,\mathrm{d}x=\frac{x}{8}(2x^2+5a^2)\sqrt{x^2+a^2}+\frac{3}{8}a^4\ln(x+\sqrt{x^2+a^2})+C$$

41. $$\int x\sqrt{x^2+a^2}\,\mathrm{d}x=\frac{1}{3}\sqrt{(x^2+a^2)^3}+C$$

42. $$\int x^2\sqrt{x^2+a^2}\,\mathrm{d}x=\frac{x}{8}(2x^2+a^2)\sqrt{x^2+a^2}-\frac{a^4}{8}\ln(x+\sqrt{x^2+a^2})+C$$

43. $$\int\frac{\sqrt{x^2+a^2}}{x}\mathrm{d}x=\sqrt{x^2+a^2}+a\ln\frac{\sqrt{x^2+a^2}-a}{|x|}+C$$

44. $$\int\frac{\sqrt{x^2+a^2}}{x^2}\mathrm{d}x=-\frac{\sqrt{x^2+a^2}}{x}+\ln(x+\sqrt{x^2+a^2})+C$$

（七）含有 $\sqrt{x^2-a^2}$ $(a>0)$ 的积分

45. $\int\frac{\mathrm{d}x}{\sqrt{x^2-a^2}}=\frac{x}{|x|}\operatorname{arch}\frac{|x|}{a}+C_1=\ln\left|x+\sqrt{x^2-a^2}\right|+C$

46. $\int\frac{\mathrm{d}x}{\sqrt{(x^2-a^2)^3}}=-\frac{x}{a^2\sqrt{x^2-a^2}}+C$

47. $\int\frac{x}{\sqrt{x^2-a^2}}\mathrm{d}x=\sqrt{x^2-a^2}+C$

48. $\int\frac{x}{\sqrt{(x^2-a^2)^3}}\mathrm{d}x=-\frac{1}{\sqrt{x^2-a^2}}+C$

49. $\int\frac{x^2}{\sqrt{x^2-a^2}}\mathrm{d}x=\frac{x}{2}\sqrt{x^2-a^2}+\frac{a^2}{2}\ln\left|x+\sqrt{x^2-a^2}\right|+C$

50. $\int\frac{x^2}{\sqrt{(x^2-a^2)^3}}\mathrm{d}x=-\frac{x}{\sqrt{x^2-a^2}}+\ln\left|x+\sqrt{x^2-a^2}\right|+C$

51. $\int\frac{\mathrm{d}x}{x\sqrt{x^2-a^2}}=\frac{1}{a}\arccos\frac{a}{|x|}+C$

52. $\int\frac{\mathrm{d}x}{x^2\sqrt{x^2-a^2}}=\frac{\sqrt{x^2-a^2}}{a^2x}+C$

53. $\int\sqrt{x^2-a^2}\,\mathrm{d}x=\frac{x}{2}\sqrt{x^2-a^2}-\frac{a^2}{2}\ln\left|x+\sqrt{x^2-a^2}\right|+C$

54. $\int\sqrt{(x^2-a^2)^3}\,\mathrm{d}x=\frac{x}{8}(2x^2-5a^2)\sqrt{x^2-a^2}+\frac{3}{8}a^4\ln\left|x+\sqrt{x^2-a^2}\right|+C$

55. $\int x\sqrt{x^2-a^2}\,\mathrm{d}x=\frac{1}{3}\sqrt{(x^2-a^2)^3}+C$

56. $\int x^2\sqrt{x^2-a^2}\,\mathrm{d}x=\frac{x}{8}(2x^2-a^2)\sqrt{x^2-a^2}-\frac{a^4}{8}\ln\left|x+\sqrt{x^2-a^2}\right|+C$

57. $\int\frac{\sqrt{x^2-a^2}}{x}\mathrm{d}x=\sqrt{x^2-a^2}-a\arccos\frac{a}{|x|}+C$

58. $\int\frac{\sqrt{x^2-a^2}}{x^2}\mathrm{d}x=-\frac{\sqrt{x^2-a^2}}{x}+\ln\left|x+\sqrt{x^2-a^2}\right|+C$

（八）含有 $\sqrt{a^2-x^2}$ $(a>0)$ 的积分

59. $\int\frac{\mathrm{d}x}{\sqrt{a^2-x^2}}=\arcsin\frac{x}{a}+C$

60. $\int\frac{\mathrm{d}x}{\sqrt{(a^2-x^2)^3}}=\frac{x}{a^2\sqrt{a^2-x^2}}+C$

61. $\int\frac{x}{\sqrt{a^2-x^2}}\mathrm{d}x=-\sqrt{a^2-x^2}+C$

62. $\int\frac{x}{\sqrt{(a^2-x^2)^3}}\mathrm{d}x=\frac{1}{\sqrt{a^2-x^2}}+C$

63. $\int\frac{x^2}{\sqrt{a^2-x^2}}\mathrm{d}x=-\frac{x}{2}\sqrt{a^2-x^2}+\frac{a^2}{2}\arcsin\frac{x}{a}+C$

64. $\int\frac{x^2}{\sqrt{(a^2-x^2)^3}}\mathrm{d}x=\frac{x}{\sqrt{a^2-x^2}}-\arcsin\frac{x}{a}+C$

65. $\int\frac{\mathrm{d}x}{x\sqrt{a^2-x^2}}=\frac{1}{a}\ln\frac{a-\sqrt{a^2-x^2}}{|x|}+C$

66. $\int\frac{\mathrm{d}x}{x^2\sqrt{a^2-x^2}}=-\frac{\sqrt{a^2-x^2}}{a^2x}+C$

67. $\int\sqrt{a^2-x^2}\mathrm{d}x=\frac{x}{2}\sqrt{a^2-x^2}+\frac{a^2}{2}\arcsin\frac{x}{a}+C$

68. $\int\sqrt{(a^2-x^2)^3}\mathrm{d}x=\frac{x}{8}(5a^2-2x^2)\sqrt{a^2-x^2}+\frac{3}{8}a^4\arcsin\frac{x}{a}+C$

69. $\int x\sqrt{a^2-x^2}\mathrm{d}x=-\frac{1}{3}\sqrt{(a^2-x^2)^3}+C$

70. $\int x^2\sqrt{a^2-x^2}\mathrm{d}x=\frac{x}{8}(2x^2-a^2)\sqrt{a^2-x^2}+\frac{a^4}{8}\arcsin\frac{x}{a}+C$

71. $\int\frac{\sqrt{a^2-x^2}}{x}\mathrm{d}x=\sqrt{a^2-x^2}+a\ln\frac{a-\sqrt{a^2-x^2}}{|x|}+C$

72. $\int\frac{\sqrt{a^2-x^2}}{x^2}\mathrm{d}x=-\frac{\sqrt{a^2-x^2}}{x}-\arcsin\frac{x}{a}+C$

（九）含有 $\sqrt{\pm ax^2+bx+c}$ $(a>0)$ 的积分

73. $\int\frac{\mathrm{d}x}{\sqrt{ax^2+bx+c}}=\frac{1}{\sqrt{a}}\ln\left|2ax+b+2\sqrt{a}\sqrt{ax^2+bx+c}\right|+C$

74. $\int\sqrt{ax^2+bx+c}\mathrm{d}x=\frac{2ax+b}{4a}\sqrt{ax^2+bx+c}+\frac{4ac-b^2}{8\sqrt{a^3}}\ln\left|2ax+b+2\sqrt{a}\sqrt{ax^2+bx+c}\right|+C$

75. $\int\frac{x}{\sqrt{ax^2+bx+c}}\mathrm{d}x=\frac{1}{a}\sqrt{ax^2+bx+c}-\frac{b}{2\sqrt{a^3}}\ln\left|2ax+b+2\sqrt{a}\sqrt{ax^2+bx+c}\right|+C$

76. $\int\frac{\mathrm{d}x}{\sqrt{c+bx-ax^2}}=-\frac{1}{\sqrt{a}}\arcsin\frac{2ax-b}{\sqrt{b^2+4ac}}+C$

77. $\int\sqrt{c+bx-ax^2}\mathrm{d}x=\frac{2ax-b}{4a}\sqrt{c+bx-ax^2}+\frac{b^2+4ac}{8\sqrt{a^3}}\arcsin\frac{2ax-b}{\sqrt{b^2+4ac}}+C$

78. $\int\frac{x}{\sqrt{c+bx-ax^2}}\mathrm{d}x=-\frac{1}{a}\sqrt{c+bx-ax^2}+\frac{b}{2\sqrt{a^3}}\arcsin\frac{2ax-b}{\sqrt{b^2+4ac}}+C$

（十）含有$\sqrt{\pm\frac{x-a}{x-b}}$或$\sqrt{(x-a)(b-x)}$的积分

79. $\int\sqrt{\frac{x-a}{x-b}}\mathrm{d}x=(x-b)\sqrt{\frac{x-a}{x-b}}+(b-a)\ln(\sqrt{|x-a|}+\sqrt{|x-b|})+C$

80. $\int\sqrt{\frac{x-a}{b-x}}\mathrm{d}x=(x-b)\sqrt{\frac{x-a}{b-x}}+(b-a)\arcsin\sqrt{\frac{x-a}{b-x}}+C$

81. $\int\frac{\mathrm{d}x}{\sqrt{(x-a)(b-x)}}=2\arcsin\sqrt{\frac{x-a}{b-x}}+C\quad(a<b)$

82. $\int\sqrt{(x-a)(b-x)}\mathrm{d}x=\frac{2x-a-b}{4}\sqrt{(x-a)(b-x)}+\frac{(b-a)^2}{4}\arcsin\sqrt{\frac{x-a}{b-x}}+C\ (a<b)$

（十一）含有三角函数的积分

83. $\int\sin x\mathrm{d}x=-\cos x+C$

84. $\int\cos x\mathrm{d}x=\sin x+C$

85. $\int\tan x\mathrm{d}x=-\ln|\cos x|+C$

86. $\int\cot x\mathrm{d}x=\ln|\sin x|+C$

87. $\int\sec x\mathrm{d}x=\ln\left|\tan(\frac{\pi}{4}+\frac{x}{2})\right|+C=\ln|\sec x+\tan x|+C$

88. $\int\csc x\mathrm{d}x=\ln\left|\tan\frac{x}{2}\right|+C=\ln|\csc x-\cot x|+C$

89. $\int\sec^2 x\mathrm{d}x=\tan x+C$

90. $\int\csc^2 x\mathrm{d}x=-\cot x+C$

91. $\int\sec x\tan x\mathrm{d}x=\sec x+C$

92. $\int\csc x\cot x\mathrm{d}x=-\csc x+C$

93. $\int\sin^2 x\mathrm{d}x=\frac{x}{2}-\frac{1}{4}\sin 2x+C$

94. $\int\cos^2 x\mathrm{d}x=\frac{x}{2}+\frac{1}{4}\sin 2x+C$

95. $\int\sin^n x\mathrm{d}x=-\frac{1}{n}\sin^{n-1}x\cos x+\frac{n-1}{n}\int\sin^{n-2}x\mathrm{d}x$

96. $\int\cos^n x\mathrm{d}x=\frac{1}{n}\cos^{n-1}x\sin x+\frac{n-1}{n}\int\cos^{n-2}x\mathrm{d}x$

97. $\int\frac{\mathrm{d}x}{\sin^n x}=-\frac{1}{n-1}\cdot\frac{\cos x}{\sin^{n-1}x}+\frac{n-2}{n-1}\int\frac{\mathrm{d}x}{\sin^{n-2}x}$

98. $\int\frac{\mathrm{d}x}{\cos^n x}=\frac{1}{n-1}\cdot\frac{\sin x}{\cos^{n-1}x}+\frac{n-2}{n-1}\int\frac{\mathrm{d}x}{\cos^{n-2}x}$

99. $\int\cos^m x\sin^n x\mathrm{d}x=\frac{1}{m+n}\cos^{m-1}x\sin^{n+1}x+\frac{m-1}{m+n}\int\cos^{m-2}x\sin^n x\mathrm{d}x$

$=-\frac{1}{m+n}\cos^{m+1}x\sin^{n-1}x+\frac{n-1}{m+n}\int\cos^m x\sin^{n-2}x\mathrm{d}x$

100. $\int\sin ax\cos bx\mathrm{d}x=-\frac{1}{2(a+b)}\cos(a+b)x-\frac{1}{2(a-b)}\cos(a-b)x+C$

101. $\int\sin ax\sin bx\mathrm{d}x=-\frac{1}{2(a+b)}\sin(a+b)x+\frac{1}{2(a-b)}\sin(a-b)x+C$

102. $\int\cos ax\cos bx\mathrm{d}x=\frac{1}{2(a+b)}\sin(a+b)x+\frac{1}{2(a-b)}\sin(a-b)x+C$

103. $\int\frac{\mathrm{d}x}{a+b\sin x}=\frac{2}{\sqrt{a^2-b^2}}\arctan\frac{a\tan\frac{x}{2}+b}{\sqrt{a^2-b^2}}+C\quad(a^2>b^2)$

104. $\int\frac{\mathrm{d}x}{a+b\sin x}=\frac{1}{\sqrt{b^2-a^2}}\ln\left|\frac{a\tan\frac{x}{2}+b-\sqrt{b^2-a^2}}{a\tan\frac{x}{2}+b+\sqrt{b^2-a^2}}\right|+C\quad(a^2<b^2)$

105. $\int\frac{\mathrm{d}x}{a+b\cos x}=\frac{2}{a+b}\sqrt{\frac{a+b}{a-b}}\arctan(\sqrt{\frac{a-b}{a+b}}\tan\frac{x}{2})+C\quad(a^2>b^2)$

106. $\int\frac{\mathrm{d}x}{a+b\cos x}=\frac{1}{a+b}\sqrt{\frac{a+b}{b-a}}\ln\left|\frac{\tan\frac{x}{2}+\sqrt{\frac{a+b}{b-a}}}{\tan\frac{x}{2}-\sqrt{\frac{a+b}{b-a}}}\right|+C\quad(a^2<b^2)$

107. $\int\frac{\mathrm{d}x}{a^2\cos^2 x+b^2\sin^2 x}=\frac{1}{ab}\arctan(\frac{b}{a}\tan x)+C$

108. $\int\frac{\mathrm{d}x}{a^2\cos^2 x-b^2\sin^2 x}=\frac{1}{2ab}\ln\left|\frac{b\tan x+a}{b\tan x-a}\right|+C$

109. $\int x\sin ax\mathrm{d}x=\frac{1}{a^2}\sin ax-\frac{1}{a}x\cos ax+C$

110. $\int x^2\sin ax\mathrm{d}x=-\frac{1}{a}x^2\cos ax+\frac{2}{a^2}x\sin ax+\frac{2}{a^3}\cos ax+C$

111. $\int x\cos ax\mathrm{d}x=\frac{1}{a^2}\cos ax+\frac{1}{a}x\sin ax+C$

112. $\int x^2\cos ax\mathrm{d}x=\frac{1}{a}x^2\sin ax+\frac{2}{a^2}x\cos ax-\frac{2}{a^3}\sin ax+C$

（十二）含有反三角函数的积分（其中 $a>0$ ）

113. $\int\arcsin\frac{x}{a}\mathrm{d}x=x\arcsin\frac{x}{a}+\sqrt{a^2-x^2}+C$

114. $\int x\arcsin\frac{x}{a}\mathrm{d}x=(\frac{x^2}{2}-\frac{a^2}{4})\arcsin\frac{x}{a}+\frac{x}{4}\sqrt{a^2-x^2}+C$

115. $\int x^2 \arcsin\frac{x}{a}\mathrm{d}x = \frac{x^3}{3}\arcsin\frac{x}{a} + \frac{1}{9}(x^2+2a^2)\sqrt{a^2-x^2}+C$

116. $\int \arccos\frac{x}{a}\mathrm{d}x = x\arccos\frac{x}{a} - \sqrt{a^2-x^2}+C$

117. $\int x\arccos\frac{x}{a}\mathrm{d}x = (\frac{x^2}{2}-\frac{a^2}{4})\arccos\frac{x}{a} - \frac{x}{4}\sqrt{a^2-x^2}+C$

118. $\int x^2 \arccos\frac{x}{a}\mathrm{d}x = \frac{x^3}{3}\arccos\frac{x}{a} - \frac{1}{9}(x^2+2a^2)\sqrt{a^2-x^2}+C$

119. $\int \arctan\frac{x}{a}\mathrm{d}x = x\arctan\frac{x}{a} - \frac{a}{2}\ln(a^2+x^2)+C$

120. $\int x\arctan\frac{x}{a}\mathrm{d}x = \frac{1}{2}(a^2+x^2)\arctan\frac{x}{a} - \frac{a}{2}x+C$

121. $\int x^2\arctan\frac{x}{a}\mathrm{d}x = \frac{x^3}{3}\arctan\frac{x}{a} - \frac{a}{6}x^2 + \frac{a^3}{6}\ln(a^2+x^2)+C$

（十三）含有指数函数的积分

122. $\int a^x\mathrm{d}x = \frac{1}{\ln a}a^x+C$

123. $\int \mathrm{e}^{ax}\mathrm{d}x = \frac{1}{a}\mathrm{e}^{ax}+C$

124. $\int x\mathrm{e}^{ax}\mathrm{d}x = \frac{1}{a^2}(ax-1)\mathrm{e}^{ax}+C$

125. $\int x^n\mathrm{e}^{ax}\mathrm{d}x = \frac{1}{a}x^n\mathrm{e}^{ax} - \frac{n}{a}\int x^{n-1}\mathrm{e}^{ax}\mathrm{d}x$

126. $\int xa^x\mathrm{d}x = \frac{x}{\ln a}a^x - \frac{1}{(\ln a)^2}a^x+C$

127. $\int x^n a^x\mathrm{d}x = \frac{1}{\ln a}x^n a^x - \frac{n}{\ln a}\int x^{n-1}a^x\mathrm{d}x$

128. $\int \mathrm{e}^{ax}\sin bx\mathrm{d}x = \frac{1}{a^2+b^2}\mathrm{e}^{ax}(a\sin bx - b\cos bx)+C$

129. $\int \mathrm{e}^{ax}\cos bx\mathrm{d}x = \frac{1}{a^2+b^2}\mathrm{e}^{ax}(b\sin bx + a\cos bx)+C$

130. $\int \mathrm{e}^{ax}\sin^n bx\mathrm{d}x = \frac{1}{a^2+b^2n^2}\mathrm{e}^{ax}\sin^{n-1}bx(a\sin bx - nb\cos bx) + \frac{n(n-1)b^2}{a^2+b^2n^2}\int \mathrm{e}^{ax}\sin^{n-2}bx\mathrm{d}x$

131. $\int \mathrm{e}^{ax}\cos^n bx\mathrm{d}x = \frac{1}{a^2+b^2n^2}\mathrm{e}^{ax}\cos^{n-1}bx(a\cos bx + nb\sin bx) + \frac{n(n-1)b^2}{a^2+b^2n^2}\int \mathrm{e}^{ax}\cos^{n-2}bx\mathrm{d}x$

（十四）含有对数函数的积分

132. $\int \ln x\mathrm{d}x = x\ln x - x + C$

133. $\int \frac{\mathrm{d}x}{x\ln x} = \ln|\ln x|+C$

134. $\int x^n \ln x\mathrm{d}x = \frac{1}{n+1}x^{n+1}(\ln x - \frac{1}{n+1}) + C$

135. $\int (\ln x)^n \mathrm{d}x = x(\ln x)^n - n\int (\ln x)^{n-1}\mathrm{d}x$

136. $\int x^m (\ln x)^n \mathrm{d}x = \frac{1}{m+1}x^{m+1}(\ln x)^n - \frac{n}{m+1}\int x^m (\ln x)^{n-1}\mathrm{d}x$

（十五）含有双曲函数的积分

137. $\int \mathrm{sh}x\mathrm{d}x = \mathrm{ch}x + C$

138. $\int \mathrm{ch}x\mathrm{d}x = \mathrm{sh}x + C$

139. $\int \mathrm{th}x\mathrm{d}x = \ln \mathrm{ch}x + C$

140. $\int \mathrm{sh}^2 x\mathrm{d}x = -\frac{x}{2} + \frac{1}{4}\mathrm{sh}2x + C$

141. $\int \mathrm{ch}^2 x\mathrm{d}x = \frac{x}{2} + \frac{1}{4}\mathrm{sh}2x + C$

（十六）定积分

142. $\int_{-\pi}^{\pi} \cos nx\mathrm{d}x = \int_{-\pi}^{\pi} \sin nx\mathrm{d}x = 0$

143. $\int_{-\pi}^{\pi} \cos mx \sin nx\mathrm{d}x = 0$

144. $\int_{-\pi}^{\pi} \cos mx \cos nx\mathrm{d}x = \begin{cases} 0, & m \neq n \\ \pi, & m = n \end{cases}$

145. $\int_{-\pi}^{\pi} \sin mx \sin nx\mathrm{d}x = \begin{cases} 0, & m \neq n \\ \pi, & m = n \end{cases}$

146. $\int_{0}^{\pi} \sin mx \sin nx\mathrm{d}x = \int_{0}^{\pi} \cos mx \cos nx\mathrm{d}x = \begin{cases} 0, & m \neq n \\ \pi/2, & m = n \end{cases}$

147. $I_n = \int_0^{\frac{\pi}{2}} \sin^n x\mathrm{d}x = \int_0^{\frac{\pi}{2}} \cos^n x\mathrm{d}x$

$I_n = \frac{n-1}{n}I_{n-2}$ $I_n = \frac{n-1}{n}\cdot\frac{n-3}{n-2}\cdot \cdots \cdot\frac{4}{5}\cdot\frac{2}{3}$ （n为大于1的正奇数），$I_1 = 1$

$I_n = \frac{n-1}{n}\cdot\frac{n-3}{n-2}\cdot \cdots \cdot\frac{3}{4}\cdot\frac{1}{2}\cdot\frac{\pi}{2}$ （n为正偶数），$I_0 = \frac{\pi}{2}$

附录 IV　中学数学常用公式

一、代数

1．绝对值

（1）定义

实数 x 的绝对值，记为 $|x|$，规定为 $|x|=\begin{cases} x, & x \geqslant 0 \\ -x, & x<0 \end{cases}$

（2）绝对值有下列运算性质：

$V=\frac{1}{3}sh$　　　　$|-x|=|x|$　　　　$|x|=\sqrt{x^2}$

$|-x|=|x| \leqslant x \leqslant |x|$　　　　$|xy|=|x||y|$　　　　$\left|\frac{x}{y}\right|=\left|\frac{x}{y}\right| (y \neq 0)$

2．指数

正整数指数幂：$a^n=\underbrace{a \cdot a \cdot a \cdot \cdots \cdot a}_{n个}$；负整数指数幂：$a^{-n}=\frac{1}{a^n}$；零指数幂：$a^0=1$

运算法则：

$$a^m \cdot a^n=a^{m+n};\ (a^m)^n=a^{mn};\ (ab)^n=a^n b^n;\ \left(\frac{b}{a}\right)^n=\frac{b^n}{a^n};\quad \frac{a^m}{a^n}=a^{m-n}(a \neq 0)$$

$$(ab)^{\frac{1}{n}}=a^{\frac{1}{n}}b^{\frac{1}{n}}(a \geqslant 0,\ b \geqslant 0);\ \left(\frac{a}{b}\right)^{\frac{1}{n}}=\frac{a^{\frac{1}{n}}}{b^{\frac{1}{n}}}(a \geqslant 0,\ b>0)$$

3．对数

如果 $a^b=N(a>0$，且 $a \neq 1)$，那么 b 称为以 a 为底 N 的对数，记作 $\log_a N=b$．当 $a=10$ 时，记作 $\lg N=b$，称之为常用对数；当 $a=\mathrm{e}$ 时，记作 $\ln N=b$，称之为自然对数．

对数有下列性质和运算法则：

性质：

$$a^{\log_a N}=N;\quad \log_a 1=0;\ \log_a a=1;\ \log_a b=\frac{\log_c b}{\log_c a}$$

运算法则：

$$\log_a(mn)=\log_a m+\log_a n;\quad \log_a\left(\frac{m}{n}\right)=\log_a m-\log_a n$$

$$\log_a m^n=n\log_a m;\quad \log_a m^{\frac{1}{n}}=\frac{1}{n}\log_a m$$

4．复数（形如 $a+b\mathrm{i}$，a，$b \in R$）

（1）复数的三角函数式：$a+b\mathrm{i}=r_1(\cos\theta_1+\mathrm{i}\sin\theta_1)$；　复数的指数式：$a+b\mathrm{i}=r_1\mathrm{e}^{i\theta_1}$

（2）复数的运算法则：

① 代数式

加减法：$(a+b\mathrm{i})\pm(c+d\mathrm{i})=(a\pm c)+(b\pm d)\mathrm{i}$

乘法：$(a+b\mathrm{i})(c+d\mathrm{i})=(ac-bd)+(ad+bc)\mathrm{i}$

除法：$\dfrac{a+b\mathrm{i}}{c+d\mathrm{i}}=\dfrac{(a+b\mathrm{i})(c-d\mathrm{i})}{c^2+d^2}=\dfrac{(ac+bd)+(bc-ad)\mathrm{i}}{c^2+d^2}$

② 三角式

设 $z_1=r_1(\cos\theta_1+\mathrm{i}\sin\theta_1)$，$z_2=r_2(\cos\theta_2+\mathrm{i}\sin\theta_2)$，

则 $z_1z_2=r_1r_2[(\cos(\theta_1+\theta_2)+\mathrm{i}\sin(\theta_1+\theta_2)]$，

$$\frac{z_1}{z_2}=\frac{r_1(\cos\theta_1+\mathrm{i}\sin\theta_1)}{r_2(\cos\theta_2+\mathrm{i}\sin\theta_2)}=\frac{r_1}{r_2}\left[\cos(\theta_1-\theta_2)+\mathrm{i}\sin(\theta_1-\theta_2)\right]$$

设 $z=r(\cos\theta+\mathrm{i}\sin\theta)$，则

$$z^n=r[(\cos\theta+\mathrm{i}\sin\theta)]^n=r^n(\cos n\theta+\mathrm{i}\sin n\theta)\ (n\text{ 为整数})$$

$\sqrt[n]{z}=\sqrt[n]{r}(\cos\dfrac{2k\pi+\theta}{n}+\mathrm{i}\sin\dfrac{2k\pi+\theta}{n})$，其中，$n$ 是正整数，$k=0$，1，2，…，$n-1$.

5．数列

（1）等差数列.

通项公式：$a_n=a_1+(n-1)d$；前 n 项和公式：$s_n=\dfrac{n(a_1+a_n)}{2}$，或 $s_n=na_1+\dfrac{n(n-1)d}{2}$

（2）等比数列

通项公式：$a_n=a_1\bullet q^{n-1}$；前 n 项和公式：$s_n=\dfrac{a_1(1-q^n)}{1-q}$，或 $s_n=\dfrac{a_1-a_nq}{1-q}$

（3）某些数列前 n 项和

$$1+2+3+\cdots+(n-1)+n=\frac{n(n+1)}{2};\qquad 1+3+5+\cdots+(2n-3)+(2n-1)=n^2$$

$$1^2+2^2+3^2+\cdots+n^2=\frac{n(n+1)(2n+1)}{6};\qquad 1^3+2^3+3^3+\cdots+n^3=[\frac{1}{2}n(n+1)]^2$$

6．求和号 Σ 及其运算

$\sum\limits_{k=1}^{n}k$ 表示依次取 $k=1$，2，…，n 并将它们全部加起来，即

$$\sum_{k=1}^{n}k=1+2+3+\cdots+n=\frac{n(1+n)}{2}$$

$\sum\limits_{k=1}^{n}(a_k+b_k)=\sum\limits_{k=1}^{n}a_k+\sum\limits_{k=1}^{n}b_k$；$\sum\limits_{k=1}^{n}ca_k=c\sum\limits_{k=1}^{n}a_k$（$c$ 为常数）；$\sum\limits_{k=1}^{n}c=nc$（$c$ 为常数）

7．二项式定理 $(a+b)^n=C_n^0a^n+C_n^1a^{n-1}b+\cdots+C_n^ra^{n-r}b^r+\cdots+C_n^nb^n$ 其中 n，$r\in N$

通项公式：$T_{r+1}=C_n^ra^{n-r}b^r$．二项式系数：C_n^r．二项式系数性质：$C_n^m=C_n^{n-m}$，即对称性.

当 n 为偶数时，$C_n^{\frac{n}{2}}$ 最大．当 n 为奇数时，$C_n^{\frac{n-1}{2}}=C_n^{\frac{n+1}{2}}$ 且最大．各项系数之和：$\sum\limits_{k=1}^{n}C_n^k=2^n$．

二、三角

1．特殊角的三角函数值

α / 函数	0	$\frac{\pi}{6}$	$\frac{\pi}{4}$	$\frac{\pi}{3}$	$\frac{\pi}{2}$	π
$\sin\alpha$	0	$\frac{1}{2}$	$\frac{\sqrt{2}}{2}$	$\frac{\sqrt{3}}{2}$	1	0
$\cos\alpha$	1	$\frac{\sqrt{3}}{2}$	$\frac{\sqrt{2}}{2}$	$\frac{1}{2}$	0	-1
$\tan\alpha$	0	$\frac{\sqrt{3}}{3}$	1	$\sqrt{3}$	∞	0
$\cot\alpha$	∞	$\sqrt{3}$	1	$\frac{\sqrt{3}}{3}$	0	∞

2．同角三角函数的基本关系式

（1）倒数关系：$\tan\alpha\cdot\cot\alpha=1 \quad \sin\alpha\cdot\csc\alpha=1 \quad \cos\alpha\cdot\sec\alpha=1$

（2）商的关系：$\sin\alpha/\cos\alpha=\tan\alpha \quad \cos\alpha/\sin\alpha=\cot\alpha$

（3）平方关系：$\sin^2\alpha+\cos^2\alpha=1 \quad 1+\tan^2\alpha=\sec^2\alpha \quad 1+\cot^2\alpha=\csc^2\alpha$

3．诱导公式

$$\sin(-\alpha)=-\sin\alpha \quad \cos(-\alpha)=\cos\alpha \quad \tan(-\alpha)=-\tan\alpha \quad \sin(90^\circ-\alpha)=\cos\alpha$$

$$\cos(90^\circ-\alpha)=\sin\alpha \quad \tan(90^\circ-\alpha)=\cot\alpha \quad \sin(180^\circ-\alpha)=\sin\alpha$$

$$\cos(180^\circ-\alpha)=-\cos\alpha \quad \sin(180^\circ+\alpha)=-\sin\alpha \quad \cos(180^\circ+\alpha)=-\cos\alpha$$

4．两角和与差的三角函数公式

$$\sin(\alpha\pm\beta)=\sin\alpha\cos\beta\pm\cos\alpha\sin\beta\ ;\quad \cos(\alpha\pm\beta)=\cos\alpha\cos\beta\mp\sin\alpha\sin\beta$$

$$\tan(\alpha\pm\beta)=\frac{\tan\alpha\pm\tan\beta}{1\mp\tan\alpha\tan\beta}$$

5．万能公式

$$\sin x=\frac{2\tan\frac{x}{2}}{1+\tan^2\frac{x}{2}},\quad \cos x=\frac{1-\tan^2\frac{x}{2}}{1+\tan^2\frac{x}{2}},\quad \tan x=\frac{2\tan\frac{x}{2}}{1-\tan^2\frac{x}{2}}$$

6．半角的正弦、余弦和正切公式

$$\sin\frac{\alpha}{2}=\pm\sqrt{\frac{1-\cos\alpha}{2}}\ ;\quad \cos\frac{\alpha}{2}=\pm\sqrt{\frac{1+\cos\alpha}{2}}\ ;\quad \tan\frac{\alpha}{2}=\pm\sqrt{\frac{1-\cos\alpha}{1+\cos\alpha}}=\frac{1-\cos\alpha}{\sin\alpha}=\frac{\sin\alpha}{1+\cos\alpha}$$

7．三角函数的降幂公式

$$\sin^2\alpha=\frac{1-\cos2\alpha}{2};\quad \cos^2\alpha=\frac{1+\cos2\alpha}{2}$$

8．二倍角的正弦、余弦和正切公式

$$\sin2\alpha=2\sin\alpha\cos\alpha;\quad \cos2\alpha=\cos^2\alpha-\sin^2\alpha=1-2\sin^2\alpha=2\cos^2\alpha-1;\quad \tan2\alpha=\frac{2\tan\alpha}{1-\tan^2\alpha}$$

9．三角函数的和差化积公式和积化和差公式

$$\sin x+\sin y=2\sin\frac{x+y}{2}\cos\frac{x-y}{2}\qquad \sin x-\sin y=2\cos\frac{x+y}{2}\sin\frac{x-y}{2}$$

$$\cos x+\cos y=2\cos\frac{x+y}{2}\cos\frac{x-y}{2}\qquad \cos x-\cos y=-2\sin\frac{x+y}{2}\sin\frac{x-y}{2}$$

$$\sin x\cos y=\frac{1}{2}[\sin(x+y)+\sin(x-y)]\qquad \cos x\sin y=\frac{1}{2}[\sin(x+y)-\sin(x-y)]$$

$$\cos x\cos y=\frac{1}{2}[\cos(x+y)+\cos(x-y)]\qquad \sin x\sin y=-\frac{1}{2}[\cos(x+y)-\cos(x-y)]$$

化 $a\sin x\pm b\cos x$ 为一个角的一个三角函数的形式 $a\sin x\pm b\cos x=\sqrt{a^2+b^2}\sin(x\pm\phi)$（其中 ϕ 角所在象限由 a,b 的符号确定，ϕ 角的值由 $\tan\phi=\frac{b}{a}$ 确定）

10．三角形边角关系

（1）正弦定理：$\frac{a}{\sin A}=\frac{b}{\sin B}=\frac{c}{\sin C}=2R$（$R$ 为三角形外接圆半径）

（2）余弦定理：$\cos A=\frac{b^2+c^2-a^2}{2bc}$　$\cos B=\frac{a^2+c^2-b^2}{2ac}$　$\cos C=\frac{a^2+b^2-c^2}{2ab}$

三、几何

平面图形

名称	符　　号	周长 C 和面积 S
正方形	a—边长	$C=4a$　$S=a^2$
长方形	a和b—边长	$C=2(a+b)$　$S=ab$
三角形	a，b，c—三边长　h—a 边上的高 s—周长的一半（$s=\frac{a+b+c}{2}$） A，B，C—内角	$S=\frac{1}{2}ah=\frac{1}{2}ab\sin C$ $=\frac{[s(s-a)(s-b)(s-c)]}{2}$ $=a^2\sin B\sin C/2\sin A$
四边形	d，D—对角线长　α—对角线夹角	$S=\frac{Dd}{2}\sin\alpha$
平行四边形	a，b—边长　h—a 边的高　α—两边夹角	$S=ah=ab\sin\alpha$
菱形	a—边长　α—夹角　D—长对角线长 d—短对角线长	$S=\frac{Dd}{2}=a^2\sin\alpha$ S=Dd/2
梯形	a，b—上下底长　h—高　m—中位线长	$S=\frac{a+b}{2}h=mh$
圆	r—半径　d—直径	$C=\pi d=2\pi r$　$S=\pi r^2=\pi d^2/4$
扇形	r—扇形半径　α—圆心角度数	$C=2r+2\pi r\times\frac{\alpha}{360}$　$S=\pi r^2\times\frac{\alpha}{360}$
圆环	R—外圆半径　r—内圆半径　D—外圆直径　d—内圆直径	$S=\pi(R^2-r^2)=\pi(D^2-d^2)/4$
椭圆	D—长轴　d—短轴	$S=\pi Dd/4$

立方图形

名称	符号	面积 S 和体积 V
正方体	a—边长	$S=6a^2 \quad V=a^3$
长方体	a—长　b—宽　c—高	$S=2(ab+ac+bc) \quad V=abc$
棱柱	S— 底面积　h—高	$V=sh$
棱锥	S—底面积　h—高	$V=\frac{1}{3}sh$
棱台	S_1 1和 S_2—上、下底面积　h—高	$V=\frac{h}{3}\left[S_1+S_2+(S_1S_2)^{\frac{1}{2}}\right]$
圆柱	r—底半径　h—高　C—底面周长　$S_{底}$—底面积，$S_{侧}$—侧面积，$S_{表}$—表面积	$C=2\pi r \quad S_{底}=\pi r^2 \quad S_{侧}=Ch$ $S_{表}=Ch+2S_{底} \quad V=S_{底}h=\pi r^2 h$
直圆锥	r—底半径　h—高	$V=\frac{1}{3}\pi r^2 h$
圆台	r—上底半径　R—下底半径　h—高	$V=\pi\frac{h}{3}\left(R^2+Rr+r^2\right)$
球	r—半径　d—直径	$V=\frac{4}{3}\pi r^3=\frac{1}{6}\pi d^3$

四、平面解析几何

1．直线

（1）直线斜率

直线与 ox 轴的交角 α 的正切叫做直线的斜率，记作 k，$k=\tan\alpha$ $(0\leqslant\alpha<\pi)$.

已知直线上的任意两点 $M_1(x_1,y_1)$，$M_2(x_2,y_2)$，那么这两条直线的斜率为：$k=\dfrac{y_2-y_1}{x_2-x_1}$.

（2）直线方程的公式

斜截式：$y=kx+b$；截距式：$\dfrac{x}{a}+\dfrac{y}{b}=1$ $(a,b\neq 0)$；两点式：$\dfrac{y-y_1}{y_2-y_1}=\dfrac{x-x_1}{x_2-x_1}$.

点斜式：$y-y_0=k(x-x_0)$，直线通过点 (x_0,y_0)，斜率为 k；一般式：$Ax+By+C=0$.

（3）几种特殊的直线方程

平行于 Ox 轴的直线方程：$y=b$；当 $b=0$ 时，$y=0$ 是 ox 轴的方程；

平行于 Oy 轴的直线方程：$x=a$；当 $a=0$ 时，$x=0$ 是 oy 轴的方程.

过原点 $(0,0)$ 的直线方程：$y=kx$.

（4）两条直线的关系

已知两条直线的方程分别为：$y=k_1x+b_1, y=k_2x+b_2$.

两条直线平行的条件是：$k_1=k_2$. 当 $b_1=b_2$ 时重合；两条直线垂直的条件是：$k_1k_2=-1$.

（5）点到直线的距离

$$\text{点}P(x_1,y_1)\text{到直线}Ax+By+C=0\text{的距离：}\quad d=\frac{|Ax_1+By_1+C|}{\sqrt{A^2+B^2}}$$

2．二次曲线

（1）圆：标准方程：$(x-a)^2+(y-b)^2=R^2$，圆心：(a,b)；半径：R

（2）椭圆：标准方程

$$\frac{x^2}{a^2}+\frac{y^2}{b^2}=1$$，中心 $O(0，0)$，顶点：$(a,0)$，$(-a,0)$，$(0,b)$，$(0,-b)$

（3）抛物线：标准方程$(p>0)$：

$y^2=2px$，顶点$(0,0)$，开口向右；$y^2=-2px$，顶点$(0,0)$，开口向左；

$x^2=2py$，顶点$(0,0)$，开口向上；$x^2=-2py$，顶点$(0,0)$，开口向下．

（4）双曲线：

方程：$\frac{x^2}{a^2}-\frac{y^2}{b^2}=1$，焦点在 X 轴上；方程：$\frac{y^2}{a^2}-\frac{x^2}{b^2}=1$，焦点在 Y 轴上．

参考答案

第1章　习题参考答案

习题 1.1

一　1．$[-\frac{1}{2},+\infty)$，$(-\infty,-2)\cup(2,+\infty)$；　2．$[1,2)$；　3．4，$-3$；

4．$y=-\sqrt{1-x},\ x\in(-\infty,1)$；　5．$y=\ln u,\ u=\arcsin v,\ v=e^x$．

二　1．$[2,3)\cup(3,+\infty)$；　2．$[-1,1)$；　3．$[-2,1)$；　4．$[-1,3]$

三　1．奇函数；　2．偶函数；　3．奇函数

四　1．$y=\sin u,\ u=x^3$；　2．$y=\arccos u,\ u=\frac{1}{x}$；　3．$y=\cos u,\ u=\sqrt{x}$；

4．$y=\ln u,\ u=\tan v,\ v=3x$；　5．$y=u^2,\ u=\sin v,\ v=1+2x$；　6．$y=u^3,\ u=3+x+2x^2$；

7．$y=\sqrt{u},\ u=\ln v,\ v=2x$；　8．$y=e^u,\ u=-x^2$．

五　1．$y=\frac{1-x}{1+x},\ x\neq-1$；　2．$y=e^{x-3}-1,\ x\in R$；　3．$y=\frac{x^3+1}{2},\ x\in R$．

六　$Q(n)=50(1-4.5\%)^n$．

习题 1.2

一 1．$\overline{p}=\frac{3}{4},\ \overline{Q}=5,\ (\frac{3}{4},5)$；　2．$C(Q)=130+6Q,\ 0\leqslant Q\leqslant 100,\ MC=\frac{130}{Q}+6$；

3．$R=Q-Q^2,\ p(\frac{1}{2})=0.5,\ R(\frac{1}{3})=\frac{2}{9}$；　4．$L=-0.01Q^2+5Q-200$．

二 1．$Q=g(p)=40p-120\ 000$，图形略；

2.（1）$\overline{p}=\frac{13}{2},\ \overline{Q}=27$；（2）$Q_S(p)=6p-12$，$Q_d(p)=40-2p$，$p_s(Q)=\frac{1}{6}Q+2$，$p_d(Q)=20-\frac{1}{2}Q$；

3．$R=R(Q)=-\frac{1}{2}Q^2+4Q$；　4．$R(Q)=\begin{cases}100Q, & 0\leqslant Q\leqslant 800\\ 80\ 000+90(Q-800), & 800<Q\leqslant 1\ 000\\ 98\ 000, & Q>1\ 000\end{cases}$；

5．$y(s)=\begin{cases}ks, & 0\leqslant s\leqslant 50\\ 50k+\frac{4}{5}k(s-50), & s>50\end{cases}$；　6．$R=\begin{cases}250Q, & 0\leqslant Q\leqslant 600\\ 250\times600+230(Q-600), & 600<Q\leqslant 800\\ 250\times600+230\times200, & Q>800\end{cases}$；

7.（1）$R(Q)=24Q-0.4Q^2,\ R(10)=200$；（2）$AR(Q)=24-0.4Q,\ AR(10)=20$．

习题 1.3

一 1. 0；　2. 0；　3. 1；　4. c；　5. 1；　6. 不存在；　7. $-\frac{\pi}{2}$；　8. $\frac{\pi}{2}$；　9. 不存在；

10. $0,\ \infty$；$2,-2$．

二 1.（C）；　2.（D）；　3.（D）；　4.（A）；　5.（D）；　6.（C）；　7.（D）.

三 1. 图形略，$\lim\limits_{x\to3^-}f(x)=3,\ \lim\limits_{x\to3^+}f(x)=8$；　2. $a=3$.

习 题 1.4

一 1. 2； 2. $\frac{3}{4}$； 3. ∞； 4. $\frac{1}{2}$； 5. $\frac{5}{4}$；6. 2 ； 7. ∞； 8. 0； 9. 0； 10. 1，3.

二 （C）.

三 2. -1； 2. $\frac{2}{3}$； 3. $\frac{1}{4}$； 4. -2； 5. 2； 6. $\frac{1}{3}$； 7. $\frac{1}{2}$； 8. 0 ；

9. $\frac{2\sqrt{2}}{3}$ ； 10. ∞； 11. 0； 12. 1.

习 题 1.5

一 1. k ； 2. 1； 3. 1 ； 4. $\frac{3}{5}$； 5. $e^{\frac{1}{2}}$；

6. e^{-k} ； 7. e^{k} ； 8. e ； 9. $kx,\ kx,\ 2x,\ \frac{9x^4}{2},\ 10x,\ \frac{1}{2}x^2$.

二 1. （A）； 2. （C）； 3. （B）； 4. （C）.

三 1. $-\frac{1}{4}$； 2. $\frac{2}{3}$； 3. e^3； 4. e^{-2}； 5. 3； 6. e^{-2}； 7. $\frac{2}{3}$； 8. 3； 9. 2.

四 1. （1）$\frac{1}{2\pi}$；（2）e^2；（3）1；（4）$e^{-\frac{1}{2}}$； 2. $b=2,\ c=-3$； 3. $a=\frac{1}{2}\ln 3$.

习 题 1.6

一 1. $x=1$，$x=-3$；$x=1$是第一类，$x=-3$是第二类； 2. $3\pi+5$； 3. $\frac{1}{3}$ ； 4. 1；1；0.

二 1. （B）； 2. （C）；3. （A）； 4. （C）.

三 1. （1）$x=0$是第一类可去间断点；（2）$x=1$是是第一类可去间断点，$x=-1$是第二类无穷间断点；（3）$x=0$是第一类跳跃间断点.

2. （1）$k=2$； （2）$k=\pm 1$.

3. （1）1； （2）$\frac{2}{3}$； （3）$\frac{5}{2}$； （4）2.

习 题 1.7

1. （1）$A_1=1\ 485.95$； （2）$A_2=1\ 490.83$； （3）$A_3=1\ 491.82$.

2. （1）1 100； （2）1 103.81 ； （3）1 104.71； （4）1 105.16.

3. （1）74.54 万元； （2）74.59 万元.

4. 7 350.3 元.

自测题一

一 1. $y=e^u,\ u=\tan v,\ v=\frac{1}{x}$； 2. $(-\infty,1)\cup(2,+\infty)$； 3. 10； 4. e^{-2},e^2；

5. 2； 6. 等价； 7. $x=-1,\ x=3$；$x=-1$；$x=3$ 8. $\overline{p}=\frac{3}{4}$，$\overline{Q}=7\frac{3}{4}$；

9. $R=12Q-\frac{1}{5}Q^2$，$AR=12-\frac{1}{5}Q$； 10. $A_1=5\ 000(1+\frac{6\%}{4})^{4\times 5}$，$A_2=5\ 000e^{6\%\times 5}$.

二 1. A； 2. A； 3. D； 4. D； 5. B； 6. C.

三　1. $\frac{1}{2}$；　　2. 1；　　3. $\frac{2}{3}$.

四　1. $R=\begin{cases}200Q, & 0\leqslant Q\leqslant 500\\ 10\ 000+180Q, & 500<Q\leqslant 700\\ 136\ 000, & Q>700\end{cases}$；　　2. $k=e^6$；　　3. 略.

第 2 章　习题参考答案

习 题 2.1

1.（1）$-\frac{1}{x^2}$；　（2）$\frac{5}{6}x^{-\frac{1}{6}}$；　（3）$\frac{1}{2}x^{-\frac{1}{2}}$；　（4）$-2x^{-3}$.

2. 2，2.

3.（1）2A；　（2）$-$A.

4.（1）$y-9=-6(x+3)$；　（2）$y=1$；　（3）$y-y_0=\frac{1}{x_0}(x-x_0)$.

5. 连续可导.

习 题 2.2

1.（1）$\tan x$；（2）$\frac{x\cos\sqrt{x^2+1}}{\sqrt{x^2+1}}$；（3）$9x^2+3^x\ln 3+\frac{1}{x\ln 3}$；（4）$3x^2-\frac{1}{x^2}-1+\frac{3}{x^4}$；

（5）$e^x(\sin x+\cos x)$；（6）$\frac{1-2\ln x-x}{x^3}$；（7）$\frac{\sin x-x\cos x}{\sin^2 x}+\frac{x\cos x-\sin x}{x^2}$；（8）$\frac{1}{x\ln x}$.

2.（1）$\frac{1-x-y}{x-y}$；　（2）$\frac{x+y}{x-y}$.

3.（1）$x-y+4=0$；　（2）$(1+e)x-2y+2=0$.

4.（1）$y=a^n e^{ax}$；　（2）$(-1)^{n-1}\frac{(n-1)!}{(1+x)^n}$.

习 题 2.3

1.（1）$ax+c$；　（2）$\frac{bx^2}{2}+c$；　（3）$\sqrt{x}+c$；　（4）$\ln|x|+c$；　（5）$\arctan x+c$；

（6）$\arcsin x+c$；　（7）$-\frac{1}{2}\cos 2x+c$；　（8）$\frac{1}{a}\sin ax+c$；（9）$-\frac{1}{3}e^{-3x}$；　（10）$\sec x+c$.

2.（1）$-\frac{x}{\sqrt{x^2(1-x^2)}}dx$；　（2）$\frac{3\sin[2\ln(3x+1)]}{3x+1}dx$.

3.（1）$\frac{dy}{dx}=\frac{t-1}{t+1}$；　（2）$-1$.

习 题 2.4

1. $Q=150$ 时的边际利润为 30，$Q=400$ 时的边际利润为 -20.

2.（1）$\frac{100}{Q}+\frac{2}{\sqrt{Q}}$；　1.2；　（2）$\frac{1}{\sqrt{Q}}$；0.1.

3. $-6\ln 2$.

4.（1）$\frac{3x}{3x+5}$；　（2）$\frac{\sqrt{x}}{2(\sqrt{x}-4)}$.

习 题 2.5

1. （1）1/2；　　（2）2.
2. （1）$e-1$；　　（2）3/2.
3. 有三个实根，分别在区间（1，2），（2，3）和（3，4）内.
4. 略.

习 题 2.6

1. （1）1；　　（2）2；　　（3）$\cos\alpha$；
   （4）$-3/5$；　　（5）$-1/8$；　　（6）$\frac{m}{n}a^{m-n}$；
   （7）1；　　（8）3；　　（9）1；
   （10）1；　　（11）1/2；　　（12）∞.
2. 1.

习 题 2.7

1. （1） 在（$-\infty$，0）和（2，$+\infty$）内单调增加，在（0，2）内单调减少；
   （2） 在（-1，0）内单调减少，在（0，$+\infty$）内单调增加；
   （3） 在（$-\infty$，0）内单调增加，在（0，$+\infty$）内单调减少；
   （4） 在（$-\infty$，-2）和（0，$+\infty$）内单调增加，在（-2，-1）和（-1，0）内单调减少.
2. （1） $f(0)=-27$ 是极大值，$f(6)=-135$ 是极小值；
   （2） $f(0)=0$ 是极大值，$f(1)=-1/2$ 是极小值；
   （3） $f(1)=2-4\ln 2$ 是极小值；
   （4） $f(3)=108$ 是极大值，$f(5)=0$ 是极小值.
3. （1） $f(-1)=f(3)=-12$ 是最小值，$f(-2)=f(4)=13$ 是最大值；
   （2） 最大值 $f(2)=1$，最小值 $f(0)=1-\frac{2}{3}\sqrt[3]{4}$.
4. 略.
5. 池底半径 $r=\sqrt[3]{\frac{150}{\pi}}$，高 $h=\sqrt[3]{\frac{1\,200}{\pi}}$.
6. 长 1.5m，宽 1m，面积 $\frac{3}{2}\text{m}^2$.

习 题 2.8

1. 在（$-\infty$，2/3）凹，在（2/3，$+\infty$）凸，拐点（2/3，16/27）.
2. 在（$-\infty$，-1），（1，$+\infty$）凸，在（-1，-1）凹，拐点（-1，ln2）和（1，ln2）.
3. 在（$-\infty$，-1），（1，$+\infty$）内凹，在（-1，1）内凸，该点是（-1，0.242）和（1，0.242）.
4. 在（$-\infty$，0）内凸，在（0，$+\infty$）内凹，无拐点.
5. 在（0，1），（e^2，$+\infty$）内凸，在（1，e^2）内凹，拐点是（e^2，e^2）.
6. 在（$-\infty$，4）内凸，在（4，$+\infty$）内凹，拐点是（4，0）.

习 题 2.9

1. （1） $y=1$ 为水平渐进线，没有铅垂渐进线；
   （2） $y=2$ 为水平渐进线，$x=0$ 为铅垂渐进线；

（3）$y=0$ 为水平渐进线，$x=0$ 为铅垂渐进线.

2．图形略.

习 题 2.10

1．5，18，15.

2．（1）11，$111\frac{1}{3}$；（2）$MC=Q^2-14Q+111$，$MR=100-2Q$，$Q=11$.

3．（1）11；（2）$a=111$，$b=2$.

4．（1）3，$\frac{15}{e}$，$\frac{45}{e}$；（2）3，$\frac{15}{e}$.

5．（1）10/3，5，50/3，0;（2）不可取，3（提示：令 $L=3$）.

6．14 万件，0.176 元.

习 题 2.11

1．（1）$\{(x,y)\mid y\neq 0,\ y<x\}$；（2）$\{(x,y)\mid 0<x^2+y^2<1,\ y^2\leqslant 4x\}$；
（3）$\{(x,y)\mid x>0,-1\leqslant y\leqslant 1\}$；（4）$\{(x,y)\mid x^2+y^2<1,\ x+y>1\}$.

2．（1）$\frac{\partial z}{\partial x}=3x^2y-y^3,\ \frac{\partial z}{\partial y}=x^3-3xy^2$；（2）$\frac{\partial s}{\partial u}=\frac{u^2-v^2}{u^2v},\ \frac{\partial s}{\partial v}=\frac{v^2-u^2}{uv^2}$；

（3）$\frac{\partial z}{\partial x}=\frac{1}{2x\sqrt{\ln(xy)}},\ \frac{\partial z}{\partial y}=\frac{1}{2y\sqrt{\ln(xy)}}$；

（4）$\frac{\partial z}{\partial x}=y\cos(xy)-y\sin(2xy),\ \frac{\partial z}{\partial y}=x\cos(xy)-x\sin(2xy)$；

（5）$\frac{\partial z}{\partial x}=\frac{2}{y\sin\frac{2x}{y}},\ \frac{\partial z}{\partial y}=\frac{-2x}{y^2\sin\frac{2x}{y}}$；

（6）$\frac{\partial z}{\partial x}=y^2(1+xy)^{y-1},\ \frac{\partial z}{\partial y}=(1+xy)^y[\ln(1+xy)+\frac{xy}{1+xy}]$；

（7）$\frac{\partial u}{\partial x}=\frac{y}{z}x^{\frac{y}{z}-1}$，$\frac{\partial u}{\partial y}=\frac{1}{z}x^{\frac{y}{z}}\ln x$，$\frac{\partial u}{\partial z}=-\frac{y}{z^2}x^{\frac{y}{z}}\ln x$；

（8）$\frac{\partial u}{\partial x}=\frac{1}{1+(x-y)^{2z}}z(x-y)^{z-1}$，$\frac{\partial u}{\partial y}=\frac{-1}{1+(x-y)^{2z}}z(x-y)^{z-1}$，$\frac{\partial u}{\partial z}=\frac{1}{1+(x-y)^{2z}}(x-y)^z\ln(x-y)$.

3．$dz=1/3dx+2/3dy$.

4．（1）$dz=-\frac{y}{x^2+y^2}dx+\frac{x}{x^2+y^2}dy$；（2）$dz=\frac{3}{3x-2y}dx-\frac{2}{3x-2y}dy$；

（3）$dz=-\frac{2y}{(x-y)^2}dx+\frac{2x}{(x-y)^2}dy$；

（4）$du=2x\cos(x^2+y^2+z^2)dx+2y\cos(x^2+y^2+z^2)dy+2z\cos(x^2+y^2+z^2)dz$.

自测题二

1．（1）A;（2）D;（3）B;（4）C;（5）D;（6）A;（7）C;（8）A.

2．（1）$y=2x-2$；（2）$2A$；（3）$a=1,\ b=1$；（4）15;（5）$(-\infty,\frac{2}{\ln 2})$
（6）1/2;（7）$yx^{y-1}dx+x^y\ln x dy$；（8）$y^{x-1}(x\ln y+1)$.

3.（1）$5(x^3-x)^4(3x^2-1)$；（2）$\frac{2a}{a^2-x^2}$；（3）$-\frac{x}{|x|\sqrt{1-x^2}}$；（4）$\frac{1}{\sqrt{2x+x^2}}$.

4.（1）1；（2）1/2；（3）2；（4）1/3；

（5）1；（6）1/3；（7）$e^{-\frac{2}{\pi}}$；（8）1.

5. $-\frac{1+y\sin(x+y)}{x\sin(x+y)}$.

6.（1）$\frac{-P}{125-P}$；（2）3.

7. 单调增区间为（$-\infty$，-5）和（-1，$-\infty$），减区间为（-5，-1），极大值$-\frac{27}{4}$；凹区间为（1，$+\infty$），凸区间为（$-\infty$，-1）和（-1，1），拐点为（1，0）.

8. $a=-3,\ b=0,\ c=1$，最小值-3.

9. 略.

10. 证明略.

11.（1）$\frac{\partial^2 z}{\partial x^2}=\frac{1}{x^2}$　$\frac{\partial^2 z}{\partial y^2}=-\frac{1}{y^2}$　$\frac{\partial^2 z}{\partial x\partial y}=1$；

（2）$\frac{\partial^2 z}{\partial x^2}=2\ln(x^2+y^2)+\frac{2x^2(3x^2+5y^2)}{(x^2+y^2)^2}$

$\frac{\partial^2 z}{\partial y^2}=\frac{2x^2(x^2-y^2)}{(x^2+y^2)^2}$，　$\frac{\partial^2 z}{\partial x\partial y}=\frac{4xy^3}{(x^2+y^2)^2}$.

12.（1）$dz=y^{\sin x}\cos x\ln y dx+\sin xy^{\sin x-1}dy$；（2）$dz=\frac{1}{x+\ln y}dx+\frac{1}{y(x+\ln y)}dy$.

第3章　习题参考答案

习 题 3.1

1. $\frac{1}{3}$.

2. $\int_{t_1}^{t_2} f(t)dt$.

3.（1）12；（2）8π；（3）0；（4）0.

4. -5.

5.（1）>；（2）<；（3）>.

6. $\frac{25\pi+8}{24}$.

7. $\frac{1}{t_2-t_1}\int_{t_1}^{t_2} R(t)dt$.

习 题 3.2

1.（1）$-\cos x+C$；（2）$3\cos 3x+5x^4$；（3）$\ln x+C,\frac{1}{x}+C,\frac{1}{x}dx$.

2.（1）$2x-2\arctan x+C$；（2）$\tan x-\cot x+C$；（3）$-\frac{2}{x}-\arctan x+C$；

（4）$-\cot x-\tan x+C$；（5）$\dfrac{2^x e^x}{1+\ln 2}+C$；（6）$-\sin x+\cos x+C$；

（7）$\dfrac{x^3}{3}+\dfrac{x^2}{2}-2x+C$；（8）$\dfrac{1}{2}\tan x+C$；（9）$-\cot x-2\tan x+C$．

3. $P(t)=t^2+3t+2$ ．

习 题 3.3

1.（1）$\dfrac{b^6-a^6}{6}$；（2）$\dfrac{\pi}{12}$；（3）$\dfrac{2\sqrt{3}}{3}$；（4）$\dfrac{5}{2}$；

（5）4；（6）-1；（7）$2(\sqrt{2}-1)$；（8）$1-\dfrac{\pi}{4}$．

2.（1）$\dfrac{\sin x}{2\sqrt{x}}$；（2）0；（3）$-e^{-x^2}+2xe^{-x^4}$；（4）$e^{2\sin x}\cos x$．

3.（1）$\dfrac{1}{2}$；（2）$\dfrac{1}{2}$；（3）$\dfrac{1}{2}$．

4. $y_{\min}=-\dfrac{3}{4}$．

习 题 3.4

1.（1）0，$f(b)-f(a)$，0；（2）$\dfrac{\ln x}{x}$，$-a$，$-\dfrac{1}{2}$；（3）$-$，$\dfrac{1}{\alpha}$

2.（1）$-\dfrac{1}{2}\ln|1-2x|+C$；（2）$\dfrac{1}{3}\arctan 3x+C$；（3）$\dfrac{1}{18}\ln(1+9x^2)+C$；

（4）$-2\sqrt{1-x^2}-\arcsin x+C$；（5）$\dfrac{1}{2}\ln(1+x^2)+\arctan x+C$；（6）$e^{\sin x}+C$；

（7）$-\cos x+\dfrac{2}{3}\cos^3 x-\dfrac{1}{5}\cos^5 x+C$；（8）$\dfrac{\sin^3 x}{3}-\dfrac{\sin^5 x}{5}+C$；（9）$2\sin\sqrt{x}+C$；

（10）$e-\sqrt{e}$；（11）$\dfrac{1}{4}$；（12）$\dfrac{\pi}{2}$；

（13）$\dfrac{1}{24}$；（14）$\sin 1$；（15）$\ln 2+\dfrac{\pi}{4}$．

3.（1）（提示设 $e^x=u$）$\ln\dfrac{e^x}{e^x+1}+C$；（2）$2\sqrt{x}-3\sqrt[3]{x}+6\sqrt[6]{x}-6\ln(\sqrt[6]{x}+1)+C$；

（3）$-\dfrac{\sqrt{4-x^2}}{4x}+C$；（4）$\dfrac{2}{5}(x-2)^{\frac{5}{2}}+\dfrac{4}{3}(x-2)^{\frac{3}{2}}+C$；

（5）$8\ln 2-5$；（6）$\ln(\sqrt{2}+1)-\dfrac{1}{2}\ln 3$；

（7）$-\dfrac{\pi}{12}$；（8）$\dfrac{\pi}{16}$．

4. 略．

5. 略．

习 题 3.5

1.（1）$e^{\sin x}(\sin x-1)+C$；（2）$\dfrac{1}{2}x\sin 2x+\dfrac{1}{4}\cos 2x+C$；（3）$e^{-x}(1+x)+C$．

2.（1）$2x\sin\dfrac{x}{2}+4\cos\dfrac{x}{2}+C$；（2）$-e^{-x}(x^2+2x+2)+C$；

（3）$\frac{1}{5}x^5\ln x-\frac{1}{25}x^5+C$；（4）$\frac{e^{2x}}{13}(3\sin 3x+2\cos 3x)+C$．

3．（1）1；（2）$\frac{\pi}{4}-\frac{1}{2}\ln 2$；（3）$1-2e^{-1}$；

（4）0；（5）$\pi-2$；（6）$\frac{e^{\pi}-2}{5}$．

4．（1）$\frac{x}{2}\sqrt{3x^2-2}-\frac{\sqrt{3}}{2}\ln\left|\sqrt{3}x+\sqrt{3x^2-2}\right|+C$；（2）$\frac{1}{2(2+3x)}-\frac{1}{4}\ln(\frac{2+3x}{x})+C$．

习 题 3.6

1．发散；2．π；3．发散；4．发散；5．$\frac{1}{2}$．

6．$\frac{\pi}{4}+\frac{1}{2}\ln 2$（提示：遇到$\int_1^{+\infty}\frac{dx}{x(1+x^2)}$时可设$x^2=t$）．

习 题 3.7

1．（1）$\frac{5}{12}$；（2）$\frac{31}{2}-\frac{5}{2}\ln 2$；（3）$\frac{9}{2}$；（4）$2(\sqrt{2}-1)$；（5）$\frac{9}{2}$．

2．$Q_{上}=66$，$Q_{下}=138$．

3．（1）$R=200Q-\frac{Q^2}{100}$；（2）$R(200)=39\ 600$；（3）$R=38\ 800$．

4．（1）$L=-Q^3+5Q^2-3Q-6$（2）$Q=3$时，最大利润$L=3$．

5．$1+\frac{1}{2}\ln\frac{3}{2}$．

6．$\frac{38}{3}$．

7．$6a$．

自测题三

一 1．0；2．$\frac{23}{6}$；3．$-\sin x+C_1x+C_2$；4．$-2\cot 2x+C$；5．$(x+1)e^{-x}+C$；

6．$\frac{\pi}{2}$；7．$\sin 1$；8．$\frac{1}{2}$；9．t^2+3t；10．$2\sqrt{f(x)}+C$．

二 1．B；2．D；3．D；4．D；5．D；6．A；7．A；8．C．

三 1．（1）$4x-5\arctan x+C$；（2）$\sin x-\cos x+C$；（3）$2(\sqrt{x-1}-\arctan\sqrt{x-1})+C$；

（4）$\ln 2$；（5）$\pi-2$；（6）$\frac{\pi}{4}$．

2．（1）1；（2）$-\frac{\cos x}{e^y}$．

3．$\frac{125}{6}$．

4．（1）20万元；（2）19万元；（3）3.2百台；
（4）20.48万元，15.08万元，5.4万元．

第 4 章　习题参考答案

习 题 4.1

一　1．-23;　2．$15b^2$;　3．0;　4．2.

二　1．$x=2 \quad y=3$；　2．$x=5 \quad y=0$；

3．$x=-\frac{1}{2} \quad y=-\frac{1}{2} \quad z=\frac{3}{2}$；　4．$x=\frac{2}{3} \quad y=-\frac{1}{2} \quad z=\frac{5}{6}$.

习 题 4.2

一　1．-50;　2．0;　3．$4abcdef$；　4．$abcd+ab+cd+ad+1$；

5．$[x+(n-1)a](x-a)^{n-1}$；　6．48;　7．6.

二　略.

习 题 4.3

一　$\begin{pmatrix} 6 & 8 & 1 \\ 8 & 8 & 9 \\ 1 & 9 & 10 \end{pmatrix}$，$\begin{pmatrix} 0 & 4 & 3 \\ -4 & 0 & 5 \\ -3 & -5 & 0 \end{pmatrix}$.　二　$\begin{pmatrix} 2 & 2 & -2 \\ 2 & 0 & 0 \\ 4 & -4 & -2 \end{pmatrix}$.

三　1．$\begin{pmatrix} 3 & 2 \\ 5 & 6 \end{pmatrix}$；　2．$\begin{pmatrix} -4 & 2 & 0 \\ -2 & 1 & 0 \\ 2 & -1 & 0 \\ -4 & 2 & 0 \end{pmatrix}$；　3．$\begin{pmatrix} \lambda^3 & 3\lambda^2 & 3\lambda \\ 0 & \lambda^3 & 3\lambda^2 \\ 0 & 0 & \lambda^3 \end{pmatrix}$.

四　略.

习 题 4.4

一　1．2;　2．2;　3．3;　4．2.

二　略.

三　略.

习 题 4.5

一　1．$\begin{pmatrix} 1 & -2 & 7 \\ 0 & 1 & -2 \\ 0 & 0 & 1 \end{pmatrix}$；　2．$\begin{pmatrix} 1 & 0 & 0 & 0 \\ -a & 1 & 0 & 0 \\ 0 & -a & 1 & 0 \\ 0 & 0 & -a & 1 \end{pmatrix}$.

二　不可逆.

三　$\begin{pmatrix} -\frac{5}{2} & 1 & -\frac{1}{2} \\ 5 & -1 & 1 \\ \frac{7}{2} & -1 & \frac{1}{2} \end{pmatrix}$.　四　$\begin{pmatrix} 0 & -\frac{1}{2} & 0 \\ -3 & -\frac{3}{4} & -\frac{1}{2} \\ -1 & 0 & 0 \end{pmatrix}$.

习 题 4.6

一　1．$\begin{cases} x = -\frac{1}{2} \\ y = -\frac{1}{2} \\ z = \frac{3}{2} \end{cases}$；　2．$\begin{cases} x = \frac{2}{3} \\ y = -\frac{1}{2} \\ z = \frac{5}{6} \end{cases}$.

二　$t=-3$ 时，有无穷多解，$t=1$ 时，无解，$t\neq -3$，$t\neq 1$ 时，有唯一解，

三　$X=\begin{pmatrix}1&2&5\\2&-9&-8\\0&-4&-6\end{pmatrix}$.　　四、$X=\begin{pmatrix}1&-2\\3&0\\0&2\end{pmatrix}$.　　五、$\begin{cases}x=-35\\y=30\\z=15\end{cases}$.

六　$\begin{pmatrix}x_1\\x_2\\x_3\\x_4\end{pmatrix}=c\begin{pmatrix}-1\\0\\-1\\1\end{pmatrix}+\begin{pmatrix}\frac{1}{2}\\\frac{1}{2}\\1\\0\end{pmatrix}$，其中 c 为任意常数.

自测题四答案

一　1．$-5a-2b+3c$;　　2．$A_{31}=-\begin{vmatrix}1&-4\\3&2\end{vmatrix}$　$A_{23}=\begin{vmatrix}2&1\\-3&1\end{vmatrix}$；　　3．$ad\neq bc$.

二　1．D;　　2．A.

三　1．AD;　　2．BDE.

四　1．$x=0$或$x=3$或$x=-3$；　2．A 与 B 相乘可得；　　3．－6;　4．43;

5．$x_1=-\frac{8}{29}$　$x_2=\frac{27}{29}$　$x_3=\frac{5}{29}$.

五　1．3;　　2．1;　　3．2.

六

1．$\begin{pmatrix}-\frac{1}{6}&-\frac{13}{6}&\frac{4}{3}\\\frac{1}{2}&\frac{3}{2}&-1\\-\frac{1}{6}&-\frac{1}{6}&\frac{1}{3}\end{pmatrix}$;　　2．$\begin{pmatrix}-1&-2&-2\\-2&-5&-4\\-1&-1&-1\end{pmatrix}$;　　3．$\begin{pmatrix}1&-2&1&\frac{1}{10}\\0&1&0&0\\0&0&1&-\frac{3}{10}\\0&0&0&\frac{1}{5}\end{pmatrix}$.

第 5 章　习题参考答案

习 题 5.1

一　1．C　　2．D　　3．C　　4．D

二　（1）ABC；　（2）$\overline{A}\overline{B}\overline{C}$　即 $\overline{A+B+C}$；　（3）$\overline{ABC}$　即 $\overline{A}+\overline{B}+\overline{C}$；

（4）$A\overline{B}\overline{C}+\overline{A}B\overline{C}+\overline{A}\overline{B}C$.

三　1．A 的逆事件是{甲产品滞销或乙产品畅销}；

2．AC 表示所选者是会英语的男生；

$A=B$ 表示会英语则必会日语，会日语则必会英语.

3．$A=A_1A_2A_3$；　$B=A_1+A_2+A_3$；　$C=A_1A_2\overline{A}_3+A_1\overline{A}_2A_3+\overline{A}_1A_2A_3$；

$D=\overline{A}_1\overline{A}_2+\overline{A}_1\overline{A}_3+\overline{A}_2\overline{A}_3$.

习 题 5.2

一　1．D　　2．B　　3．D　　4．D　　5．D　　6．B

二　1．$\frac{8}{15}$；　2．$\frac{17}{25}$；　　3．$\frac{2}{5}$；　　4．$\frac{3}{8}$；　　5．$\frac{C_{13}^5C_{13}^4C_{13}^3C_{13}^1}{C_{52}^{13}}$.

三　1．（1）0.318；（2）0.637 .　　2．0.151.

3．≈0.42.　　4．0.94，0.06.

习 题 5.3

一　1．B　　2．C　　3．C　　4．B

二　1．0.58；　2．0.104；　3．0.5；　4．$\frac{1}{3}$；　5．$\frac{11}{24}$.

三　1．$\frac{5}{9}$.

2．（1）0.7；（2）0.4.

3．（1）$\frac{28}{45}$；　（2）$\frac{16}{45}$；　（3）$\frac{17}{45}$；　（4）$\frac{1}{5}$.

4．$\frac{1}{3}$.

5．（1）0.56；　（2）0.94.

习 题 5.4

一　1．B　　2．C　　3．A　　4．B　　5．C

二　1．0.972；　2．$P\{X=k\}=(1-p)^{k-1}p \quad (k=1, 2, \cdots)$；　3．0.2；

4．

Y	0	1	4
p	$\frac{2}{5}$	$\frac{1}{5}$	$\frac{2}{5}$

三　1．$P\{X=i\}=\frac{1}{6} \quad (i=1, 2, 3, 4, 5, 6)$；$\frac{5}{6}$；$\frac{1}{3}$.

2．$P\{X=i\}=\frac{C_2^i C_{13}^{3-i}}{C_{15}^3} \quad (i=0, 1, 2)$.

3．0.176 35.

4．0.951 5；0.816 4.

习 题 5.5

一　1．B 2．B　　3．C　　4．C　　5．B　　6．D

二　1．$\frac{4}{3}$；　2．$E(X^2)-[E(X)]^2$；　3．$C_n^p p^k(1-p)^{n-k}$；　4．$\frac{x_2-1}{4}$；

5．8；　6．4.

三　1．$\frac{3}{2}$.

2．5.2 万元.

3．最少进货量为 21 个单位.

4．$f_Z(z)=\frac{1}{3\sqrt{2\pi}}e^{-\frac{(x-5)^2}{2\times 3^2}}$.

习 题 5.6

1．3.6，2.88.

2．（1）只有 x_3+p 不是；（2）0.6，0.3.

习 题 5.7

1．$\hat{\mu}=\frac{1}{n}\sum_{i=1}^{n}x_i$　　2．(8.59,9.01)

3．(9.28,17.12)　　4．(4.347,5.653)

习 题 5.8

1．$|U|=\left|\frac{\overline{x}-\mu}{\sigma/\sqrt{n}}\right|=1.5<1.96$，因而可以接受 $H_0:\mu=\mu_0=800$，即认为是正确的

2．$\lambda_2=\chi^2_{\alpha/2}(n-1)=\chi^2_{0.025}(9)=19.0$，$\lambda_1=\chi^2_{1-\alpha/2}(n-1)=\chi^2_{0.975}(9)=2.70$，

而 $\frac{(n-1)S^2}{\sigma_0^2}=10.65$，可见 $2.7<10.65<19.0$，故接受 $H_0:\sigma^2=\sigma_0^2=64$

3．$\lambda_2=\chi^2_{\alpha/2}(n-1)=\chi^2_{0.05}(14)=23.685$，$\lambda_1=\chi^2_{1-\alpha/2}(n-1)=\chi^2_{0.95}(14)=6.571$，

而 $\frac{(n-1)S^2}{\sigma_0^2}=5.04$，可见 $5.04<6.571$，故拒绝 $H_0:\sigma^2=\sigma_0^2=0.05^2$，即该电子元件可靠性指标的方差不符合合同标准.

自测题五

一　1．D；2．A；3．D；4．C；5．B；6．D；7．B；8．D；9．C；10．C；11．C；12．C.

二　1．(1) $C_4^3p^3(1-p)$；(2) $1-p$；　2．0.8；

3．(1) $A+B=B$ 时取到最大值 0.5；　(2) $A+B=\Omega$ 时取到最小值 0.1；

4．(1) 0.3；　(2) 0.6；　5．0.1；　6．0.5；　7．$\frac{1}{5}$；　8．15；

9．$4D(X)+9D(Y)$；　10．$\chi^2(m+n)$．

三　1．(1) 0.56；　(2) 0.94；　(3) 0.38；

2．0.9704；　3．0.167 8.

4．$F(x)=\begin{cases}0, & x<0\\ 1-p, & 0\leqslant x\leqslant 1\\ 1, & x>1\end{cases}$.

5．(1) $f(x)=\begin{cases}0.1, & 0\leqslant x\leqslant 10\\ 0, & \text{其他}\end{cases}$；(2) 0.3，0.4，0.5.

6．0.954 4.

7．(1) $P\{X=i\}=C_{30}^i(0.9)^i(0.1)^{30-i}$　$(i=0,1,2,\cdots,30)$；(2) 27，2.7.

8．(1) 1；

(2) $F(x)=\begin{cases}0, & x<0\\ \frac{1}{2}(1-\cos 2x), & 0\leqslant x<\frac{\pi}{2}\\ 1, & x\geqslant\frac{\pi}{2}\end{cases}$；　(3) $\frac{1}{2}$；　(4) $\frac{\pi}{4}$.

9．$\hat{\lambda}=n/\sum_{i=1}^{n}x_i=\frac{1}{\overline{x}}$.

10．用新材料做的零件平均长度没有起显著变化.

第 6 章　习题参考答案

习 题 6.2

1.（1）$y=\tan(\ln Cx)$；　（2）$y=\sin(x+C)$；　（3）$\ln y=-\frac{1}{3}x^3$.

2.（1）$x+y=Cx^2$；　（2）$y^2=x^2(2\ln x+C)$；　（3）$y^3+x^3=Cx^2$.

3.（1）$y=Ce^{-2x}+e^{-x}$；　（2）$y=\frac{2}{3}+Ce^{-3x}$；　（3）$y=x-x^2$.

习 题 6.3

1．$y=\frac{1}{12}x^4+C_1x+C_2$；　2．$y=-\cos x+C_1x+C_2$；

3．$y=C_1e^x-\frac{x^2}{2}-x+C_2$；　4．$y=C_1(x^3+3x)+C_2$.

习 题 6.4

1.（1）$y=C_1e^{2x}+C_2e^{-5x}$；　（2）$y=(C_1+C_2x)e^{-2x}$；

（3）$y=e^{-2x}(C_1\cos x+C_2\sin x)$；　（4）$y=C_1+C_2e^{-x}$.

2.（1）$y=C_1\cos 2x+C_2\sin 2x+x^2+2x-\frac{1}{4}$；

（2）$y=C_1+C_2e^{-\frac{5}{2}x}+\frac{x^3}{3}-\frac{3}{5}x^2+\frac{7}{25}x$；

（3）$y=(C_1+C_2x)e^{-x}-2$；

（4）$y=C_1\cos x+C_2\sin x+\frac{1}{3}\sin 2x$；

（5）$y=C_1+C_2e^{-2x}+\frac{e^x}{5}(6\sin x-2\cos x)$.

习 题 6.5

1．$P=e^{5-\frac{1}{2}\sqrt{Q}}$　　2．$\frac{dC}{dQ}=k\frac{Q}{C}$，$C^2=kQ^2+C_0{}^2$（$k$>0，比例系数）

自测题六答案

一　1. D　2. D　3. C　4. A　5. B

二　1．$y=\frac{1-e^x}{1+e^x}$；　2．$y=Ce^{\frac{y}{x}}$；　3．$y=(C+x)e^{-x^2}$；

4．$y=\frac{1}{2}e^x+C_1x+C_2$；　5．$y=C_1\sin x+C_2\cos x$；　6．$y=4e^x+2e^{3x}$；

7．$y=(C_1\cos x+C_2\sin x)e^{-x}+\frac{1}{2}x$；　8．$y=\frac{1}{2}e^{-x}(\sin x-\cos x)+C_1e^{-x}+C_2e^{-2x}$.

三　略.

四　1．$y=\frac{3}{4}x^{\frac{4}{3}}-x+C$，$y=\frac{3}{4}x^{\frac{4}{3}}-x+\frac{5}{4}$.

2．提示：$\frac{dP}{dt}+k(b+d)P=k(a+c)$，$P(0)=P_0$.

参 考 文 献

[1] 邓成梁．经济管理数学（第二版）[M]．武汉：华中科技大学出版社，2001．

[2] 冯翠莲，赵益坤．应用经济数学 [M]．北京：高等教育出版社，2006．

[3] 高汝熹．高等数学（经济和管理专业用）[M]．上海：复旦大学出版社，1988．

[4] 顾静相．经济数学基础，（第二版）[M]．北京：高等教育出版社，2004．

[5] 关叶青，张凤林．经济数学 [M]．上海：立信会计出版社，2006．

[6] 贺新瑜．应用数学（高职分册）[M]．大连：东北财经大学出版社，2003．

[7] 金路．微积分 [M]．北京：北京大学出版社，2006．

[8] 刘书田，冯翠莲，侯明华．微积分（第二版）[M]．北京：北京大学出版社，2004．

[9] 刘书田，孙惠玲．微积分 [M]．北京：北京大学出版社，2006．

[10] 冉兆平．高等数学 [M]．上海：上海财经大学出版社，2006．

[11] 同济大学概率统计教研组．概率统计（第二版）[M]．上海：同济大学出版社，2000．

[12] 夏勇，汪晓空．经济数学基础（微积分及其应用）[M]．北京：清华大学出版社，2004．

[13] 叶鹰，李萍，刘小茂．概率论与数理统计（第二版）[M]．武汉：华中科技大学出版社，2004．

[14] 张凤祥，刘贵基．高等数学（微积分）[M]．兰州：兰州大学出版社，2002．

参考文献